W0049722

Kai Ferreira Schmidt
Helmut Hermann

brasilien
kompakt

E-Mail-Adresse des Verlags:
verlag@rkh-reisefuehrer.de

www.reise-know-how.de

› Ergänzungen nach Redaktionsschluss
› kostenlose Zusatzinfos und Downloads
› das komplette Verlagsprogramm
› aktuelle Erscheinungstermine
› Newsletter abonnieren

Direkt einkaufen im Verlagsshop mit Sonderangeboten

Kai Ferreira Schmidt
Helmut Hermann

brasilien
kompakt

Kai Ferreira Schmidt
Helmut Hermann

Brasilien kompakt

erschienen im
REISE KNOW-HOW Verlag

ISBN 978-3-89662-357-7

© Helmut Hermann

Untere Mühle
D - 71706 Markgröningen

2011 · 2013
3. aktualisierte Auflage 2014

Alle Rechte vorbehalten

– Printed in Germany –

www.reise-know-how.de
www.rkh-reisefuehrer.de

eMail-Adresse des Verlags:
verlag@rkh-reisefuehrer.de

Gestaltung und Herstellung
Umschlagkonzept: Carsten Blind
Inhalt: Carsten Blind
Karten: Helmut Hermann
Druck: mediaprint, Paderborn
Fotos: siehe Anhang

Dieses Buch ist erhältlich in jeder Buchhandlung in
Deutschland, Österreich, Schweiz, Niederlande und Belgien.
Bitte informieren Sie Ihren Buchhändler über
folgende Bezugsadressen:

D: PROLIT GmbH, Postfach 9, 35461 Fernwald, www.prolit.de
        (sowie alle Barsortimente)
CH: AVA-Verlagsauslieferung AG, Postfach 27, 8910 Affoltern, www.ava.ch
A: Mohr Morawa Buchvertrieb GmbH,
        Sulzengasse 2, 1230 Wien, www.mohrmorawa.at
NL, B: Willems Adventure, www.willemsadventure.nl

Wer im Buchhandel trotzdem kein Glück hat, bekommt
unsere Bücher auch über unsere Büchershops im Internet (s.o.).

Vorwort

Liebe Brasilien-Reisende,

mit diesem „Brasilien kompakt" wollen wir Ihnen die schönsten Seiten Brasiliens vorstellen. Bei einer Reise durch dieses großartige Land können Sie seine Pracht und die Lebensfreude seiner Menschen erleben, aber auch Schattenseiten.

Dieser Reiseführer stellt Ihnen Land und Leute und die Highlights des Landes vor: die beiden Megastädte **Rio de Janeiro** und **São Paulo, barocke Pracht** im Bundesstaat Minas Gerais, das historische und ausgelassene **Salvador** im Bundesstaat Bahia, palmengesäumte Robinson-Strände und Traumbuchten im **Nordosten,** das grüne Universum **Amazonien,** den weiten **Westen** mit der Metropole **Brasília** und der „Arche Noah" **Pantanal,** die Regionen des anderen Brasiliens im **Süden** mit den gigantischen Iguaçu-Wasserfällen.

Entdecken und erleben Sie Brasilien!

Buggyfähre,
Natal

☐ Exkurs

Inhaltsverzeichnis

A-Z Praktisches Reise-ABC

🌐 Land und Leute

Reiseteil

TEIL I
PRAKTISCHES REISE-ABC
LAND & LEUTE

Praktisches Reise-ABC

Anreise

Mit dem Flugzeug

Der wichtigste Zielflughafen und das Flugverkehrsdrehkreuz Brasiliens ist **São Paulo.** Weitere internationale Flughäfen, die von europäischen Fluggesellschaften angeflogen werden, sind **Rio de Janeiro, Salvador, Recife, Fortaleza, Natal, Brasília, Pto. Alegre und Belo Horizonte.** Alle anderen Ziele innerhalb Brasiliens können meist nur als Umsteigeverbindungen erreicht werden.

Die Flugziele innerhalb Brasiliens lassen sich in der Regel „gabeln", insbesondere wenn man eine Airline wählt, die in Brasilien über ein umfassendes Streckennetz verfügt. Wer z.B. mit TAM nach Foz do Iguaçu oder Manaus fliegt, sollte nach einem preisgünstigen Durchgangstarif fragen, z.B. Frankfurt – São Paulo – Foz do Iguaçu / Manaus – Rio de Janeiro – São Paulo – Frankfurt.

Lohnenswert sind auch die sehr günstigen Roundtrip-Angebote von TAM/LATAM, z.B. Frankfurt – São Paulo – Manaus – Brasília – Rio de Janeiro – São Paulo – Frankfurt. Dieser Roundtrip würde derzeit ca. 1350 Euro kosten.

Verbindungen Non-Stop-Verbindungen von Deutschland (Frankfurt) nach São Paulo und Rio de Janeiro bieten derzeit nur die Fluggesellschaften **Lufthansa** (LH) und **TAM** (JJ) an, die Lufthansa auch ab München nach São Paulo. TAM/LATAM derzeit jedoch nur nach São Paulo. Darüber hinaus fliegt die Chartergesellschaft **Condor** derzeit wöchentlich am Mittwoch und Freitag (via Recife) von Frankfurt nach Salvador (SSA). Weitere Flugziele der Condor sind derzeit Belo Horizonte (CNF), Fortaleza (FOR), Rio de Janeiro (GIG), São Paulo (GRU), Natal (NAT) und Brasília (BSB), doch unbedingt vorher nachfragen oder über www.condor.de informieren, da sich die Situation immer wieder ändern kann.

Flugzeiten Direktflüge von Frankfurt nach São Paulo oder Rio de Janeiro dauern etwa 12 Stunden (LH/TAM), nach Salvador etwa 11 Stunden (Condor).

Airlines
- **Lufthansa,** 60546 Frankfurt, Tel. 01805-805805, Fax 01805-838005, www.lufthansa.de bzw. www.lufthansa.com
- **TAM Brazilian Airlines,** Carl-Ulrich-Str. 11, 63263 Neu-Isenburg, Tel. 06102-365790-20, 24-h-Service-Tel. 0800-000-1165, www.airline-direct.de/tam-airlines.html, www.tam.com.br
- **TAP Air Portugal,** Baseler Straße 48, 60329 Frankfurt, Tel. in D 0180-3000341, in A 0810-810807, www.flytap.com.

Charter-anbieter	• **Condor,** Am Grünen Weg 1–3, 65451 Kelsterbach, Tel. 06171-653602, Hotline 01805-767757, reservation@condor.com, www.condor.de
Flug-buchung	Magazine wie „Reise & Preise", www.reise-preise.de, veröffentlichen Flugpreislisten und Anzeigen spezialisierter Anbieter für preisgünstige Flugtickets. Auf Südamerika spezialisiert sind z.B.
	• **Club Südamerika International CSI,** Friedensstr. 2, 60331 Frankfurt, Tel. 069-92009901, www.suedamerika-csi.de
	• **Conosur,** Kirchstr. 4, 70173 Stuttgart, Tel. 0711-2366752, www.conosur.de
	• **Schwaben International,** Uhlandstr. 19, 70182 Stuttgart, Tel. 0711-23729-0.
Airpass	Durch die gewaltigen Entfernungen in Brasilien ist das Flugzeug das schnellste und angenehmste Fortbewegungsmittel. Zwar halten die brasilianischen Fluggesellschaften TAM/LATAM und GOL Airpässe (Verkauf ab vier Flugcoupons, fest vorauszubuchen) bereit, mit denen auf einer zwei- bis dreiwöchigen Rundreise durch Brasilien selbst entlegene Reiseziele im Land kombiniert werden können, doch durch die Option des Roundtrip-Tickets ist das wenig lohnenswert.

Inlandsflüge

Inlandsflüge in Brasilien können gebührenfrei über die Reservierungs- bzw. Buchungshotlines der verschiedenen Airlines gebucht wenden. Infos auch über Guia Panrotas: www.panrotas.com.br

Airlines
Inland
- **AZUL,** Tel. 0055-3003-2985, www.voeazul.com.br
- **GOL,** Tel. 0300-78-2121, www.voegol.com.br (Billigflieger)
- **META,** Tel. 0300-789-5503, www.voemeta.com.br
  (speziell für das Amazonasgebiet)
- **TAM/LATAM,** Tel. 0800-570-5700, www.tam.com.br
- **TRIP,** 0300-789-8747, www.voetrip.com.br (Billigflieger)

Möchte man bei GOL auf der Webseite buchen und mit Kreditkarte bezahlen, geht dies nur mit brasilianischen Kreditkarten. Wenn man aber auf der Startseite die argentinische Flagge anklickt, erscheinen die Preise in der argentinischen Währung und können dann bei einer Buchung mit einer deutschen Kreditkarte bezahlt werden.

Flughafen-gebühr
Internationale Abflüge kosten je nach Flughafenkategorie zwischen 25 und 75 R$, die Gebühr ist bei in Deutschland ausgestellten Tickets bereits enthalten. Ein innerbrasilianischer Flug kostet derzeit an Gebühren zwischen 10 und 22 R$.

Anreise mit dem Schiff

Frachtschiff-Touristik Peter Zylmann, Mühlenstr. 2, 24376 Kappeln, Tel. 04642-96550, www.zylmann.de. Container- und Frachtschiffe u.a. nach Rio de Janeiro, Belém, Santarém, Manaus und São Francisco do Sul.

Kombinierte Anreise Charterflug mit anschl. Flusskreuzfahrt auf dem Amazonas

Die Angebote ändern sich ständig, deshalb Reisebüros konsultieren oder die Webseiten von Veranstaltern bzw. Reedereien besuchen. Zum Beispiel: Anreise mit LTU/Airberlin ab Düsseldorf direkt nach Belém. Dort Einschiffung, Weiterfahrt nach Santarém, Alter do Chão, El Paraiso, Französisch-Guayana, Tobago, Grenada, Bonaira, Curação, Aruba. Oder Transamazon 3/4: Einschiffung in Sto. Domingo/Dom.-Rep., via Trinidad, Franz.-Guyana, Belém, Santarém nach Manaus und vice-versa.

Internet
- www.kreuzfahrtenpool.de
- www.gateway-brazil.de
- www.cruise-the-world.de.

Weitere Infos unter Amazonas-Kreuzfahrten, s.S. 247

Brasilien mit AIDA
AIDA-Clubschiffe fahren derzeit auf vier Routen:
- Transbrasilien 1: Einschiffung in Las Palmas/Gran Canaria, dann über Recife, Salvador, Ilheus, Rio de -Janeiro nach Santos.
- Transbrasilien 2: Einschiffung in Santos, umgekehrte Reihenfolge.
- Transamazon 3/4: s. oben. Reisedauer ca. 14 Tage, Preise ab 1140 €. Infos bei AIDA Cruises, 18055 Rostock, Tel. 0381-20270707, www.aida.de, sowie in Reisebüros.

Reiseveranstalter und Touranbieter

Bitte Anzeigen am Buchende beachten.

Viele Reiseveranstalter für süd- bzw. lateinamerikanische Länder haben sich zusammengeschlossen zur

Arbeitsgemeinschaft Lateinamerika, An der Ruhbank 26, D-61138 Niederdorfelden, Tel. 06101-987712, www.lateinamerika.org

Auswahl Touranbieter

- **All Brazil Travel,** 69098-198 Manaus/Brasilien, Tel. (0055) 92-3681-6771, Handy 8284-5592, www.allbraziltravel.com. Insider-Touren Manaus und Umgebung, Parintins, Lodges, Unterkunftsvermittlung.
- **Amazon Style Travel,** 40667 Meerbusch, Tel. 02132-6851139, www.amazonstyle.de. Ökoreisen entlang des Amazonas, eigenes Equipment.
- **ATIVO-GmbH Maredo Travel Reisewelt,** Am Flinsbach 8a, 44229 Dortmund, Tel. 0231-3387371, www.ativo-reisen.de; Abenteuer- und Erlebnisreisen in Brasilien und vielen anderen Ländern Lateinamerikas.
- **INTI Tours,** Hauffstraße 15, 73326 Deggingen, Tel. 07334-959741, www.inti-tours.de. Reisespezialist für Lateinamerika.
- **Miller Reisen,** Millerhof 2, 88281 Schlier, Tel. 07529-9713-0, www.miller-reisen.de. Komplettprogramme und Kombinationsreisen, Rundreisen ab 2 Pers.
- **Pantanal-/Amazonas-Tours,** Estancia Vitória, Rod. Transpantaneira, KM 38, Poconé, Tel. 3345-1992, www.pantanal.de. Spezialist fürs nördliche Pantanal- und südliche Amazonasgebiet, Individualtouren.
- **Papaya Tours,** Im Mediapark 2, 50670 Köln, Tel. 221-3555770, www.papayatours.de. Gruppen- und Indivdualreisen in ganz Lateinamerika.
- **Ruppert Brasil,** Grillparzerstr. 31, 81675 München, Tel. 0800-2727454, www.ruppertbrasil.de. Alllrounder.
- **Sabiá Travel,** Zöpflinstraße 12, CH-6034 Inwil, Tel. 041-4490460, http://brasilienreise.ch. Allrounder.
- **Southern Cross Tours & Expedition,** Rua Vera Cruz 12, 28930-000 Arraial do Cabo, Tel. (0055) 22-2622-7032, http://scte-brasilien.de und http://landwirtschaftsreisen.de. Dt.-spr. Spezialanbieter für Reit-exkursionen, landwirtschaftliche u. botanische Erlebnisreisen, Pantanal- und Amazonas-Expeditionen, Fotosafaris zu Brasiliens „Big Five".
- **Wendy-Pampa-Tours,** Oberer Haldenweg 4, 88696 Owingen-Billafingen/Bodensee, Tel. 07557-929374, www.wendy-pampa-tours.de. Individuelle Reisen in Südamerika.
- **Arcosur Tours & Incentives Brasilien,** Rua Ramon Franco 205/501, 22290290 Rio de Janeiro, Tel. (0055) 21-4042-5190, www.travelagen cybrazil.com. Gruppen- und Individualreisen, Ausflüge und Touren ab Rio de Janeiro ins Hinterland, Experte für Minas, dt.-spr. Management.

Botschaften

Botschaft von Brasilien

- Deutschland: Botschaft der Föderativen Republik Brasilien, 10179 Berlin, Wallstraße 57, Tel. 030-726280, http://berlim.itamaraty.gov.br; Mo, Mi–Fr 8.30–12 Uhr, Di 13–15.30 Uhr.
- **Österreich:** Botschaft der Föderativen Republik Brasilien, 1010 Wien, Pestalozzigasse 4/2, Tel. 01-5120631, http://viena.itamaraty.gov.br; Mo–Fr 9–13 Uhr.
- **Schweiz:** Botschaft der Föderativen Republik Brasilien, CH-3007 Bern, Monbijoustraße 68, Tel. 031-3718515, Fax 37105252, http://berna.itamaraty.gov.br; Mo–Fr 9–13 Uhr.

Botschaften von D, A, CH

- **Embaixada da República Federal da Alemanha,** 70415-900 Brasília, Av. das Nações, Quadra 807, Lote 25, Caixa Postal 030, Tel. 061-3442-7000, Fax 3442-7508, www.brasilia.diplo.de; Di/Do 10–12 Uhr.
- **Embaixada da Suiça,** 70448-900 Brasília, Av. das Nações, Lote 41, Tel. 061-3443-5500, 3443-3934 u. 3443-3969, Fax 3443-5711, www.eda.admin.ch/brasilia; Mo–Fr 9–12 Uhr.
- **Embaixada da Áustria,** 70426-900 Brasília, Av. das Nações, Quadra 811, Lote 40, Tel. 061-3443-3421, 3443-3373 u. 3443-3111, Fax 3443-5233, www.bmeia.gv.at/botschaft/brasilia.html; Mo–Fr 9–13 Uhr.

Ein- und Ausreiseformalitäten

Für einen Aufenthalt von bis zu 90 Tagen genügt ein Reisepass, der noch 6 Monate über das Einreisedatum hinaus gültig sein muss. Kinder benötigen für die Einreise grundsätzlich ein Lichtbild im Kinderpass. Bei der Einreise muss eine *Cartão de entrada/saida* (Ein-/Ausreisekarte) mit Angaben zur Person ausgefüllt werden – und meist auch eine Gepäck- bzw. Zolldeklaration. Diese beiden Formulare werden bereits an Bord des Flugzeuges verteilt. Die ausgefüllten Formulare dem Grenzbeamten, zusammen mit dem Reisepass, vorlegen. Ein Durchschlag der Cartão de entrada/saída bleibt im Reisepass und muss bei der Ausreise wieder abgegeben werden. Passen Sie gut darauf auf, denn wenn Sie die Karte verlieren, ist bei der Ausreise möglicherweise eine Strafe fällig (berechnet auf der Basis der Aufenthaltsdauer) und es kann zu Verzögerungen kommen.

Einkaufen

Edelsteine sind in Brasilien günstiger als in Europa. Das Angebot reicht von blauen Aquamarinen über rotschimmernde Turmaline, tiefgrüne Smaragde, feuerrote Edeltopase (auch in blau) und Amethysten bis hin zu Saphiren, Rubinen und Opalen. Vorsicht vor Straßenkäufen oder zwielichtigen Geschäften in Hinterzimmern. Seriöse Edelsteingeschäfte, z.B. Stern oder Amsterdam & Sauer, sind gut eingeführt und garantieren die Echtheit mit einem Zertifikat.

Keramiken auf
dem Mercado
Ver-o-Peso,
Belém

Kunsthand- Brasilianische Hängematten, modische Kleidung (z.B. Bikinis) und
werk Lederwaren (Gürtel, Schuhe, Taschen, Vaqueiro-Hüte) sind beliebte
Souvenirs. Bei kunsthandwerklichen Arbeiten *(artesenais)* reicht das
Angebot von Webarbeiten, selbstgemachtem Schmuck bis hin zu
Musikinstrumenten, wie z.b. *Berimbaus, Cavaquinhos* oder *Ganzás*.
Beliebt sind Tonfiguren und Holzarbeiten, z.B. Heiligenfiguren,
Miniaturen von Jangadas oder dämonenartige *Carrancas*. Im Nord-
osten werden handgeklöppelte Spitzen sowie gehäkelte oder be-
stickte Tischdecken aller Größen sehr preiswert angeboten.

Feiertage

1. Januar	*Ano Novo* (Neujahr)
6. Januar	*Reis Magos* (Dreikönig)
März/April	*Semana Santa* (Karwoche vor Ostern)
	Paixão de Cristo (Karfreitag)
	Páscoa (Ostern)
21. April	*Dia de Tiradentes* (Nationalfeiertag,
	Gedenktag an Tiradentes)
1. Mai	*Dia do Trabalho* (Tag der Arbeit)
Juni	*Corpus Cristi* (Fronleichnam)
29. Juni	*St. Antônio* (Heiliger Anton)
7. September	*Independência do Brasil* (Tag der Unabhängigkeit)
12. Oktober	*Nossa Senhora da Aparecida*
	(Maria Erscheinung, auch Kindertag)
1. November	*Todos os Santos* (Allerheiligen)
2. November	*Dia de Finados* (Allerseelen)
15. November	*Proclamação da República* (Ausrufung der Republik)
25. Dezember	*Natal* (Weihnachten)

Feiertage die auf einen Wochentag fallen, werden auf den vorher-
gehenden Montag verlegt, ausgenommen Karfreitag, Tag der Unabhängigkeit, Tag der Arbeit, Weihnachten und Neujahr.

Ferien

In Brasilien haben die Kinder im Juli und von Dezember bis Ende
Januar schulfrei. Diese Monate sind die Hauptreisezeit der Brasilianer.
Die Preise steigen, alles ist teurer als in der übrigen Zeit des Jahres.

Feste

Es gibt in Brasilien zahlreiche Kirchen-, Kultur- und Kultfeste, wobei
die afrobrasilianischen Kulte und religiösen Vorstellungen der
Ursprungsbevölkerung oft in die Kirchenfeiertage integriert sind.
Die Grenzen zwischen Kultur, Religion, Kult und Musik sind fließend.
Eine Auswahl:

1. Januar	*Praia das Flechas* bei Angra dos Reis, ein Flottenaufzug von mehr als 2000 geschmückten Schiffen.
Januar	*Lavagem do Bonfim* in Salvador (Bahia)
2. Februar:	*Festa de Iemanjá* (Bahia)
Februar/März	*Carnaval* mit Hochburgen in Rio de Janeiro, Salvador, Recife und Olinda
Februar/März	*Festa Nacional da Uva,* nationales Traubenfest in Santa Catarina
Juni	• *Festas Juninas,* Johannesfeste, an Wochenenden. Die *Festas Juninas* sind neben dem Karneval die originellsten Feste in Brasilien. Durch Verschmelzung von traditionellen Bauernfesten und katholischen Feiertagen werden auch die Heiligen Johannes, Antonius und Petrus mit Veranstaltungen geehrt, besonders im Nordosten und Norden. • *Festival Folclórico do Amazonas Boi-Bumbá* in Parintins • *Bumba Meu Boi* in São Luís
Juli	*Regatas de Jangadas* in Fortaleza
August	• *Folclore Nordestino* in Olinda • *Festa do Peao do Boiadeiro* in Barretos
Oktober	• *Círio de Nazaré* in Belém • *Oktoberfest* in Blumenau • *Rio Jazz Festival* in Rio de Janeiro • *Marafolia* in São Luís
Dezember	*Carnatal* in Natal, eine Mischung aus Karneval und Weihnachten
31. Dezember	*Reveillon,* Silvester, besonders erlebenswert in Rio de Janeiro

Fotografieren

Die meisten Brasilianer lassen sich gerne fotografieren. Fragen Sie einfach *„Posso tirar uma foto sua?"* Baianas oder Capoeiras in Salvador, z.B. am Mercado Modelo oder in den Capoeira-Schulen *(academias)*, erwarten für das Fotografieren oder Filmen meist ein kleines Entgelt. Das Fotografieren in Kirchen und Museen ist häufig nur mit Genehmigung oder überhaupt nicht erlaubt. Eine Candomblé-Zeremonie darf in der Regel nicht fotografiert werden, dazu gibt es touristische Candomblé-Veranstaltungen. Militärische Anlagen und Fahrzeuge sowie Armeeangehörige und Militärpolizisten dürfen nur mit offizieller Erlaubnis fotografiert werden.

Während eines Stadtrundgangs empfiehlt es sich, die Kamera möglichst unauffällig zu transportieren, z.B in einer Plastiktüte. Wer noch analog fotografiert: Genügend Farb(dia)filme mitnehmen, da diese in Brasilien teuer sind. In größeren Städten finden sich Internetcafés und Fotogeschäfte, die digitale Fotos auf CD brennen.

Geld und Währung

Die Landeswährung in Brasilien ist der Real (R$, Plural *Reais;* int. Währungskürzel BRL). Ein Real sind 100 Centavos. Bei Drucklegung des Buches gab es für einen Euro ca. **3,20 Reais.** Aktueller Wechselkurs auf diversen Webseiten, z.B.

www.reisebank.de
www.gocurrency.com oder www.oanda.com

Expresseingabe bei Google: Euro Reais

In Touristenzentren wird der Euro in Banken, Wechselstuben *(Casas de Câmbio)* und in den meisten Hotels problemlos akzeptiert und gewechselt. Banken sind Mo–Fr 10–16.30 Uhr geöffnet, in kleinen Städten oft nur 9–12 Uhr. Für den Wechsel von Banknoten gibt es meist spezielle Schalter mit dem Hinweis *Câmbio.* Casas de Câmbio wechseln schneller und unbürokratischer als Banken und bieten oft günstigere Kurse.

In Brasilien werden gängige Kreditkarten wie MasterCard, Amexco, VISA und DINERS vielerorts akzeptiert. Ihre Geheimnummer sollten Sie wissen, ebenso wie die Notruf-Telefonnummer, um Ihre Karte bei Diebstahl sofort sperren lassen zu können. Mit **Kreditkarten** kann in Supermärkten und Shopping-Centern wie auch in den meisten Hotels und Restaurants sowie bei Busunternehmen, Fluggesellschaften, Mietwagenagenturen und Touranbietern bezahlt werden. In abgelegenen Regionen kann es jedoch schwieriger werden, und auch Billighotels oder preiswerte Pousadas akzeptieren Kreditkarten oft nicht. Individualführer nehmen meist nur Bargeld.

In vielen Städten finden sich **Caixas eletrônicos** (Geldausgabe-automaten), die außer Kreditkarten auch die Postbank SparCard akzeptieren. Geldautomaten gibt es nicht nur bei Banken, sondern oft auch in Shopping-Centern. Eine Listung über Geldautomaten in den verschiedenen Städten finden Sie auf den Webseiten der Kartengesellschaften.

Karten-Sperrnotrufnummern

Die Nummern finden Sie auf ihrem Kartenvertrag oder auf den Webseiten der Kartengesellschaften:

• MasterCard, gebührenfreie Sperrnummer in Brasilien 0800-891-3294, nach Deutschland 01-636-7227.111, www.mastercard.com
• VISA, gebührenfreie Sperrnummer in Brasilien 0800-891-3680, nach Deutschland 0049-69-79332525, www.visa.de
• American Express, Sperrnummer in D: 0049-69-9797-1000, www.americanexpress.com
• Diners Club, www.dinersclub.de
• Postbank SparCard 0049 955095000

Der **zentrale Sperr-Notruf Deutschland** für alle Karten ist Tel. 0049-116116, www.sperr-notruf.de. Weitere Tipps auf www.kartensicherheit.de. Hier kann man sich auch einen SOS-Info-Pass runterladen.

Gesundheit

Schutzimpfungen

Für direkt aus Europa Anreisende sind keine besonderen Schutzimpfungen vorgeschrieben. Bei Reisen ins Amazonasgebiet und in die südlich davon angrenzenden Bundesstaaten bis Mato Grosso de Sul ist aber eine Gelbfieberimpfung unbedingt nötig. Kostenlose Gelbfieberimpfungen gibt es beim Gesundheitsposten auf jedem größeren brasilianischen Flughafen. Zudem empfiehlt es sich, vor einer Brasilienreise den Impfschutz gegen Tetanus (Wundstarrkrampf), Polio und Diphterie zu kontrollieren und gegebenenfalls aufzufrischen. Zum Schutz gegen die in Brasilien weit verbreitete infektiöse Gelbsucht ist ebenfalls eine Impfung (Hepatitis A und B) ratsam.

Durchfall

Magen- und Darmstörungen, Kopfschmerzen und Kreislaufprobleme bedingt durch die klimatische Umstellung und ungewohntem Essen sind bei einer Brasilienreise durchaus normal. Folgende Vorsichtsmaßnahmen sind ratsam:

• Trinken Sie nur Mineralwasser oder vorbehandeltes Wasser (Entkeimungstabletten, Filter)
• Keine offenen Fruchtsäfte an beweglichen Straßenständen oder Straßengarküchen trinken, auf gestoßenes Eis in Früchtesirups- oder Zuckerrohrsäften verzichten

• Keinen rohen und halbrohen Fisch, Schalen- oder Krustentiere bzw. Meeresfrüchte essen

• Mayonnaise auf jeden Fall und Muscheln möglichst meiden

Sonnen-schutz Ausreichend Sonnenschutz mit hohem Lichtschutzfaktor gegen einen möglichen Sonnenbrand nicht vergessen!

Malaria Die meisten touristisch interessanten Gebiete Brasiliens, z.B. fast die gesamte Atlantikküste und sämtliche Großstädte außerhalb des Amazonasgebietes, gelten als malariafrei. Die Infektionsgefahr in den Risikogebieten, zu denen insbesondere die Amazonasregion gehört, lässt sich durch einfache Vorsichtsmaßnahmen mindern: Tragen von hautbedeckender Kleidung (lange Hosen und langärmlige Hemden in hellen Farben), Socken und geschlossenen Schuhe, besonders während der Dämmerung, sowie Auftrag insektenabwehrender Mittel auf unbedeckte Hautstellen. In Räumen ohne Aircondition leistet ein Moskitonetz wertvolle Dienste.

Bei Reisen in Malaria-Risikogebieten Prophylaxe einnehmen. Beraten Sie sich hierzu rechtzeitig bei Ihrem Hausarzt oder Tropeninstitut.

Tollwut Nicht nur streunende Hunde sind in Brasilien ein Risikofaktor für Tollwut, sondern auch Fledermäuse und Wildtiere wie die *coatis* (Nasenbären), besonders im Nationalpark von Foz do Iguaçu. Falls Sie gebissen werden, sollten Sie ein Krankenhaus aufsuchen und eine Tollwutimpfung durchführen. Diese ist kostenlos und bietet Schutz für die nächsten 10 Jahre.

Denguefieber Denguefieber ist eine tropisch-subtropische Viruserkrankung, die in Brasilien durch Stiche von infizierten Aedes-Moskitos übertragen wird. Insbesondere während und nach der Regenzeit vorkommend. Nach drei bis sieben Tagen kommt es zu starken Kopf- und Gliederschmerzen und auch Schüttelfrost. Aedes-Moskitos brüten hauptsächlich in den Favelas der Ballungszentren und in stehenden Gewässern. Die sowohl tages- als auch nachtaktiven Moskitos sind dunkel gefärbt und haben weißen Streifen um die Beine und auf dem Halsschild. In Rio de Janeiro und im Großraum Paraty tritt von November bis April verstärkt Dengue auf, aber meist nur in den Favelas. Eine Impfung dagegen gibt es nicht, die Krankheit verläuft nicht tödlich, dennoch unverzüglich einen Arzt aufsuchen. Immer Moskitostiche vermeiden und Repellents verwenden. Bei grippeähnlichen Symptomen nach der Reiserückkehr auf Dengue und Malaria abklären lassen.

AIDS Um das Risiko einer Ansteckung zu minimieren, sollten Präservative *(camisinha, preservativo)* verwendet werden.

Apotheken und Gesundheit Brasilianische Apotheken *(drogarias, farmácias)* sind meist bis in die späten Abendstunden geöffnet, z.T. sogar rund um die Uhr. Die meisten Medikamente können ohne Rezept gekauft werden. Notieren Sie ggf. den Wirkstoff Ihres Medikamentes noch vor der Abreise, da viele Arzneimittel in Brasilien unter einem anderen Namen verkauft werden.

Darüber hinaus ist die Mitnahme einer kleinen Reiseapotheke sinnvoll, mit Verbandsmaterial und Desinfektionsmittel sowie Tabletten gegen Durchfall, Fieber und Schmerzen. Gesundheitsinfos im Internet z.B. auf www.fit-for-travel.de, www.tropenmedizin.de oder www.gesundes-reisen.de.

Informationsstellen

- EMBRATUR, c/o MPB Frankfurt, Margaret Grantham, Börsenplatz 4, 60313 Frankfurt/M, Tel. 069-9623 8733, www.braziltour.com, www.brasilnetwork.tur.br
- **Rio Conventions & Visitors Bureau,** c/o Anja Dickmann, Fischtorplatz 17, 55116 Mainz, Tel. 06131-6007075, Fax 06131-6007376, adickmann-schueler@tmc-agentur.de, www.rioconventionbureau.com.br oder www.rcvb.com.br
- **Arbeitsgemeinschaft Lateinamerika e.V.,** c/o Frau Stahl, An der Ruhbank 26, 61138 Niederdorfelden, Tel. 06101-987712, www.lateinamerika.org

Internet
- **Informationsseiten der brasilianischen Botschaft in Deutschland:** http://berlim.itamaraty.gov.br/de – Brasilianisches Tourismusministerium EMBRATUR *(Ministério do esporte e turismo):* **www.visitbrasil.com**
- Einreiseformalitäten, Wirtschaftsdaten und aktuelle Nachrichten über Brasilien: www.auswaertiges-amt.de
- **Landesinformationen, Flora und Fauna:** www.sppert.com.br/Brasil/Meio_Ambiente/Fauna_e_Flora/
- Karneval in Rio: http://ipanema.com/carnival.
- **Adressen der Internet-Cafés und WiFi-Hotspots in Brasilien:** wifi.terra.com.br oder www.boadica.com.br unter Cyber-Cafes.
- Die wichtigsten Touristenziele in Brasilien inkl. Hotels, Pousadas: **www.feriasbrasil.com.br**
- Fazendaaufenthalte sowohl auf historischen Fazenden oder mit Agrotourismus: www.fazendasdobrasil.com
- Agrarkulturelle Fachreisen in Brasilien: www.landwirtschaftsreisen.de
- Reiterreisen in Brasilien: www.ridingbrazil.de
- Strandführer Brasilien: www.guiadepraias.com.br
- Brasilianische Musik: www.sombrasil.com
- Ökotourismus und Abenteuerreisen in Brasilien: www.ecoviagem.com.br

Klima und Reisezeit

Der Großteil Brasiliens liegt in den Tropen, nur der Süden in der subtropischen Klimazone. Die Jahreszeiten sind denen in Europa entgegengesetzt. Im brasilianischen Sommer, das heißt in der Zeit von Mitte Dezember bis Mitte März, steigen die Temperaturen und es regnet häufiger. Im brasilianischen Winter, vor allem im Juni und Juli, kann es im Süden empfindlich kalt werden.

Frühling	22. September – 20. Dezember
Sommer	21. Dezember – 20. März
Herbst	21. März – 20. Juni
Winter	21. Juni – 21. September

Reisezeit Touristische Hochsaison herrscht zwischen Dezember (Weihnachten) und Karneval, in abgeschwächter Form auch im Juli und August. Preiswerter ist es in den Nebensaisonmonaten März–Mai und September–November.

Nationalparks und Naturreservate

Parques Nacionais Die brasilianische Umweltschutzbehörde IBAMA wurde separiert, für die derzeit 62 Nationalparks *(Parques nacionais)* ist nun die ICMBio zuständig. Etwa die Hälfte davon ist für die Öffentlichkeit zugänglich. Zu den bekanntesten und bedeutendsten National-parks gehören:

- **Abrolhos:** maritimer Park mit Möglichkeit der Walbeobachtung
- **Araguaia,** Ilha do Bananal
- **Chapada Diamantina:** faszinierendes Wandergebiet im Landesinneren von Bahia mit viele Höhlen. Hauptort Lençóis.
- **Chapada dos Guimarães:** Tafelgebirge im Kleinstformat im Norden des Pantanals
- Archipel **Fernando de Noronha:** maritimer Naturschutzpark, Delfinbeobachtung
- **Iguaçu:** spektakuläre Wasserfälle am Dreiländereck von Brasilien, Argentinien und Paraguay
- **Monte Pascoal:** Naturpark mit den Resten des Küstenregenwaldes in der Nähe von Porto Seguro, Wandergebiet
- **Pantanal Matogrossense,** im nördlicher Pantanal
- **Serra da Bocaina:** Atlantischer Küstenregenwald südlich von Rio Paraty, Angra dos Reis, Areias, Cunha, São José do Barreiro und Ubatuba
- **Serra da Capivara** im Südosten von Piauí mit über 14.000 Jahre alten prähistorischen Höhlenmalereien
- **Serra Geral** mit canyonartigen Schluchten (die größte: Itaimbezinho) und Araukarien (Brasilkiefer). Zutrittsbeschränkungen.
- **Serra das Órgãos** im Norden von Rio de Janeiro mit Ausblicken über das Küstengebirge
- **Tijuca** (1961), der Stadturwald von Rio de Janeiro
- Eine ausführliche Beschreibung der Nationalparks gibt der **Guia Parques Nacionais Brasil,** der von Publiofolha herausgegeben wurde: www.publifolha.com.br

Notruf

Erste Hilfe 192	Feuerwehr 193
Polizei (Polícia Militar) 190	Straßenwacht 0800-611535

Öffnungszeiten

Diese sind nicht einheitlich geregelt, deshalb hier nur eine Orientierungshilfe. Geschäfte: Mo–Fr 9–19 Uhr, manche auch bis 21 Uhr, Sa 9–13 Uhr. Große Shopping-Center: Mo–Fr 10–22 Uhr, Sa 10–20 Uhr. Banken: uneinheitlich, meist Mo–Fr 10–16 Uhr, teilweise auch nur 8–12 Uhr. Behörden: variabel, je nach Region, meist Mo–Fr 9–12 Uhr und 14–17 Uhr, manchmal nachmittags geschlossen.

Polizei

Polizeiposten *(delegacia)* gibt es in den Millionenstädten in jedem größeren Stadtviertel, in kleineren Städten ist zumindest eine Polizeistation vorhanden. Um touristische Städte sicherer zu machen, wurde eine Polícia do Turista (Touristenpolizei) oder Segurança aufgestellt, die an belebten Orten, z.B. in der Altstadt von Salvador, rund um die Uhr patrouilliert. In Städten ohne Touristenpolizei ist die Polícia Civil für Diebstahlsdelikte usw. zuständig, für die Aufenthaltserlaubnis oder -verlängerung sowie an Grenzübergängen ist die Polícia Federal. Auf den Fern- und Bundesstraßen sorgt die Polícia Rodoviária für Ordnung (Unfälle, Kontrollen usw.). Hinweis: Drogenbesitz wird in Brasilien, unabhängig von der Nationalität, mit Freiheitsstrafen bis zu 30 Jahren geahndet.

 ## Post

Die Post *(correios)* hat meist Mo–Fr 9–17 Uhr und samstags nur am Vormittag geöffnet. Briefe und Postkarten sollten per Luftpost *(via aérea)* aufgegeben werden. Wichtige Post kann als Einschreiben – *Carta registrada* – und besonders schnelle Post als Eilpost – *Sedex* – aufgegeben werden. Die Laufzeit nach Europa und umgekehrt beträgt für Luftpost je nach Absendeort bzw. Zieladresse 10 bis 14 Tage, auf dem Seeweg mindestens 4 bis 6 Wochen. Liste aller Postfilialen mit Öffnungszeiten: www.correios.com.br

Sicherheit

Gefahr für Touristen besteht in erster Linie in den Großstädten durch Taschen- oder Trickdiebstahl sowie durch räuberischen Diebstahl auf der Straße und am Strand. Dennoch gibt es keinen Grund, über-

trieben ängstlich zu sein. Brasilien ist ein angenehmes und entspanntes Reiseland. Mit einem selbstbewussten und freundlichen Auftreten sowie Umsicht können die Risiken stark eingeschränkt werden. Die folgenden **Tipps** sind dabei hilfreich:

• Unsichere und heruntergekommene Stadtteile sowie *Favelas* und deren angrenzende Straßenzüge auf jeden Fall meiden – auch tagsüber!

• Umhängetaschen nicht auf eine Bank absetzen oder im Restaurant über eine Stuhllehne hängen. Schlaufen, Träger und Tragegriffe zur Sicherung verwenden.

• Keine Wertgegenstände an den Strand mitnehmen. Diebstahlgefahr! Gefürchtet sind insbesondere die *Arrastões,* Jugendbanden, die blitzartig losrennen und alles mitnehmen, was sie in die Finger bekommen.

• Fahrzeuge nur vollständig ausgeräumt parken. Kameras und andere Wertgegenstände nicht im Kofferraum einschließen, sondern zusammen mit dem Gepäck ausräumen.

• Wertgegenstände, größere Geldbeträge, Schmuck und Dokumente gehören in den *cofre* (Safe, Schließfach) des Hotels. Eine Kopie des Passes reicht bei Polizeikontrollen meist aus.

• Kameras nicht offen, sondern unauffällig in Plastiktüten transportieren.

• Sinnvoll ist es, in der Hosentasche ein paar Reais-Geldscheine mitzuführen, um bei einem etwaigen Überfall *(assalto)* einen akzeptablen Betrag bei sich zu haben. Gehen Sie auf Forderungen und Anweisungen ein, vermeiden Sie beschwichtigende Gespräche und zu intensiven Blickkontakt.

• Vorsichtig bei offenen Getränken, wenn Sie nicht wissen, woher diese kommen. Einige – meist weibliche – Diebe arbeiten mit K.O.-Tropfen und bringen den angeblich betrunkenen Touristen freundlicherweise ins Hotel, um gleichzeitig sein Hotelzimmer auszuräumen.

• Im Falle eines Diebstahls oder Überfalls ist es ratsam, bei der Polizei Anzeige erstatten, da die Kopie des Polizeiprotokolls meist später für die Versicherung benötigt wird. Diese Kopie ist auch hilfreich, wenn es um die Ausstellung eines Ersatzdokuments geht. Hierfür ist die Konsulatsabteilung der deutschen Botschaft oder das jeweilige deutsche Generalkonsulat zuständig. Falls die Cartão de entrada/saída ebenfalls abhanden gekommen sein sollte, ist es ratsam, sich bei der Polícia Federal eine Ausreisegenehmigung ausstellen zu lassen.

Nähere Infos:
www.brasilien.diplo.de/Vertretung/brasilien/de/Startseite.html.

Sprache

Brasilianisches Portugiesisch bzw. Brasilianisch ist weicher und melodischer als die Sprache in Portugal und es unterscheidet sich teils nicht nur in Grammatik, sondern auch durch seine Anreicherung mit Lehnwörtern aus dem Guaraní, brasil-indigenen oder aus den afrikanischen Sprachen früher eingeschleppter Sklaven. Englisch wird nur in besseren Hotels und internationalen Restaurants in Touristenzentren gesprochen. Mit Spanisch kann man sich oftmals, besonders im Süden, einigermaßen verständlich machen. Es ist empfehlenswert, sich zumindest einen Grundwortschatz Brasilianisch anzueignen. Das Heftchen Kauderwelsch Band 21, Brasilianisch Wort für Wort von Reise Know-How ist dabei ein hilfreicher und praxisnaher Begleiter.

Strom

Die Netzspannung ist nicht standardisiert und variiert von Bundesstaat zu Bundesstaat. In Rio de Janeiro und São Paulo beträgt sie entweder 110 oder 220 Volt, in Bahia (Salvador) und Manaus 110 Volt, in Brasília und Recife 220 V. Da die europäischen Flachstecker zum Teil nicht in die brasilianischen Steckdosen passen, empfiehlt sich die Mitnahme eines Adapters (erhältlich auf Flughäfen-Läden beim Abflug).

Tanken

In Brasilien gibt es kaum Selbstbedienungstankstellen, in der Regel kümmert sich ein Tankwart um das Auffüllen und freut sich über ein Trinkgeld. Es gibt die Treibstoffarten *Gasolina* (Benzin E25 mit 25% Ethanol-Beimischung) und *Álcool/Ethanol* (Biotreibstoff aus 96% Ethanol, gewonnen aus Zuckerrohr). Alle Neuwagen und damit auch die meisten Mietwagen haben FLEX-Motoren, die sowohl Gasolina als auch Ethanol oder eine beliebige Mischung aus Benzin und Ethanol verbrennen. Neben dem *Gasolina Aditivada* (Super) gibt es auch Super mit höherer Oktanzahl, z.B. *Gasolina Premium* oder *Gasolina Maxxi*. Mietwagen mit Dieselmotoren gibt es nicht. Achten Sie bei der Anmietung eines Wagens, welche Sorte getankt werden muss. Tankstellenübersicht: www.anp.gov.br/postos.

Telefonieren

Die internationale Vorwahl für Brasilien ist 0055 (die anschließende „0" vor der Stadtvorwahl weglassen), es folgt die Vorwahl der Stadt *(código DDD)* und anschließend die Rufnummer des gewünschten Teilnehmers.

Fern-
gespräche

Telefonieren in Brasilien ist nicht immer leicht. Öffentliche Straßentele-
fone, wegen ihrer Schallschutz-
Schalen *orelhões* (große Ohren) genannt, funktionieren mit Telefon-
chips *(fichas)* oder Telefonkarten
(cartões telefônicos), die man bei
Straßenhändlern oder am Zeitungskiosk erwirbt. Bei den öffentlichen
Kartentelefonen, die von verschiedenen Telefongesellschaften betrieben werden, wird zwischen *ur-
bana-* (nur Ortsgespräche möglich)
und *interurbana* bzw. *nacional-*Tele-
fonzellen (Ferngespräche) unterschieden.

Auslands-
gespräche

Bei Ferngesprächen ist zuerst die
Vorwahl der Telefongesellschaft *(pre-
stadora/operadora)* zu wählen, dann
die Vorwahl der Stadt und die Nummer des Teilnehmers. Die wichtigste *Prestadora* die landesweit operiert, ist die *EMBRATEL* (021). Für ein
Gespräch mit EMBRATEL von Salvador nach Recife muss z.B. 021-81
plus die Telefonnummer des Gesprächspartners gewählt werden.

Auch für Gespräche ins Ausland gelten diese Telefongesellschaften-
Vorwahlen. Mit EMBRATEL wählt man nach

Deutschland mit 0021-49 (+Stadt ohne die Null+Teilnehmer)
Österreich 0021-43
Schweiz 0021-41

Für Auslandsgespräche ist meist ein *Posto Telefônico* aufzusuchen, in
dem die Telefonate bar abgerechnet werden. Auf größeren Flughäfen kann im etwa vorhandenen Posto Telefônico oder von einer
öffentlichen Telefonzelle mit der Aufschrift *„Este aparelho faz ligaç-
ões internacionais"* ein Auslandsgespräch geführt werden, wozu eine
internationale Telefonkarte benötigt wird. Telefongespräche ins
Ausland sind sehr teuer, weshalb viele Brasilianer auf kostenlose
Gespräche mit Skype ausweichen. Wer das nicht möchte: Internet-
Cafés bieten die preiswerte Möglichkeit zu Voice-over-IP-Telefonaten
(auch zu normalen Telefonanschlüssen).

Mobil-
telefone

Wer über ein Dualband- oder Triband-Handy verfügt, kann dieses mit
seiner SIM-Karte aus Deutschland in Brasilien nutzen, denn die Be-
treiber der wichtigsten deutschen Mobilfunkanbieter – D1, D2, 02 und
E-Plus – haben Roaming-Abkommen mit brasilianischen Anbietern

geschlossen. Detailinfos hierzu finden Sie unter www.gsm world.com. Dabei fallen allerdings relativ hohe Gesprächsgebühren an (auch für ankommende Anrufe). Zudem sind nicht alle Roaming-Partner flächendeckend vertreten. Wer länger in Brasilien bleibt, fährt deshalb besser, wenn er sich vor Ort in einem Shopping-Center eine brasilianische Prepaid-Karte besorgt oder gleich auf Skype ausweicht.

Netzstandard in Brasilien ist TDMA und CDMA. Es gibt vier große Mobilfunknetzbetreiber, in deren Netz problemlos telefoniert werden kann. Einer der größten Netzbetreiber, *TIM Brasil* (Telecom Italia), www.timbrasil.com.br, ist oft der einzige einer Region und zu empfehlen. Der größte Mobilfunkbetreiber ist *Vivo* (Telefónica), www.vivo.com.br, der unter gleichem Namen inzwischen in der Telefônica Brasil aufgegangen ist. Daneben gibt es *Claro* (mexik. América Movil), www.claro.com.br, *Oi* (Telemar, hauptsächlich im Nordosten), www.oi.com.br und *Nextel*.

Wenn das Handy keinen Sim-Lock hat, kann von den o.g. Betreibern eine Prepaid-Karte gekauft werden, die dann wahlweise ab 10 R$ aufgeladen wird, Aktivierung über eine CPF-Nummer (Steuer-Nr. der Brasilianer, jemanden bitten). Um unberechtigte Nutzung des Anschlusses durch Dritte zu vermeiden, sollte im näheren Umkreis von Flughäfen das Mobiltelefon nicht eingeschaltet werden.

Trinkgeld

Soweit in Restaurants nicht bereits 10% Servicezuschlag auf die Rechnung gesetzt werden, sind etwa 10% als Trinkgeld für die Bedienung üblich. Auch Schuhputzer oder Tankwarte freuen sich über eine kleine Aufmerksamkeit, bei Taxifahrern rundet man den Zahlbetrag meist auf. Selbstfahrer sollten Parkwächtern immer Trinkgeld geben, schon um das Fahrzeug nicht zerkratzt vorzufinden. Dem Hotelpagen *(mensageiro),* der im Hotel das Gepäck ins Zimmer trägt, gibt man etwa drei Reais.

Wetterinfos

Auf www.tempoagora.com.br können die aktuellen Wettervorhersagen zu fast allen Orten in Brasilien abgefragt werden. Weitere Wetter-Websites sind z.B.
www.wetteronline.de und www.wetter.com.

Zeitungen

Einige deutschsprachige Zeitungen und Zeitschriften, wie z.B. den Spiegel, bekommt man in guten Straßenkiosken und *livrarias* (Buchläden), die sich meist in den großen Shopping-Centern befinden.

Im Internet finden sich zudem umfangreiche Angebote der wichtigsten brasilianischen Zeitungen:

• Folha de São Paulo: www.uol.com.br
• O Dia: http://odia.ig.com.br
• O Globo: www.oglobo.globo.com
• Jornal do Brasil: www.jb.com.br
• Correio da Bahia: www.correiodabahia.com.br.

Zeitunterschied

Der Zeitunterschied beträgt zwischen -2 und -7 Stunden im Vergleich zur mitteleuropäischen Zeit (MEZ), je nachdem, in welcher Zeitzone Brasiliens man sich befindet und ob die brasilianische oder deutsche Sommerzeit zu berücksichtigen ist. Der Zeitunterschied zur brasilianischen Standardzeit zur MEZ beträgt -4 Stunden.

Zoll

Zollfrei eingeführt werden dürfen nach Brasilien 20 Päckchen Zigaretten, 25 Zigarren oder Zigarillos, 250 g Tabak, 24 Flaschen Alkoholika (davon müssen 12 Flaschen der gleichen Sorte entsprechen) und Gegenstände (Geschenke) im Wert bis zu 500 US$ (auf dem See-/Fluss- und Landweg nur bis 300 US$). Wenn Sie einen Laptop, Computer oder einen Camcorder einführen, müssen Sie dies bei der Einreise deklarieren und die Geräte bei der Ausreise auch wieder dabei haben. Einfuhrverbote: jegliche Lebensmittel, Tiere und Pflanzen sowie Produkte daraus. Ausfuhrverbote: Tierhäute und -felle, ungeschliffene Edelsteine, sakrale Kunstwerke und Kunstgegenstände aus der Zeit vor 1890, Fossilien, Waffen, Drogen. Neueste Bestimmungen auf www.receita.fazenda.gov.br/aduana/viajantes. Landeswährung oder in entsprechendem Gegenwert darf in Höhe von 10.000 R$ mitgebracht werden. Nach Deutschland dürfen ab 17 Jahren derzeit 200 Zigaretten oder 100 Zigarillos oder 50 Zigarren oder 250 Gramm Tabak oder eine anteilige Zusammenstellung dieser Waren, zwei Liter alkoholische Getränke mit einem Alkoholgehalt von höchstens 22% oder ein Liter Hochprozentiges oder eine anteilige Zusammenstellung, vier Liter Wein, 16 Liter Bier und andere Waren (Souvenirs) bis zum Warenwert von 430 Euro zollfrei eingeführt werden. Neueste Infos: www.zoll.de.

Verkehrsmittel

Taxis   Taxifahren in Brasilien ist preiswert und ist relativ sicher. Bei Antritt der Fahrt ist der Taxifahrer verpflichtet, den Taxameter einzuschalten. Wochentags auf *Bandeira 1,* an Wochenenden, Feiertagen und nachts (meist 22–6 Uhr) gilt *Bandeira 2,* ein höherer Tarif. Bei Fahrten außerhalb des Stadtzentrums gibt es genau festgelegte Grenzen (Straßen), bei deren Überschreitung der Taxifahrer auch tagsüber auf die Bandeira 2 umschalten darf. Da der Taxameter über eine Zeittaktung läuft, sind Fahrten während Verkehrsspitzen teurer. Tipp: Fragen Sie an der Hotelrezeption nach dem ungefähren Fahrpreis, damit Sie mit dem Taxifahrer evtl. einen Festpreis vereinbaren können. Fahrpreisorientierung: www.tarifadetaxi.com.

Fernbus am
Rast-Stopp

Fernbusse   Fernbusse in Brasilien sind in der Regel sauber, pünktlich und komfortabel. Die Fahrscheine werden einen Tag vor oder am Tag der Abfahrt am Schalter der jeweiligen Busgesellschaft in den *Rodoviárias* (Busterminals) gekauft. Eine Fahrstunde mit einem Fernbus kostet etwa 11 bis 15 R$, je nachdem, ob das Fahrziel innerhalb eines Bundesstaates oder außerhalb liegt. Die Sitze heißen *Poltronas* und sind nummeriert. Während der Ferienzeit oder für Feiertage empfiehlt es sich, Bustickets frühzeitig zu besorgen. Übersicht über die Fernbusse auf www.antt.gov.br. Fernbus-Abfahrten und Fahrpreise auf www.buscaonibus.com.br.

Eisenbahn   Brasilien ist kein Eisenbahnland, dennoch gibt es einige touristisch sehenswerte Strecken, wie beispielsweise die Fahrt mit dem *Serra Verde Express* von Curitiba nach Morretes/Paranaguá. Für Dampflok-Nostalgiker empfiehlt sich eine Fahrt mit *der Maria Fumaça,* einer alten Dampflok, die an Wochenenden zwischen São João del Rei und Tiradentes verkehrt. Auch ein Teil der Pantanalstrecke zwischen Campo Grande und Miranda wurde für den Tourismus wieder reaktiviert.

Mietwagen

Führer-schein   Mietwagen können in Brasilien erst ab 21 Jahren (bei einigen Firmen ab 25 Jahren) angemietet werden, und der Fahrer muss mindestens zwei Jahre im Besitz eines Führerscheins sein. Benötigt werden: gültiger internationaler Führerschein, Reisepass und Kreditkarte. Preisvergleiche lohnen. Dabei sollte nicht nur auf den Tages-, Wochen- oder Monatstarif geachtet werden, sondern auch auf Freikilometer und die abgedeckten Schadensrisiken (Unfall, Diebstahl usw.).

Kosten

Die Preise für Mietwagen (ohne AC) mit unbegrenzter Kilometerzahl beginnen ab 35 €/Tag, mit Klimaanlage ab 45 €/Tag. Für Luxuswagen mit Automatik und Klimaanlage werden bis zu 250 €/Tag verlangt. Bei der Versicherung können Sie meist zwischen *Proteção parcial* (P.P.) – Teilkaskoversicherung mit beschränkter Deckungssumme – und *Proteção total* (P.T.) bzw. *Proteção opcional* (P.O.), einer Art Vollkaskoversicherung, auswählen.

Anbieter

In den Bundeshauptstädten sowie in den Touristenzentren finden sich neben internationalen Mietwagen-Anbietern wie

• AVIS (www.avis.com.br), Budget oder Hertz (www.hertz.com.br)

auch brasilianische Agenturen. Letztere sind häufig preiswerter als die internationalen. Nahezu landesweit vertreten sind

• *Localiza* (www.localiza.com),
• *Interlocadora* (www.interlocadora.com.br),
• *Unidas* (www.unidas.com.br) und
• *Yes* (www.yes-rentacar.com.br).

Karten

Der Straßenatlas *Guia Quatro Rodas de Estradas* (1:1.346.706) ist das Grundlagenwerk für Selbstfahrer und wird jährliche neu aufgelegt. Er zeigt alle Mautstellen sowie Kennzeichnungen für schlechte Straßenabschnitte *(estradas precárias)*. Über das Reiseportal des herausgebenden Verlags *Abril,* http://viajeaqui.abril.com.br/tracar-rota können Reiseverbindungen herausgesucht werden (bei *Digita a origem* den Abfahrtsort und bei *Digite o destino* den Zielort eingeben).

Straßen nach
São Paulo

Unterkunft

Wer in der innerbrasilianischen Hauptreisezeit von Dezember bis Februar und Juni/Juli nach Brasilien reist, sollte vorher seine Unterkünfte reservieren, da in dieser Zeit die Hotels mit einem guten Preis-/Leistungsverhältnis häufig ausgebucht sind. Außerdem werden zum Teil erhebliche Aufschläge verlangt. Einige Unterkünfte bieten auch Vollpension an.

Kategori-sierung

In diesem Buch wurde eine Einteilung in drei Kategorien vorgenommen:

> **ECO,** *econômico:* preiswerte und einfache Unterkünfte und günstige Pousadas bis 50 € DZ/F (derzeit ca. 150 R$).
> **FAM,** *familiar:* Familien- und Mittelklasseunterkünfte, Touristenhotels und bessere Pousadas. Preisspanne 50–100 € DZ/F (derzeit 150–300 R$).
> **LUX** *luxo:* Unterkünfte der oberen Mittel- und Luxusklasse. Ab 100 € DZ/F. Teuer heißt nicht unbedingt komfortabel (derzeit ca. 300 R$).

Abkürzungen bei den Unterkünften:

AC	= ar condicionado (Klimaanlage)
Hz	= Heizung
Ws	= Wäscheservice
Rest.	= Restaurant
RoSt	= behindertengerechte Unterkunft
Pool	= Swimmingpool
Pp	= Parkplatz
Ü/F	= Übernachtung mit Frühstück
p.P.	= pro Person
a.A.	= auf Anfrage (Preis)
DZ	= Doppelzimmer
DZ/F	= Doppelzimmer mit Frühstück für 2 Personen
MBZ	= Mehrbettzimmer

Unterkunftsarten

Pousadas

sind eine stilvolle und angenehme Art zu übernachten. Die meist kleinen Pensionen mit familiärem Ambiente *(Pousadas)* haben nur wenige Zimmer, das Frühstück ist fast immer im Preis inbegriffen. Einfache Zimmer *(quartos)* ohne Bad gibt es in der Nebensaison bereits ab 10 €, mit Bad *(apartamentos)* ab 15 €. In Touristenzentren nennen sich aber auch Hotels der gehobenen Preisklasse zuweilen Pousadas.

Samaúma Park
Hotel in Belém

Hotels Je nach Klasse und Größe des Hotels sind die Zimmer preislich in verschiedene Kategorien eingeteilt:

- *Quarto simples:* Der einfachste Zimmertyp, meist ohne Bad und spärlich ausgestattet
- *Casal:* Ein normales Doppelzimmer, einfach ausgestattet mit TV und einem kleinen Bad
- *Superior:* besser ausgestattet und teurer, oft in den oberen Stockwerken
- *Luxo:* Höchste und teuerste Zimmerklasse, sehr gut Ausstattung

Luxushotels Komforthotels findet man in allen touristisch wichtigen Orten. Die Zimmer sind mit Klimaanlage *(ar condicionado),* im Süden auch mit Heizung, Fernsehen *(TV),* Telefon *(telefone)* und einer Minibar *(frigobar)* ausgestattet, und die Frühstück-Büffets sind üppig.

Beste Lage –
Hotel direkt
am Meer

Fazendas   *Hotéis Fazenda* sind Bauernhöfe bzw. Farmen, die sich auf die Unterbringung und Verpflegung von Touristen spezialisiert haben. Sie bieten komfortable Zimmer und freundlichen Service zu moderaten Preisen, Reitausflüge z.T. inklusive. Alles über Hotéis Fazenda auf www.feriasbrasil.com.br oder www.hotelfazenda.com.br und www.ilocal.com.br.

Tropical Hotels   Diese empfehlenswerten Komfort-Hotels finden sich meist in schöner, exponierter Lage, wie in Porto Seguro, Manaus oder Tambaú. Weitere Infos auf www.tropicalhotel.com.br.

Hotel de Charme   Dies ist eine exklusive Hotelkette mit schönen Häusern, viele davon auf dem Lande in herrlicher Lage. Für ein zahlungskräftige Klientel eine sehr gute Wahl. Infos: www.roteirosdecharme.com.br

Apartements   In Städten wie Fortaleza, Recife, Salvador. Rio de Janeiro oder São Paulo können möblierte Zimmer oder Apartements für einen längeren Aufenthalt (ab etwa einer Woche) gemietet werden. Bei der Auswahl sollte darauf geachtet werden, dass sich die Wohnung in einem Gebäude befindet, in dem die Pförtner rund um die Uhr im Einsatz sind.

Bed & Breakfast   Immer mehr im Kommen sind B&B-Unterkünfte, die in den wichtigsten Städten Brasiliens zu finden sind. Informationen auf www.bbbrasil.info oder www.camaecafe.com.br.

Motels   Die bunt beleuchteten Motels an den Ein- und Ausfallstraßen der Vororte großer Städte sind keine Unterkünfte für gestresste Autofahrer, sondern Zufluchtsorte für Liebespaare. Der Preis für die Zimmer variiert nach Ausstattung und der verbrachten Zeit.

Pousada Literária de Paraty

Essen & Trinken

Frühstück Der *Café da manhã,* das Frühstück, besteht meist aus Kaffee, Tee oder heißer Milch, gebratenen Eiern *(ovos fritos),* Marmelade *(marmelada),* Käse *(queijo),* Schinken *(presunto),* Weißbrot *(pão careca)* und Obst *(frutas).* In einfachen Hotels und Pousadas fällt die morgendliche Mahlzeit oft bescheiden aus. In den besseren Hotels gehört ein umfangreiches Büffet mit Wurst, Käse, Eiern, Gebäck sowie Früchten, Müsli und Kuchen zum Standard.

Mittagessen Das Mittagessen, *Almoço,* wird zwischen 12 und 14 Uhr eingenommen Die schmackhaften schwarzen Bohnen *(feijão preto),* Reis *(arroz)* Pommes frites *(batata frita)* und Maniokmehl *(farinha)* gehören fast immer dazu. Dazu kommt häufig noch Hühnchen *(frango)* oder Rindfleisch *(bife).* In den ärmeren Familien ist Reis mit schwarzen Bohnen *(arroz com feijão)* das Alltagsgericht.

Abendessen Das Abendessen, *jantar,* kommt zwischen 19 und 20 Uhr auf den Tisch und ist ebenfalls warm. Wer im Restaurant mit Freunden essen möchte, verabredet sich meist zwischen 20 und 22 Uhr, eine Reservierung wird erwartet.

Restaurants In sehr einfachen Restaurants gibt es nur den *Prato feito* oder den *Prato do dia,* ein einfaches, preiswertes Tagesessen ohne Vorspeise und Nachtisch. Familienrestaurants servieren Gerichte der Region. Preisgünstige Speisen werden als *Comercial* oder *Refeição* angeboten und reichen in der Regel für zwei Personen, im Nordosten sogar oft für drei Personen (die Bedienung fragen). Die Preise verstehen sich meist inkl. Bedienung. In den Gourmet-Restaurants der Großstädte ist die Speisekarte umfassender und abwechslungsreicher, die Portionen fallen jedoch kleiner aus und reichen meist nur für eine Person. Üblicherweise wird auf der Rechnung, die meist für den gesamten Tisch ausgestellt wird, der Service gesondert ausgewiesen. Bei Fleisch- bzw. Grillgerichten den Kellner informieren, ob man das Fleisch gut durch *(bem passado)*, medium *(ao ponto)* oder noch blutig *(mal passado)* haben möchte.

Brasilianische Spezialitäten

Feijoada

Das Nationalgericht Brasiliens ist die *Feijoada,* ein deftiger Bohneneintopf, der aus der Kolonialzeit stammt. Schweine-, Rind-, Bauch- und Suppenfleisch, Rauchspeck und Calabresa (Würstchen) werden mit schwarzen Bohnen *(feijão preto)* und Gewürzen (Lorbeer, Zwiebel, Knoblauch und scharfer Pfeffer) mehrere Stunden lang gekocht. Serviert wird die Feijoada häufig mit Reis, *farofa* (geröstetes Maniokmehl mit Butter), *couve à mineira* (gedünstete Kohlblätter) und Orangenscheiben.

Rodízio

Fleischliebhaber sollten sich den Besuch einer Churrascaria oder Rodíziaria nicht entgehen lassen. Rodízio ist Fleisch satt: pausenlos drehen die Kellner mit großen Fleischspießen ihre Runden zwischen Grill *(churrasqueira)* und Tischreihen (*rodízio* leitet sich ab von *roda* – „Runde, Rad"), um den Gast mit verschiedenen Fleischsorten (Rind, Schwein), Grillwürstchen *(calabresa),* Geflügel oder Hühnerherzen zu bedienen. Wenn Sie an der Reihe sind, deuten Sie mit der Messerspitze auf die gewünschte Stelle des Fleischspießes und der Kellner wird Ihnen gekonnt das Fleischstück vom Spieß schneiden. In einigen Restaurants werden kleine Ampeln auf dem Tisch aufgestellt, die Sie auf grün (ja) oder rot (nein) stellen können, oder dazu grüne und rote Chips ausgegeben. Je nach Größe und Ambiente der Churrascaria oder Rodíziaria ist der Einheitspreis fürs Rodízio sofort oder nach dem Essen zu bezahlen. Beim Rodízio ist das Beilagen- und Salatbüffet im Preis inbegriffen, Getränke und Nachtisch werden gesondert berechnet.

Frutos do Mar und Crustáceos

Die brasilianische Küste ist ein Eldorado für Liebhaber von **Fisch- und Meeresfrüchten,** und nirgendwo können so günstig Meeresfrüchte und Krustentiere gegessen werden wie an Brasiliens Atlantikküste. Je kleiner das Fischerdorf und rustikaler die Kneipe, desto günstiger das Angebot. „Renner" sind *camarão* (Garnelen , Shrimps) in unzähligen Variationen, *ostras* (Austern), *mexilhão* (Muscheln), *caranguejos* (Krebse) und *lagosta* (Hummer).

Neben *peixadas* (gekochter Fisch) und *calderada* (eine Art Fischsuppe) gehört die *moqueca* zu den typischen Gerichten: Fisch und/oder Meeresfrüchte, gekocht mit Paprika, Zwiebeln und Tomaten in Kokosmilch und Öl. Köstlich sind auch *moqueca de camarão* (Krabben), *de polvo* bzw. *lula* (Tintenfisch) und *moqueca de langosta* (Langusten).

Gebäck   Landestypisch sind *docinhos* (Süßgebäck) und *salgadinhos* (Salzgebäck), die als Zwischenmahlzeiten bei Festen, Geburtstagsfeiern und anderen Anlässen gereicht werden. Docinhos werden mit gezuckerter Kondensmilch zubereitet und mit Nelken und Zimt verfeinert, wie *Docinhos de côco, Quindim* oder *Brigadeiro* (Schokoladenbällchen). Die bekanntesten Salgadinhos sind *Pastéis, Coxinhas de Galinha, Croquetes* und *Empadinhas*.

Caipirinha   Grundlage für die Caipirinha ist der Zuckerrohrschnaps *Cachaça* mit zerdrückten Limonenstücken und ihrem Saft sowie weißer Rohrzucker und zerstoßenes Eis. Sollte für die Zubereitung Rum verwendet werden, heißt das Getränk *Caipiríssima*, bei Verwendung von Wodka *Caipirosca*.

Guaraná   Aus der sehr koffeinhaltigen Frucht des Guaraná-Busches wird ein beliebtes Erfrischungsgetränke gewonnen, die besonders Kinder gerne trinken und damit der Coca-Cola eine Absage erteilen.

Água de Côco   An den Stränden bieten Kokosnussverkäufer oder Strandbaraquas gekühlte Kokosnüsse an, die mit der Machete geöffnet werden. Zur „Veredelung" kann dem glasklaren Kokoswasser – nicht zu verwechseln mit Kokosmilch – auch Rum oder Zuckerrohrschnaps zugesetzt werden.

Sucos und Vitaminas   In den unzähligen Saftbars werden frisch gepresste Fruchtsäfte *(sucos)* angeboten, die auf Wunsch mit zerstoßenem Eis und/oder Zucker serviert werden. Mit Milch zubereitete werden die Säfte als *Vitaminas* bezeichnet.

Batidas   Grundlage der schmackhaften Mixgetränke mit tropischen Fruchtsäften, wie z.B. Ananas, Limonen, Kokos oder Maracuja, ist *Cachaça*. Zur Verfeinerung wird häufig Zucker und Kondensmilch beigemischt.

Bier   Die leichten und dennoch sehr schmackhaften brasilianischen Biere entsprechen dem deutschen Reinheitsgebot und werden meist in eisgekühlten 600 ml-Flaschen verkauft. Die bekanntesten Marken sind *Antárctica, Brahma, Itaipava, Kaiser, Bohemia, Cerpa, Xingu* (Schwarzbier) und *Skol*. Fassbier nennt man *Chopp* oder *Chope*.

Wein   Die Serra Gaúcha im Süden Brasiliens um die Orte Bento Gonçalves, Flores da Cunha, Garibaldi und Caxias do Sul ist für ihre guten Weine bekannt. Seit 1875 werden hier durch deutsche und italienische Einwanderer bzw. deren Nachfahren Weinreben angebaut. Im Juli finden gemütliche Weinfeste statt. Die Weingüter können das Jahr hindurch besucht werden, inkl. Verkostung, auch von Sekt und köstlichen *Breezern,* leicht alkohol- und kohlensäurehaltige Fruchtsäfte, die „Renner" im Süden Brasiliens. Ein geschmacklich aufregender Tropfen ist der *Siará,* der durch Cajú-Früchte (Cashew) fermentiert wird.

Freizeit- und Extremsportarten

Brasilien ist ein Paradies für die unterschiedlichsten Sport- und Freizeitaktivitäten – die hier durchwegs zu erschwinglichen Preisen angeboten werden. Ein gutes Portal, um sich über Extrem- und Outdoor-Sportarten zu informieren, ist www.brazil-adventures.com.

Reiten   In vielen Naturschutzgebieten und Hotéis Fazendas werden geführte Pferdetouren *(cavalgadas)* angeboten. Dabei können Sehenswürdigkeiten (Höhlen, Felszeichnungen, spektakuläre Ausblicke) und unwegsame Gebiete abseits der Straßen und Wege erreicht werden. Beliebt sind Ausritte im Pantanal und auf dem São Joaquim Adventure Trail, um Flora und Fauna hautnah zu erleben. Im Bundesstaat

Paraglider über
Rio de Janeiro

Minas Gerais können Teilstrecken der alten Goldstraße *Estrada Real* mit dem Pferd erkundet werden. Infos über Trails, Ranchs und Viehtrieb: www.ridingbrazil.de.

Tandemflug Besucher Rio de Janeiros können die Drachenflieger am Strand Praia do Pepino oder von São Conrado landen sehen. Ihre Absprungrampe liegt knapp 600 Meter höher auf dem Pedra Bonita. Wagemutige können sich als Co-Flieger beim Tandemflug (s. Service Rio) mit in die Tiefe stürzen. Bildergalerie und Videos auf www.megafly.com.br.

Taucher im klaren Wasser der Bucht von Paraty mit Sicht bis zu 10 m und mehr

Tauchen
Mergulho
Die besten Tauchgebiete Brasiliens finden sich beim Archipel Fernando de Noronha. Weitere lohnenswerte Tauchziele gibt es insbesondere an der Costa del Sol um Arraial do Cabo, beispielsweise bei der vorgelagerten Ilha Áncora, und an der Costa Verde, z.B. in der Umgebung von Paraty und vor der Ilha Grande.

Zahlreiche Tauchschulen bereiten auch Anfänger auf das Unterwassererlebnis vor. Eine Übersicht über interessante Tauchgebiete bietet www.brasilmergulho.com.

Kleine Gebrauchsanleitung für Brasilien

Die Brasilianer begrüßen sich je nach Tageszeit *mit „Bom dia" – „Boa tarde" – „Boa noite"* und mit dem Zusatz *„Como vai voçê?"* (Wie geht es Euch?). Der Begrüßte antwortet mit *„Tudo bem, e voçê?"* (Gut, und Euch?) oder mit *„Eu vou bem, obrigado!"* (Mir geht es gut, danke der Nachfrage!). Gute Freunde begrüßen sich mit *„Oi!"* (Hallo). Unter Frauen und zwischen Männern und Frauen küsst man sich beim Händegeben flüchtig rechts und links auf die Wangen. Zur Verabschiedung gibt's wieder Küsschen, je nach Bekannt- und Freundschaftsgrad mit einem anderen Zusatz: *„Foi um prazer conhecê-lo"* (Es war mir eine Freude, Sie kennenzulernen), *„Até logo!"* (bis bald!) oder *„Tchau"* (Tschüss). Respektspersonen, Ältere oder Fremde werden je nach Geschlecht mit *Senhora* oder mit *Senhor* angesprochen (höfliche Form des Siezens).

Im Restaurant wird der Kellner oder die Bedienung je nach Geschlecht mit *Garçon* (m) oder *Moço* bzw. *Garçonette* (f) oder *Moça* gerufen. Oft hört man in Kneipen auch ein gezischtes *„psiu"*, um die Aufmerksamkeit der Bedienung auf sich zu lenken, dies gilt jedoch als unhöflich.

Die wichtigsten Höflichkeitsformeln sind *com licença* (mit Erlaubnis), wenn man beispielsweise in einer Menschenmenge oder im Bus durchgelassen werden möchte, oder *me dê licença* (ist es mir gestattet?), um sich auf einen freien Platz im Bus, Restaurant usw. setzen zu dürfen. Vergessen Sie Stress, Hektik und Eile. Die Mentalität der Brasilianer ist gelassen, entspannt und *tranqüilo*. Lassen Sie sich anstecken, hetzen Sie nicht von Sehenswürdigkeit zu Sehenswürdigkeit, sonst verpassen Sie den brasilianischen Alltag.

Nicht ärgern, wenn etwas nicht auf Anhieb klappt. In Brasilien gehen die Uhren langsamer und ungenau, die Menschen haben Zeit für einen *bate-papo* (Tratsch). Das brasilianische Lebensmotto heißt: *„Pra tudo se dá um jeito! – Es gibt für alles eine Lösung"* (in Sinne von Ausweg)!

Brasilianer lieben dröhnende **Musik** und **Lärm**. Es ist üblich, überdimensionierte Musikboxen zur Beschallung aufzustellen. Auch ein laut plärrender Fernseher stört in vielen Restaurants keineswegs.

Brasilianerinnen und Brasilianer flirten viel und gerne. Das macht Spaß und bereitet Freude, doch niemand betrachtet das als allzu ernsthafte Aufforderung.

An Stadtstränden ist Nacktbaden oder Oben-ohne tabu. Für FKK-Anhänger sind besondere Strände ausgewiesen.

Brasilianer sind extrem gastfreundlich, allerdings werden oft auch Einladungen ausgesprochen, die nicht allzu ernst gemeint sind. Eine seriöse Einladung erfolgt meist erst nach Klärung der sozialen Stellung. Der Eingeladene bestätigt *(confirmação)* diese dann telefonisch oder mündlich.

Unpünktlichkeit gehört in Brasilien zur Höflichkeit: Verspätungen bis zu zwei Stunden sind normal, nur bei einer Einladung zum Essen sollte die Grenze enger gesetzt werden. Pünktlich starten dagegen die Flugzeuge und die Fernbusse. Aber auch der Geschäftspartner erwartet Sie zur *hora fixa*.

Viele Brasilianer lieben es, sich gegenseitig auf den Arm zu nehmen, zu frotzeln und über den anderen herzuziehen. Beleidigt sein würde bedeuten, die lockere Stimmung zu verderben.

Üben Sie keine Kritik an Brasilien und seinen Menschen, wenn Sie sich Freunde machen wollen. Sprechen Sie lieber über das, was Ihnen an Brasilien gefällt: z.B. die schöne Landschaft, die Freundlichkeit der Menschen und das schmackhafte Essen.

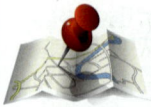

Bitte schreiben oder mailen Sie (verlag@rkh-reisefuehrer.de), wenn sich in Brasilien Dinge verändert haben oder Sie Neues wissen. Wir beantworten jede Zuschrift. Danke!

Land und Leute

Landesnatur

Brasilien ist ein Land mit kontinentalen Ausmaßen: Die Ost-West-Ausdehnung beträgt 4320 Kilometer, die Nord-Süd-Distanz ist mit 4400 Kilometer fast genau so groß. Annähernd die gesamte Landesfläche von 8,5 Qudratkilometern liegt zwischen Äquator und südlichem Wendekreis. Die Atlantik-Küstenlinie hat eine Länge von 7367 Kilometer.

Drei natürliche Großräume prägen die Brasiliens Topografie: das **Brasilianische Berg- und Tafelland** (oder **Planalto**), das **Amazonastiefland** und das **Bergland von Guayana.**

Südöstlich des Amazonasbeckens erhebt sich der **Planalto** bzw. das **Brasilianische Berg- und Tafelland** in Form eines flächenhaft abgetragenen Gebirgskörpers (Rumpfgebirge). Mit rund 6 Mio. qkm ist der Planalto der größte Landschaftsraum Brasiliens. Geologisch ist er ein äußerst altes Massiv aus metamorphen Gesteinen (Glimmerschiefer, Quarz, Gneis) des südamerikanischen Urkontinents. Seine durchschnittliche Höhe beträgt nur 500–1000 Meter, nach Süden und Osten steigt er auf über 2000 Meter an und bricht im Südosten als **Serra do Mar** (Küstengebirge) steil zum Atlantik ab. Einige Gebirgsabschnitte reichen dabei bis ans Meer, wie z.B. in São Francisco do Sul, entlang der Costa Verde oder in Rio de Janeiro. Im Westen geht der Planalto in das Tiefland der **Pampa** und des **Chaco** über. Im Zentrum erstrecken sich die **Campos cerrados,** Savannen mit lichtem Baumbestand, und im Nordosten die **Caatingas,** Trockengebiete mit Dorngewächsen, begrünt nur während der kurzen Regenzeit.

Amazonastiefland

Mit einer Fläche von 3,6 Mio. qkm erstreckt sich das Amazonastiefland von den Andenabhängen bis zum Atlantik und nimmt nahezu ein Fünftel des südamerikanischen Kontinents ein. Brasilien besitzt am Amazonastiefland anteilig 2,3 Mio. qkm (27% seiner Landesfläche). Das Amazonasbecken ist das größte zusammenhängende Regenwaldgebiet der Erde.

Als vor der Kontinentalverschiebung Afrika und Südamerika noch zusammenhingen, war der Ur-Amazonas die Fortsetzung des afrikanischen Nigerflusses und mündete in den Pazifik. Vor 600 Mio. Jahren,

BRASILIENS
VEGETATIONS-
ZONEN

Labels on map: Rio Negro, Manaus, Amazonas, Belém, Fortaleza, Tapajós, Madeira, Amazonas-Regenwald, Tocantins, Caatinga, Recife, São Francisco, Campo Cerrado (Savannen), Cuiabá, Salvador, Brasilia, Paraguay, Pantanal, Mata Atlântica, Paraná, Rio de Janeiro, São Paulo, Pôrto Alegre, Grasland

im Paläozoikum, war das Amazonasbecken eine überdimensionale Ausbuchtung des Ur-Pazifiks. Als sich die Anden vor etwa 25 Millionen Jahren auffalteten, war der Abfluss des Amazonas in den Pazifik versperrt. Die Wassermassen sammelten sich in einem riesigen Binnensee. Erst vor etwa 5 Millionen Jahren bahnte sich der Amazonas schließlich seinen heutigen Weg nach Osten in den Atlantik.

Der Amazonas ist über 6850 Kilometer lang und wird von über 200 Nebenflüssen gespeist. Allein 17 Nebenflüsse sind länger als der Rhein. Der Amazonas fließt sehr träge, sein Gefälle ist äußerst gering: Auf über 1600 Kilometern, von Manaus bis zur Mündung, sind es nur 100 Meter Höhenunterschied.

Bergland von Guayana

Mit 400.000 qkm (5% der Landesfläche) ist das Bergland von Guayana der kleinste Landschaftsraum mit den höchsten Bergen Brasiliens und, weil im äußersten Norden, der abgeschiedenste. Höchste Erhebungen sind *Pico da Neblina* (3014 m), *Pico 31 de Março* (2992 m) und der im Dreiländereck von Guyana, Venezuela und Brasilien liegende *Monte Roraima* (2875 m).

Die Tafelberge und weitläufigen Plateaus sind Teil eines abwechslungsreichen Landschaftsbildes, das im Osten nahezu abrupt durch die Senkungszone des Rio Branco unterbrochen wird. Den schroffen südlichen Abbruch zum Amazonastiefland durchschneiden Flüsse mit zahlreichen Stromschnellen und Wasserfällen, die das Vordringen in diesen Landschaftsraum erschweren. Die Region ist wenig erschlossen und ein Rückzugsgebiet der Kariben.

Naturlandschaften in Brasiliens fünf Großregionen

Norte

Zum tropischen Norden gehören die Staaten *Amazonas, Pará, Rondônia, Acre, Tocantins, Amapá* und *Roraima*. Die 4,5 Mio. qkm große Region (ca. 53% der brasilianischen Landesfläche) beidseits des Äquators ist die am wenigsten besiedelte Brasiliens. Prägend sind der Amazonas-Regenwald, das größte zusammenhängende Regenwaldgebiet der Erde, und der Amazonas, die wichtigste Verkehrsader Nordbrasiliens.

Nordeste

Der Nordosten an der Atlantikküste gliedert sich in drei geografische Teilgebiete: **Litoral** (Küste), **Agreste** (Hochplateau) und **Sertão** (Halbwüste).

Als **Litoral** bezeichnet man die 40–60 Kilometer breite Küstenebene mit unendlich langen Sandstränden, palmengesäumte Buchten, Dünen, vorgelagerten Inseln mit Riffen und Lagunen. Der Litoral ist sehr fruchtbar und wird geprägt von Kakao-, Mais-, Bohnen-, Ananas-, Baumwoll- und Zuckerrohrplantagen. Ursprünglich wucherte dort Küstenurwald, der für den Zuckerrohranbau abgeholzt wurde.

Der Litoral geht über in den **Agreste,** ein flachwelliges Hochplateau von 400–800 Meter Höhe, das aus einer großen Rumpfscholle mit steil abfallenden Hängen und steinigen Böden besteht. Die Vegetation ist spärlich bis dicht. Größter Fluss ist der Rio São Francisco, der über Stufen und durch Schluchten mit Wasserfällen in einem großen Bogen dem Atlantik zustrebt.

Der Agreste fällt nach Westen ab und geht über in den **Sertão,** eine Halbwüste, die etwa 60% des Nordeste bedeckt. Den Sertão kennzeichnet kristallines, steiniges, oft tafelförmiges Land mit Inselbergen. Obwohl tropisch, bleiben Niederschläge oft gänzlich aus, was lang anhaltende Dürreperioden zur Folge hat. Das sehr karge und trockene Gebiet ist zu zwei Dritteln mit *Caatinga-Vegetation* bedeckt, Trockenbaumbewuchs mit Dorngewächsen und Sträuchern, grün nur während der kurzen Regenzeit.

Der Mittlere Westen wird vom Hochplateau *(Planalto brasileiro)* des Brasilianischen Berg- und Tafellandes dominiert. Im Südwesten begrenzt es die Schwemmlandebene des Pantanals, ein einzigartiges Naturrefugium. Mit Ausnahme der bis zu 1500 Meter hohen Ebene der **Chapada dos Veadeiros** in Goiás ist das Berg- und Tafelland des Mittleren Westens von geringer Höhe und neigt sich leicht nach Norden bis zur **Serra do Cachimbo.** Die Hochebene von Mato Grosso in Höhe des *Parque Nacional das Emas* ist die Wasserscheide zwischen dem Amazonasbecken und dem Paraguay- bzw. dem Paranábecken.

Centro-Oeste

Drei Gebiete des Mittleren Westens sind Tief- und Flachländer: der **Pantanal** und die Niederungen entlang der Flüsse *Araguaia* und *Xingu.* Die Hochflächen bestehen überwiegend aus **Cerrados,** offenen Baumsavannen. In der niederschlagsreichen Zeit überschwemmen Flüsse, wie z.B. der Rio Paraguay, den Pantanal und versorgen ihn mit Nährstoffen.

Sudeste

Charakteristisch für den Südosten ist die **Serra,** ein Hochland, das stufenweise nach Osten auf 800–1000 Meter ansteigt und über die **Serra do Mar,** einem bis zu 2500 Meter hohen bewaldeten Küstengebirge, steil zum Meer abfällt. Dieser Umstand macht z.B. Rio de Janeiro mit seiner spektakulären Naturkulisse aus **Küstenurwald** und **Kegelbergen** zum wohl schönsten Stadtpanorama der Welt. In den präkambrischen Schichten des talreichen Berglandes von Minas Gerais befinden sich umfangreiche Mineralienlager (Gold, Diamanten, Mangan und Erze).

Sul

Geografisch ist der Süden die Fortsetzung des Hochlandes im Südosten, das von vielen Flussläufen und Tälern durchbrochen und an der Atlantikküste durch das gewaltige Küstengebirge **Serra do Mar** begrenzt wird. Weiter südlich wird das Küstengebirge immer flacher, und auch das Hochland weicht langsam der **Campanha Gaúcha,** der Graslandschaft der Pampa.

Sumpflandschaft
Pantanal

Amazonien –
zwischen Faszination und Resignation

Ökosystem
Regenwald

Das größte tropische Waldgebiet der Erde ist der Amazonasurwald. Er bedeckt fast die Hälfte der Gesamtfläche Brasiliens und setzt sich in den Nachbarländern fort.

Wichtiges Kriterium des Ökosystems „Regenwald" ist die außerordentliche Vielfalt unterschiedlicher Tier- und Pflanzenarten, Biodiversität genannt. Allein auf einem Hektar finden sich gut 500 Baumarten. Schon ein einziger Baum stellt ein autarkes Öko- und Nährstoffsystem dar, das sich aufgrund der kalk- und nährstoffarmen Urwaldböden über Jahrtausende hinweg entwickelt hat. Obwohl „immergrün", erneuert er nach und nach sein Blätterkleid. Die abgeworfenen Blätter verrotten mit Hilfe von Pilzen, Ameisen und Larven schnell zu Biomasse, deren Nährstoffe der Baum über seine Wurzeln wieder seinen Lebenszyklus zurückholt. Das ist für den Baum lebensnotwendig, da der Urwaldboden nur eine wenige Zentimeter dicke Humusschicht aufweist. Ein perfektes, aber sensitives Ökosystem.

Tropenholz
für die Welt

„Über-
wachung
der
Zerstörung"

Die Zerstörung des tropischen Regenwaldes in Amazonien schreitet schneller voran als je zuvor. In der Vergangenheit wurden alljährlich Flächen von weit mehr als 10.000 qkm unwiederbringlich zerstört. Noch sind zwei Drittel der Regenwaldgebiete in Amazonien intakt, doch rücksichtslose Erschließung durch Brandrodung, Holzeinschlag, extensive Viehhaltung, Bevölkerungsdruck und Ausbeutung der Ressource Wald für industrielle Zwecke oder für großlandwirtschaftliche Produktion bedroht den Urwald ständig weiter.

2002 führte die brasilianische Regierung das hochmoderne Urwald-Überwachungssystem **Sivam** ein. Radar- und satellitengestützt soll das milliardenteure Projekt sowohl die Landnutzung als auch den Luftraum und die Aktivitäten der illegalen Holzfirmen im Amazonasgebiet kontrollieren.

Stockwerke des tropischen Regenwaldes

Tieflandregenwald setzt sich aus einem vertikalen, drei- bis fünfstufigen Baumstockwerk zusammen und mit einer zusätzlichen Strauch- und Bodenvegetationsschicht. Meistens sind die Stockwerke nicht klar ausgebildet. Die höchsten Bäume, die bis zu 60 Meter hohen Urwaldriesen, sogenannte Überständer, überragen das Kronendach des 2. Baumstockwerks. Dieses setzt sich aus einer großen Zahl verschiedene Baumarten zusammen, die Höhen von 20 bis 40 Meter erreichen. Bis etwa 20 Meter sind Baumstämme astfrei, bilden dann aber breite und manchmal verwachsene Kronen, die oft durch Lianen verbunden sind. Sie sind das Habitat für eine enorme Tier- und Pflanzenvielfalt, z.B. für Epiphyten, Bromelien und Baumfarne.

Das **unterste Stockwerk** bilden niedrige Bäume, Sträucher und krautige Bodenpflanzen. Die Pflanzen hier müssen mit extrem wenig Licht auskommen, sie führen ein regelrechtes „Schattendasein", nur etwa 1–3 Prozent des Sonnenlichts erreicht den Urwaldboden. Auf heruntergefallenen Ästen und umgestürzten Baumstämmen breiten sich Pilze und Keimlinge aus. Riesige, mehrere Meter starke Brettwurzeln gewährleisten die Standfestigkeit der Urwaldriesen.

Gäste auf Ästen

Weil sie in der Dunkelheit des Urwaldbodens nicht wachsen können, besiedeln viele Pflanzen höhere, lichthelle Äste von Wirtsbäumen. Man nennt sie „Aufsitzerpflanzen" oder **Epiphyten.** Dazu zählen viele Farne, Moose und Orchideen. Über speziell entwickeltes Speichergewebe nehmen sie Feuchtigkeit und die darin enthaltenen Nährstoffe auf. Da das Angebot sehr gering ist, wachsen Epiphyten sehr langsam.

Bromelien sind gleichfalls Epiphyten, die zum Überleben eine besondere Strategie entwickelten: Ihre Blätter formen einen kleinen

Aufsitzer-
pflanze

Trichter, in dem sich Regenwasser, Mückenlarven, Einzeller, Würmer und andere Kleinstlebewesen sammeln, von deren Ausscheidungen die Pflanze dann mittels eingewachsener feiner Wurzeln lebt. Die undankbarsten Aufsitzer sind die **Baumwürger,** z.B. die Würgefeige (Gattung *Ficus*). Sie beginnt klein und unscheinbar, lässt ihre Wurzeln durch die Luft oder am Stamm entlang zu Boden wachsen und bekommt dort üppig Nahrung. Schließlich verholzt das anfänglich dünne Wurzelwerk zu einem starken Hüllgeflecht rings um den Stamm, das schließlich den Wirtsbaum regelrecht erwürgt.

Amazonas-Wasserfärbungen und Flusstypen

Die Flusstypen im Amazonasbecken unterscheiden sich durch ihre unterschiedlichen Wasserfärbungen. Am augenfälligsten sichtbar wird dieses Phänomen bei den *Encontros das Águas,* beim Einmünden von Nebenflüssen in den Amazonas. Berühmte Beispiele: das Aufeinandertreffen des schwarzgrünen Rio Negro mit den lehmbraunen Fluten des Solimões bei Manaus oder das Klarwasser des Tapajós in den Amazonas bei Santarém. Ursache der hellen bis dunklen Wasserfärbungen sind die verschiedenen Bodenarten in den Quellregionen.

Weißwasser,
Águas
brancas
Weißwasserflüsse haben ihr Quellgebiet meist in den niederschlagsreichen östlichen Abhängen der Andenkordilleren. Von dort führen sie die für das Schwemmland besonders fruchtbaren Tonmineralien mit, z.B. Kaolinit. Kaolinit verleiht dem Wasser seine hellgelbe, lehmige und trübe Grundfarbe, was als Weißwasser bezeichnet wird. Zu den großen Weißwasserflüssen gehören Amazonas, Rio Purus und Rio Madeira.

Den trüben Lichtverhältnissen in diesen Flüssen haben sich viele Fische, Flussdelfine und Rochen angepasst und bewegen sich mit

Santarem an
der Mündung
des Tapajós in
den Amazonas

akustischer Ortung fort. Heimisch sind dort die größten Süßwasser-
fische der Erde, die bis zu acht Meter langen *Arapaimas,* Zitteraale
(poraquês) sowie etwa vierzig Piranha-Arten. An Weißwasserflüssen
liegen oft sogenannte „Schwimmwiesen" mit Wasserhyazinthen,
Wassersalat und der Riesenseerose *Vitória-régia,* zugleich Lebensraum von Seekühen *(peixe-bois)* und Tapiren *(antas)*.

Klarwasser
Águas claras

Alle südlichen Nebenflüsse des Amazonas, mit den Ausnahmen Rio
Madeira, Rio Purus und Rio Juruá, sind Klarwasserflüsse. Große Klarwasserflüsse sind *Araguaia, Tocantins, Xingu* und *Rio Tapajós.* Sie ent-
springen in den Höhen und Plateaus des Brasilianischen Berglandes
oder dem Bergland von Guayana. Da beide Bergländer viel älter als
die Andenkordilleren sind, transportieren die Flüsse nur wenige
Mineralien und Schwebstoffe. Die Flüsse fließen in nahezu klarem
Zustand und mit Trichtermündungen in den Amazonas.

Schwarz-
wasser
Águas pretas

Schwarzwasserflüsse sind im Allgemeinen alle nördlichen Nebenflüsse des Amazonas, mit Ausnahme des Rio Branco. Große Schwarzwasserflüsse sind z.B. *Rio Trombetas* oder *Rio Negro.* Die Farbe des
Wassers schwankt von kaffeebraun über schwarzblau bis zu dun-
kelgrün. Ausgewaschene Bleichsandböden und pflanzliche Überreste, die der Fluss mitschwemmt, verursachen die dunkle Farbe.
Zusätzlich ist das saure Wasser (pH-Wert 4) stark mit gelösten Humin-
und Flivosäuren angereichert und lässt wenig Licht für die Plankton-
produktion durch. In nur einem Meter Wassertiefe herrscht bereits
völlige Dunkelheit. Speziell der Rio Negro ist durch seine hohe Fließ-
geschwindigkeit extrem nährstoffarm. So finden nur wenige Fische
ausreichende Lebensbedingungen, hier sind die Neon- und Glüh-
lichtsalmler zuhause. An den Schwarzwasserflüssen sind auch verstärkt *Igapó*-Wälder anzutreffen, die während der Überschwem-
mungszeit völlig überflutet werden.

Amazonas-Wörterbuch

Das feuchtwarme Klima im Amazonasbecken sorgt, trotz saurer, nährstoffarmer Böden für eine äußerst mannigfaltige Flora. Den Westen und das Zentrum des Amazonasbeckens prägen geschlossene Tropenwälder, den Osten Feuchtsavannen.

Je nach jahreszeitlicher Überflutung und Gewässertyp bildeten sich entlang des Amazonas und seiner Nebenflüsse unterschiedliche Naturphänomene. Ausgehend vom Flussbett eines Urwaldflusses bilden sich folgende Naturräume und Phänomene:

**Galerie-
wälder**
*Matas de
Galeria*
sind flussparallele und im Grundwasser wurzelnde, mehr oder weniger schmale Bänder lichter Überschwemmungswälder. Auch die Seitenarme der Flüsse *(paranás, furo)* werden von ihnen begleitet. Ihre Nährstoffversorgung ist ausgezeichnet. In Wassernähe gehen sie über in Gürtel schwimmender Gräser *(canarana)* und bilden mit Erde Wälle gegen leichte Überflutungen.

Campos In Amazonien sind damit überschwemmbare Grasfluren in den Flusstälern gemeint.

Várzea-Seen Várzea-Seen können bis zu 30 Kilometer breit und 100 Kilometer lang werden. Es gibt sowohl permanent unter Wasser stehende Várzea-Seen mit Wasserhöhen bis zu fünf Metern während der Regenzeit, als auch trockengefallene oder verschlammte. Das sie überflutende Wasser verändert ihr Erscheinungsbild ständig.

Várzeas sind somit fruchtbare, baumarme **Überflutungsflächen** (Auen), die es überall im Amazonasgebiet in flussnahen Bereichen gibt. Várzea-Wälder sind echte Auenwälder und wachsen weniger hoch.

Igapó Der amazonische Igapó- bzw. **Überschwemmungswald** *(caa-igapó)* wird mindestens für sechs Monate im Jahr überflutet, das Wasser kann nach Einsetzen der Regenzeit Höhen bis zu 12 Meter erreichen. Dann zieht es viele Fische in den Igapó, wie z.B. der Nüsse knackende

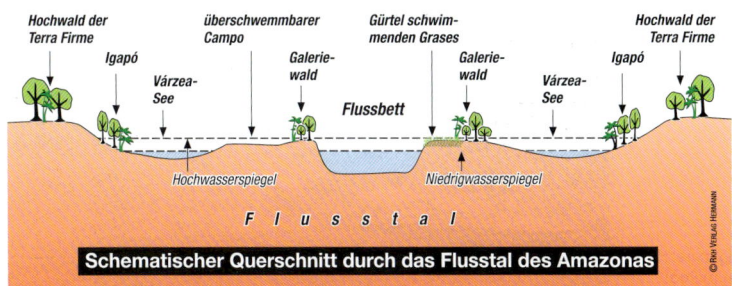

Schematischer Querschnitt durch das Flusstal des Amazonas

Igapó-Wasser-
wald mit
Brettwurzel

Tambaqui oder den *Arowanha,* der die vom Wasser eingeschlossenen Käfer und Insekten mit einem pfeilschnellen Sprung aus dem
Wasser von den Ästen der Bäume „pflückt". Es gibt Igapó-Bereiche,
in denen nur Palmen wachsen, vorausgesetzt, das Wasser steigt
nicht höher als fünf Meter, und Pflanzenarten, die oft bis zu fünf
Monate und länger unter Wasser ohne Sauerstoffzufuhr überleben
können. Die Igapó-Überschwemmungswälder sind besonders für
die Klar- und Schwarzwasserflüsse typisch, wie z.B. entlang des Rio
Negro. Sie machen 2% des gesamten Amazonasbeckens aus (eine
Fläche etwa so groß wie England).

Igarapé   Igarapés (Guaraní „Wasserpfad, Kanuweg") sind natürliche Urwald-
kanäle oder kleine Fluss-Seitenarme, meist zwischen Terra firme und
Flussinseln *(bolas, tesos),* und sind ein „Markenzeichen" Amazoniens.
In den Mündungsbereichen der großen Urwaldflüsse bilden sie ein

Igaparé, Hütte
und Boot

unüberschaubares Wasserlabyrinth mit Inseln, sind die Wasser-straßen der Tropenwaldbauer. Oft sind sie so eng, dass nur ein Ein-baum hindurchkommt, dann wieder so breit, dass selbst größere Boote hindurchfahren können.

Terra firme ist festes Land, das nicht überschwemmt wird, das aus tertiären Sedimentschichten besteht und auf dem der Hochwald *(caa-eté)* stockt. Mangels Überschwemmung erfährt es keine Nährstoffein-träge durch Flüsse.

Mangue **Mangroven** sind eine Sonderform tropischer Vegetation mit vielen Arten. Es sind salztolerante, immergrüne Pflanzen, die mit ihren lan-gen Stütz- und Luftwurzeln besonders intensiv im Mischungsbereich von Süß- und Salzwasser wachsen und an gezeitenarmen tropischen Flachküsten ein nahezu undurchdringliches Dickicht bilden. Oft ver-wischt der viele Kilometer breite Mangrovengürtel an der Amazonas-mündung und an der Nordküste Brasiliens die Grenze zwischen Land und Meer. Die Braunfärbung des sie umgebenden Wassers rührt von einem Farbstoff, den die Wurzeln absondern.

Tier- und Pflanzenwelt

Brasilien ist das artenreichste Land der Erde, vor allem der riesige Amazonaswald. Nirgendwo sonst auf unserem Planeten findet man eine größere Vielfalt an Tieren und Pflanzen wie in diesem außer-gewöhnlichen Lebensraum. Eine Schatztruhe, die noch viele unge-ahnte Kostbarkeiten und Überraschungen birgt, die noch lange nicht alle entdeckt und erforscht sind.

Fauna

Für viele Tiere ist das Tarnen (Mimikry) durch unauffällige Farben und Formen Voraussetzung, um überleben zu können. Frösche se-hen aus wie abgefallene, verrottete Blätter, andere Tiere wie ein Stück Baumrinde oder ein Ästchen. Die Synthese aus Wasser, Wald und Land ließ besondere Lebensformen, wie z.B. die Fliegenden Fische, entstehen.

Im Regen- und Bergurwald leben Millionen *Insektenarten*, 1670 Vogel-, 100 Fledermaus- und über 420 Säugetierarten (darunter 95 Affenarten). Noch immer sind zahlreiche Spezies nicht klassifiziert oder unerforscht. Unlängst wurden im Amazonasgebiet mit *Callicebus bernhardi* und *Calicebus stephannashi* zwei neue Affenarten entdeckt.

Die touristisch besten Gegenden, um Tiere zu erleben und zu be-obachten, sind der **Pantanal,** die **Ilha do Bananal** und die Randzonen des Amazonasbeckens. Gute Möglichkeiten, beim Schnorcheln bunte

Fische zu bestaunen, bieten die kristallklaren Flüsse um den Ort **Bonito oder Nobres.** Zur Beobachtung von Meerestieren (Delfine, Schildkröten, Fische) sind die Archipele von **Fernando de Noronha** und **Abrolhos** (Wale, Schildkröten, Fische) zu empfehlen. Die Waldgebiete um **Alta Floresta** (Mato Grosso) sind neben dem Pantanal unter Ornithologen ein beliebtes Beobachtungsgebiet.

Erste Tierkontakte machen Brasilienreisende meist mit dem knapp 25 Zentimeter großen, gelbschwarzen und amselgroßen **Bem-te-vi** (Pitangus sulphuratus) oder Schwefeltyrann, der durch sein typi-

sches „bem-ti-vi"-Gezeter – „Gut, dich zu sehen", die Aufmerksamkeit auf sich lenkt. Er ist überall in Brasilien zuhause. Vögel sind charakteristisch für Brasilien, mit ihrem farbenprächtigen Gefieder sind sie Synonym für die exotische Tropenwelt schlechthin, besonders die **Araras** und **Papagaios.** Die bekanntesten Arten sind der blau-gelbe oder Gelbbrustara **Arara-amarela** (Ara ararauna), der hellrote **Arara-vermelha** (Ara macao) bzw. **Ara-**

Arara-azul

kanga und der kobaltblaue **Arara-azul** (Anodorhynchus hyacinthinus) oder Hyazinth-Papagei. Letzterer ist mit über einem Meter Länge der größte Papagei der Welt und gilt als Solitär des Pantanals. Der Bestand der Hyazinth-Papageien wird auf nur noch 3000–5000

Tucanuçu

Exemplare geschätzt, und ihr Überleben ist ungewiss, solange für ein Exemplar auf dem Schwarzmarkt bis zu 20.000 US$ bezahlt werden. Als „Clown des Urwalds" wird der **Tucanuçu** (Rhamphastida) bzw. Tukan- oder Pfefferfresser mit seinem imposanten gelborangen, langen Schnabel bezeichnet. Er wird oft mit seinem kleineren Verwandten, dem **Araçari-castanho** (Pteroglossus castanotis) verwechselt.

Bis zu 30 Flügelschläge in der Sekunde ermöglichen dem **Beija-flor** („Blumenküsser", wie die **Kolibris** in Brasilien heißen), regungslos vor offenen Blütenkelchen zu verharren. Mit langer Zunge saugt er am Nektar und muss dabei auch einen kurzen Moment rückwärts fliegen, um den Schnabel wieder aus der Blüte ziehen zu können. Das schafft sonst kein anderer

Vogel. Mit fünf Zentimeter Länge von der Schwanzspitze bis zum Schnabel ist der kleinste der Hummel-Kolibri, der größte, der Riesenkolibri, misst 20 Zentimeter. Insgesamt wurden 600 Kolibriarten klassifiziert.

Symbol des Pantanals ist der **Tuiuiú** (*Jabiru mycteria*) oder **Jaburu,** der größte Storch des Pantanals. Da er auch tote Fische frisst, wird er auch als „Abfallsammler" bezeichnet. In seiner Nähe halten sich oft die karminroten **Guarás** (*Eudocimus ruber*) oder Sichler auf. Brasilientypisch ist außerdem der **Ema** (*Rhea americana*) bzw. Nandu oder Pampastrauß, der auf der Flucht Geschwindigkeiten bis zu 60 km/h erreichen kann. Seine eingefärbten Federn werden als prächtiger Kopf- und Kostümschmuck beim Karneval verwendet, was Straußenfarmen ein einträgliches Geschäft beschert.

Coati

Weit verbreitet und zutraulich sind die **Coatis** (*Nasua nasua*), die possierlichen Nasenbären. Bei Touristen sind sie gefürchtet, seit sie sich bei den Wasserfällen von Iguaçu zu Banden zusammengerottet haben, um Taschen nach Fressbarem zu durchwühlen. Tollwutgefahr durch Bisse und Kratzer!

Obwohl **Macacos** (Affen) im Amazonasgebiet und im Pantanal oft als Haustiere gehalten und für die Touristen in den Lodges angefüttert werden, sind sie in den Waldgebieten nur schwer zu beobachten. Dafür ist der **Bugio** (Brüllaffe, *Alouatta caraya*) kilometerweit zu hören. Der **Macaco-prego** (*Cebus apella*), ein Kapuzineraffe und Verwandter des **Wollaffen,** gilt als der intelligenteste Neuweltaffe.

Im Urwald sind auch **Preguiças** (Faultiere) heimisch, und **Jabutís** (*Geochelone carbonaria*), eine Schildkrötenart, die bei den Amazonasbewohnern auf der täglichen Speisekarte zu finden ist. Ebenfalls ein Waldbewohner ist der nachtaktive **Anta** (Flachlandtapir, *Tapirus terrestris*), der ein Verwandter des Nashorns ist und sich tagsüber in der geschlossenen Vegetation versteckt.

Faultier

Einige bekannte Schlangenarten kommen nur im Amazonasbecken und im Pantanal vor, wie z.B. die bis zu sechs Meter lange, ungiftige Würgeschlange **Sucuri** (Gelbe Anaconda, *Eunectes noctaeus*),

Anaconda

Vorsicht,
bissig: Kaiman
an der Ufer-
böschung

deren größerer Bruder die **Große Anaconda**
ist (*Sucuri* ist Guaraní und bedeutet „schneller
Tod"). Die Anaconda ist eine gute Schwim-
merin und lauert Tieren auf, die zum Trinken
an den Fluss kommen. Die **Jibóia** *(Boa con-
strictor),* auch als Königsboa oder Abgott-
schlange bekannt, ist ein ungiftiger, nachtakti-
ver Würger mit drei bis fünf Metern Länge. Böse
Bisswunden verursacht die **Jararaca-pintada**
(Bothrops neuwiedi matogrossensis), die Lanzen-
otter. Die 70 Zentimeter lange Giftschlange
wird im Pantanal auch **Boca-de-sapo** (Frosch-
maul) genannt. Die Bissstelle wird auch nach
einer sofortigen ärztlichen Behandlung lebens-
lang sichtbar bleiben.

Im Pantanal sind während der Trockenzeit
an den verbliebenen Wassertümpeln und an
Flussufern leicht viele Tierarten zu beobachten, insbesondere das **Capivara** *(Hydrochoerus
capybara),* der größte pflanzenfressende Nager,
dessen Bestand allein im Pantanal auf 2,5 Mio.
Tiere geschätzt wird. **Urubus** (Rabengeier)
schrecken nicht vor einem neugeborenen
Capivara zurück, und im Wasser lauern zahlreiche **Jacarés** *(Caiman crocodilus yacare),* Brillen-
oder Glattstirnkaimane (nur nördlicher Pantanal) mit bis zu 2,50 Meter Länge. Daneben gibt
es den **Mohrenkaiman** *(Melanosuchus niger)*

Capivara-Trio

oder *Jacaré-açu* mit bis zu sechs Meter Länge (nur in Amazonien), und den **Brauenkaiman** *(Paleosuchus palpebrosus)* mit anderthalb Meter Länge (nur oberer Amazonas).

Zwar sind der Onça-pintada *(Pantera onca,* **Jaguar**) und sein schwarzer Mutant **Panther** *(Pantera negra)* auch im Pantanal anzutreffen, doch sind sie durch Naturzerstörungen mehr bedroht als durch die Wilderei und deshalb in freier Wildbahn nur selten anzutreffen. Häufig wird man den nachtaktiven **Jaguatirica** (Ozelot, *Leopardus pardalis*) antreffen, dessen Bestand auf insgesamt 1,5–3 Millionen Tiere geschätzt wird. In den fischreichen Flüssen, z.B. in denen des Pantanals, jagen **Ariranhas** *(Pteronura brasiliensis)* und Flussotter.

In der halbwüstenartigen Caatinga leben wegen der harten Lebensbedingungen nur sehr genügsame und widerstandsfähige Tiere, wie der **Tamanduá**-bandeira (Großer Ameisenbär, *Myrmecophaga tridactyla*), dessen Vorderkrallen auf das Aufbrechen von Ameisen- und Termitenbauten spezialisiert sind. An einem Tag vertilgt er um die 35.000 Ameisen.

Artenvielfalt herrscht nicht nur in den Flüssen und Seen Amazoniens, auch die Pantanal-Gewässer sind Heimat zahlloser Fluss- und Seenbewohner. Von den über 1500 Fischarten sind am bekanntesten **Dourado** *(Salminus maxillosus),* der bis zu 120 kg schwere **Jaú** *(Palicea luetkeni),* **Pacu** *(Piaractus mesopotamicus),* **Pintado** *(Pseudoplatystoma corruscans),* der schmackhafte **Rote Piranha** *(Pygocentrus nattereri),* **Tambaqui,** **Tucunaré,** der bis zu 200 kg schwere **Paraíba** (Katzenfisch) und der bis zu acht Meter lange **Arapaima** oder **Pirarucú**, der größte Süßwasserfisch der Erde. Mitbewohner sind **Raias** (Rochen), **Tubarões** (Süßwasserhaie) und der außergewöhnliche **Poraquê** (Zitteraal). In einigen Flüssen, wie z.B. im Rio Javaé bei der Ilha do Bananal, ist der **Boto** (Süßwasserdelfin) leicht zu beobachten, während man etwas Glück braucht, um den rosafarbenen **Boto cor-de-rosa** zu sehen. Sehr selten wird man dagegen die vom Aussterben bedrohte Seekuh **Peixe-boi** zu Gesicht bekommen.

Seekuh
Peixe-boi

Flora

Einst war Brasiliens Küstengebirge mit Atlantischem Regenwald (Mata Atlântica) überzogen, der sich von Rio Grande do Norte bis nach Rio Grande do Sul erstreckte und erdgeschichtlich älter ist als der Amazonasregenwald. Abholzung, Brandrodung, Bevölkerungsdruck (Dreiviertel der brasilianischen Bevölkerung wohnt in diesem Landesbereich) und Umweltverschmutzung dezimieren und drängen den Küstenregenwald immer weiter zurück. Deshalb wurden einige Gebiete von der UNESCO zum Weltnaturerbe erklärt. Heute gibt es entlang der Südküste noch einige Restbestände der *Mata Atlântica*, aber nur noch 7% der ursprünglichen Fläche. Dort wachsen der Xaxim (Baumfarn, *Dicksonia sellowiana*) mit gefiederten Blattwedeln und die Fúcsia *(Fuchsia regia)*, die Königsfuchsie. In der Serra Gaúcha im Süden in Rio Grande do Sul wachsen außerdem die letzten **Araukarien** *(Araucaria angustifolia)*, markante, stammgerade Bäume mit pyramidenförmiger Silhouette, die vor allem noch im *Parque Nacional Aparados da Serra* anzutreffen sind.

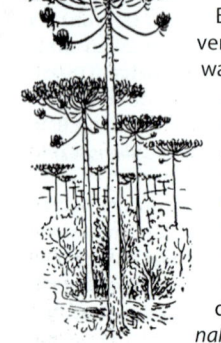

Markant in der Landschaft: Araukarien

Wo früher die Küstenwälder wucherten, haben Städte, Fazendas, Rinderweiden, **Zuckerrohr- und Kaffeeplantagen** ihren Platz eingenommen. Neben Obst- und Gemüsesorten werden auch Tropenfrüchte wie **Manga** (Mango), **Abacaxi** (Ananas), **Mamão** (Papaya), **Maracujá** (Purpurgranadilla, Passionsfrucht), **Caju** (Kaschu- bzw. Cashewnuss) und **Abacate** (Avocados) angebaut.

Die Vegetation des **Amazonastieflandes** ist ein komplexes Öko-System, das in verschiedene Stufen eingeteilt ist. Von den über 2500 Baumarten werden einige bis zu 50 Meter hoch. Sie wachsen zum großen Teil im überschwemmungsfreien Gebiet der *Terra firme*. Der **Aguano** (Mahagoni) und der **Castanheira** (Paranussbaum) *(Bertholletia excelsa)*, aber auch viele Palmenarten sind hier heimisch. Im Amazonastiefland, aber auch in den Trockenwäldern, kommt der mächtige, bis zu 60 Meter hohe **Sumaúma** (Kapokbaum, *Ceiba pentandra)* mit seinen auffallenden, meterhohen Brettwurzeln vor (im Urwaldpark des *Museo Goeldi* in Belém kann man einen bewundern). In den südlichen Überschwemmungswäldern des Amazonas wächst der bis zu 30 Meter hohe **Seringueira** (Kautschukbaum, *Hevea brasiliensis)*, der nach wie vor wichtig für die Naturlatex-Gewinnung ist. Aus dem Fruchtkernen des **Urucum-** oder Orleansstrauchs *(Bixa orellana)* wird der rote Farbstoff *Bixin* gewonnen, mit dem sich viele Amazonas-Ureinwohner die Haut oder die Haare färben. Leichter als Kork ist das schnellwachsende Holz des 30 Meter hohen **Pau-de-**

Wird oft in der bras. Küche verwendet: *Caju*, Cashewnuss

Urucum- oder
Orleans-
strauch

Açaí

balsa (Balsabaum, *Ochroma lagopus),* der nicht nur im Amazonasbecken vorkommt.

Die Palmenart **Açaí** (Kohlpalme, *Euterpe oleracea*) ist typisch für die niedrigliegenden, meist unter Wasser stehenden Igapós (Überschwemmungswälder). Der tierarme Lebensraum der Igapówälder ist mit **Coccolobas** (Traubenbäume), **Acapuranas** *(Campsiandra laurifolia)* und Kirschmyrten bestanden. In den nährstoffreichen, nur periodisch überschwemmten Várzea-Auen wachsen u.a. **Jupati-Palmen** und **Seringueiras** (Gummibäume) sowie **Cacaueiros** (Kakaobäume), die etwas weniger feuchten Boden bevorzugen. In den Sümpfen und Flüssen des Nordostens gedeiht die **Carnaúba** (Wachspalme, *Copermicia prunifera*), die zur Wachsgewinnung auch in Plantagen angebaut wird. In den Weißwasserflüssen wuchern **Aguapés** *(*Wasserhyazinthen, *Eichhornia crassipes*), die durch ihre blasenartige Blattstiele wie Flöße schwimmen und mit ihren Schlingwurzeln – sehr zum Ärger von Bootsführern – geschlossene Pflanzenteppiche bilden, wie z.B. im Pantanal. Der **Alface d'água** (Wassersalat, *Pisita stratiotes*) dagegen sieht wie eine im Wasser schwimmende Rose aus, nachts werden die Blätter senkrecht gestellt. In den Lagunen, den Seitenarmen und in den Überschwemmungsgebieten des Amazonas und anderer Weißwasserflüsse hat sich die Riesenseerose **Vitória-régia** *(Vitória-amazônica)* verbreitet, deren schwimmende Blätter einen Durchmesser bis zu vier Meter erreichen können! Wilde **Bananen** sind gleichfalls sehr verbreitet.

Die schwim-
menden
Blätter der
Riesenseerose

Passionsblume

In den Regenwäldern sind Baumstämme, Astgabeln und Zweige Sitz der unterschiedlichsten **Epiphyten** (Aufsitzerpflanzen), zu denen die farbenprächtigen **Orchideen, Bromelien** und **Tillandsien** zählen. Dazwischen wachsen **Farne,** hängen **Lianen** und rankt sich die **Passionsblume** *(Passiflora)* dem Licht entgegen. Gelbrote **Bico-de-tucano** *(Heliconia rostrata),* eine Heliconienart, leuchten durch das satte Grün. Schon längst interessiert sich die Pharmaindustrie für die zahllosen **Medizinalpflanzen** des Regenwaldes, deren Heilkraft den Ureinwohnern im Amazonasgebiet seit Generationen bekannt ist. Bei Kindern beliebt ist die **Sensitiva** *(Mimosa pudica),* die beim Berühren „zusammenklappt" und dann wie verwelkt aussieht.

Nach Ende der Regenperioden erstrahlen die etwa 10 Meter hohen **Ipê-** oder Trompetenbäume *(Tabebuia ochracea)* zu einer wahren Blütenpracht und leuchten wie rot- oder gelbfarbene Signaltürme in den Baumsavannen.

Die Nordküste Brasiliens ist bestanden von **Coqueiros** (Kokospalmen) und verwuchert von **Mangues** (Mangrovenwälder). Besonders im Mündungsgebiet des Amazonas und an den Ausläufern der Mata Atlântica, des Küstenregenwaldes, bilden sie ein undurchdringliches Dickicht. Je weiter man sich von den Küstengebieten und dem Amazonasregenwald entfernt, desto mehr bestimmt die **Caatinga** das Landschaftsbild, eine heiße Trockenregion mit Krüppelbewuchs, Dornensträuchern und Kakteen. *Caatinga* ist ein Wort der Urbewohner und bedeutet „Weißer Wald", ableitend von dem in der Trockenzeit laublosen Busch- und Baumbestand mit hellen Stämmen.

Bevölkerung und Sprache

Bevölkerung

Indígena mit
Federkopf-
schmuck

Mit 196 Millionen Einwohnern ist Brasilien das fünftbevölkerungsreichste Land der Erde. Etwa 78% der multiethnischen Bevölkerung lebt in der dichtbevölkerten Küstenregion mit den Ballungsräumen São Paulo, Rio de Janeiro, Curitiba, Porto Alegre, Salvador, Recife, Fortaleza und Belém. Das Landesinnere *(Interior)* und das Amazonasgebiet *(Amazônia)* sind nur sehr dünn besiedelt. Die schnelle Urbanisierung war der Grund einer ungleichen Wirtschaftsentwicklung mit einem massiven Migrantenstrom aus Brasiliens Nordosten in den Südosten.

Die Bevölkerung wächst jährlich um 1,4%. Über 26% der Brasilianer sind jünger als 15 Jahre, nur 6,7% älter als 65. Aus vielfachen Einwanderungsschüben entstand ein uneinheitlicher Bevölkerungsmix aus Weißen *(Brancos),* braunhäutigen Mischlingen *(Pardos)*, Braunen *(Morenos)*, Schwarzen *(Negros, Pretos),* aus (Amazonas-)Ureinwohnern *(Vermelhos,* „Roten") und Asiaten *(Amarelos,* „Gelben"). Nach Bevölkerungsstatistiken sind über 46% Weiße mit mehrheitlich lusitanischer Abstammung (Lusobrasilianer). Etwa 3% der Weißen, d.h. 3,5–5 Millionen, sind deutschstämmig (allein im Großraum São Paulos leben über eine halbe Million). Um als *Branco* eingestuft zu werden, genügt eine hellere Hautfarbe, auch hellhäutige Pardos zählen sich dazu. Mehr als die Hälfte der brasilianischen Bevölkerung sind Mischlinge. Es wird unterschieden zwischen *Mulatten* (Nachfahren aus Verbindungen früherer afrikanischer Sklaven mit Weißen), *Caboclos* (Mischlinge aus Ureinwohnern und Weißen), *Cafusos* (Mischlinge aus Ureinwohnern und Nachfahren afrikanischer Sklaven). Der Anteil der Schwarzen beträgt etwa 6,8 %, der *Amarelos* (vornehmlich Japaner und Koreaner) und Arabischstämmigen ca. 1%. Die Zahl der *Vermelhos,* der indigenen Bevölkerung Brasiliens, verminderte sich kontinuierlich durch Ausrottungen und eingeschleppter tödlicher Krankheiten von ehemals geschätzten 4–5 Millionen um 1500 bei der Ankunft der Portugiesen auf heute etwa 700.000, Tendenz jedoch inzwischen wieder steigend.

Brasilien ist
jung …

Statistisch sind die indigenen Ethnien „zu vernachlässigen", aber ihre Territorien machen 12% des brasilianischen Staatsgebiets aus. Sie unterteilen sich in etwa 200 verschiedene Gruppen mit mehr als 100 Sprachen und Dialekte.

Rassismus Nach gängigem Bild ist Brasilien ein liberales, weltoffenes und tolerantes Land ohne Rassismus, die brasilianische Verfassung verbietet jegliche Form von Diskriminierung. Darauf sind alle Brasilianer stolz. Benachteiligung ethnischer Minderheiten ist trotzdem alltäglich, offenbart sich durch begrenzten Zugang zu Bildung bzw. zu Arbeit und am Fehlen von politischem, wirtschaftlichem und kulturellem Einfluss. Je dunkler die Hautfarbe, desto schwieriger der soziale Aufstieg, und desto geringer sind Bildung, Einkommen und Ansehen.

Religion

Etwa 75% der Bevölkerung sind nach offiziellen Angaben Katholiken, was Brasilien zum größten katholischen Land der Welt macht. Die katholische Amtskirche verliert zunehmend Gläubige an die unterschiedlichsten Glaubensrichtungen, an Sekten (US-protestantische) und an afrobrasilianische Kultreligionen *(Candomblé, Umbanda u.a.)*.

Afro-brasilianische Kulte Die aus Dahomey (Benin), Nigeria, Niger, Kongo und Angola nach Brasilien verschleppten Sklaven brachten ihre afrikanische Sprache, Musikinstrumente und ihre Welt- und Glaubensvorstellungen und damit auch ihre **Orixás** (Gottheiten) mit. Um die alten Götter weiter verehren zu können, setzten sie diese mit katholischen Heiligen gleich. Die afro-katholischen Feste waren geboren.

Die wichtigsten afrobrasilianischen Kulte sind **Candomblé** (Xango), **Umbanda** und **Macumba.** An Stränden, auf Straßen und an Straßenkreuzungen wird jeder Tourist früher oder später die Opfergaben, Blumen und Kerzenlichter der Kultreligion Macumba entdecken. Nach Umfragen glaubt jeder zweite Brasilianer an die Macht des Macumba, auch wenn er davon kein Anhänger ist. Die Wurzeln des *Umbanda* („weißer Zauber"), reichen zu den Bantus Angolas zurück und sind oft mit Okkultismus, Spiritismus und schwarzer Magie durchsetzt. Nur die verbotene **Quimbanda** ist unheilvoll.

Der Kult mit der noch stärksten afrikanischen Tradition und Stammesverbundenheit ist **Candomblé.** Er ist eingebunden in eine hierarchisch geordnete, komplizierte Kultgesellschaft. Die Zeremonialsprache *Yoruba* stammt aus Westafrika (Nigeria). Die Versammlungen finden auf einem *Terreiro* (Kultstätte) statt. Wer die Gelegenheit erhält, einen Terreiro während einer Zeremonie besuchen zu können, sollte helle Kleidung tragen (keinesfalls schwarze und keine kurzen Hosen) und strikte Zurückhaltung üben. Fotografieren und Filmen ist durchweg verboten, es gibt nur sehr wenige Ausnahmen.

Geschichte

Seinen Namen verdankt Brasilien dem großen Vorkommen des in Europa damals
rasch begehrten roten Farb- und Bauholzs
Ibira-pitanga. Die Alte Welt nannte das Holz,
das sich hervorragend zum Färben von
Textilien und Stoffen eignete, *Pau brasil,*
Brasilholz.

Auf dieser Landkarte
schlagen Ureinwohner
Brasilholz

50.000 v. Chr. Älteste Relikte menschlicher Besiedlung in
Piauí und in der Serra da Capivara

17.000 v. Chr. Wandmalereien in Höhlen des Bundesstaates Piauí

10.000 v. Chr. Älteste Skelettfunde

Um 100 v. Chr. entwickelt sich eine Keramikkultur im Amazonasraum (Marajó-
Kultur)

Um 1500 siedeln Tupi und Guaraní im Osten und Südosten Südamerikas und
nehmen das gesamte zentrale Südamerika bis zu den Anden in Besitz

1494 *Vertrag von Tordesillas:* Papst Alexander VI. bestätigt das spanische
Gesuch, die neu entdeckte Welt in spanische und portugiesische
Besitz- und Entdeckungsräume aufzuteilen. Das Gebiet östlich der
Demarkationslinie, die etwa 46 Grad westlicher Länge verläuft (Linie
Belém – São Paulo), soll Spanien gehören.

1499–1500 Der Spanier **Vincente Yanez Pinzón** nimmt am östlichsten Punkt
Brasiliens (Cabo Sta. Cruz) das Land für Spanien in
Besitz. Die erste Urbevölkerung mit Kontakten zu
Europäern sind die *Tupinambá.*

22.4.1500 Landung einer portugiesischen Flotte unter **Pedro
Alvares Cabral** (Abb.) bei Porto Seguro

1.11.1501 **Americo Vespúccio** landet in der Bucht von Salvador, die er *Baía de Todos os Santos* (Allerheiligenbucht) nennt

1504 Gründung der portugiesischen Handelsniederlassung **Sta. Cruz.**
Franzosen fällen Brasilholzbäume *(pau brasil).*

1534 Teilung der Küstenkolonie durch König João III. in 15 **Capitanías** (er-
bliche Lehngüter)

Ab 1538 werden afrikanische Sklaven zur Arbeit auf Zuckerrohrplantagen
nach Brasilien verschleppt

1549 *Tomé de Souza* gründet die Hauptstadt *Salvador da Bahia de Todos os
Santos*

1554	**Jesuiten** gründen São Paulo
1565	*Estácio de Sá* gründet *São Sebastião de Rio de Janeiro*
1570	Portugal erkennt die Freiheit aller Ureinwohner an und verbietet deren Versklavung. Im Gegenzug werden immer mehr afrikanische Sklaven ins Land geholt.
1575	Entflohene afrikanische Sklaven errichten den ersten **Quilombo**

Quilombo dos Palmares

Von 1538 bis Mitte des 19. Jahrhunderts verschleppten die Portugiesen geschätzte fünf Millionen Afrikaner nach Brasilien. Im Kongo und in Angola, später auch im heutigen Benin, wurden Sklavenjagden durchgeführt. Mindestens eine Million Afrikaner starben bereits bei den bis zu achtwöchigen Überfahrten an verdorbenem Wasser, mangelhafter Ernährung und Krankheiten. In Brasilien wurden die Sklaven auf Märkten verkauft und von ihren neuen Besitzern als Arbeitstiere gehalten. Die Pflanzungen von Zuckerrohr, Baumwolle, Kaffee und Kakao beruhten nahezu völlig auf Sklavenwirtschaft. Doch es gab Widerstand. Im 16. Jahrhundert kam es zu Massenfluchten von Sklaven. In etlichen Fällen gelang es ihnen, Siedlungen im Landesinneren zu gründen, sogenannte *Quilombos*. Am größten und bekanntesten war der *Quilombo dos Palmares*, der ab 1597 im heutigen Bundesstaat Alagoas entstand. Zeitweise lebten dort in fünf *Mocambos* (Hüttensiedlungen) über 20.000 Menschen. Palmares war ein kleiner Staat im Staate, den die Portugiesen jahrzehntelang vernichten wollten, lange Zeit vergebens. Erst 1694 war es soweit. Ein rund 10.000 Mann starkes Heer stürmte den *Quilombo dos Palmares* und metzelte die Bewohner grausam nieder.

Sklavenmarkt

ab 1600	erobern **Bandeirantes** auf der Suche nach Sklaven und Bodenschätze das Hinterland
1630–1654	Die niederländische Westindien-Kompanie unter der Führung des deutschen Grafen Moritz von Nassau kann sich in Pernambuco festsetzen
1725	**Diamantenrausch** in Minas Gerais
1763	Rio de Janeiro wird Hauptstadt

Rio de Janeiro
im 18.
Jahrhundert

1789–1792 Unabhängigkeitsbewegung **Inconfidência Mineira**
unter *Joaquim da Silva Xavier* oder **Tiradentes**
(Abb. rechts) gegen die Portugiesen

1807/08 Der portugiesische König Dom João VI. flieht mit
seinem Hofstaat vor den Truppen Napoleons nach
Brasilien

7.9.1822 Unabhängigkeit Brasiliens. Dom João VI.
Sohn, Prinzregent **Pedro I.**, ernennt
sich zum **Kaiser von Brasilien.** Erz-
herzogin Leopoldine von Österreich
(Abb. rechts) wird Kaiserin.

1840 2. Kaiser Brasiliens wird der Sohn von
Pedro I., **Dom Pedro II.**

1847–1854 Deutsche Einwanderer siedeln in Rio
Grande do Sul und Santa Catarina

1888 Abschaffung der Sklaverei durch die *Lei Aurélia* (Goldenes
Gesetz)

1889 Militärputsch, die Ausrufung der Republik beendet
das Kaiserreich

1930–1945 *Getúlio Vargas* (Abb.) ist von 1930–1945 und 1951–
1954 Präsident Brasiliens

1956–1961 Präsidentschaft von *Juscelino Kubitschek*

1960 Kubitschek weiht die neue **Hauptstadt Brasília** ein

1964–1984 Militärdiktatur

1985 Freie und demokratische Wahlen, Ende der Militärherrschaft

1989 *Fernando Collor de Mello* gewinnt die ersten direkten Präsident-
schaftswahlen

1994 Einführung des Real. Brasilien zum 4. Mal Fußballweltmeister.
Fernando Henrique Cardoso (FHC) wird zum Präsidenten gewählt.

1999	Abwertung des Real um über 40% und Finanzkrise.
2002	5. Fußball-WM-Gewinn Brasiliens. Luís Inácio Lula da Silva Präsident.
2004	Das brasilianische Bruttosozialprodukt steigt um 5%. Präsident Lula da Silva festigt damit seine Position.
2005	Regierungskrise, die Popularität des bis dahin gefeierten Präsidenten Lula da Silva sinkt. Vor der Küste Brasiliens werden riesige Erdöllagerstätten entdeckt.
2006	Nach einer Stichwahl wird Lula da Silva erneut Präsident
2007	Papstbesuch anlässlich der Bischofskonferenz im Wallfahrtsort Aparecida. Panamerikanische Spiele in Rio de Janeiro. Die Regierung plant acht neue Kernkraftwerke, die bis 2030 in Betrieb gehen sollen.
2008	Wachstum 5,1%, Brasiliens Devisenreserven von 200 Mrd US$ sind höher als die Auslandsverschuldung. Bundeskanzlerin Merkel besucht Brasilien. Überschwemmungskatastrophe in Santa Catarina.
2009	Der oberste Bundesgerichtshof Brasiliens entscheidet, dass indigene Schutzgebiete nicht zerstückelt werden dürfen und illegale Siedler weichen müssen. Weltsozialforum in Belém mit knapp 2000 Vertretern der Urbevölkerung Brasiliens, die 120 Volksstämme repräsentierten. Die Olympiade 2016 wird an Rio de Janeiro vergeben.
2010	Erdrutsche im Orgelgebirge bei Rio de Janeiro fordern über 1000 Todesopfer. Wirtschaftswachstum 7,5 %. Präsidentschaftswahlen, Dilma Vana Rousseff wird die erste Päsidentin Brasiliens.
2011	Die Union der Staaten Südamerikas (UNASUR) einigen sich auf ein gemeinsames Bezahlsystem mit ihren eigenen Währungen.
2012	Schwere Erdrutsche und Schlammlawinen im Bundesstaat Rio de Janeiro fordern 220 Tote. Brasilien wird sechstgrößte Wirtschaftsmacht. Jahrhundertflut am Amazonas verursacht Notstand.
2013	Deutschlandjahr in Brasilien, es ist Gastland auf der Frankfurter Buchmesse. Confederation-Cup und Weltjugendtag mit dem Papst in Rio de Janeiro. Ab Juni Massendemonstrationen gegen die Milliardenausgaben für die Fußball-WM 2014 und die Olympiade 2016 in Rio de Janeiro. Zentren der seit über 20 Jahren größten Protestbewegungen sind São Paulo, Rio de Janeiro, Salvador, Fortaleza, Recife, Pto. Alegre, Belo Horizonte und Brasília. November: Einsturz eines Dachteils des WM-Stadions in São Paulo. Dezember: Gruppenauslosung der 32 WM-Mannschaften in Costa do Sauípe. Vorfreude-Sondergruß des DFB an alle Brasilianer in großen Publikationen und in einem Video-Clip.
2014	Fußball-WM. Präsidentschaftswahlen im Oktober
2016	Olympische Sommerspiele in Rio de Janeiro

„Rumble in the Jungle" – die FIFA-WM in Brasilien

Neben der großen Vorfreude der brasilianischen Fußballverrückten auf die WM im eigenen Land stehen nach Umfragen etwa 40% der Bevölkerung dem Turnier und auch der Olympiade 2016 in Rio verhalten bis äußerst kritisch gegenüber – wie die Protestzüge und blutigen Massendemonstrationen während des Confederation-Cups im Juni 2013 und im Herbst in vielen brasilianischen Städten zeigten. Die WM ist in Brasilien auch eine willkommene Protestplattform für alle möglichen gesellschaftlichen Bewegungen, auf die lange schwelenden Ungerechtigkeiten und die sozialen Auswirkungen beider Großveranstaltungen im Lande hinzuweisen. Eine Organisation ist das Comitê Popular (www.portalpopulardacopa.org.br)

„Für die FIFA geht es nur darum, in kürzester Zeit so viel Geld wie möglich aus dem Land zu ziehen, diese Veranstaltung fördert in Brasilien die dunklen Machenschaften, sorgt für noch weniger Transparenz und kreiert eine Schattenwirtschaft, von der nur die korrupten Eliten profitieren. Die FIFA und ihre brasilianischen Helfer tun nichts, die Probleme Brasiliens miteinzubeziehen. Die FIFA-Leute denken wie Kolonialherren, es darf niemanden geben, der nicht ihrer Meinung ist", sagt Chris Gaffney, einer der führenden Köpfe des Comitê Popular. „Die Austragungsnationen müssen die Stadien hochziehen, eine Infrastruktur aufbauen, die große Fußballbühne für vier Wochen hinstellen. Das kostet die FIFA nichts. Bei ihr liegt nie ein Risiko. Alles ist sehr eindimensional und intransparent. Es ist ein verrottendes System. Die FIFA funktioniert wie eine Drückerkolonie, die von Land zu Land zieht".

In der Tat herrschen in Brasiliens Befürchtungen, dass die Spiele von Protesten überschattet sein könnten, sich das Aufbegehren gegen Missstände im Land nochmals Bahn bricht – gar mit ausländischen randalierenden Fans – und die Polizei keinen adäquaten Sicherheitsplan oder eine Deeskalationsstrategie besitzt und brutale Einsätze fährt. Das wäre dann eine WM ohne Gewinner.

Stadt	Stadion	Fan Fest (Public Viewing)
Belo Horizonte	Estádio Mineirão (74.300 Zuschauer)	Expo Minas
Brasília	Estádio Mané Garrincha (76.200)	Esplanada dos Ministérios
Cuiabá	Arena Pantanal (40.000)	Parque de Exposições
Curitiba	Arena da Baixada (41.400)	Parque Barigui
Fortaleza	Estádio Castelão (60.300)	Praia de Iracema (Aterrão)
Manaus	Arena da Amazônia (40.500)	Praia do Forte
Natal	Arena das Dunas (65.100)	Centro Convenções de Natal
Porto Alegre	Estádio Beira-Rio (60.000)	Largo Glênio Peres
Recife	Arena Pernambuco (45.500)	Marco Zero
Rio de Janeiro	Estádio do Maracanã (86.100)	Praia de Copacabana
Salvador	Arena Fonte Nova (44.100)	Jardim de Alah
São Paulo	Arena Corinthinas (66.950)	Vale do Anhangabaú

Weitere Infos zu den Städten und Stadien finden Sie auf www.copa2014.gov.br (bei „sedes" den Austragungsort anklicken)

Infos Fan Fest in jeder Stadt: www.copa2014.gov.br/pt-br/tags/fan-fest

Ticketbewerbung auf de.fifa.com/worldcup/index.html bei „Beantragen Sie Ihre Tickets", oder über den DFB, www.dfb.de. Reisepakete bei Reiseveranstaltern enthalten keine Tickets. Presse-pdf über das Ticketing in Brasilien mit Eintrittspreisen:

http://pt.fifa.com/mm/document/tournament/ticketing/02/12/19/77/fwc2014-ticket-media-info-pt_portuguese.pdf

Weitere aktuelle Informationen finden Sie auf den offiziellen WM-Seiten de.fifa.com/worldcup und www.copa2014.gov.br.

Außerdem informativ: http://brasil2014.fm/wm-2014-news • u.a.

Teure Spiele

Generell wird es so sein, dass – wie immer, wenn irgendwo eine Fußball-WM oder eine Olympiade stattfindet – das Land und die Austragungsstädte eine Preiserhöhungswelle überrollt. In Brasilien werden in erster Linie überhöhte Preise für Flüge und Hotels zu zahlen sein, aber auch die Restaurants in den Austragungsorten werden sich nicht zurückhalten. Die brasilianische Fremdenverkehrsbehörde Embratur schätzt, dass zur Zeit der WM über drei Millionen inländische Besucher im Lande unterwegs sein werden und etwa 600.000 Touristen aus dem Ausland – die dann einer Schröpfkur anheim fallen. Hotel- bzw. Übernachtungspreise werden nach brasilianischen Angaben auf bis zu 600% steigen. Die offiziellen Eintrittspreise für die WM-Fußballstadien kosten für Ausländer zwischen 66 und 760 Euro, je nach Spiel und Rang, wobei nur ein Bruchteil für Ausländer reserviert ist. Das größte Kartenkontingent geht an die südamerikanischen Staaten. Von den gut einer Million frei verfügbaren Eintrittskarten sind 40% für Brasilianer reserviert.

Die Eintrittspreise unterscheiden sich sehr stark, die preiswertesten gibt es für ca. 10 Euro, können aber nur von einem Brasilianer in Landeswährung erworben werden. Die Eintrittskarten sind in vier Kategorien eingeteilt, wobei Ausländer nur in der Kategorie 1 (teuerste) bis 3 Eintrittskarten erhalten können, die Kategorie 4 ist ausschließlich für Brasilianer vorgesehen. Rollstuhlfahrer und Behinderte können nur Tickets in der Kategorie 3 kaufen, dafür ist eine Begleitperson kostenfrei.

WM-Flüge nach und in Brasilien

Geplant ist, dass während der WM 2014 die Flüge zwischen den zwölf Austragungsorten in Brasilien auf zehn pro Tag erhöht werden. Die vier größten lokalen Fluglinien werden das ausnutzen, mit extremen Ticketpreisen ist 100%ig zu rechnen, insbesondere kurz vor dem Beginn am 12. Juni und am Tag vor dem Finale am 13. Juli. Dies trifft dann auch an den Vortagen der Spiele der deutschen Mannschaft zu, die in der Vorrunde in der Gruppe G am 16.6. in Salvador gegen Portugal spielt, am 21.6. in Fortaleza gegen Ghana und am 26.6. in Recife gegen die USA.

Bei den Transatlantikflügen wird es bereits jetzt, zum Erscheinen dieses Buches Anfang 2014, eng. Da derzeit nur noch die Lufthansa direkt von Frankfurt nach Rio de Janeiro fliegt, gehen Flüge mit der TAM/LATAM über das Drehkreuz São Paulo. Ausnahmen machen die anderen Airlines in Europa. Hier hat die portugiesische TAP via Lissabon die Nase vorn, denn sie fliegt alle WM-Austragungsorte, außer Curitiba und Cuiabá, direkt an.

Daneben gibt es noch Möglichkeiten über die USA, z.B. mit American Airlines via Chicago und Miami (Stopover 17 h), um so z.B. von Miami z.B. direkt nach Manaus fliegen zu können.

Brasilien politisch

Die República Federativa do Brasil (Förderative Republik Brasilien) umfasst den *Distrito Federal Brasília* (DF) und 26 weitere Bundesstaaten (in Klammer offizielle Abkürzung):

Acre (AC)	Mato Grosso (MT)	Rio Grande do Norte (RN)
Alagoas (AL)	Mato Grosso do Sul (MS)	Rio Grande do Sul (RS)
Amapá (AP)	Minas Gerais (MG)	Rondônia (RO)
Amazonas (AM)	Pará (PA)	Roraima (RR)
Bahia (BA)	Paraíba (PB)	Santa Catarina (SC)
Ceará (CE)	Paraná (PR)	São Paulo (SP)
Espírito Santo (ES)	Pernambuco (PE)	Sergipe (SE)
Goiás (GO)	Piauí (PI)	Tocantins (TO)
Maranhão (MA)	Rio de Janeiro (RJ)	

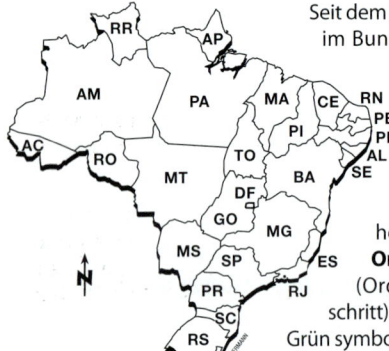

Seit dem 21. April 1960 ist die Retortenstadt Brasília im Bundesstaat *Distrito Federal* die Hauptstadt Brasiliens, vorher war es Rio de Janeiro, ganz früher Salvador.

Die Nationalflagge Brasiliens zeigt auf grüner Fläche eine gelbe Raute, in der eine blaue Himmelskugel mit 27 weißen Sternen dargestellt ist, durch die ein hellblaues Spruchband mit der Aufschrift **Ordem e Progresso** (Ordnung und Fortschritt) verläuft. Die Farbe Grün symbolisiert den Urwald, Gelb das Gold und Blau den Himmel.

Wirtschaft

Brasilien gehört zu den sechs wirtschaftsstärksten Ländern der Erde. Das Land ist die Wirtschaftslokomotive Südamerikas. Das ökonomische Herz schlägt im Südosten Brasiliens, im Bundesstaat São Paulo. Dort leben rund 35 Millionen Menschen, etwa 20% der Gesamtbevölkerung Brasiliens, die knapp 50% der Industrieproduktion und etwa 34% des Bruttosozialprodukts erwirtschaften.

Schwerpunkte sind Maschinen- und Kraftfahrzeugproduktion, Textil- und Schuhwirtschaft, Öl- und Gasförderung, Bergbau und Schwerindustrie. Anteile am Bruttoinlandsprodukt: Industrie 37%, Landwirtschaft 9%, Dienstleistungsgewerbe etwa 52%. Das Wohlstandsgefälle zwischen Land und Stadt ist gewaltig. Von der globalen Finanzkrise 2008/09 war Brasilien wenig tangiert.

Landwirt-schaft Brasilien ist der weltweit größte Produzent von Orangen, Zuckerrohr und Kaffee und der zweitgrößte Produzent von Mais, Sojabohnen, Rindfleisch und Geflügel. Es verfügt über eine landwirtschaftliche Nutzfläche von rund vierzig Millionen Hektar.

Ressourcen Brasilien ist reich an Rohstoffen, insbesondere Eisenerz, Bauxit, Gold, Zinn, Phosphaten, Platin, Uran, Mangan, Kupfer, Zink, Niobhit, Erdöl und Erdgas. Es profitiert wie kein anderes von dem unersättlichen Rohstoffhunger Chinas und anderer Wachstumsländer. Seinen Energiebedarf kann es zum größten Teil selbst decken, der elektrische Strom wird zu über 90% aus Wasserkraft gewonnen. Vor der Atlantikküste Südostbrasiliens wurden und werden riesige Ölplattformen errichtet, um die neuentdeckten gigantischen Erdölreserven zu erschließen, die Brasilien zu einem der größten Erdölförderländer der Welt machen werden. Bereits seit 2010 ist Brasilien Erdölselbstversorger.

Moderne Literatur

Etwa die Hälfte aller lateinamerikanischen Romane kommt heute aus Brasilien. Aus dem großen Potential an Schriftstellern drei Beispiele:

Paulo Coelho Der weltweit populärste brasilianische Bestsellerautor der Gegenwart ist *Paulo Coelho* (geb. 1947). Seine Bücher befassen sich mit metaphysischen und esoterischen Themen und beschreiben Menschen, die nach sich selbst und nach dem Sinn des Lebens suchen. Coelhos berühmtestes Werk ist „Der Alchimist".

Jorge Amado Mit seinem „Bahia-Zyklus" *(Das Mietshaus, Herren des Strandes, Jubiabá, Tote See)* widmete sich Jorge Amado (1912–2002) dem

Unterwegs im Zuckerrohrfeld

Leben der Armen, erzählte aus dem Leben von Bettlern und Dienst-mädchen, Prostituierten und Köchinnen und beschrieb anschaulich wie kaum jemand die Mythologie und die Alltagskultur des Candomblé. Amados „Kakao-Zyklus" *(Im Süden, Kakao, Das Land der goldenen Früchte)* beleuchtet den Aufstieg und Niedergang der Kakaowirtschaft und die Konflikte zwischen Plantagenarbeitern und Groß-grundbesitzern. Der 1958 veröffentlichte Roman „Gabriela wie Zimt und Nelken" spielt in der Kakaostadt Ilhéus, nahe Amados Geburts-ort. Darin erzählt Amado die Liebesgeschichte der nach Zimt und Nelken duftenden Mulattin Gabriela.

João Ubaldo Ribeiro

João Ubaldo Ribeiro (geb. 1941) stammt aus Bahia. Sein Roman „Brasilien, Brasilien" spielt auf der Insel Itaparica in Bahia und be-fasst sich mit dem Konflikt zwischen den Sklaven und der weißen Oberschicht und dem Araber Nacib.

Musik und Tanz

Lebens-freude

Musik und Tanz sind in Brasilien Ausdruck der Lebensfreude, ja eine regelrechte Lebensphilosophie. Der Gesang und ein fantastisches Rhythmusgefühl liegen den Brasilianern geradezu im Blut. Keine Taxifahrt ohne Radio, keine Strandkneipe *(barraca)* ohne die noto-risch übersteuerte Stereoanlage, kein Familienfest ohne Tanzeinlagen, kein Musikkonzert, in dem die Fans nicht ganze Texte frei mitsingen. Die Brasilianer sind mit Leib und Seele dabei, spontan, unorganisiert. Kein Lied kann in Brasilien zum Hit werden, sofern er nicht das Wort *coração* (Herz, Herzschmerz) enthält, mit Gefühlsoffenbarungen von *alegria* (Freude), *tristeza* (Traurigkeit) und *saudade* (Sehnsucht).

Samba-de-ronda

Die Urform des Samba ist der in einem Kreis gesungene *Samba-de-roda*, eine Mischung aus Tanz, Gesang und rhythmischem Hände-

Samba-
Trommeln

klatschen, die durch Perkussions- und Rhythmusinstrumente unterstützt wird. Die typischen Karnevalsambas hingegen bestehen aus einem sehr eingängigen Refrain und einem schnellen, fast marschähnlichen Rhythmus.

Samba   Der Ursprung des Wortes „Samba" ist unklar. Vermutlich stammt es aus dem Angolanischen, dort war der *Zemba* Teil des Partnerwahl-Ritus. Der Samba ist in seiner natürlichsten Form in den Favelas zu Hause, eine Musik der Unterprivilegierten, ob Schwarz oder Weiß. Samba, das ist Energie und Lebensfreude, Rhythmus und Sinnlichkeit.

Bossa Nova   Der Bossa Nova, ein Kind Rios der frühen 1950er Jahre, ist durch Musiker entstanden, die die traditionelle brasilianische Populärmusik mit Harmonien des amerikanischen Cool Jazz kombinierten. Damit behielt der Bossa Nova den Schwung und die Rhythmik des Sambas, sparte jedoch an Perkussion und fügte kultivierte, jazzähnliche Harmonien hinzu. Thema Nr. 1 im Bossa Nova war und ist die Liebe. Anders als der Samba sprach der Bossa Nova die städtische, intellektuelle und junge Mittelklasse an, die ihn tagsüber am Strand von Ipanema oder abends in den Clubs der Copacabana hörten.

Als Wegbereiter des Bossa-Nova-Rhythmus gilt der Pianist *Antonio Carlos „Tom" Jobim* (1927–1994), ein Musiker mit klassischer Konservatoriumsausbildung.

Forró   Der Begriff *forró* stammt vermutlich aus dem Englischen „for all" und stand im 19. Jahrhundert für diese brasilianische Landmusik und Tänze, die britische Unternehmen in Recife für ihre Arbeiter und Angestellten organisierten. Im fröhlichen und leicht tanzbaren Forró kommen europäische Musikinstrumente und afrikanische Trommeln zum Einsatz, traditionell wird er von einem Trio aus Sanfona (Akkordeon), Zabumba (großer Rahmentrommel), Triangel und gelegentlich einer Gitarre gespielt.

Frevo   Aus dem Nordosten kommt auch der *Frevo,* der Kunsttanz und Karnevalsrhythmus von Recife, eine spritzige Mixtur aus Marschpolka und akrobatischen Elementen der Capoeira und des Maracatú, des Tanzes Baiâo und der pulsierenden Rhythmik des vom Akkordeon geprägten Forró.

Musica Nordestina   In der Musik des Nordostens verbergen sich portugiesische Volksweisen in unterschiedlichen Ausdrucksformen. Sie gilt als volksmusikalische Heimat des Wortspiels und Poesie. Aus improvisierten Zungenbrechertexten in der Liedform *embolada* entwickeln sich Streitgesänge mit dichterischer Qualität *(desafio),* die in oft stundenlangen Gesangsduellen durch die *Repentistas* (Bändelsänger) vorgetragen werden.

Folklore-
Tanzgruppe
aus Pará

Axé Ist ein Musikstil aus Salvador, der sich der Elemente aus karibischer und afrobrasilianischer Musik bedient. Vertreter dieser Musikrichtung sind unter anderem Künstler und Gruppen wie Margaret Menezes, Daniela Mercury und Banda Eva.

Musica Popular Brasileria Die Abkürzung MPB *(Musica Popular Brasileira)* tauchte in den 1930er Jahren mit dem Ausbau des brasilianischen Rundfunknetzes auf. Es ist der umfassende Begriff, mit dem Brasilianer die Musik ihres Landes beschreiben, insbesondere von Künstlern, die national oder international anerkannt und deren CDs überall im Handel sind. Die Grenzen zwischen folkloristischer und populärer Musik sind dabei fließend. Längst beeinflussen auch karibische Rhythmen (Habanera) und angloamerikanisch geprägter Rock, Pop, Soul, Jazz, Funk, Hip-Hop sowie die europäische Klassik die *Musica Popular Brasileira.*

Gilberto Gil

Gilberto Gil wurde 1942 in Salvador geboren. Der Komponist und Gitarrist schaffte es wie kein anderer, Bossa Nova, Samba de Roda und die Klänge des Nordostens mit Rhythmen aus Reggae und Rock 'n Roll verbinden. Als Mitbegründer einer Umweltorganisation und Mitglied der Grünen Partei war der Weltmusik-Pionier auch politisch aktiv. 2003 bis 2008 war er Kulturminister in der Regierung Lula da Silva.

Karneval

Brasilien ist für seinen farbenprächtigen *Carnaval* weltberühmt. Das Fest der Feste hat dort Kultstatus. Eigens dafür wurde in Rio de Janeiro 1984 der *Sambodrómo,* eine Defilee-Arena mit Tribünen und Logen gebaut.

Den **Straßenkarneval** erlebt man am besten in den Hochburgen Salvador, Rio de Janeiro oder Olinda. Der vielleicht beste, aber auch anstrengendste Karneval wird in **Salvador** gefeiert, bei dem sich an einzelnen Tagen bis zu zwei Millionen Menschen auf den Straßen drängen. Wer den *Carnaval* erleben möchte, sollte frühzeitig ein Reisepaket buchen, damit man trotz der Massen, die dann aus der ganzen Welt in die Brennpunkte einfallen, eine Chance auf ein Zimmer hat.

Tipps dazu: möglichst in der Nähe der Karnevalszentren einquartieren. Eintrittskarten und auch Kostüme können in Rio de Janeiro über die besseren Hotels, in Salvador über gute Hotels und über die *Blocos Afros* (Karnevalsgruppen) organisiert werden.

- Karnevalstermine und alles über Samba bietet www.worldsamba.org
- Karneval in Rio: http://rio-karneval.de/, http://ipanema.com, www.carnaval.com
- In Olinda: www.carnavaldeolinda.com.br
- In Salvador: http://www.carnaval.salvador.ba.gov.br und http://home.centraldocarnaval.com.br

Carnaval do Brasil

Man stürzt sich entweder alleine oder mit einer *turma* (Gruppe von Freunden) ins Getümmel. Wem es Spaß macht, sollte sich verkleiden *(fantasia)* und sich mit einer Wasserpistole bewaffnen. Damit werden die anderen *foliões* (Karnevalsteilnehmer) mit Bier oder ähnlichem bespritzt. Karneval ist ein Riesenspaß, und über nasse Kleidung sollte man sich nicht ärgern, sondern ausgelassen mitmachen. Man tanzt, trinkt, kokettiert und vergisst die Sorgen des Alltags. So feiern sich die Brasilianer den Alltagsfrust von der Seele. Immer beliebter werden die **Carnavais** an den Stränden, bei denen Musikbands die

Karneval und
Samba-Shows
sind ein
Reisehöhe-
punkt

Foliões unterhalten. Beliebt sind auch die Carnavais außerhalb der Karnevalszeit, die dann **Micaretas** heißen. Dabei reisen Musikgruppen durchs Land und spielen wie im richtigen Karneval auf **Trios Elétricos,** Lastwagen mit Musikbands und riesigen Lautsprechern. Sowohl für die Micaretas wie auch für den Hauptkarneval muss in Salvador ein *abadás,* ein teures Eintritts-T-Shirt gekauft werden, damit man mit einem **Bloco** (Karnevalsgruppe) mittanzen darf. Wer nichts ausgeben möchte, bleibt beim *povão,* beim Volk, an dem die verschiedenen Blocos tanzend vorbeiziehen.

Fora da época

Wer nicht zur Karnevalszeit in Brasilien ist, kann das ganze Jahr über die *ensaios,* die öffentlichen Proben der diversen *Blocos afros* in Salvador und die der *Escolas de Samba* (Sambaschulen) in Rio de Janeiro besuchen (meist erst ab September, s.S. 90 und 115). Außerdem gibt es in einigen Städten karnevalsähnliche Feste, die zu den unterschiedlichsten Jahreszeiten außerhalb der regulären Karnevalszeit *(fora da época)* gefeiert werden. Hier eine Zusammenstellung:

- **Belém** (Pará): *Paráfolia* (Juli). *Carnabelém* (Ende September)
- **Belo Horizonte** (Minas Gerais): *Carnabêlo* (Juni)
- **Camaçari** (Bahia): *Camafolia* (November)
- **Feira de Santana** (Bahia): *Micareta* (Ende April)
- **Fortaleza** (Ceará): *Fortal* (Juli)
- **Ilhéus** (Bahia): *Ilhéus Folia* (drei Wochen vor Karneval)
- **Itabuna** (Bahia): *Carnaval Antecipado* (in der Woche vor Karneval)
- **João Pessoa** (Paraíba): *Micaroa* (Januar)
- **Natal** (Rio Grande do Norte): *Carnatal* (Dezember)
- **Porto Seguro** (Bahia): *Micareta* (direkt nach dem Karneval)
- **Recife (Pernambuco):** *Recifolia* (Oktober)

Reiseteil

Rio de Janeiro

Stadtpanorama

Schon beim Landeanflug wird klar, warum Rio de Janeiro von vielen Besuchern für die schönste Stadt der Welt gehalten wird. Keine andere Millionenstadt der Welt hat eine vergleichbar schöne Lage. Das Häusermeer schmiegt an bis zu 1000 Meter hohe Berge, wird eingerahmt von grün überwucherten Hängen, blauem Meer und weißen Stränden. Steil ragen die Wahrzeichen und Aussichtspunkte der *Cidade maravilhosa*, der „wunderbaren Stadt", Zuckerhut und Corcovado, in den Himmel.

„… Wo immer der Blick in Rio hinwandert", schrieb Stefan Zweig, „ist er von neuem beglückt."

Rio ist eine Stadt zum Leben, nicht zum Arbeiten, wie die *Cariocas,* die Einwohner Rios, sagen. Man benötigt in der Tropenmetropole Wochen, um alles wirklich kennenzulernen: die quirlige Altstadt rund um die Rua Uruguaiana, das Treiben an den Stränden, das Nachtleben in *Lapa,* die zahllosen Museen, Kirchen und Theater, das beschauliche Künstlerviertel *Santa Teresa,* das Spektakel einer Sambashow oder die volkstümliche *Feira Nordestina,* und vieles andere mehr. Und mit einem Besuch im *Jardim Botânico* und einer Tour durch den nahegelegenen *Tijuca-Nationalpark* kommen auch Naturfreunde auf ihre Kosten.

Panoramablick über den Corovado
mit der Christusstatue bis zum Zuckerhut

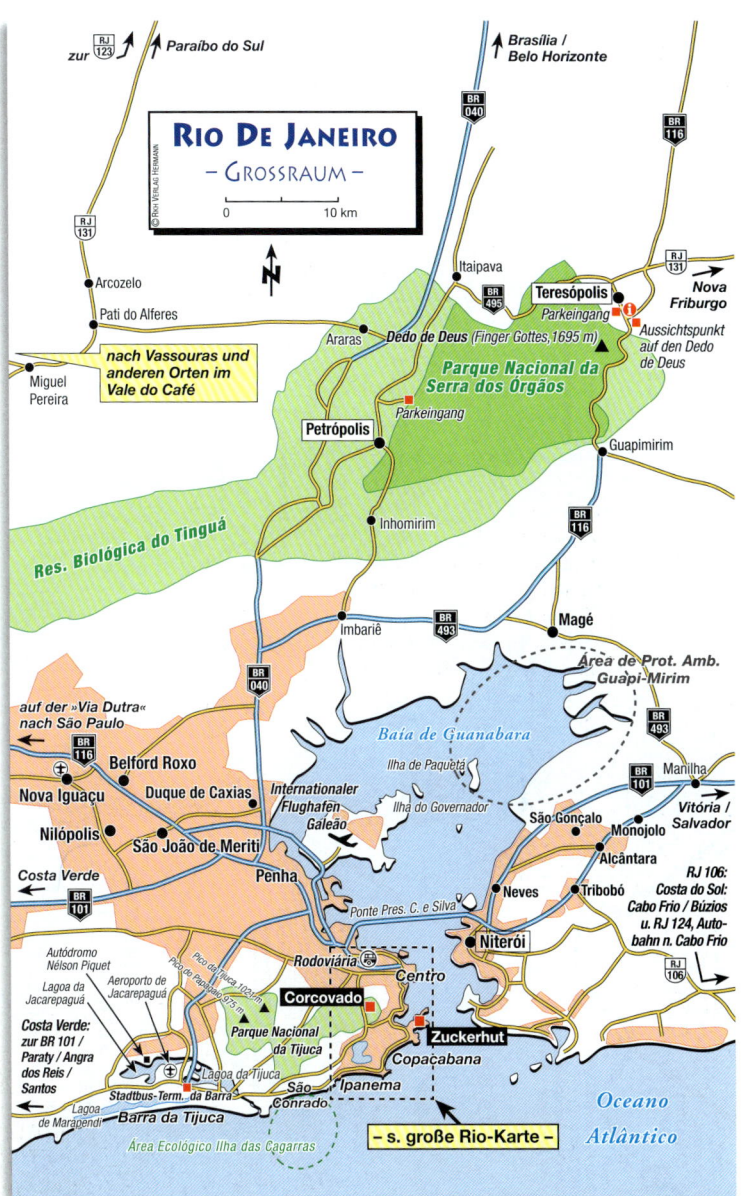

zur [RJ 123] ↗ ↑ Paraíbo do Sul

↑ Brasília / Belo Horizonte

[BR 040]

[BR 116]

RIO DE JANEIRO
– GROSSRAUM –
© Rev Verlag Hermann
0   10 km

Itaipava

[BR 495]

Teresópolis
Parkeingang

[RJ 131] ↗ Nova Friburgo

Aussichtspunkt auf den Dedo de Deus

1

[RJ 131]

Arcozelo

Pati do Alferes

Araras

Dedo de Deus (Finger Gottes, 1695 m)

Parque Nacional da Serra dos Órgãos

Miguel Pereira

nach Vassouras und anderen Orten im Vale do Café

Petrópolis

Parkeingang

Guapimirim

Res. Biológica do Tinguá

Inhomirim

[BR 116]

Imbariê

[BR 493]

Magé

Área de Prot. Amb. Guapi-Mirim

[BR 040]

auf der »Via Dutra« nach São Paulo

Baía de Guanabara

[BR 493]

[BR 116]

Belford Roxo

Nova Iguaçu

Duque de Caxias

Ilha de Paquetá

Internationaler Flughafen Galeão

Ilha do Governador

[BR 101]

Manilha

Nilópolis

São João de Meriti

Penha

São Gonçalo

Monojolo

Vitória / Salvador

Costa Verde

[BR 101]

Alcântara

Tribobó

RJ 106: Costa do Sol: Cabo Frio / Búzios u. RJ 124, Autobahn n. Cabo Frio

Autódromo Nélson Piquet

Aeroporto de Jacarepaguá

Pico da Tijuca 1021 m

Pico de Papagaio 975 m

Ponte Pres. C. e Silva

Neves

Niterói

Rodoviária

Centro

[RJ 106]

Lagoa da Jacarepaguá

Costa Verde: zur BR 101 / Paraty / Angra dos Reis / Santos

Parque Nacional da Tijuca

Corcovado

Zuckerhut

Copacabana

Stadtbus-Term. da Barra

Lagoa da Tijuca

São Conrado

Ipanema

Oceano Atlântico

Lagoa de Marapendi

Barra da Tijuca

Área Ecológico Ilha das Cagarras

– s. große Rio-Karte –

RIO DE JANEIRO
– CENTRO BIS LEBLON –

0　　　1 km

── Metro ── Linha 1 + Linha 2

© RAV VERLAG HERMANN

Baía de Guanabara

Ilha Pombeba
Ilha Santa Barbara
Ilha das Cobras
Ilha Fiscal

Fähren zur Ilha da Paquetá u. nach Niterói

s. Karte »Centro / Altstadt«

Aeroporto S. Dumont (Inlandsflüge)
Estação das Barcas
Av. Pres. Kubitschek
Museu de Arte Moderna
Ilha de Villegaignon

s. Karte »Glória / Flamengo / Botafogo«

Enseada da Glória
Marina da Glória

Baía do Flamengo

Praia do Flamengo

Av. Int¹ do Flamengo

Internat. Flughafen Galeão
Rio–Niterói Brücke
(Ponte Costa e Silva, BR 101)
Búzios / Cabo Frio / Vitória / Salvador

Av. Brasil
R. Bela
nach São Paulo (via Dutra BR 116) u. BR 040: Petrópolis / Belo Horizonte / Brasília

Monteiro São Bento
Igr. Candelária
1 de Março   Carlos
Av. Rio Branco

URUGUAIANA
CINELANDIA

Terminal Estação Marítima de Passageiros
Av. R. Alves
PRES. VARGAS
Igr. Candelária
CARIOCA
Curvelo
Est. Sta. Teresa
GLÓRIA
Catete

CENTRO
Caneca Visc. do Rio

Est. Paulo Matos
Mem. de Sá
Catedral Metropolitana
Arcos da Lapa
LAPA

Filachuelo
Est. Paulo Matos
FÁTIMA

Largo do Guimarães
CATETE
LARGO DO MACHADO

Cidade do Samba
Av. R. Alves
Praia do Santo Cristo
P. Ribeiro
R. Correa
N.S. da Penha

Rodoviária Novo Rio
Estação Ferroviária Dom Pedro II (Central)
PRAÇA ONZE

GAMBOA
SAÚDE
SANTO CRISTO

Salv. de Sá
31 de Março

Sambódromo

SANTA TERESA

ESTÁCIO
Elev. P. de Frontin

LARANJEIRAS

Túnel Sta. Teresa
Rua Larangeiras
Rua das Larangeiras
Alexandrina

Av. Rio de Janeiro
Linha Vermelha

SÃO CRISTOVÃO

L. Gonzaga
L. Gonzaga

Museu da Fauna
Museu Nacional
Jardim Zoológico
Quinta da Boa Vista
Horto Botânico

SÃO CRISTOVÃO
MARACANÃ

Estádio do Maracanã
Universidade do Rio de Jan.

MARACANÃ
Maracanã
Souza

A. PENA
Haddock Lobo
SÃO FRANCISCO XAVIER
SAENS PENA

TIJUCA

Estrada do Sumaré

Lobo

CARIOCA

Ilha Santa Barbara

1

Geschichte Rios

Am 1. Januar 1502 entdeckte der portugiesische Kapitän *Gaspar de Lemos* die Guanabara-Bucht, die er versehentlich für eine Fluss-mündung hielt. Er taufte sie *Rio de Janeiro*, „Fluss des Januars".1565 gründeten die Portugiesen, die mit den Franzosen um die Vorherr-schaft in der Guanabara-Bucht gestritten hatten, unterhalb des Zuckerhutes die erste portugiesische Siedlung, *São Sebastião de Rio de Janeiro.* Die Ureinwohner, die *Tamoios,* nannten die Neuan-kömmlinge, die ihre Häuser weiß tünchten, *cariocas* (*cari* = weiß, *oca* = Haus). In den folgenden 150 Jahren entwickelte sich Rio zu einem florierenden Exporthafen für Zucker. Mit der Entdeckung der Gold- und Edelsteinvorkommen in Minas Gerais stieg Rio zur wohlha-bendsten Stadt ganz Brasiliens auf. 1763 wurde die Kolonialhaupt-stadt bzw. der Sitz des Vizekönigtums von Salvador nach Rio de Janeiro verlegt. 1808 floh das portugiesische Königshaus von Lissabon mit 15.000 Adeligen vor den napoleonischen Truppen und ließ sich in Rio nieder, das sich in der Folgezeit zum staatlichen, kul-turellen und wirtschaftlichen Zentrum des Landes weiterentwickelte.

Orientierung in Rio

Ankunft

Vom internationalen Flughafen auf der Ilha do Governador führt nur eine Straße über die *Ilha do Fundão* und vorbei am Busterminal Novo Rio zur Innenstadt. Dort Im Centro ragen gewaltige Bürotürme und Wolkenkratzer in die Höhe. Hier befinden sich rechts und links der Avenida Rio Branco die meisten Museen und die verbliebenen his-torischen Bauten von Rio Antigo, dem alten Rio. Am südöstlichen Ende der Avenida Rio Branco liegt auch der Stadtflughafen *Santos Dumont,* der vom Flughafenbus angefahren wird.

Das Viertel Lapa

Am südwestlichen Ende der Av. Rio Branco, in Höhe der Praça Gandhi, schließt sich beim **Passeio Público** das ehemalige Arbeiter-viertel Lapa an, heute bekannt für sein unkonventionelles Künstler-milieu. Das Leben in den Bars von Lapa ist so, also tauche man ein in das alte, historische Herz Rios. Lapa entwickelte sich zu einem Zentrum des Nachtlebens, an den Wochenenden drängen sich hier Arm und Reich, Touristen und Einheimische, Alt und Jung, Trans-vestiten und ehrwürdige *Mãe de Santos* und gescheiterte Künstler-existenzen. Zwei bekannte Musikbars sind dort *Carioca da Gema* und *Rio Scenarium*. Berühmtes Wahrzeichen von Lapa ist der *Arcos da Lapa* (Aqueduto da Carioca), über den Rios altersschwache Straßen-bahn *Bonde* rumpelte, die voraussichtlich erst wieder 2015 fahren wird.

Die Escadaria
Selarón

1

Santa Teresa

Westlich von Lapa findet sich, auf einem Morro gelegen, das sehenswerte und verwinkelte Künstlerviertel Santa Teresa. Früher wohnte hier Rios Oberklasse, weil es im Sommer weniger heiß ist wie im nahegelegenen Zentrum. Kolonialvillen mit kunstvoll gekachelten Wänden, kopfsteingepflasterte Gassen, exotische Gärten und versteckte Restaurants und vor allem aber der Blick über Rio de Janeiro machen einen Besuch in Santa Teresa lohnend und reizvoll.

Eine Sehenswürdigkeit in Santa Teresa ist die buntgekachelte Treppe des Klosters Santa Teresa, ein Werk des chilenischen Künstlers Jorge Selarón (1947–2013). Er verblendete von 1990 bis zu seinem Tod den Aufgangsbereich mit über 2000 Kacheln aus allen Herren Ländern, wobei er die Stellstufen in den brasilianischen Nationalfarben hielt. Am Treppenaufgang der *Escadaria Selarón* rechts können Sie die ganze Geschichte nachlesen.

Von Glória nach Catete

Südlich von Lapa folgt das Stadtviertel Glória mit seinem Yachthafen *Marina da Glória*. Glória geht über in den Stadtteil **Flamengo,** in dem sich der **Parque do Flamengo** und das **Museu de Arte Moderna** befinden. Nach Südwesten schließt sich der Stadtteil **Catete** an, in dem sich zahlreiche Budget-Unterkünfte finden. Im sehenswerten **Palácio do Catete** wohnte bis 1960 der brasilianische Präsident.

Botafogo

Die **Enseada** (Bucht) **de Botafogo** mit dem Yachthafen des IATE Clube und dem sich dahinter aufragenden **Zuckerhut** ist eine der berühmtesten Fotoansichten Rios. Botafogo bietet urige Kneipen und preiswerte Restaurants. Kurz vor dem Tunnel nach Copacabana befindet sich das Shopping-Center **Riosul** mit über 400 Läden, zahlreichen Restaurants und etlichen Kinos. Kostenloser Bus-Service von größeren Hotels.

Casa de Rui Barbosa
Museu do Índio
S. Clemente
BOTAFOGO
Palmeiras
Mariana
Guinle
Voluntários da Pátria
Rodriguez
Muniz Barreto
Praia de Botafogo
Nações Unidas
Clube de Regatas Guanabara
Heliport / Hubschrauber-Rundflüge
zum Zuckerhut (Pão de Açúcar)
(396 m)
Av.-Pasteur
IATE Clube de Rio de Janeiro
Av.-Portugal
Morro da Urca (220 m)
Universidade Federal do Rio de Janeiro
Instituto B. Constant
Escola de Agronomia
Faculdade de Medicina
Estação Teleférico do Pão de Açúcar
Pça Tiburcio
Praia Vermelha
B O T A F O G O
Real Grandeza
Batista
Mena Barreto
Polidoro
Sorocaba
Severiano
Av.-V.-Braz
Lauro Müller
Shopping Rio Sul
Morro do Babilônia
Morro de São João
Morro do Urubu
L E M E
Forte Duque de Caxias
Pça Noronha
Barata Ribeiro
Prado Junior
Av.-Princ.-Isabel
R. Carvalho
4
CARDEAL ARCOVERDE
SIQUEIRA CAMPOS
Pça Bitencourt
Viana
Braga
Toneleiro
Pça C. Arcoverde
N.S. de Copacabana
Dias da
Siqueira Campos
Bolívar
5
Rep. do Peru
Figueiredo de Magalhães
Mendes
Freitas
2
3
Posto 1
Posto 2
Praia do Leme
Morro de Leme
Av. Atlântica
Metro Cantagalo / Ipanema
6
9
10
11
12
Pça S. Correia
Correia
Sta. Clara de
Nossa Senhora de
Ipanema
Raul Pompéia
Ramos
R.-Lourenço
B.-Ribeiro
Gomes
Av. Copacabana
Gouveia
Posto 3
Posto 4
Praia de Copacabana
13
Xav. da Silveira
Lemos
Ulrich
Gonçalves
Saldanha
Av. Atlântica
Posto 5
14
15
16
Sá Ferreira
S. Roman
Lima
Fco.-Sá
Castilhos
Tunel Sá Freire
O c e a n o
A t l â n t i c o
R.-R. Elisabete da Bélgica
J. Nabuco
F. Otaviano
Posto 6
Forte de Copacabana
Pça do Arpoador
Parque Garota da Ipanema
Praia do Arpoador
Praia do Diabo
17
Ponta do Arpoador

RIO DE JANEIRO
COPACABANA / LEME

0   500 m   ········ **Metro**

© RKH Verlag Hermann

Hotels (rote im Buch beschrieben)

1 Leme Othon Palace
2 Acapulco Copacabana
3 **Windsor Atlântica**
4 Sta. Clara
5 **Astória Copacabana**
6 AJ Copacabana Praia
7 **Copacabana Palace**
8 Copacabana Sol
9 AJ Copacabana
10 Angrense
11 Grande Hotel Canadá
12 **California Othon Classic**
13 **Rio Othon Palace**
14 **Debret**
15 AJ Saint Romain
16 Martinique
17 Sofitel Rio Janeiro

Am Meer entlang – Rio Strände und Strand-Attraktionen

Rios Stadtgebiet säumen Strände mit einer Gesamtlänge von über fünfzig Kilometern. Während sich die Strände von *Glória, Flamengo* und *Botafogo* eher zum Sonnenbaden eignen weil das Meerwasser dort verschmutzt ist, treffen sich Einheimische, Touristen und Körperkult-Anhänger an den Stränden von *Leme, Copacabana* und *Ipanema*. Durch die landabgängige Strömung ist das Schwimmen im Meer jedoch nicht möglich. Rettungsposten wachen über leichtsinnige Wasserratten und Hubschrauber patrouillieren über der oft starken Brandung. Fahnen zeigen an, ob ein Strandabschnitt zum Baden freigegeben ist: Bei roter Fahne ist das Baden grundsätzlich verboten. Dann amüsieren sich die Strand-Cliquen eben mit Beachvolleyball, Caipirinhas schlürfen oder machen den Strandschönheiten Komplimente.

Beliebt bei den Cariocas und eine Alternative zur Copacabana und Ipanema ist der achtzehn Kilometer lange Strand **Barra da Tijuca.** Er liegt weiter westlich und ist von Copacabana aus bequem mit dem Bus erreichbar.

Copacabana

Der Reiz des berühmtesten Strandes Südamerikas zwischen Leme und Arpoador ist ungebrochen und nach wie vor beliebt bei Einheimischen und Touristen. Einst ein verträumter Villenvorort, ist der 300.000-Einwohner-Stadtteil heute mit Hotelburgen, Hochhäusern und Wohnblocks lückenlos zugebaut.

Relaxen am Strand

An der rund drei Kilometer langen Strandsichel entlang der Flaniermeile *Avenida Atlântica* liegen zahllose Strandkneipen (Barracas), teure Restaurants und luxuriöse Hotels – ein Symbol ist das historische, weiße Prachthotel *Copacabana Palace*. Tagsüber gleicht der überbreite Strand von Copacabana fast einem Sportgelände, abends ist das Viertel Copacabana ein Zentrum des Nachtlebens, frequentiert von Touristen, Transvestiten, leichten Mädchen, Straßenkindern und Bettlern. Die Nachtschwärmer können sich in zahllosen Bars und Tanzschuppen vergnügen. Die Avenida Atlântica wird nachts hell beleuchtet, eine eigene Touristenpolizei sorgt zusätzlich für Sicherheit. Dennoch ist Vorsicht geboten, besonders in den Morgenstunden nimmt die Gefahr des Diebstahls oder Überfalls zu.

Zu Silvester verabschiedet ein Millionenpublikum das Jahr mit einem spektakulären Feuerwerk und begrüßt lautstark das neue. Auch in den Zeiten des Karnevals gleicht Copacabana einem Hexenkessel.

Ipanema und Leblon

Besitzt Copacabana den berühmtesten Strand von Rio, so sind die der beiden Nachbarviertel *Ipanema* und *Leblon* seine noblen Schwestern. Die Strandmeile der Praia de Ipanema ist für die Cariocas ihr Laufsteg, selbstbewusst tragen die Schönen beiderlei Geschlechts ihre austrainierten und wohlgeformten Körper zur Schau. Berühmt wurde Ipanema durch den Welterfolg des Liedes *Garota de Ipanema,* „The girl from Ipanema". Am Wochenende, wenn die Avenida *Vieira Souto* halbseitig zur Fußgängerzone erklärt wird, mutiert die Strandpromenade und jene von Leblon zu einer Aufmarschpiste: Fliegende Händler schleppen Strandutensilien, Sandwiches, Eis und Getränke von Liegestuhl zu Liegestuhl. Strandkioske verkaufen Kokosnüsse mit klarem Kokoswasser und eisgekühltes Bier. Der Besuch eines bestimmten Strandabschnittes ist für die Cariocas wie ein Ritual: Jeder hat seinen bestimmten Strandplatz, seine Clique, seine Vorlieben und seine bestimmte Strandkneipe …

Nach dem *Jardim de Alah* unweit des Kanals, der die *Lagoa Rodrigo de Freitas* mit dem Atlantik verbindet, beginnt das High-Society-Viertel **Leblon**. In Ipanema und Leblon haben sich neben etablierten Hotels auch viele Restaurants, schicke Boutiquen und teure Geschäfte angesiedelt. Zum Ausgehen trifft man sich in eleganten Bars und Nachtclubs, entlang der Rua Dias Ferreira konzentrieren Restaurants und Kneipen.

Barra da Tijuca

Barra da Tijuca ist das „Fluchtviertel" der High Society der Carioca-Stadt. Die Reichen dieses Nobelviertels leben hier abgeschottet und geschützt von der Welt da draußen in zahllosen und rund um die Uhr

Praia de Copacabana
Posto 5
Posto 6
Forte de Copacabana
Praia do Diabo
Pça do Arpoador
Ponta do Arpoador
Av.-Atlântica
Av. Nossa Senhora de Copacabana
Raul Pompéia
Parque Garota
Posto 7
Praia da Ipanema
F.-Otaviano
Praia do Arpoador
Posto 8
Metro Siqueira Campos
CANTAGALO
Morro da Cantagalo
Favela Cantagalo
Morro da Pavão
Rua Rainha Elisabeth da Bélgica
P.G. OSÓRIO
Pça Osório
I P A N E M A
Posto 9
Av.-V.-Souto
Av. E. Pessoa
Lagoa Rodrigo de Freitas
Ilha dos Caiçaras
Posto 10
Praia de Ipanema
Jockey Club
Jardim Botânico
M.-Ribeiro
Borges de Medeiros
Leblon
Shopping
Posto 11
Praia do Leblon
L E B L O N
Praça N.S. Auxiliadora
Pça M. Ferreira Campos
B.-Mitre
Posto 12
Praia do Vidigal
Túnel Dois Irmãos
Plataforma
Barra da Tijuca / Jacarepaguá / BR 101 Rio – Santos
Barra da Tijuca

Hotels (rote im Buch beschrieben)
1 San Marco
2 **Hotel Vermont**
3 **Casa 6 Ipanema**
4 **Pousada Favela Cantagalo**
5 **Ipanema Inn**
6 **Caesar Park**
7 Marina Rio
8 **Marina Palace**
9 Arpoador Inn

RIO DE JANEIRO
IPANEMA / LEBLON

0   500 m
Metro

©Rio VERLAG HERMANN

Barra da
Tijuca

gesicherten Wohnanlagen. Barra da Tijuca ist auch das Viertel der
Superlative: der Strand ist mit 18 Kilometern der längste von Rio,
Barra Shopping mit Aberdutzenden Geschäften, Boutiquen, Kinos,
Theatern, Bowlingbahnen, Restaurants etc. Rios größter Kaufpalast.
Riocentro ist Lateinamerikas größtes Kongress- und Messezentrum.

Rio sehen und erleben

**Geführte
Individual-
touren**

Private Tours, Tel. 2232-9710, Handy 99175-1225, www.privatetours
.com.br; der deutschsprachige Pedro Novak mit einem individuellen
Service ist eine Alternative zu den unpersönlichen Touren der Tourver-
anstalter. Stadtführungen, Stadtrundfahrten, Kaffeeplantagen-/
Corcovado-Tour, Jeep-Touren im Tijuca-Park inkl. Cascatinha do Taunay
in Kleinstgruppen (max. 4 Pers.) sowie Vermittlung von B&B und
Unterkünften, spezielle Abschiedstour, keine Kreditkarten, gPLV, TIPP!

Annette Runge, Tel. 2252-2826, Handy 99640-9248, annette.rio-
tours@gmail.com; ein Highlight der Rio-Insiderin ist die Panorama-
Tagestour mit Tijuca-Nationalpark und Corcovado. Sie organisiert
u.a. Tandemflüge, Besteigung der Pedra Dois Irmãos, den Besuch
des Sítio Burle Marx und mehr. Honorar abhängig von der Gruppen-
größe, keine Kreditkarten. Empfehlenswert!

**Altstadt-
bummel**

Empfehlenswert ist die vierstündige „Historische Walking Tour" mit
der deutschsprachigen Rio-Insiderin Lisa Schnittger. Sie führt durch
das historische Stadtzentrum und kann bei Interesse auf Santa Teresa
ausgedehnt werden. Alternativen sind die afrobrasilianische Kultur-
und die Art-déco-Tour für Architekturliebhaber. *Lisa Rio Tours,* Tel.

2135-6937, Handy 9894-6867, www.lisariotours.com, keine Kreditkarten. Auf Anfrage auch Favelatour durch *Tavares Bastos.*

Individuelle Rio-Programme stellt der deutsche Reiseleiter *Helmuth Taubald* zusammen: geführte Halbtags- oder Tagestouren per Pkw und ganz nach den Vorstellungen der Teilnehmer. Kontakt: Tel. Tel. 99241-3782, www.rio-insider.com, keine Kreditkarten.

Auch *Michael Hartman* bietet anspruchsvolle Gruppen- und Individualausflüge abseits der ausgetreter Pfade an und außerdem Touren ab Rio de Janeiro ins Hinterland, z.B. zu Kaffeefazenden. *Arcosur Tours & Incentives Brasilien,* Rua Ramon Franco 205/501, 22290290 Rio de Janeiro, Tel. (0055) 21-4042-5190, www.travela-gencybrazil.com; dt.-spr. Management.

Kommerzielle Stadtrund-fahrten Eine Reihe von Hotels und Reisebüros bieten Ausflüge innerhalb des Stadtgebietes und in die Umgebung an, z.B. Halbtagestouren zum Zuckerhut und zum Corcovado sowie Ausflüge nach Búzios, Angra dos Reis oder zur Ilha Grande. Ein alteingesessener Anbieter ist *Ruhm Turismo,* Rua Sta. Clara 145, Copacabana, Tel. 4106-5777 oder 9174-8749, www.ruhmturismo.com.br.

Buslinie 161/572 Wer einen ersten Eindruck von der Zona Sul erhalten möchte, fährt mit den Buslinien 161 via Jóquei/572 ab der Metrostation Glória. Diese Busse fahren eine Rundstrecke durch die Zona Sul, Wendepunkt ist Gávea.

1

Wahrzeichen von Rio –
der Zuckerhut

Die Höhepunkte Rios

Pão de Açúcar

Der 396 Meter hohe Zuckerhut ist das Wahrzeichen von Rio. Bereits die Fahrt mit der 1913 in Betrieb genommenen und 2008 modernisierten Seilbahn ist ein Erlebnis, denn die neuen, in der Schweiz hergestellten Gondeln mit getönten Scheiben aus reflexfreiem Glas sind rundum transparent und haben nun ein modernes Belüftungssystem.

Auf der Aussichtsplattform des Pão de Açúcar, die nach einer Zwischenstation über den 220 Meter hohen **Morro da Urca** erreicht wird, liegt einem Rio buchstäblich zu Füßen: im Südwesten der Atlantik und der Strand der Copacabana, im Westen die Ausläufer der Sierra da Carioca mit dem Corcovado, die Stadtviertel Urca, Botafogo, Flamengo, Glória sowie das Centro. Im Norden überblickt man die Baía de Guanabara, den Flughafen Santos Dumont und die 60 Meter hohe sowie fast vierzehn Kilometer lange Brücke von Rio nach Niterói.

Foto-Liebhaber sollte den Zuckerhut gleich ab 8 Uhr morgens besuchen, um das Licht der Morgensonne zu nutzen. Am Spätnachmittag liegt die Stadt bereits im Schatten der untergehenden Sonne. Der Blick in der Dämmerung auf das lichterfunkelnde Rio ist jedoch gleichfalls überwältigend.

Pão de Açúcar, Av. Pastor 520, Urca, Tel. 2546-8400, Eintritt 62 R$, Kinder bis 6 Jahren frei, bis 12 Jahre 50%, 8–21 Uhr, Ticketschluss 19.50 Uhr, letzte Bergfahrt 20 Uhr, letzte Talfahrt Morro da Urca 20.20 Uhr, alle Kreditkarten. Weitere Infos: www.bondinho.com.br.

Anfahrt   Die Talstation der Teleférico an der Praça General Tibúrcio/Av. Pasteur 550 in Urca ist bequem per Bus zu erreichen. Von der Copa aus z.B. mit Bus Nummer 511 oder 512, vom Zentrum und Flamengo mit Linie 107 (Urca) und 442 (Urca).

Per Seilbahn
auf dem
Pão de Açúcar
(Zuckerhut)

Corcovado mit Christusstatue

Der Granitkegel *Morro de Corcovado* („der Buckelige") ist mit 710 Metern die dritthöchste Erhebung in der Stadt. Er gehört zum Massiv der *Serra da Carioca* und damit zum *Parque Nacional da Tijuca,* dem größten Stadtwald der Welt. Auf dem Gipfel des Corcovado thront die majestätische Statue *Cristo Redentor* (Christus der Erlöser), der mit seinen weit ausgebreiteten Armen die Stadt Rio de Janeiro und ihre Menschen segnet. Es ist das bekannteste Wahrzeichen nicht nur von Rio, sondern auch ganz Brasiliens.

Ursprünglich sollte die 38 Meter hohe Statue 1922 zum 100. Jahrestag der Unabhängigkeit Brasiliens fertiggestellt werden. Doch erst neun Jahre später, am 12. Oktober 1931, konnte das Denkmal dank einer Finanzspritze des Vatikans eingeweiht werden. Die imposante Statue ist 1145 Tonnen schwer (allein der Kopf wiegt 30 Tonnen), die Spannweite der Arme beträgt 28 Meter.

Auch wer bereits den Zuckerhut besucht hat, sollte den Corcovado nicht verpassen, denn von hier oben bietet sich eine gänzlich andere Perspektive: In nordwestlicher Richtung erheben sich die Berge und Hügel des Parque Nacional da Tijuca, rechts davon der Morro *Dois Irmãos.* Hinter der Bucht von Botafogo ragt der Zuckerhut auf, und im Süden erstrecken sich die Strandviertel Leblon, Ipanema und Copacabana. Direkt unterhalb des Corcovado liegt rechts der *Lagoa de Freitas* der Jóquei-Clube, die Lagune ist mit dem Meer durch einen Kanal verbunden, der Leblon von Ipanema trennt. Südwestlich erstreckt sich der *Jardim Botânico,* der Botanische Garten. Auch die Guanabara-Bucht, die Skyline von Niterói, Rios Schwesterstadt, sowie das Maracanã-Stadion sind deutlich zu erkennen. Der beste Zeitpunkt für einen Besuch des Corcovado ist frühmorgens oder am frühen Nachmittag, wenn man die Sonne im Rücken hat.

Anfahrt Die Talstation der Zahnradbahn ist im Stadtteil Cosme Velho, Rua Cosme Velho 513, Praça São Judas Tedeu. Zu ihr gelangt man aus dem Zentrum mit den Buslinien 422, 497 und 498, Aufschrift *Cosme Velho,* von der Copacabana mit der Buslinie 583 (Rückfahrt 584), Aufschrift *Cosme Velho.* Die Busfahrt dauert etwa 60 Minuten. Die 20-Minuten-Auffahrt mit der Schmalspurbahn lohnt bereits wegen des Panoramablicks von der rechten Seite der Bahn. Die Bahn verkehrt täglich von 8–20 Uhr, Rückfahrkarte 46 R$, Kinder bis 6 Jahre gratis, bis 12 Jahre 50%, alle Kk.

Daneben fahren ab der Talstation der Zahnradbahn auch Kombis hoch bis zur Einfahrt in den Tijuca-Nationalpark, Fahrpreis 30–40 R$. Ein Taxi sollte gleichfalls nicht mehr als 40 R$ kosten. Der Vorteil dabei ist, dass unterwegs beim Aussichtspunkt *Mirante Dona Marta* (362 m) ein Fotostopp eingelegt werden kann. Ab der Einfahrt zum Corcovado übernehmen Vans den Transport (mit Rückfahrt ca. 10 R$, Kinder bis 6 Jahre frei). Die letzen Höhenmeter hinauf zur Statue entweder zu Fuß oder per Aufzug und Rolltreppe.

Mit der Bonde nach Santa Teresa …

… ist leider seit 2011, nach einem schlimmen Unfall, nicht mehr möglich. Mit dem musealen gelben Gefährt konnte man Santa Teresa bequem erreichen. Kein Grund aber, das hügelige Viertel nicht zu besuchen: Koloniale Villen, Künstlerateliers, prachtvolle Fassaden der Belle Epoque, spektakuläre Ausblicke, verwinkelte Kopfsteinpflastergassen und nostalgische Kneipen – all das findet man dort. Nehmen Sie den Bus oder ein Taxi, z.B. zum reizvollen Largo do Guimarães, ein guter Ausgangspunkt für einen Bummel zu Fuß. Wann die Bonde wieder fahren wird ist noch unklar, Strecke und Wagen sollen zuvor sicherer gemacht werden.

Karneval in Rio

Samba-schulen

Ramba Zamba mit Samba und großer Show im Sambódromo

Escolas de Samba sind Sambavereine, die die große Parade im *Sambódromo* organisieren und mitwirken. Es ist die größte Freiluft-Show der Welt. Ideenreich entwerfen und schneidern die zahlreichen Mitglieder mit viel Engagement die tollsten Kostüme *(fantasias)* sowie die prachtvollsten Festwagen mit meist riesigen Aufbauten (viele der Arbeiten kann man in der *Cidade do Samba* anschauen,

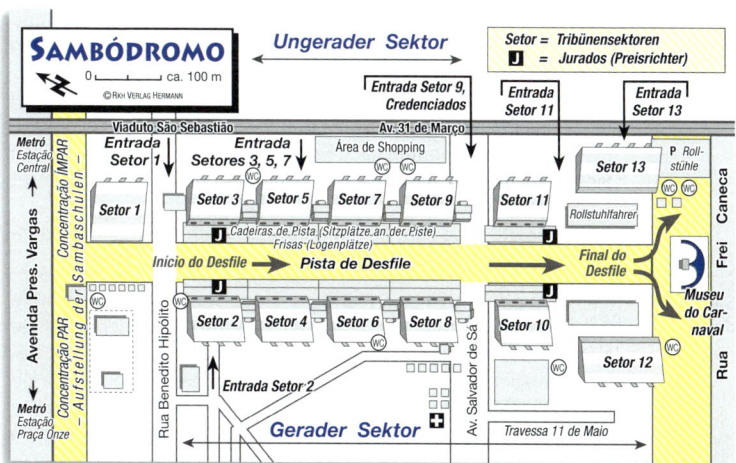

s.u.). Die ältesten Escolas wurden bereits Anfang des 20. Jahrhunderts gegründet, fast ausnahmslos in den Armenvierteln Rios. „Sambaschule" heißen sie deshalb, weil sich die Mitglieder anfänglich auf einem Schulgelände trafen. Berühmte Schulen sind z.B. *Mangueira, Salgueiro, Beija-Flor* oder *Portela.*

Alljährlich denkt sich jede Escola ein bestimmtes Thema aus, z.B. eine Region aus Brasilien oder ein geschichtliches Ereignis, und dieses Leitmotiv bestimmt Kostüme, Musik, Tänze und Choreographie. Dazu passen muss auch der eigens dafür komponierte *Samba Enredo,* das Themenlied für die Sambaparade jeder Schule. All diese Elemente und die Gesamtpräsentation werden dann bei der Parade von Preisrichtern beurteilt und nach einem Punktesystem bewertet. (Hinweis: Wer außerhalb der Karnevalszeit nach Rio kommt, der kann bereits ab September die *Escolas de Samba* besuchen, s.u., LIESA-Webseite).

Die Sambaliga

Rios *Escolas de Samba* sind organisiert in der LIESA *(Liga Independente das Escolas de Samba do Rio de Janeiro).* Es gibt insgesamt vier Ligen, und wie beim Fußball steigen alljährlich die bei den Paraden bestbewerteten auf und die schlechtesten ab. Die 12 Schulen der 1. Liga defilieren am Karnevalssonntag und am Montag (jeweils 6 Schulen) durch den Sambódromo, um vor den begeisterten Zuschauern die Sieger zu ermitteln. Am Aschermittwoch werden dann in einer brasilienweiten TV-Live-Übertragung die Sieger bekannt gegeben, die frenetisch gefeiert und Geldpreise bekommen. Am Sonntag nach Karnaval findet im Sambódromo die Siegerparade statt, die ausgelassener ist und weniger Eintritt kostet – falls Sie die Haupttage versäumt haben!

Detaillierte Infos zum Ablauf im Sambódromo, Zeitplan, teilnehmende Schulen etc. auf http://liesa.globo.com.

Sambó-dromo
Der Sambódromo ist eine 700 Meter lange Straßenarena, in der die Parade der Sambaschulen stattfindet. Er liegt im Stadtviertel Cidade Nova an der Av. Presidente Vargas, wurde 1984 erbaut und ist bequem mit der Metrô zu erreichen. Auf dreizehn Betontribünen, in klimatisierten *Camarotes* (Privatlogen) und auf den *Cadeiras de pista* (Zuschauerstühle direkt an der Sambapiste) haben bis zu 90.000 Zuschauer Platz.

Am Anfang der Sambódromo-Piste befindet sich kleines Karnevals-Museum, das *Museu do Carnaval.* Es kann das ganze über Jahr besichtigt werden und zeigt die Geschichte und die Details des Karnevals von Rio.

Parade der Blocos
Die einzelnen Blocos umfassen 3000 bis zu 5000 Mitwirkende, allein die *Bateria,* die Gruppe der Trommler, die im Takt eines Dampfhammers synchron auf ihre Basstrommeln hämmern, zählt manchmal bis zu 800

Mann. Voran tanzt die Königin *Rainha da Bateria,* die in knappem Kostüm und mit viel Sex-Appeal sehr gut Samba tanzen kann. Der Vorbeimarsch der Blocos dauert von 21 Uhr bis zum Morgengrauen, und jede Schule hat dafür genau 80 Minuten Zeit – wer länger braucht, bekommt Wertungspunkte abgezogen.

Ein Bloco beginnt mit dem *Abre-Alas* (Eröffnungsflügel), dem Bannerträger der Sambaschule, dem Namen der Schule und dem dargebotenen Thema. Danach kommt das Direktorium, die *Comissão de Frente* mit Präsident, den Vorsitzenden, altgedienten Mitgliedern und den Ehrenführern der Schule. Anschließend die Hauptabteilung, der erste Wagen ist der Eröffnungswagen, der *Carro alegórico,* der das Thema symbolisiert. Alle Wagen werden mit den Händen geschoben, sie haben oft hohe Aufbauten, auf denen *morenas* in fantastischen

Kostümen oder so gut wie nackt ihre virtuosen Tanzkünste darbieten.

Ein optischer Leckerbissen sind die altehrwürdigen *Baianas* in ihren Reifröcken, die sich kreisend vorwärts bewegen. Gleich hinter den Baianas wirbelt der *Mestre sala,* der Tanzmeister der Sambaschule, um die tanzende Fahnenträgerin der Sambaschule, *Porta bandeira,* die in einem prächtigen Kostüm das Banner der Sambaschule in die Höhe hält. Es folgen die Tambourin-Musiker und schöne *Passistas,* Solotänzerinnen mit viel nackter Haut, die ihren *bum-bum* kreisen lassen oder einen hohen Kopfschmuck mit bunten Straußenfedern balancieren. Neben einem der Plattformwagen läuft singend der *Puxador,* der Vorsänger. Mit einem Mikrofon in der Hand stimmt er immer wieder den *Samba de Enredo,* den musikalischen Ohrwurm des Blocos an, der von allen mitgesungen wird. Weißgekleidete *Diretores de Harmonia,* Ordner, sausen hin und her, um die Alas „in Harmonie" zusammenzuhalten und ein tanzendes Chaos zu verhindern …

Eintritts-
preise

Die Eintrittspreise variieren je nach Tag (So/Mo/Sa) und Platz *(Camarote, Arquibancada, Cadeira de Pista)* und beginnen bei etwa 10 R$ für einen Tribünenplatz. Für einen guten Platz sind mindestens 200 RS, für einen der Logenplätze (Frisas) ab 1000 €, für eine Camarote (Privatloge) ab 8500 € inkl. Büffet und Getränke zu zahlen. Preiswerte Eintrittskarten werden meist erst zehn Tage vor den offiziellen Veranstaltungen angeboten.

Die besten Plätze sind die nummerierten *Cadeiras de Pista* und *Frisas* (Logenplätze) im *Setor 4* und *Setor 11.* Die Plätze im Tribünenbereich des *Setor 7* (nationale Touristen) und *Setor 8* und *9* (internationale Touristen) sind gut und sicher, werden aber auch teurer verkauft. Die Verkaufsstellen für Eintrittskarten können bei *Riotur,* Praça Pio X 119, erfragt werden.

Straßen-
karneval

Neben der nicht ganz billigen Parade im Sambodrómo kann man sich während des Karnevals in Rio auch einfach in das Getümmel in den Straßen stürzen. In verschiedenen Stadtteilen ziehen sambaspielende Karnevalsgruppen durch die Straßen, es herrscht ausgelassene Partystimmung. Von Samstag bis Dienstag vor Aschermittwoch ziehen Musikgruppen und Laien-Sambistas durch die Straßen von Ipanema (Praça General Osório und Praça N.S. da Paz) sowie durch die Av. Atlântica. Außerdem lärmen Musikgruppen auf *Trio-Eléctricos* durch Copacabana. Lohnend ist auch der Besuch von geschlossenen

Karnavalsbällen, für die meist zwischen 150 und 400 Reais Eintritt verlangt wird und zu denen man auf alle Fälle kostümiert gehen sollte.

Karneval im Web
- www.worldsamba.org
- www.carnaval.com
- www.ipanema.com/carnival
- http://liesa.globo.com

Cidade do Samba – Samba-City

Die *Cidade do Samba* befindet sich im Hafenbereich des Stadtteils Gamboa und wird nach einem Großbrand 2011 wieder aufgebaut. Auf einem 114 ha großen Areal gruppieren sich um einen zentralen Platz 14 große Hallen für die 12 Sambaschulen der LIESA. In den Hallen werden die Kostüme und Wagen für den Karneval vorbereitet und die Besucher können dabei zusehen.

Cidade do Samba, Rivadávia Correa 60, Gamboa, zehn Gehminuten vom Pier Mauá oder vom Rodoviáriá Novo Rio, Tel. 2213-2503 u. 2213-2546. Wiedereröffnungstermin, Programm und Reservierung auf www.cidadedosambarj.com.br.

Stadtrundgang durch das historische Rio

Rio Antigo
Während der Militärdiktatur wurden viele architektonische Schmuckstücke des alten Rio zerstört. Dennoch lohnt ein Rundgang durch das Zentrum, denn vor allem in der Umgebung des Largo de Carioca sind noch Reste von Rio Antigo zu sehen. Für einen Besuch des Zentrums eignen sich vor allem die Wochentage, denn sonntags, aber auch am späteren Abend, wirkt das Zentrum größtenteils wie ausgestorben.

Für die vorgeschlagenen Tour von der **Praça Floriano** zum **Mosteiro de São Bento** müssen inklusive einer Pause in der

Stadt-
parlament
an der Praça
Floriano

Roter Teppich
und Marmor-
treppe – das
eindrucksvolle
Teatro
Municipal

1

Confeitaria Colombo etwa fünf Stunden veranschlagt werden. Wer Rio Antigo nicht auf eigene Faust besuchen möchte, kann mit der deutschsprachigen Rio-Insiderin Lisa Schnittger eine historische Spaziertour durch das alte Stadtzentrum unternehmen. Ihre Adresse s.S. 86 „Rio sehen und erleben".

Praça Floriano

Ausgangspunkt unserer Tour ist die **Praça Floriano,** die über die Metrostation Cinelândia erreicht werden kann und die von einer ganzen Reihe bedeutsamer historischer Bauwerke umgeben ist. Südwestlich des Platzes steht der **Palácio Pedro Ernesto,** das turmbewehrte neoklassizistische Stadtparlament von Rio. Auf dem Vorplatz versammeln sich häufig politische Aktivisten, um zu demonstrieren. An der Praça Floriano stoßen Sie auf das **Teatro Municipal,** das im Jahr 1909 fertiggestellt und der Pariser Oper nachempfunden wurde. Zwischen Hochhäusern eingekeilt wirkt Rios prachtvollster Bau geradezu klein und verloren. Hier können Sie bedeutende Orchester, Opern und andere Aufführungen genießen. Das Kristallglas und der Marmor im Theaterinnern stammen aus Carrara. Führungen Di–Fr um 11/12/14/15/16 Uhr, Sa um 11/12/13 Uhr, Eintritt 10 R\$.

Biblioteca Nacional

Auch die Gebäude östlich der Avenida Rio Branco verdienen Beachtung, insbesondere das **Museu Nacional de Belas Artes** und die **Biblioteca Nacional.** Letztere wurde 1910 eröffnet und beherbergt heute die größte Büchersammlung Lateinamerikas. Über 10 Millionen kostbare Bücher werden verwahrt, darunter zwei Gutenberg-Drucke der Mainzer Bibel von 1462. Mo–Fr 10–17 Uhr, Sa/So 12.30–16.30 Uhr, Führungen zu jeder vollen Stunde, Dauer 40 Min., Führung 2 R\$ p.P.

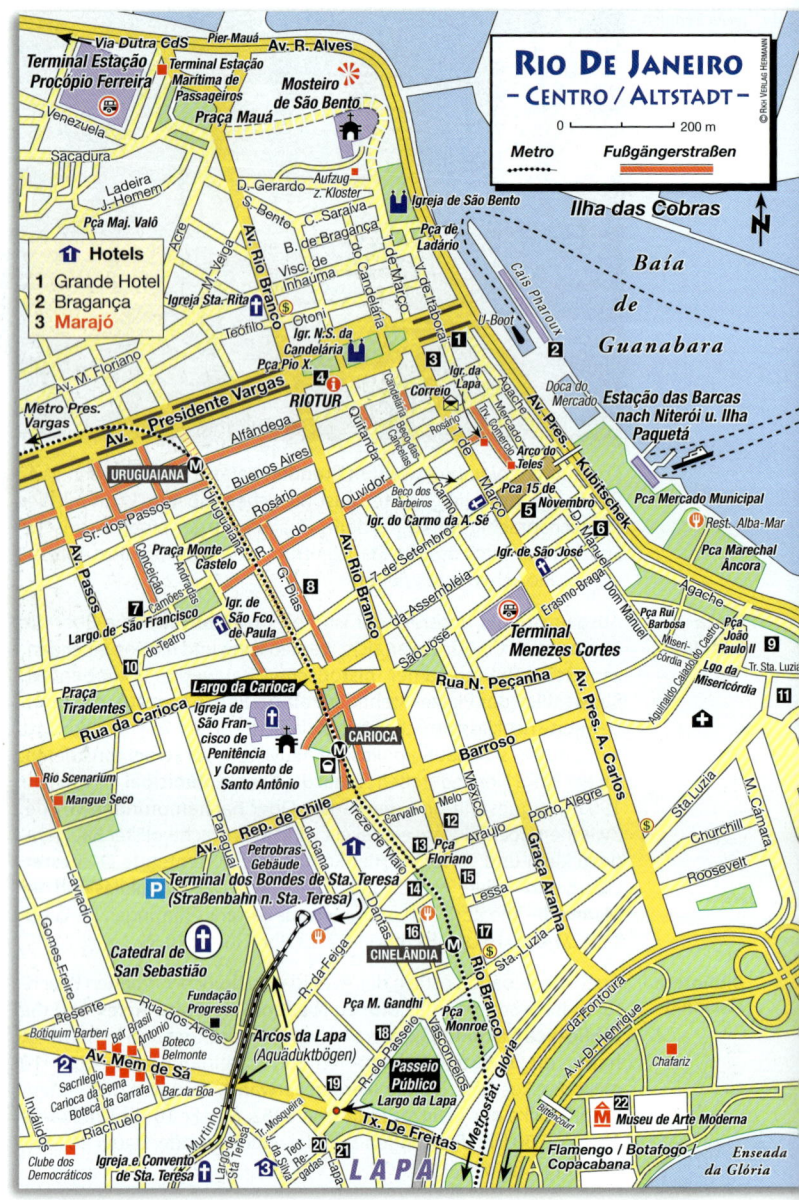

RIO DE JANEIRO
– CENTRO / ALTSTADT –

0   200 m

Metro   Fußgängerstraßen

Hotels
1 Grande Hotel
2 Bragança
3 Marajó

1 Casa França-Brasil
2 Espaço Cultural da
   Marinha

*Palácio da
Ilha Fiscal* ■
Ilha Fiscal

Fähre / Schoner

3 Centro Cultural
   Banco do Brasil
4 Touristen-Inform.
   RIOTOUR
5 Paço Imperial
6 Museu Naval
7 Real Gabinete Por-
   tuguês de Leitura

Estação Hidroviária

8 Confeitaria Colombo
9 Museu da Imagem
   e do Som
10 Teatro Caetano
11 Museu Histórico
   Nacional
12 Museu Nacional
   de Belas Artes
13 Teatro Municipal
14 Palácio Pedro Ernesto
15 Biblioteca Nacional
16 Teatro Rival
17 Centro Cultural da
   Justiça Federal

Av. Gen. Justo

*Pça.
Sen.
Salgado*

**Aeroporto
Santos Dumont**

18 Goethe-Institut
19 Escola de Música
20 Sala Cecília Meirelles
21 Igreja de N.S. do Carmo
   da Lapa do Desterro
23 Museu de Arte Moderna

Museu Nacional de Belas Artes
Das Nationalmuseum der Schönen Künste gilt als eines der wichtigsten Kunstmuseen Lateinamerikas. Das Gebäude stammt aus dem Jahr 1908 und ist im französischen Renaissance-Stil gehalten. Im Inneren werden Werke lateinamerikanischer Künstler von der Kolonialzeit bis heute gezeigt. Di–Fr 10–18 Uhr, Sa/So 12–17 Uhr, Eintritt 5 R$.

Largo da Carioca
Westlich des Teatro Municipal beginnt die Av. 13 de Maio mit Blumenverkäufern und Imbissbuden. Auf Ihrem Weg überqueren Sie die stark befahrene Av. República de Chile, bevor Sie auf den Platz *Largo da Carioca* stoßen, wo sich auch eine Metrostation befindet. Hier haben Straßenhändler ihre Stände aufgebaut und verkaufen Leder, Schmuck, naive Gemälde und Kunsthandwerk.

Petrobrás-Gebäude
Vom Largo da Carioca bietet sich ein Blick auf das moderne Petrobrás-Gebäude mit seinen „hängenden Gärten". Gegenüber ragt das Betongebäude der Entwicklungsbank in den Himmel. Das Kontrastprogramm findet sich gleich nebenan, denn auf den Resten des *Morro do Antônio* thronen zwei Kirchengebäude über dem Largo da Carioca: der Komplex *der Igreja e Convento de Santo Antônio* und die *Igreja da Ordem Terceira da São Francisco da Penitência*.

Convento de Santo Antônio
Der Klosterbau geht zurück auf das Jahr 1608, der heutige Konvent stammt jedoch aus dem Jahr 1780. Die Klosterkirche, erbaut von 1608 bis 1620, ist die älteste Kirche Rios. In der Sakristei beeindrucken die typischen Azulejos (Kacheln) und der Carrara-Marmor, der Chor ist mit Jacarandá-Holz und Blattgold ausgekleidet. Die vergoldeten Holzausschmückungen schuf 1716–1719 *Frei Lucas de São Francisco*. 1826 fand Kaiserin Leopoldina in der Kirche ihre letzte Ruhestätte. Mo–Fr 7.30–18.30 Uhr, Sa 7.30–11 u. 16–18 Uhr, So 9.30–11.30 Uhr.

Igreja de São Francisco da Penitência
Baubeginn der Kirche war 1653, aber erst 1739 wurde sie endgültig fertiggestellt. Besonders sehenswert sind die reichverzierten, barocken Hochaltäre mit der Darstellung der Stigmatisation des Heiligen Franziskus. Die Blattgoldverzierungen sind einzigartig.

Confeitaria Colombo
Vom Largo da Carioca geht es ein kurzes Stück die Rua Uruguaiana entlang, eine belebte Einkaufsstraße. Bei der Rua 7 de Setembro biegen Sie nach rechts ab, dann nach links in die Rua Gonçalves Dias und stoßen kurz darauf auf Rios schönstes Jugendstil-Café, die *Confeitaria Colombo*. Hier können Sie das Flair vergangener Tage erleben, mit einem Stück österreichischer Kaffeehausatmosphäre mitten in Rio. Die Wände des 1894 eröffneten und 1912–1918 im Jugendstil umgebauten Gebäudes zieren riesige Spiegel aus Belgien, ein kleiner Aufzug führt zu einer Galerie. Ein Zwischenstopp lohnt, und wenn Ihnen der Sinn nicht nach Kaffee und Gebäck steht, können Sie hier auch ein kühles Bier genießen. Die Hausmarke ist Bohemia, aber auch Warsteiner wird ausgeschenkt.

Confeitaria
Colombo

Confeitaria Colombo, Rua Gonçalves Dias 32–36, Mo–Fr 9–20 Uhr, Sa 9–17 Uhr, www.confeitariacolombo.com.br.

Beco das Cancelas

Nach der Pause im Colombo bleiben Sie in der Rua Gonçalves Dias und biegen anschließend nach rechts ab in die belebte *Rua do Ouvidor,* überqueren auf dieser die Avenida Rio Branco und biegen nach links in den *Beco das Cancelas,* die engste Gasse Rios. Von dort geht es über die Rua da Candelária (Rua da Quintanda) zum **Praça Pio X,** an der sich die größte historische Kirche Rios befindet, die **Igreja N.S. da Candelária.** Mehrere Umbauten von 1775 bis 1898 in verschiedenen Stilrichtungen geben der Kirche ein bemerkenswertes Aussehen. Die markante, achteckige Kuppel wurde nachträglich aufgesetzt. Im klassizistisch geprägten Innern der Kirche finden sich prunkvolle Malereien, Skulpturen und Altäre, unter anderem aus Carrara-Marmor und Jacarandáholz. Mo–Fr 7.30–16 Uhr, Sa 8–12 Uhr, So 9–13 Uhr.

Mosteiro de São Bento

Von der Praça Pio X geht es über die Av. Rio Branco weiter bis zur Kreuzung der Querstraße Rua Visconde de Inháuma/Av. Mal. Floriano. Auf der linken Seite der Kreuzung liegt ein paar Schritte weiter in der Av. Mal. Floriano die 1721 eingeweihte **Igreja de Santa Rita.** Von der Kreuzung geht es durch die Av. Rio Branco bis zur Einmündung in die Rua Dom Gerardo, in die Sie nach rechts einbiegen. Dort halten Sie sich links und stoßen auf zwei der bedeutendsten Barockbauten Brasiliens: die **Igreja de São Bento** und auf das gleichnamige Benediktiner-Kloster. Der Gebäudekomplex liegt auf dem Rest des **Morro São Bento** und ist über eine Rampe oder einen Aufzug erreichbar. Die festungsartige Anlage wurde von 1663 bis 1691 erbaut und diente 1711 als Schutzwall gegen französische

Eindringlinge. Die Kirche ist innen mit prächtigen, zum Teil vergoldeten Holzarbeiten ausgestattet. Die 14 Gemälde in der Chorkapelle
aus dem 17. Jahrhundert stammen von *Frei Ricardo do Pilar,* einem
der bedeutendsten Kirchenmaler im kolonialen Brasilien.

Mosteiro de São Bento, Rua D. Gerardo 68, 7–18 Uhr. Führungen 9
und 16.30 Uhr, 10 R$. Bitte angemessene Kleidung tragen, keinesfalls
kurze Hosen o.ä.

Palácio da
Ilha Fiscal
Der 1889 fertiggestellte Palast auf der Ilha Fiscal prägt bis heute die
Einfahrt in den Hafen Rios. Der schlossartige Bau im neugotischen Stil
diente ursprünglich zur Überwachung des Hafens und war bis 1913
ein Zollposten. Heute ist es Sitz des Marine-Ministeriums und Sperr-
gebiet. Es besteht die Möglichkeit, an einer geführten Besichtigung
teilzunehmen. Die Passagierboote hierfür starten am Cais do Espaço
Cultural da Marinha, Av. Alfredo Agache s/n, östlich der Praça Pio X.
Do–So 13, 14.30 u. 16 Uhr, von April–Aug 30 Min. früher, Eintritt 10 R$.

Weitere Sehenswürdigkeiten

Praça
Tiradentes
Die Praça Tiradentes westlich vom Largo de Carioca, einer der traditionsreichsten Plätze in Rio, ist gewissermaßen das Herz der Stadt.
Der Platz, der heute vor allem als Busumsteigestation dient, wurde
nach dem Freiheitshelden Tiradentes („Zahnzieher") benannt, der
1792 hier gehängt wurde. In der Mitte des Platzes erhebt sich die
Reiterstatue Dom Pedros I., aber auch Tiradentes wurde ein Denkmal
gesetzt. Am nordöstlichen Ende der Praça liegen zwei altehrwür-
dige Theater, das *Teatro Carlos Gomez* und das *Teatro João Caetano.*
Hier wurde die Unabhängigkeit Brasiliens ausgerufen und Dom
Pedro I. zum Kaiser gekrönt.

Real Gabinete
Português de
Leitura

Real Gabinete Português de Leitura

Von der Praça Tiradentes lohnt ein Abstecher in die Rua Luiz de Camões, in der sich das sehenswerte *Real Gabinete Português de Leitura* befindet, eine Bibliothek im manuelinischen Stil, in der etwa 350.000 altehrwürdige Bibliotheksbände aus Portugal aufbewahrt werden. Die ehemalige königliche Bibliothek mit ihren sogenannten „schwebenden Fußböden" ist die größte portugiesischsprachige Bibliothek außerhalb Portugals. Der Blick in den Lesesaal mit seinen begehbaren Bücherregalen und der gläsernen Dachkuppel ist beeindruckend.

Real Gabinete Português de Leitura, Rua Luís de Camões 30, Mo–Fr 8–20 Uhr, Sa 9–18 Uhr, Eintritt frei.

Catedral de São Sebastião do Rio de Janeiro

Die monumentale Kathedrale an der Av. República do Chile aus Beton und farbigem Glas wurde 1964–1976 erbaut. Der beeindruckende Bau in Form eines Kegelstumpfs ist 96 Meter hoch und hat einen Außendurchmesser von mehr als 100 Metern. Innen können bis zu 20.000 Gläubige Platz finden. Allein der Granitaltar wiegt mehr als acht Tonnen, und das Kreuz oberhalb des Altars ist zehn Meter hoch. Die Kathedrale ist von 7–18 Uhr geöffnet. Ihr ist das Museum für Religiöse Kunst angeschlossen, **Museu de Arte Sacra,** Mi 9–12 u. 13–16 Uhr, Sa/So 9–12 Uhr, Eintritt 2 R$.

Aqueduto da Carioca

Der *Aqueduto da Carioca,* auch **Arcos da Lapa** genannt, wurde als 270 Meter lange, doppelte Bogenbrücke konstruiert und 1750 fertiggestellt. Auf einer Höhe von bis zu 65 Metern leitete man Trinkwasser aus den Bergen Tijucas in den Brunnen des Largo da Carioca. Bis 1896 war die Wasserleitung in Betrieb, danach verlegte man auf ihr die Gleise für die neue Straßenbahn, von den Cariocas liebevoll *Bondinho* genannt.

Der monumentale Kegel der Kathedrale von Rio de Janeiro und der Arcos da Lapa

1

Igreja Glória do Outeiro
Die achteckige Igreja N.S. da Glória do Outeiro, Ladeira da Flória 135, gelegen neben den Schnellstraßen durch den Flamengo Park, thront auf dem 61 Meter hohen Morro da Nova Cintra. Bauzeit war von 1714 bis 1739. Sie beeindruckt nicht nur durch ihre kunstvolle Barockfassade, sondern auch durch die zahlreichen Azulejos-Bilder in ihrem Innern, die seit einigen Jahren aufwendig saniert werden. Vom Vorplatz kann ein Ausblick auf die Baía de Guanabara und das Stadtzentrum genossen werden. Mo–Fr 9–12 u. 13–17 Uhr, Sa/So nur bis 12 Uhr.

Palácio do Catete
Der Palácio de Catete wurde 1858–1866 von Gustav Wähnelt im neoklassizistischen Stil errichtet. Der deutsche Baumeister orientierte sich an den Prunkbauten Ludwig II. Der Palácio diente von 1897–1960 als Präsidentensitz. 1954 erschoss sich der Diktator Getúlia Vargas in dem Palast. Nachdem der Regierungssitz im Jahr 1960 nach Brasilia verlegt worden war, wurde der Palácio de Catete zum *Museu da República* umgewandelt.

Palácio de Catete, Rua Catete 153, Di–Fr 10–17 Uhr, Sa/So 14–18 Uhr, www.museusdorio.com.br, Eintritt 6 R$, Mi/So kostenlos.

Estádio do Maracanã
Mit 320 Metern Länge und 280 Metern ist Maracanã das größte Fußballstadion der Welt. Die Sportarena, die zur Fußballweltmeisterschaft im Jahr 1950 erbaut wurde, bot früher Platz für fast 200.000 Zuschauer. Zur Fußball-WM 2014 und für die Olympiade 2016 sind nach der Modernisierung aus Sicherheitsgründen nur noch 76.500 Zuschauer zugelassen.

Fußballspiele haben im Maracanã ihren eigenen Flair: Wenn sich Rios Lokalrivalen *Flamengo* und *Fluminense* (volkstümlich „Fla" und „Flu") zum Derby treffen, werden beide Mannschaften von den Zuschauern im schnellen Rhythmus der Sambatrommeln angefeuert und durch Macumba-Zeremonien mit toten Hühnern, heiligen Kerzen und Rauchbomben unterstützt. Während der Umbauphase gibt es einmal monatlich am 1. Samstag Führungen, 8–13 Uhr. Anmeldung: visitaguiada@maracanario2014.com.br, Eintritt 30 RS.

Hotels (rote s. beschrieben)

1 Magic Palace Hotel
2 Glória Palace
3 Flamengo Palace
4 Novo Mundo
5 Monte Blanco
6 Imperial
7 Ferreira Viana
8 Regina
9 Mengo Palace
10 Monterrey
11 Paysandu
12 Argentina
außerhalb:
13 Real
14 AJ Chave do Rio de Janeiro

RIO DE JANEIRO: GLÓRIA/
FLAMENGO/ BOTAFOGO

········· Metro

0   500 m

© RKH VERLAG HERMANN

Museen

Museu Histórico Nacional

Das Museum für die Geschichte Brasiliens befindet sich in einem beeindruckenden, wuchtigen Bau, der früher eine Festungsanlage sowie eine Produktionsstätte für Pulver war und 2005 zum Museum umgebaut wurde. Es werden etwa 348.000 Gegenstände verschiedener Epochen der brasilianischen Geschichte, Gemälde von Adeligen, den Kaisern und dem Paraguay-Krieg sowie Uniformen, Waffen, Kanonen und Kutschen gezeigt. Ergänzt wird die Ausstellung durch afrikanischer Gebrauchsgegenstände der Sklaven und der Ursprungsbevölkerung, mit Folterinstrumenten und mit einer alten Apotheke von 1847.

Praça Marechal Âncora s/n Ecke Praça Quinze de Novembro, Tel. 2550-9224, www.museuhistoriconacional.com.br, Di–Fr 10–17 Uhr, Sa/So 14–18 Uhr. Eintritt 6 R$, Studenten und Rentner 50%, sonntags Eintritt frei.

Museu do Índio

Das *Museu do Índio,* untergebracht in einem Kolonialgebäude und ausschließlich die indigenen Kulturen Brasiliens präsentierend, zeigt rund 15.000 von den Ureinwohnern gefertigten Exponate, wie Waffen, Federschmuck, Masken, Keramiken, Musikinstrumente, Flechtwerk und Arbeitsgeräte sowie zahllose Fotos und Bücher. Im Außenbereich kann ein Wohnhaus der Guaraní besichtigt werden. Außerdem Art-Índia-Shop. *Museu do Índio,* Rua Palmeiras 55, Botafogo, www.museudoindio.org.br, Di–Fr 9–17.30 Uhr, Sa/So 13–17 Uhr.

Museu de Arte Contemporânea de Niterói (MAC)

Dieses Museum ist eine Meisterleistung des Architekten Oscar Niemeyer (1907–2012) und das Wahrzeichen von Rios Schwesterstadt Niterói. Eingeweiht 1996, sensationelle architektonische Bauweise auf einer Klippe. Es zeigt wechselnde Ausstellungen zeitgenössischer Kunst. Das MAC ist von der Copacabana aus mit einem Direktbus zu erreichen, Bus 740 D, Aufschrift *Charitas,* Di–So 11–18 Uhr. Infos und Fotos auf www.macniteroi.com.br.

Die futuristische Architektur des MAC

Das grüne Rio

Parque Nacional da Tijuca

Der Tijuca-Nationalpark zieht sich von der Zona Sul über die Steilhänge der *Serra da Carioca* nach Norden zur *Serra Pretos Forros*. Im Nationalpark sind Affen, Schlangen, Gürteltiere, viele Vogel- und zahlreiche Insektenarten heimisch, es wachsen Mahagoni, Palisander, Paranuss, Eukalyptus, Araukarien und andere Bäume. Die zwei höchsten Berge sind der *Pico do Papagaio* (975 m) und *der Pico da Tijuca* (1021 m). Seine üppige Vegetation, die wildromantische Landschaft mit ihren Wasserfällen, verschwiegenen Pfaden und schö-

nen Aussichtspunkten machen den Tijuca-Nationalpark zu einem lohnenden Ausflugsziel.

Anfahrt

Der Parque Nacional da Tijuca liegt etwa 20 Kilometer vom Zentrum entfernt und wird von Panoramastraßen durchzogen. Die Anfahrt zum Haupteingang in *Alto da Boa Vista* erfolgt vom Busterminal Novo Rio mit der Buslinie 233 (zurück mit Linie 234) oder von der Copacabana mit der Buslinie 454. Vom Parkeingang aus kann man in drei bis vier Stunden den 1021 Meter hohen Pico da Tijuca ersteigen, den höchsten Punkt Rios. Hier liegt einem nicht nur die Stadt Rio und die Guanabara-Bucht zu Füßen, auch das Orgelgebirge und der „Finger Gottes" bei Petrópolis sind bei klarem Himmel gut zu erkennen. *Parque Nacional da Tijuca,* Sede do Parque, 8–17 Uhr, Zugang kostenlos.

Jardim Botânico

Der Jardim Botânico wurde vom brasilianischen Kaiser Dom Pedro I. 1808 gegründet und 1809 eingeweiht. Auf über 135 Hektar Fläche wachsen 9000 Bäume und Pflanzen aus aller Welt, darunter 900 verschiedene Palmenarten und einige Arten fleischfressender Pflanzen. Die Mitte des Botanischen Gartens ist durch einen Springbrunnen markiert, dem *Chafriz Central.* Die Hauptallee im Jardim Botânico wurde 1842 angelegt, ist knapp 800 Meter lang und wird von über 130 stattlichen Königspalmen gesäumt. Ebenfalls beeindruckend sind die riesigen Blätter der Vitória-régia, die sich in kleinen Teichen innerhalb des Parks findet.

Zum Botanischen Garten gehören auch die beiden *Pflanzenmuseen Museu de Plantas Secas* (Museum für getrocknete Pflanzen, Rua Pacheco Leão 915, Mo–Fr 8–17 Uhr) und das *Museu Botânico Kuhlmann* (Botanisches Museum), Di–So 11–17 Uhr. 2008 wurde das *Museu do Meio Ambiente* eingeweiht, Di–So 10–17 Uhr, Eintritt frei.

Jardim Botânico, Rua Jardim Botânico 920 (Fußgängereingang) und No. 1008 (Fußgänger und Autoeinfahrt), 8–17 Uhr, Tel. 3874-1808, Eintritt 6 R$. Zu jeder vollen Stunde kostenlose Führungen, für Gehbehinderte mit Elektrokarren.

Sítio Burle Marx

Der Landschaftsarchitekt und Künstler *Roberto Burle Marx,* Sohn eines Deutschen und einer Brasilianerin, wurde 1909 in São Paulo geboren und wuchs in Rio de Janeiro auf. Mit 18 Jahren studierte er in Berlin Musik und moderne Kunst. Viele Tage verbrachte er im Botanischen Garten in Dahlem. Nach seiner Rückkehr belegte er in Rio an der Kunstakademie, deren Leiter Lúcio Costa war, einer der kreativen Schöpfer Brasílias, die Fächer Architektur und Malerei. Costa erkannte Burle Marx' Talent, die Formensprache der modernen Malerei auf die Landschaftsarchitektur zu übertragen. Von 1934– 1937 war Burle Marx für die Gärten und Parks in Recife zuständig. Sein größtes Projekt war die Gestaltung des *Parque do Flamengo* in Rio de Janeiro. 1949 kaufte er den *Sítio Santo Antônio da Bica,* wo der bis zu seinem Tod 1994 lebte und arbeitete. Mit über 3500 verschiedenen tropischen und subtropischen Pflanzen sind die kunstvoll gestalteten Marxschen Gartenlandschaften, in denen sich Architektur und Natur vereinen, eine der bedeutendsten Pflanzensammlungen der Welt (Nationales Denkmal). Gezeigt werden auch Gemälde, dekorative Glas- und Holzarbeiten und eine Sammlung einfacher Keramiken aus Minas Gerais. Das 45 km westlich vom Zentrum Rios gelegene Anwesen ist im Rahmen einer organisierten Tour oder nach Voranmeldung mit einem Taxi bzw. Mietwagen zu erreichen.

Sítio Roberto Burle Marx, Estrada Roberto Burle Marx 2019, Barra de Guaratiba, Tel./Fax 2410-1412/2410-1171/2410-1163, http://portal.iphan.gov.br, Di–Sa 9.30 Uhr und 13.30 Uhr. Limitierter Einlass und Führung nur nach Voranmeldung, Eintritt 8 R$.

Service Rio de Janeiro

Information
- Bei Ankunft auf dem Flughafen kann man sich bei der Touristen-Information von Riotur, *Centro de Atendimento ao Turista,* im Terminal 1 oder Terminal 2, tgl. 6–23 Uhr, informieren.
- Außerdem gibt es eine Servicenummer des zweisprachigen Callcenters *Alô Rio,* Tel. 0800-2850555 (kostenlos) oder 2542-8080, Mo–Fr 9–18 Uhr.
- *Riotur,* Praça Pio X. 119, Tel. 2271-7000, www.rioguiaoficial.com.br, Mo–Fr 9–18 Uhr
- *Centro de Atendimento ao Turista,* Av. Princesa Isabel 183, Copacabana, Tel. (021) 2541-7522, tägl. 8–20 Uhr
- Weiteres Büro auch im Busterminal Novo Rio
- Bei *Riotur* gibt es die empfehlenswerten Touristenbroschüren (engl./portg.) *Rio this month – Rio este mês* und *Guia do Rio.* Online: www.rioguiaoficial.com.br

Vorwahl Rio Telefon-Vorwahl: (021),vor achtstelligen Handynummern ist eine „9" vorzuwählen bzw. (021) 9

Websites City-Guide Rio: www.riodejaneiro.com (engl.-spr.). Weitere Infos über Rio:
- www.guiadasemana.com.br/rio-de-janeiro
- www.supercarioca.com
- www.ipanema.com (engl.-spr.)

Kostenlose Stadt-führung Kostenlose Stadtrundgänge zu den unterschiedlichen kulturellen und geografischen Besonderheiten der Stadt in der Landessprache bietet das Projekt *Roteiros Geográfico do Rio,* Tel. 98871-7238, www.roteirosdorio.com

Touristen-polizei *Rio Tourist Police,* Av. Afrânio de Melo Franco 159, Leblon, Tel. 2332-2924 und 2332-2885

Rio Health Collective Service *Rio Health Collective Service* (RHC), Av. das Américas 4430, Zi. 303, Barra da Tijuca, Tel. 3325-9300. Vermittlung fremdsprachiger Ärzte, Behandlung von Tropenkrankheiten, kostenloser Service.

Dt. Konsulat Rua Pres. Carlos de Campos 417, Laranjeiras, Tel. 2554-0004, www.rio-de-janeiro.diplo.de, Mo–Fr 8.30–11.30 Uhr

Geldwechsel **Casa Behar,** Rio Branco 45. Guter Câmbio, aber keine Reiseschecks. Wechsel derselben nur in Copacabana bei der AMEXCO oder bei der Citibank, Av. Rio Branco. **Casa Universal Câmbio,** Av. N.S. de Copcabana 371, Copacabana.

Klima In Rio ist es zwischen September und Dezember und von April bis Anfang Juni meist sommerlich warm. Die heißeste Jahreszeit und damit die Hochsaison in Rio dauert von Ende Dezember bis März.

Verkehr

Aeroporto Internacional Tom Jobim (do Galeão) Der internationale Flughafen liegt im Norden auf der Ilha do Governador, bis zum Stadtzentrum sind es etwa15 Kilometer. In die Innenstadt und in die Zona Sul fahren Flughafenbusse, Stadtbusse und Taxis. Fahrkarten für das Flughafentaxi zum Festtarif werden in der Vorhalle verkauft (gilt für einen Wagen, der mit anderen Fahrgästen geteilt werden kann). Die klimatisierten Flughafenbusse *Frescão* fahren vom internationalen Flughafen durch das Zentrum in die Zona Sul bis Barra da Tijuca (Terminal Alvorada). Abfahrten Mo–Fr 5.30–23 Uhr alle 30 Minuten, Sa/So alle 40 Minuten, Fp ca. 13 R$.

Stadtflug- hafen Santos Dumont	Der nationale Stadtflughafen Santos Dumont befindet sich im Zentrum an der Praça Salgado Filho. Er kann vom internationalen Flughafen aus bis in die späten Nachtstunden mit dem Flughafenbus erreicht werden, Abfahrten ab internationaler Flughafen alle 20 Minuten, Fp 11 R$.
Rodoviária Novo Rio	Rios Busterminal für internationale Fernbusse sowie für innerbrasilianische Fern- und Nahbereichsbusse befindet sich in der Av. Francisco Bicalho 1, Tel. 2291-5151, 6–24 Uhr. Der Flughafenbus hält unmittelbar vor dem Busterminal. Außerdem ist er vom Zentrum mit den Buslinien 104, von der Copacabana mit den Linien 127 und 128 und von Flamengo mit den Linien 136, 171, 172 und 456 erreichbar. Im Busterminal gut auf das Gepäck aufpassen!
Stadtbusse	Mit dem Stadtbus können von der Copacabana aus auch all jene Stadtteile erreicht werden, zu denen keine Metroverbindung besteht, wie z.B. das Nobelviertel Barra da Tijuca. Die Busse in diese Richtung besteigt man in der Barata Ribeiro. Dort fahren auch die Busse zum Jardim Botânico und an die Lagoa Rodrigo de Freitas ab. Wer sich Richtung Botafogo, Catete, Lapa, ins Zentrum oder zum Busterminal Novo Rio (Rodoviária) begeben möchte, hat von der Avenida Nossa Senhora de Copacabana aus gute Verbindungen.
Metrô	Rios U-Bahn-Züge sind sauber, pünktlich und klimatisiert. Sie werden von Sicherheitskräften überwacht. Es gibt zwei Linien, **Linha 1** und **Linha 2,** die Mo–Sa 5–24 Uhr und So 7–23 Uhr verkehren. Das Ticket *(bilhete)* kostet 3,20 R$ (Zehnerkarten sind günstiger) und ist für beide Linien gültig. Kombinierte Metrô-Bus-Fahrkarten *(Integração)* sind etwas preiswerter als Einzeltickets für die U-Bahn und den Stadtbus. An allen Endstationen gibt es Bushaltestellen! Neueste Infos unter www.metrorio.com.br.
Linha 1	Praça General Osorio (Ipanema) – Cantagalo – Siqueira Campos – Arcoverde (Copacabana) – Botafogo – Flamengo – Largo do Machado – Catete – Glória – Cinelândia – Carioca – Uruguaiana – Presidente Vargas – Central **(Umsteigestation zur Linie 2)** – Praça Onze – Estácio de Sá – Alfonso Pena – São Francisco Xavier – Saens Peña (– Uruguai). Ausbaupläne bestehen bis Leblon.
Linha 2	Central – Cidade Nova – São Cristóvão – Estádio de Maracanã – Triagem – Maria da Graça – Del Castilho – Inhaúma – Engenho da Rainha – Thomaz Coelho – Vicente de Carvalho – Irajá – Colégio – Coelho Neto – Acari/Fazenda Botofago – Rubens Paiva – Pavuna. Ausbaupläne bis Barcas.
Die wichtigsten Stationen	• **Arcoverde** (Copacabana): Strand, Hotels, Restaurants • **Botafogo:** von hier mit Bus oder Taxi zum Zuckerhut, Yacht-Hafen, Shopping Rio Sul, Bundesuniversität • **Glória:** für Igreja Glória de Outeiro, Parque do Flamengo und Marina da Glória • **Cinelândia** (am Ende der Av. Rio Branco): zu Fuß zum Stadtflughafen, Aqueduto Carioca, Nationalbibliothek, Parlament, Stadttheater u.a. • **Carioca** (in der Mitte der Av. Rio Branco): zur Abfahrtsstelle der Bonde nach Santa Teresa, zum Stadttheater, zur großen Kathedrale (San Sebastião), Praça 15 de Novembro, Busterminal Menezes Cortes und zu anderen Sehenswürdigkeiten der Altstadt. • **Uruguaiana:** zu Fuß zur Praça Mauá • **Central:** Sambódromo, für Zuschauer mit ungeraden Sitzplatznummern • **Praça Onze** (Praça 11): Sambódromo, gerade Sitzplatznummern • **São Christóvão:** Quinta da Boa Vista, Nationalmuseum • **Maracanã:** Maracanã-Stadion

Service operating hours
Mondays to Saturdays: 5am to midnight
Sundays and Holidays: 7am to 11pm

WWW.METRORIO.COM.BR

Taxi	Ein **Taxi** empfiehlt sich vor allem nachts, mit großem Gepäck und/oder wenn einem die Umgebung unsicher vorkommt. Neben den gewöhnlichen gelben Taxis, die auf der Straße angehalten werden, gibt es rote und blaue Spezialtaxis oder Radiotaxis, die nur auf Bestellung fahren. Bei den gelben Taxis immer darauf achten, dass der Taxameter eingeschaltet ist.
Schiffe und Fähren	• **Cais do Porto:** Für Passagierschiffe aus Übersee wurde das moderne **Terminal Estação Marítima de Passageiros** an der Praça Maua errichtet. *Administração do Porto do Rio de Janeiro,* Praça Mauá/Av. Cons. Rodrigues Alves 20, Tel. 2296-2122.

• **Estação das Barcas**: Praça 15 de Novembro 21, Tel. 2533-6661. Fährschiffe nach Niterói und Paquetá. Fähre nach Niterói 4,50 R$. Fähre nach Paquetá einfache Fahrt 4,50 R$, Fz 70 Min. Neuste Infos unter www.barcas-sa.com.br

Mietwagen • *Avis,* Av. N.S. de Copacabana 314, Tel. 2275-2898 sowie auf dem Flughafen. *Interlocadora,* Av. Princesa Isabel 186, Tel. 2275-6546 und Flughafen, Tel. 3398-3181.

• *Localiza National,* Av. Princesa Isabel 214, Tel. 2275-3340, Res. 0800-992000 und Flughafen, Tel. 3398-5989.

• *Hertz,* Av. Princesa Isabel 334, Tel. 2275-7168 und Flughafen.

• *Sunny Cars,* www.sunnycars.de, bietet eine Einwegmiete von Rio de Janeiro nach São Paulo ab 57 €/Tag bzw. 283 € Wochenmiete an.

• Mietwagen bei *Mister Car,* www.mistercar.com.br, ab 25 €/Tag.

Unterkunft Rio de Janeiro

Die klassischen Touristenhotels reihen sich in der Zona Sul entlang der Strandpromenaden und in den angrenzenden Parallel- und Querstraßen von Copacabana (Av. Atlântica) und Ipanema (Av. Vieira Souto), weniger in Leblon. Preiswertere Hotels finden sich in den Stadtteilen Glória und Flamengo, allerdings etwas abseits der Copacabana- oder Ipanema-Strände.

Online-Buchungen von Hotels und Hostels sind nicht immer preiswerter, doch hin und wieder kann ein Schnäppchen dabei sein. Bei Reservierung ist eine Anzahlung oder Gesamtzahlung fällig. Portale: www.hostel.org.br, www.riodejaneiro.com, www.ipanema.com u.a.

• **Cama e Café,** Rua Paschoal Carlos Magno 90, Sta. Teresa, Tel. 2225-4366, Tel. 2221-7635, www.camaecafe.com.br. Bed & Breakfast-Netzwerk im Künstlerviertel Santa Teresa, an dem etwa achtzig Häuser beteiligt sind, an die man weitervermittelt wird. Je nach Zimmerkategorie ab 130 RS.

ECO • **Marajó,** Rua Joaquim Silva 99, Tel. 2224-4134, www.hotelmarajorio.com.br. Backpacker-Treff, wegen gegenüber liegenden Kneipen manchmal etwas laut, doch ein Spar-TIPP! DZ/F ab 120 R$.

• **Ferreira Viana,** Rua Ferreira Viana 58, Flamengo, Tel. 2205-7396. 15 sehr saubere Zi., sehr gutes PLV. TIPP!

• **Casa 6 Ipanema,** Rua Barão da Torre 125, Casa 6, Ipanema, Tel. 2247-1384, www.casa6ipanema.com. 3 Zi., 3 Schlafsäle mit 6 Betten. Schlafsaal/F ab 50 R$, DZ/F ab 180 R$, DZ/F/bp ab 260 R$. Spar-TIPP für Ipanema!

• **Cama e Café,** Rua Almirante Alexandrinho 264 (1. Stock), Sta. Teresa, Tel. 2225-4366, www.camaecafe.com.br. Bed & Breakfast-Netzwerk im Künstlerviertel Santa Teresa, an dem etwa achtzig Häuser beteiligt sind, an die man weitervermittelt wird. Je nach Zimmerkategorie ab 150 RS.

FAM • **Grande Hotel Canadá,** Av. N.S. de Copacabana 687, Tel. 2255-4435, www.hotelcanada.com.br. Nur einen Block vom Strand entfernt.

• **Astória Copacabana,** Rua Rep. do Perú 345, Tel. 2545-9090, www.redeatlantico.com.br. Sympathisches Hotel in ruhiger Lage, 115 Zi., Pool, Restaurant. DZ/F ab 85 €. TIPP!

• **Debret,** Av. Atlântica 3564, Tel. 2522-0132, www.debret.com. 95 Zi., preisgünstiges, renoviertes Strandhotel, unbedingt reservieren. DZ/F ab 115 €. Eingang in der Seitenstraße.

- **California Othon Classic,** Av. Atlântica 2616, Tel. 2132-1900, Res. 0800-725-0505, www.othon.com.br. Strandhotel, 112 Zi., Restaurant. DZ/F ab 130 €, 35% Rabatt in der NS.
- **Hotel Vermont,** Rua Visconde de Pirajá 254, Tel. 3202-5500, www.hotelvermont.com.br. In Ipanema, 200 Meter vom Strand entfernt.
- **Ipanema Inn,** Rua Maria Quitéria 27, Ipanema, Tel. 2523-6902, www.ipanemainn.com.br. Strandnähe, 56 Zi. DZ/F ab 75 €

FAM/LUX
- **Magic Palace Hotel,** Rua Santo Amaro 11, Glória, Tel. 2507-2037, www.magicpalacehotel.com.br. Ruhige, zentrumsnahe Lage, Pp, Restaurant, jeden Freitag Feijoada, Frühstücksbüffet. DZ/F ab 140 €, gPLV, empfehlenswert.

LUX
- **Glória Palace,** Rua do Russel 632, Altehrwürdiges Traditionshotel mit Ambiente und Flair aus dem Jahr 1922, von 2009–2014 umfassende Renovierung, voraussichtliche Wiedereröffnung 2014.
- **Rio Othon Palace,** Av. Atlântica 3264, Praia de Copacabana, Tel. 2106-1500, Res. 0800-725-0505, www.othon.com.br. 30-stöckiges Strand- und Gruppenhotel, 572 Zi./AC, behindertengerecht, Panorama-Pool, 3 Restaurant. DZ/F ab 200 €
- **Windsor Atlântica** (ex Le Meridien), Av. Atlântica 1020/Av. Princ. Isabel, Praia do Leme, Tel. 2195-7800, www.windsorhoteis.com. Strandhotel, 545 Zi., Meerblick, Pools, mehrere Restaurants. DZ/F ab 220 €
- **Marina Palace,** Rua Delfim Moreira 630, Praia do Leblon, Tel. 2172-1000, www.hotelmarina.com.br. Erstklassiges Strandhotel, 150 Zi., 2 Restaurants. DZ/F ab 250 €
- **Copacabana Palace,** Av. Atlântica 1702, Praia de Copacabana, Tel. 2548-7070, Res. 0800-211533, www.copacabanapalace.com.br. Sehenswertes Strandhotel (1923) im neoklassizistischen Baustil mit Ambiente und Flair. 243 Zi./AC, großer Pool, Theater, 2 Restaurants. DZ/F ab 450 €, TIPP!
- **Caesar Park,** Av. Vieira Souto 460, Praia de Ipanema, Tel. 2525-2525, Res. 0800-55-7275, www.caesarpark-rio.com. Eines der besten Strandhotels, Treff der internationalen High Society und VIPs. 222 Zi., herrlicher Panoramablick vom obersten Stockwerk. DZ/F ab 500 €, nach Rabatt fragen.

Essen & Trinken Rio de Janeiro

Rio de Janeiro ist ein kulinarisches Weltzentrum mit Küchen aus aller Herren Länder. Die exklusiven Restaurants in der Zona Sul sind sehr teuer. Dennoch gibt es überall günstige Kneipen und Restaurants mit meist orginellem Ambiente. Preiswert und gut essen kann man auch in den Shoppings.

Botequins sind einfache Volkskneipen mit einem Tresen, ein paar Stühlen und Tischen. Viele gute neue Botequins gibt es in Lapa, aber auch in Glória und entlang der Rua Catete sowie im Zentrum, z.B. um die Praça Tiradentes. Größere Botequins bieten entweder das preiswerte *Prato do dia* (Tagesgericht) oder ein *Comercial* an. Die Portionen reichen meist für zwei Personen. Die Preise beginnen bei 12 R$ für das Tagesgericht oder ab 21 R$ für das Comercial.

Besucher Rios sollten nicht auf die schicken Bars und Restaurants an der Copacabana oder Ipanema hereinfallen. Sie bieten zwar internationales Flair, sind aber meist übeteuert und ohne typische Rio-Atmosphäre und die Küche der Cariocas. Außerdem wird oft versucht, den unkundigen Gast mit allerlei Tricks zu übervorteilen. Eine gute Orientierung und Übersicht gibt der *Guia dos Restaurantes do Rio*, erhältlich an jedem Zeitungskiosk.

Das Essen ist meist so reichhaltig, dass auf das teure (!) Couvert (Vorspeisengedeck) verzichtet werden kann – gleich zurückgehen lassen. In familiären Restaurants sind die Gerichte oft für zwei Personen gedacht. Der Kellner kennt die Größe aller Gerichte und kann Empfehlungen aussprechen.

In den Touristenrestaurants, insbesondere an der Copacabana und den angrenzenden Stadtvierteln, immer die Rechnung genau prüfen. Bei Musikdarbietungen ist mit einem saftigen Zuschlag zu rechnen.

Centro
- **Petro´Kilo,** Av. Chile 65, Terminal der Bonde. Churrascaria, Essen nach Gewicht, immer voll.
- **Confeitaria Colombo,** Rua Gonçalves Dias 32, Centro, Mo–Fr 9–20 Uhr, Sa 9–17 Uhr. Das Uralt-Jugendstil-Café und Traditionshaus der Belle-Epoque spiegelt einen Hauch von Rio Antigo wieder. Probieren Sie im Spiegelsalon bei Pianomusik Peru à Brasileira oder die Bier-Hausmarke Bohemia.
- **Bar Luiz,** Rua da Carioca 39, Centro, Mo–Sa 11–23 Uhr; traditionsreiche Carioca-Kneipe (seit 1887) mit dem besten Fassbier Rios, ab 16 Uhr wird es voll, auch deutsche Küche.

Cinelândia
- **Amarelinho,** Praça Florino 55-B, 10.30–24 Uhr. Klassisches Botequim und Carioca-Treff mit legendärem Ruf, ab 16 Uhr wird es voll, nicht in der ersten Tischreihe sitzen. Fassbier und leckere Petiscos. TIPP!

Sta. Teresa
- **Bar do Arnaudo,** Rua Almirante Alexandrinho 316 B, Di–Sa 12–20 Uhr, So 11–18 Uhr. Küche des Nordostens.
- **Aprazivel,** Rua Aprazivel 62, Mo–Sa 11–23 Uhr, So bis 18 Uhr. Nobelschuppen mit schöner Aussicht und gefälligem Ambiente. Das Erlebnis hat seinen Preis! Badelatscher kommen nicht rein.

Glória
- **Amarelinho da Glória,** Rua da Glória 8, Glória. Offen bis zum Morgengrauen, geräumig, Tische im Freien. Churrasco Misto und Picanha reichen für 3 Pers.

Flamengo
- **Alho e Óleo,** Rua Buarque de Macedo 13, Flamengo, tägl. 12–24 Uhr. Gute Küche mit ital. Einschlag, z.B. Fusili com galinha d'Angola.

Botafogo
- **Chalé Brasileiro,** Rua da Matriz 54, Botafogo, Mo–Fr 12–15 u. 19–24 Uhr, Sa/So ab 13 Uhr. Traditionelles Restaurant, stilvolle Atmosphäre, Dekor aus der Periode des Kaiserreiches (1884), typische Gerichte wie z.B. Xinxim de Galinha, Vatapá oder Feijoada. Auch Fisch u. Meeresfrüchte. Viele Touristen, abends Livemusik.

Jardim Botânico
- **Filé de Ouro,** Rua Jardim Botânico, 731, Fr/Sa 12–23 Uhr, Sa 12–19 Uhr, AC, Pp. Traditionelle Fleischgerichte, Steaks u.a., auch für mehrere Personen, vorher fragen, preiswert.

Lagoa
- **Bar Lagoa,** Av. Epitácio Pessoa 1674, direkt an der Lagoa, Mo–Fr 18–2 Uhr morgens, So ab 12 Uhr. Anfahrt mit Bus 157, 415, 433, 461. Gutes, landestypisches Essen, großartige Atmosphäre, viele Stammgäste.

Copacabana
- **Frango na Brasa,** Rua Constante Ramos 35, Mo–Sa 11–23 Uhr, preiswert.
- **Arataca,** Rua Figueiredo de Magalhães 28 A/B, 12–24 Uhr. Amazonasküche, z.B. Pato no Tucupi, große Portionen.
- **El Pote Galetos,** Rua República do Peru 143-B. Grillhähnchen und Churrasco Misto, reichhaltige Portionen, sehr preiswert.
- **Frontera,** Av. N.S. Copacabana 1144, 11–23 Uhr. Reichhaltige Auswahl an Gerichten von Fisch bis zu Grillfleisch, leckeres Salatbüffet, gPLV. Zweigstellen in Ipanema, Leblon und Jardim Botânico.

• **Temperarte,** Av. N.S. Copacabana 1250, 11–22 Uhr. Preiswertes SB-Büffet, so viel man möchte für 10 €, gPLV. TIPP !

• **El Cid,** Rua Min. Viveiros de Castro 15 B. Kleiner Botequim mit Atmosphäre, große Portionen, Picanha reicht für drei Personen, gPLV. TIPP!

• **Siqueira Grill,** Rua Siqueira Campos 16-B, Selbstbedienungsrestaurant mit variationsreichem Büffet (auch Sushi) und Fleisch vom Grill.

Ipanema & Lebon
• **Casa da Feijoada,** Rua Prudente de Moares 10, Ipanema,12-1 Uhr. Das Feijoada-Paradies.

• **Academia de Cachaça,** Rua Cde. Bernadote 26, Leblon. Küche des Nordostens mit viel Cachaça.

Bara da Tijuca & Bandeirantes
• **Praça do Chopp,** Av. Sernambetiba 2578, Mo/Fr preiswertes Comercial (große Portionen), gut gekühltes Fassbier.

Churrasco & Rodízio
• **Carretão,** Rua Ronald de Carvalho 55 und Rua Siqueira Campos 23, Copacabana, 11.30–24 Uhr. Grillrestaurant mit hervorragendem Preis-/Leistungsverhältnis.

• **Grill One,** Av. Rio Branco 1, Centro, Mo–Fr 12–23 Uhr. Eines der besten Grillrestaurants mit Ausblick auf den Hafen.

• **Gaúcho,** Rua das Laranjeiras 114, Laranjeiras, 11–24 Uhr. Traditionshaus seit 1939, Rodízio, echter Gaúcho-Grill.

• **Marius,** Av. Atlântica 290-B, Leme, 12–16 u. 18–24 Uhr. Ausgezeichnetes Rodízio, immer voll, empfehlenswert.

• **Palace,** Rua Rudolfa Dantas 16-B, Copacabana, 12–24 Uhr. Sehr gutes Rodízio mit großem Büffet und 22 verschiedenen Fleischsorten.

• **Porcão,** Rua Barão de Torre 218, Ipanema, 11–24 Uhr. Ausgezeichnetes Rodízio und Salatbüffet.

• **Rio/Brasa,** Av. Ayrton Senna 2451, Barra da Tijuca, Mo–Sa 11.30–13.30 u.18–21 Uhr, So 18–21.30 Uhr. Rodízio mit saftigem Grillfleisch 95 R. Kinder bis 5 Jahre kostenlos, von 6–10 Jahre 50%, alle Kk. Zweigstelle **Rio/Brasa Centro,** Av. Rio Branco 277, Centro. Rodízio auch nach Gewicht, bis 14 Uhr 65 R$/kg, ab 14 Uhr 56 R$/kg.

Fisch & Meeresfrüchte
• Ein guter Platz dafür ist der **Mercado do Peixe da Barra** (kleiner Fischmarkt) in Barra da Tijuca, Av. Ayrton Senna 1791, Mo–So ab 9.30 Uhr. Es gibt dort gleich mehrere gemütliche Restaurants, z.B. *La Plancha, Maré Viva* oder *Cia do Camarão*. Einfach durchschlendern, die Karten studieren und dort essen, wo es gefällt. Bei *Cia do Camarão* reicht das *Mix de Frutos do Mar* für drei Personen. Einige Restaurants nehmen Kk. Die meisten Gäste kommen nach dem Strandbesuch um 15 Uhr.

• Wesentlich preiswerter, origineller und vielleicht der beste Platz ist in Niterói der große **Mercado do Peixe São Pedro,** Rue Visc. do Rio Branco 55, Ponta Areia, Di–Sa 6–18 Uhr, sonntags nur bis 12 Uhr. Fangfrisches aus der Fischmarkthalle können Sie im oberen Stockwerk für einen geringen Betrag zubereiten lassen.

• **Alba-Mar,** Praça Mal. Áncora 184/186, direkt an der Guanabarabucht in einem auffälligen, gusseisernen Marktturm, Centro, 12–18 Uhr. Ausgezeichnete Fischküche, herrliche Aussicht, angemessene Preise.

• **Rio Minho,** Rua do Ouvidor 10, Centro, Mo–Fr 11–16 Uhr. Traditionsrestaurant von 1897, Dorsch und Stockfisch sind die Renner.

- **Caranguejo,** Rua Barata Ribeiro 771, Copacabana, 8–2Uhr. Empfehlenswert ist *Moqueca da Lagosta,* Portion reicht für 3 Personen.

**Inter-
nationale
Küche**
- **Quadrifoglio,** Rua J.J. Seabra 19, Jardim Botânico, Mo–Fr 12–16 u. 19–24 Uhr, Sa 20–1 Uhr, So 12–18 Uhr. Italienische Nobelküche.
- **Olympe/Claude Troisgros,** Rua Custódio Serrão 62, Jardim Botânico, Mo–Do 19–24 Uhr, Fr 12–16 Uhr, Sa 19.30–24 Uhr. Restaurant für die Haute-Cuisine Frankreichs, teuer.

Unterhaltung Rio de Janeiro

Nachtleben   Wer das Nachtleben in Rio erleben will, sollte tagsüber schlafen gehen, denn die guten Partys beginnen selten vor Mitternacht und dauern meist bis zum Morgengrauen. Viele Nachtlokale und Discos öffnen erst nach 22 Uhr.

Die Szene verändert sich schnell. Aktuelle Veranstaltungsangebote können jeden Freitag im **Jornal do Brasil** nachgelesen werden, über aktuelle Sambakonzerte informiert die Website www.samba-choro.com.br. Eher alternativ angehaucht ist das Nachtleben im Stadtteil Lapa, dort gibt es Forró- und Sambabars sowie Capoeira-Aufführungen direkt unter dem Aquädukt auf der Straße. Eine Alternative zum Nachtschwärmer-Programm bieten nach Arbeitsschluss die sogenannten *Seis-e-meias* (18.30 Uhr)-Partys, zu denen sich die Cariocas im Stadtzentrum treffen, insbesondere in der Rua do Ouvidor und in der Travessa do Comércio (Arco do Teles), z.B. im **Dita e Feito.**

**Musik-
kneipen**
- **Cais do Oriente,** Rua Visconde de Itabraí 8, Centro. Stilvolles Nobellokal des zweimaligen Barkeeper-Weltmeisters Luciano Pires, am Abend (Di–Sa ab 20 Uhr) gute Livekonzerte in der Piano-Bar im Obergeschoss (Jazz, Bossa Nova, MPB).
- **Clube dos Democráticos,** Rua Riachuelo 91/93, Centro, www.clubedosdemocraticos.com.br, wöchentlich wechselnd, meist ab 22 Uhr, Eintritt (vor 23 Uhr günstiger). Traditionsclub von 1867, Samba-Livemusik, auch Pagode, Forró, MPB, großer Tanzsaal, super Atmosphäre, reinschauen lohnt sich. TIPP!
- **Rio Scenarium**, Rua do Lavradio 20, Lapa. Exzellenter Kulturschuppen in einem kolonialen Gebäude auf drei Stockwerken mit Livemusik, Tanzsaal, Art-déco-Möbel, umwerfend schön, verrückt dekoriert, immer gute Stimmung in Lapas größtem Club, Di–Fr ab 19 Uhr, Sa/So ab 20 Uhr, www.rioscenarium.com.br – TIPP!
- **Bar Empórium,** Rua do Lavradio100, Lapa. Musikkneipe mit Samba, Chorinho und Bossa Nova, Di–Sa ab 21 Uhr
- **Mangue Seco Cachaçeria,** Rua do Lavradio23, Mo–Sa 11–3 Uhr; Cachaçaca, Mocequa und Livemusik, Fr/Sa Rodas da Samba
- **Semente,** Rua Joaquim Silva 138, Lapa. Samba ab 21 Uhr, gute Atmosphäre.
- **Carioca da Gema,** Av. Mem de Sá 79, Lapa, Di–So ab 21.30 Uhr. Samba-Club mit Livemusik. TIPP!
- **Beco do Rato,** Rua Joaquim Silva 11, Lapa, www.becodorato.com.br, Di–Sa ab 21 Uhr. Typische Musikboteco der Cariocas, Di/Fr/Sa Samba, Do Chorinho, Eintritt 5–30 R$ je nach Veranstaltung. Nur VISA/MC. TIPP!
- **Lugar Comun,** Rua Álvaro Ramos 408, Botafogo. Bar mit Livemusik, Mo–Sa 21–2 Uhr
- **Hipódromo,** Praça Santos Dumont 108, Gávea. Livemusik (MPB, Pop, Rock), Di–So ab 21 Uhr

- **Marius Bar Leme,** Av. Atlântica 324, Leme. Exquisite Pianobar (18–22 Uhr) und Gitarrenmusik (ab 17 Uhr), täglich
- **Vinícius Piano Bar,** Rua Vinícius de Moares 39, Ipanema. Der Bossa Nova-Tempel (Garota da Ipanema) mit Bar und Restaurant, Livemusik ab 20 Uhr, Shows ab 22 Uhr. TIPP!
- **Santa Fe,** Travessa do Comercio. Rockcafé, häufig Livemusik, bereits ab 19 oder 20 Uhr
- **Gerais,** Rua do Ovidour. Hier treffen sich die Cariocas am Feierabend.
- **Bardot,** Rua Dias Ferreira 247, Leblon. Kleiner, edler Dancefloor der Schickeria.

Gafieiras & Tanz-schuppen
- **Elite,** Rua Frei Caneca 4 (1. Stock), Centro. Gafieira, der ultimative Treff der Bohémien von Rio, unvergessliche Karnevalsbälle. Pagode Fr ab 21 Uhr und So 22–5 Uhr, Forró Sa 22–5 Uhr morgens.
- **Estudante,** Praça Tiradentes 79, Centro. Gafieira. Rios traditionsreichster Samba-Tempel. Samba Mi 19–1 Uhr, Fr 20–1 Uhr, Sa 22–2 Uhr, Eintritt, empfehlenswert.
- **Carinhoso,** Rua Visconde de Piarajá 22, Ipanema. Boate (Tanzdiele), tägl. ab 21 Uhr, Eintritt.

Discos
Viele Discos und Tanzlokale verlangen 5–15 € Eintritt, Frauen bezahlen meist weniger als Männer.

- **Club Six,** Rua das Marrecas 36, Lapa, www.clubsix.com.br, Fr/Sa 23–6 Uhr. Die Tanzhölle in einem Industrieschuppen, drei Tanzflächen, mehrere Bars, Eintritt 5–20 €.
- **Le Boy,** Rua Pompéia 102, Copacabana, www.leboy.com.br. Schwulentreff, Mo–So ab 23 Uhr, Eintritt.
- **La Girl,** Rua Pompéia 102, Copacabana, www.lagirl.com.br/lagirl_site/agenda.htm. Szenentreff der Lesben, Mi–Mo ab 23 Uhr, Eintritt.
- **La Passion,** Av. Augusto Severo 200, Glória, www.lapassionlounge.com.br, Do–Sa ab 21 Uhr. Boate im historischen Gebäude mit Tanzdiele und Raucher-Lounge. Gewinner des DJ-Sound-Awards.
- **Zozô,** Av. Pasteur 520, Urca. Angesagter Tanzschuppen.

Samba & Show
- **Asa Branca,** Av. Mem de Sá 17, Arcos da Lapa, Centro. Stammorchester, Samba- und Folkoreshow ab 21 Uhr; Forró Mo/Mi/Do 22–6 Uhr morgens, Pagode Di 19–4 Uhr morgens.
- **Circo Voador,** Rua dos Arcos, Lapa. Livemusik aller Stilrichtungen für bis zu 2000 Gäste.
- **Plataforma I,** Rua Adalberto Ferreira 32, Leblon, Tel. 2274-4022, www.plataforma.com. 90-minütige Sambashow für Touristen (ab 22 Uhr), täglich 20–2 Uhr

Samba-schulen
Wer die Farbenpracht des **Karnevals** außerhalb der wilden Tage erleben will, kann eine aufwendig inszenierte Touristenshow in der Plataforma besuchen. Der echte und ursprüngliche Samba findet sich jedoch eher in den Vororten, z.B. in der Sambaschule **Salgueiro** im Stadtteil Andaraí. Von Ende August bis zum Karneval treffen sich dort jeden Samstag ab 22 Uhr Hunderte von Besuchern zu einer langen Sambanacht – keine Touristenshow, sondern Brasilien live. Die genauen Termine können bei Riotur oder in der Cidade do Samba erfragt werden.

- **Acadêmicos do Salgueiro,** Rua Silva Teles 104, Andaraí, Tel. 2238-5564, www.salgueiro.com.br, Sa 22 Uhr, Eintritt. Jeden 2. Sonntag im Monat ab 13 Uhr „Feijão und Samba" bis zum Abwinken, Open-end! Immer voll!

- **Beija-Flor de Nilópolis,** Rua Pracinha Wallace Paes Leme 1025, Nilópolis, Tel. 2791-2866, www.beija-flor.com.br, Fr 22 Uhr, Eintritt frei. Sehr weit vom Zentrum entfernt!
- **Estação Primeira da Mangueira,** Rua Visconde de Niterói 1072, Mangueira, Tel. 2567-4637, www.mangueira.com.br, Sa 19 Uhr, Eintritt 7 €. Einfach toll!
- **Estácio de Sá,** Rav. Salvador de Sá 206-208, Estácio, Tel. 2215-6935, www.gresestaciodesa.com.br, Mo ab 20 Uhr, Fr ab 22 Uhr. Traditionsschule von 1928.
- **Unidos do Viradouro,** Av. do Contorno 16, Barreto, Niterói, Tel. 2628-7840, Sa 22 Uhr, Eintritt. TIPP!

Touranbieter

- Private Tours, Tel. 2232-9710, Handy 99175-1225, www.privatetours.com.br. *Pedro Novak* bietet Jeeptouren mit einem Gurgel-Jeep in der Stadt und rund um Rio de Janeiro an und kennt so ziemlich jede Ecke; dt.-spr., empfehlenswert. TIPP!
- **Rio Jeep Adventures,** Tel. 2208-9822, flycelani@ax.apc.org. Rundfahrten durch den **Parque Nacional da Tijuca,** Fz ca. 4 h, Fp 70 €.
- **Helisight,** Rua Visc. de Pirajá 580, Ipanema, Tel. 2511-2141 und 2512-1334, www.helisight.com.br. **Hubschrauberrundflüge,** Abflüge ab Morro do Urca, Mirante Dona Marta und Lagoa Rodrigo de Freitas. Flugzeit 6–60 Min., p.P. 280 R$/6 Min. (ab 3 Pers.), Kinder bis 8 Jahre 50%.
- Spezielle **Favela-Führungen** in Vila Canoas und Rocinha bietet *Marcelo Armstrong*. Die Exkursionen bieten einen Einblick in das Alltagsleben und die soziale Infrastruktur in den Armensiedlungen, Tel. 3322-2727, www.favelatour.com.br. Führungen Mo–Sa 9 und 14 Uhr, sonntags nur 9 Uhr, 65 R$ p.P., keine Kk. Die dt.-spr. *Lisa Schnittger,* www.lisariotours.com, bietet ebenfalls Favelaführungen, 3–4 Stdn. 180 R$ p.P.
- *Rio Hiking Tours,* Rua Almirante Alexandrino 3326, Tel. 99874-3698, www.rio hiking.com.br. Empfehlenswerte **Wandertouren** im Tijuca-Nationalpark.

Die Favelas
ziehen sich
die Hänge
hoch –
Rocinha

- *Southern Cross Tours & Expedition,* Rua Vera Cruz 12, Sitio, Arraial do Cabo, Tel. (022) 2622-7032, http://scte-brasilien.de. **Insider-Touren** zu den Highlights von Rio, Naturschauplätze, architektonische Kontraste zwischen Kolonialzeit und Moderne.
- Für Architektenfans gibt es bei *Lisa Rio Tour,* Tel. 2135-6937, Handy 99894-6867, www.lisariotours.com, eine **Art-déco-Tour.** Auf Wunsch auch **Afrobrasilianische Kulturtour**.

Drachen-fliegen

- An der Praia do Pepino haben die **Drachenflieger** der *Associação Brasileira de Vôo Livre,* Tel. 3322-4176, www.abvl.com.br, ihre Basis. Die Drachenflieger starten meist von 10–15 Uhr von der Startrampe der Pedra Bonita. Ein fünfzehn- bis zwanzigminütiger Tandemflug kostet etwa 200 R$ inkl. Transfer vom Hotel. Das Körpergewicht darf 100 kg nicht überschreiten.
- *Super Fly,* Av. Epitácio Pessoa 3624, Tel. 3322-2286 u. 99982-5703. Ruy Marra ist einer der erfahrensten Tandem-Piloten.
- *Hang Gliding,* Estrada do Joá 186, Tel. 99843-9006, www.riohanggliding.com. Der zuverlässige deutschsprachige Konrad Heilmann betreibt seit über 30 Jahren das Drachenfliegen.

Einkaufen

Rio ist ein Zentrum für Kunst, Schmuck und Mode. Farbenfrohe und modische Kleidung, insbesondere Badekleidung und Lederartikel sind preiswert und von bester Qualität.

Einkaufs-zentren

- **Rio Sul Shopping Center,** Rua Lauro Müller 116, Botafogo, Mo–Sa 10–22 Uhr, So 11–20 Uhr (nur Lebensmittelgeschäfte und Restaurants). Bikinis und Tangas (Boutique *Bum-Bum*), Supermarkt, Fashion-Kleidung, Buchhandel, Fastfood.
- **Barra Shopping,** Av. das Américas 4666, Barra da Tijuca, Mo–Sa 10–22 Uhr, So 14–18 Uhr (nur Lebensmittel). Rios größter Kaufpalast mit Kinos, Theatern, Bowling.

Edelsteine

- H. Stern, Rua Garcia D'Ávila 113, Ipanema, Tel. 2259-7442, www.hstern.net. Der weltweit führende Edelsteinhändler, auch Besichtigungen durch die Werkstätten.
- **Amsterdam & Sauer,** Rua Garcia d´Ávila 105, Ipanema. Edelsteinkonzern mit Edelsteinmuseum.

Kunsthand-werk

- **O Sol,** Rua Corcovado 213, Jardim Botânico. Schöne Auswahl an Kunsthandwerk, verkauft von einer gemeinnützigen Einrichtung.

Straßen-märkte & Antiquitäten

- **Feiarte I,** Feira Hippie (Hippiemarkt), Praça General Osórino, Ipanema, So 9–18 Uhr. Viel Kitsch, Touristenpreise.
- **Feira de Antiguidades da Praça 15 de Novembro,** Praça 15, Sa 9–18 Uhr. Traditionsreicher Antiquitätenmarkt, lohnenswert.
- **Feira de Quadros,** Av. Atlântica zwischen Rua Xavier da Silveira und Rua Bolivar, Posto 5, Copacabana, täglich 5–21 Uhr. Gemälde und Bilder.
- **Feira Nordestina,** Centro Luís Gonzaga de Tradições Nordestinas, Pavilhão de São Cristovão. Volkstümlicher Wochenendmarkt in einem Stadion mit knapp 700 Kiosken und Restaurants, Live-Musik (Forró), durchgehend von Fr 10 Uhr bis So 22 Uhr, Di–Do nur 10–18 Uhr. Geringer Eintritt. TIPP!

Bücher & Zeitungen

- *Livraria Kosmos,* Rua do Rosario 155 (Centro) und Av. Atlântica 1702 (Copacabana)

Umgebungsziele Rio de Janeiro

Costa Verde

Überblick   Zwei Fahrstunden westlich von Rio de Janeiro entfernt zeigt sich Brasilien von einer ganz anderen Seite: geruhsam statt hektisch, einsam statt überfüllt, und dennoch mit einer gut ausgebauten touristischen Infrastruktur. Die Costa Verde, der Küstenstreifen zwischen Rio und Ubatuba, gilt als die „Brasilianische Karibik". Hier, wo die Berge das Meer berühren, finden sich die besterhaltenen Reste des Atlantischen Regenwalds, und mit Paraty eine koloniale Stadtschönheit in herrlicher Lage.

An der „Grünen Küste" gibt es mehr als 360 Inseln und über 2000 Strände zu entdecken, viele davon sind nur per Boot erreichbar. Sie können Segeltörns unternehmen, nach versunkenen Wracks tauchen oder 2000 Meter hohe Gipfel besteigen, z.B. im Nationalpark **Serra da Bocaina,** auf der von dichtem Küstenwald bedeckten Insel **Ilha Grande** oder auf der Insel **Ilhabela (Ilha de São Sebastião).**

Von Rio aus sind alle wichtigen Stationen an der Costa Verde mehrmals täglich per Bus erreichbar. Die Busse starten am Rodoviário Novo Rio, die Fahrten nach Mangaratiba, Angra oder Paraty werden von der Gesellschaft von *Costa Verde,* Tel. 021-2233-3809, durchgeführt. Außerdem organisieren verschiedene Touranbieter von Rio aus Tages- und Mehrtagesausflüge entlang der Costa Verde nach Paraty.

Fischerkutter,
Costa Verde

1

Mangaratiba

Das Fischerstädtchen Mangaratiba wurde 1700 an einer Bucht auf einer Halbinsel gegründet. Die Ruine der Festung *Forte N.S. da Guía* erinnert an die Zeit, als der Hafen ein wichtiger Umschlagplatz für Gold und Kaffee war. Heute ist die Fähre zur Ilha Grande von Bedeutung.

Adressen & Service Mangaratiba

Überblick (021), Entfernung nach Rio de Janeiro 116 km, nach Angra dos Reis 60 km, Fähre zur Ilha Grande. Webseite: www.guiamangaratiba.org

Unterkunft Die meisten Resorts und Hotels liegen entlang der Straße nach Angra dos Reis. Gäste müssen meist nicht die Fähre zur Ilha Grande bezahlen.

Portobello Resort Safári (LUX), BR 101, Richtung Angra dos Reis, Km 434, an der Praia de São Brás, Tel. (021) 2789-8000, Res. 0800-282-0868, www.portotel .com.br. Ein zweigeteiltes Luxus-Beach-Resort an der Costa Verde, 8 km westlich von Mangaratiba, 152 Zi., alle mit Meerblick, AC, Restaurant (Candlelight-Dinner), Pool von Kokospalmen gesäumt, ruhiger Strand, Sport & Spiel, Fahrräder, Pferde, Reitausflüge, Wanderungen, Bootsfahrten oder Safari-Touren durch den hoteleigenen Wildpark (Tagesgebühr 40 R$ Gebühr), in dem es Zebras, Ameisenbären, Strauße, Affen und Antilopen gibt. VP/DZ 790–1150 R$, Mindestaufenthalt zwei Tage, Tagesgebühr 100 R$ p.P.

Essen & Trinken **Toca da Garoupa,** Av. Litorânea 345, Praia da Ribeira. Gute, preiswerte Küche, schöner Ausblick vom Restaurant aufs Meer, Di–So 11–18 Uhr.

Fähre Mangaratiba–Abraão/Ilha Grande, Abfahrten Mo–Fr 7.30 Uhr, Sa/So 8 Uhr, Fr auch 22 Uhr, Fp wochentags 6 R$, sonst 18 R$. Fahrtdauer 80 Min, Rückfahrt tägl. 18 Uhr außer Sa/So 17.30 Uhr.

Angra dos Reis und Ilha Grande

Angra dos Reis

Die Stadt „Bucht der Könige" hat etwa 170.000 Einwohner und liegt 166 km westlich von Rio de Janeiro, eingebettet in der Mata Âtlantica. Die Attraktion sind die etwa 400 vorgelagerten Inseln, die von smaragd-grünem Wasser umgeben sind und einen maritimen Garten bilden.

1592 gegründet, war die einstige Kolonialstadt ein idealer Lande-platz für die portugiesische Flotte. Der Hafen war ein bedeutender Ausfuhrhafen für Gold, da hier eine Straße nach Minas Gerais begann. Später lösten Kaffeeverschiffungen die Goldtransporte ab. Obwohl Angra dos Reis sehr wenige Sehenswürdigkeiten bietet, wie z.B. den *Convento de N.S. do Carmo* von 1599, begeistert die Stadtkulisse. Die Häuser ziehen sich an den Hängen des Küstengebirges hoch. Vom *Morro de Santo António* hat man einen grandiosen Blick über die Meeresbucht.

Ilha Grande

Die **Ilha Grande,** eine ehemalige Piraten- und Gefängnisinsel, die von Angra dos Reis oder Mangaratiba per Fähre erreicht werden kann, ist die größte und touristisch reizvollste Insel der Costa Verde. Die herrlichen Lagunen und die meisten Badestrände, wie etwa die *Lagoa Verde,* die *Lagoa Azul* und der drei Kilometer lange Surf-Strand *Lopes Mendes* sind am besten per Boot zu erreichen. Außerhalb von *Vila do Abraão,* dem Hauptort, ist man schnell in der Einsamkeit. Reizvoll ist die Besteigung des 990 Meter hohen *Pico do Papagaio.* Die etwa zwölf Kilometer lange Wanderung (hin und zurück) beginnt in Abraão und dauert rund sieben Stunden.

Am Strand von Abraão

Adressen & Service Angra dos Reis und Ilha Grande

Information Touristen-Information Angra, Av. Julio Maria 10, Centro, Tel. 3367-7826, www.turisangra.com.br

Websites: www.angra.rj.gov.br/turisangra • www.angra2000.com.br • www.ilhagrande.com

Vorwahl: (024)

Unterkunft Angra dos Reis Von der kleinen, ruhigen Pousada bis zum luxuriösen Resort ist in und um die Stadt alles vorhanden. Wer von Rio de Janeiro anreist, könnte vor Angra dos Reis bei KM 457 auf der *Fazenda de Itapinhoacaga* einen Stopp einlegen und dort sich das altehrwürdige *Portogalo Suite Hotel* anschauen. Vom wirklich schönen Terrassenpool genießen Sie bei gutem Wetter einen weiten Blick auf die Bucht. Infos auf www.portogalosuite.com.br

- **Pousada do Alemão** (FAM), Estrada das Marinas 991, Marinas, 3 km außerhalb, Tel. 3365-1593, www.pousadadoalemao.com.br. 9 Zi./AC, Pool, Restaurant. DZ/F 200–400 R$. Res. erforderlich.

- **Pousada Daleste** (FAM), Estrada da Ponta do Leste s/n, Condomínio Biscaia, Zufahrt bei KM 466, Tel. 3361-2568, www.pousadadaleste.com.br. 35 Zi./AC, Pool, Sauna, sehr kinderfreundlich, Restaurant. DZ/F ab 230 R$, m. Meerblick Zuschlag.

- **Vila Gale Eco Resort de Angra** (LUX), Estrada Vereador Benedito Adelino 8413, Praia da Tanguá, Tel. 3379-2800, Res. 0800-703-7272, www.vilagale.com.br oder auf Deutsch www.vilagale.de/pages/hoteis/index.php?lang=3&hotel=28. Auf dem Gelände einer ehemaligen Fazenda inmitten des Atlantischen Regenwaldes, etwa 7 km westlich von Angra dos Reis entfernt, 319 Zi./AC, behindertengerecht, Pools, Tennis, Kinderspielplatz, Spa, reichhaltiges Unterhaltungsangebot inkl. Schonerfahrten und Tauchen, kostenpfl. Pp, mindestens 2 Tage, mehrere Restaurants. VP/DZ 700–1350 R$.

- **Pestana Angra Beach Bangalos** (LUX), Estrada do Contorno 3700, Tel. 3364-2005, Res. 0800-26-6332, www.pestana.com. Kleine, aber feine Anlage, begrenzt durch Meer und Regenwald, 27 Bungalows (bis 4 Pers.) mit AC, Pool, Restaurant. DZ/F ab 1050 R$.

Unterkunft Ilha Grande - **Pousada Beira-Mar,** Rua da Praia s/n, Tel. 3361-5051, beiramar2000@uol.com.br. Preisgünstige Unterkunft am Strand, dt. Leitung. Nebensaison DZ 40–60 €.

- **Pousada Mata Nativa** (FAM), Rua das Flores 44, Vila do Abraão, Tel. 3361-5852, www.pousadamatanativa.com. 9 Zi., 12 Chalés/AC, Sauna, Pool.

- **Pousada Só Natureza** (FAM), Rua A 79, Buganville, Vila do Abraão, 50 Meter vom Strand entfernt, Tel. 3361-5770, www.ilhagrande.org/sonatureza. 17 Zi./AC, schöne Gartenanlage, Pool. DZ/F 150–280 R$ je nach Jahreszeit, gPLV, TIPP!

Essen & Trinken - **Lua e Mar,** Rua da Praia, Vila do Abraão, Mo/Di 11–23 Uhr, Do 17–23 Uhr, Fr/So 11–23 Uhr. Fischgerichte.

- **Toscanelli Brasil,** Praia da Bica, Vila do Abraão, 15 Min. zu Fuß oder 5 Min. mit dem Boot, 13–16 Uhr u. 20–22 Uhr. Abwechslungsreiche Küche, auch regionale Gerichte wie Moquecas und Grillfisch. TIPP!

- **Frutos do Mar,** Rua Santana s/n, Vila do Abraão, Mo/Di u. Do/So 12–23 Uhr. Fischgerichte.

Bus Der erste Bus von Rio de Janeiro nach Mangaratiba fährt um 6 Uhr.

Fähre   Angra dos Reis – Abraão, Mo–Fr 15.30 Uhr, Sa/So und feiertags 13.30 Uhr, Fp
              Mo–Fr 1 €, Sa/So 4 €. Rückfahrt tägl. 10 Uhr. Es empfiehlt sich, fünfzehn
              Minuten vor der Abfahrt am Kai zu sein.
              Unabhängig von der öffentlichen Fähre kann man in Angra und Mangaratiba
              häufig auch Boote finden, die gegen Entgelt eine Mitfahrt zur Ilha Grande
              gestatten.

Paraty

Das Barockstädtchen mit 36.000 Einwohnern im Süden des Bundesstaates Rio ist eine architektonische Perle und ein echtes Kolonial-
idyll. Das Städtchen erlebte während des Goldrausches zu Beginn
des 18. Jahrhunderts seine Blütezeit, sein Hafen war einst einer der
drei wichtigsten Brasiliens. Auf einer 1200 Kilometer langen Wegstrecke, dem *Caminho do Ouro,* wurde das Gold von Minas Gerais
nach Paraty transportiert, von wo aus es an den portugiesischen
König verschifft wurde. Stadtpaläste, Barockkirchen und ein altes
Fort zur Abwehr von Piraten sind steinerne Zeugen dieser großen
Epoche. Die Kirchen der Stadt spiegeln die Teilung der Gesellschaft
zur damaligen Zeit. Die *Igreja de Santa Rita* wurde 1722 für die freien
Sklaven gebaut, die *Igreja do Rasário* war eine Kirche für die Sklaven
und in der *Igreja Matriz* und der *Igreja das Dores* versammelte sich das
weiße Bürgertum und die Aristokratie.

Centro   Als das Gold auf dem Landweg nach Rio transportiert wurde, weil
Histórico Piraten die Bucht heimsuchten, begann der Niedergang der Stadt.
               Sie fiel in einen Dornröschenschlaf, bis sie durch den Tourismus wie-
               der auflebte. Das *Centro Histórico,* die historische Altstadt mit hol-
               prigem Kopfsteinpflaster, ist heute für Autos gesperrt. Mit den weiß-
               getünchten Kolonialhäusern, die mit Ornamenten und Ziergittern

Paraty, das schönste
Städtchen an der
Costa Verde mit
kolonialem Flair

PARATY

0   ca. 200 m
© RKH VERLAG HERMANN

Baía da Paraty

Praia da Terra Nossa

Morro do Forto

Praia do Pontal

Forte Defensor Perpétuo (m. Museu de Artes e Tradições Populares)

Camping Club do Brasil

IPHAN (Hist. Kulturinstitut)

Carpinelle
Alcântara
dos Pescadores
Remédios
Beira-Rio

da Fresca

Igreja das Dores

CENTRO

Dr. Perreira

Casa da Cultura

Praça da Bandeira

24 h P Cais do Porto

Boote für Insel-Ausflüge

Mercado de Pescador

Teatro de Bonecos

P.Isabel

Praia Jabaquara / Camping / zu Hotels

Camping Club Beira-Río

Pça da Matriz

Pça Mons. H. Pires

Igreja Matriz

HISTÓRICO

Rua do Comércio

Câmara Municipal

Museu de Arte Sacra

Largo Sta. Rita
Igreja Santa Rita dos Partos Libertos

Casa da Cadeia (Biblio- u. Pinakothek)

Igreja do Rosário

Largo do Rosário

Armázem da Cachaça

Av. Gama
Av. Beira-Río
Gravata
Cadeia
Rosário
José Luz
Rua da Lapa
Sta. Rita
Dias

Domingos G. de Abreu

Pça M. Soares mit Chafariz (Brunnen)

Atrium Cambio

Rest. Sabor da Mar

Mercado

Aurora
Patitiba Oliveira
Dra. D. Ellena

Rosario

Pedreira
Rua Fr. Silveira

J. do Prado
Claudino
J.V. Ramos
Padua
J. Paula
P. Gibrail

Torres
W. Mathias

Rodoviária

Pedro II.

zu Hotels

zur BR 101 Rio de Janeiro / São Paulo

Hotels

1 Pousada do Ouro
2 Pous. da Marquesa
3 Pousada Porto Imperial
4 Pousada Literária
5 Pousada do Sandi
6 Pousada Marendaz
7 Pousada do Principe
8 Pousada Marques
außerhalb:
9 Pousada Praia do Jabaquara
10 Pouso de Atobá
11 Pos. Caminho do Ouro
12 Pous. da Acácias
13 Refugio das Caravelas
14 Pousada Tarituba

versehen sind, wirkt Paraty wie eine Ansammlung kunstvoll gestalteter Puppenhäuser. Obwohl Paraty zu einem bevorzugten Touristenziel geworden ist, wirkt sie ruhig und beschaulich, nicht marktschreierisch und grell. Es gibt viele Pousadas unterschiedlicher Preisklassen und internationale Küche. Abends kommt keine Langeweile auf, in Cafés und Bars wird Livemusik und ein abwechslungsreiches Nachtleben geboten.

Strände   Etwas außerhalb der Stadt finden sich saubere und unberührte Sandstrände. Im Norden die *Praia Grande, São Gonçalo* und *Tarituba,* im Süden *Praia Vermelha* und *Praia Lula,* die am besten per Boot erreichbar sind, sowie der herrliche, flache Sandstrand *Paraty Mirim.* Auch Wasserfälle in der Umgebung lohnen einen Besuch, z.B. *Cachoeira do Penha* oder der beeindruckende Wasserfall *Pedra Branca* in der Nähe der Fazenda Murycana.

Adressen & Service Paraty

Information   *Paraty Tours,* Av. Roberto da Silveira 11/Praça Macedo Soares, Tel. 3371-1327, www.paratytours.com.br, 9–18 Uhr; tägl. Führungen durch das historische Zentrum (10.30 Uhr) sowie Schonerausfahrten (10–12 Uhr).
Vorwahl: (024)
Websites: www.paraty.com.br • www.paraty.tur.br
Entfernungen: nach Rio de Janeiro 256 km, nach Angra dos Reis 99 km, nach São Paulo 307 km

Touristen-   Warley Costa (Foto rechts) im verwegenen Piraten-
führer   look trifft man am Kai bei der 1. Kanone und führt gegen ein Trinkgeld durch die Altstadt.

Unterkunft	• **Pousada Marques** (ECO), Rua Prof. Rosárío Gibrail 17, Tel. 3371-2189, www.pousadamarques.com.br. Familiäre Pousada, Zi./Vent., Pp. DZ/F ab 100 R$, DZ/AC/F ab 130 R$.

• **Pousada Marendaz** (ECO), Rua Dra. Derly Ellena 9, Tel. 3371-1369, www.pousadamarendaz.com.br. Freundliche Pousada, 12 Zi., mit kleinem Patio. DZ/F 45 €, gPLV.

• **Pousada do Principe** (FAM), Rua Roberto Silveira 289, Tel. 3371-2266, www.pousadadoprincipe.com.br. Zentrale Lage, schönes Ambiente, 34 Zi./AC, schöner Pool in kleinem Palmengarten, Pp. DZ/F ab 65 €, alle Kk, gLPV.

• **Pousada Literária** (LUX), Rua do Comércio 362, Centro Histórico, Tel. 3371-1460, www.pousadaliteraria.com.br. Hotel de Charme mit aufmerksamem Service, großzügiger Anlage mit Patio und großem Pool. DZ/F ab 870 R$, alle Kk, sehr empfehlenswert.

• **Pousada Porto Imperial** (LUX), Rua do Comércio s/n, Centro Histórico, Tel. 3371-2323, www.portoimperial.com.br. Attraktive Pousada im Kolonialstil, 47 Zi./AC, Bar, Pool, Sauna. DZ/F ab 380 R$, alle Kk.

• **Pousada do Sandi** (LUX), Largo do Rosário 1, Centro Histórico, Tel. 3371-2100, Res. 3864-9111, www.pousadadosandi.com.br. 26 Zi./AC in einem historischen Kolonialgebäude mit hohem Komfort, Pp, Sauna, Pool, Restaurant. DZ/F ab 355 R$, gPLV.

Essen & Trinken	Im historischen Zentrum sind die Restaurants einfach nur teuer, eine Moqueca kann schon mal 45 € und mehr kosten, eine Pizza gibt es erst ab 10 €! Im kleinen Markt Feirinha da Patitiba bietet die Barraca *Estrela Guía* günstige Mittagstische.

• *Candeiro,* Rua Maria Jacome de Melho 335, Centro. Leckere Moqueca de Peixe, Portion zu 40 R$, reicht für zwei Personen.

• *Chafariz,* Rua Dr. Derly Ellena 2. Preiswerte Meeresfrüchte und Fisch, aber auch Fleischgerichte (Hähnchen) sowie Palmitos (große Portionen), Gerichte ab 16 R$, nur VISA.

• *Sabor Do Mar,* Rua Domingos Gonçalves de Abreu s/n, 12–23 Uhr. Eines der besten Fisch- und Meeresfrüchte-Restaurants, große Theke mit Fangfrischem zur persönlichen Auswahl, gehobene Preise, Kk.

• *Dona Ondina,* Rua do Comércio 32, Beira-Rio, Centro Histórico. Di–So 12–16 u. 19–23 Uhr. Gutes Fischlokal, Tische auf der Veranda, Gerichte 70–90 R$, nur VISA.

Schonertouren	Die Fahrt führt meist zu den Inseln *Ilha Sapeca, Ilha Catimbau, Ilha Algodão* und schließt häufig einen Stopp an den Stränden *Praia do Lula* und *Praia Vermelha* ein. Fz 5–6 h, Fp 50–100 R$ (inkl. Früchte und Erfrischungsgetränke), optionales Mittagessen an Bord 25 R$. Einige Bootstouren führen zur alten Gemeinde *Paraty-Mirim* mit der Igreja N.S. da Conceição von 1720. Näheres bei der Touristeninformation. *Tiago* vom Estrela Guía auf der Feirinha da Patitiba (Minimarkt), Tel. 3371-5041 oder 9955-7129, macht mit seinem bescheidenen Boot *Princesa Luiza* indviduelle Ausflugsfahrten mit Tauch- und Angelstopps und ist ein TIPP für Anspruchslose mit schmalem Geldbeutel. Schnorchelequipment, Früchte und Mineralwasser kostenlos.

• *Albatroz Turismos,* Av. Roberto da Silveira 34 A, Tel. 3371-2370, www.paraty albatroz.com.br, Direktanbieter, u.a. Fahrten zur Ilha Grande.

• *Antígona Turismo,* Praça da Bandeira 2, Tel. 3371-1165, www.antigona .com.br; Direktanbieter.

Tauchen   • *Narwhal,* Praça da Bandeira 1, Tel. 3371-1399 u. 3371-1327. Beste Zeit zum Tauchen Mai–November.

Abenteuer-sport   • *Alcance Paraty,* Av. Roberto Silveira 402, Tel. (024) 3371-6442, Tauchen, Kajak, Reitausflüge, Canyoning und Gleitschirmflüge.

Avorismo   An der BR 101 kurz vor Paraty liegt derzeit das größte Hochseil- und Kletter-areal Brasiliens. *Paraty Sport Aventura,* BR 101 Richtung Rio de Janeiro, Tel. 3371-5058, www.paratysportaventura.com, Sa/So ab 9 Uhr, in den Ferien täglich.

Puppen-theater   Im *Teatro Espaço* wird Mi/Sa ab 21 Uhr (im Jan/Feb/Juli aber Mi/Fr) ein etwa einstündiges Puppentheater ganz ohne Worte aufgeführt. Die Puppen wer-den von schwarzgekleideten Spielern per Hand geführt. *Teatro Espaço,* Rua Dona Geralda 327, Tel. 3371-1575, Mi/Sa 21 Uhr, Jan/Feb/Juli auch freitags, Res. empfehlenswert, Eintritt 40 R$.

Paraty und der Chacaça

Caipirinha ist vortrefflich süffig, doch die Ausgangs-basis für das wohlschmeckende heutige Kultgetränk mit Limonen und Eis ist der Zuckerrohrschnaps *Cha-caça,* der an nur wenigen Orten so viel Tradition hat wie in Paraty. Als die Stadt im 19. Jahrhundert eine zweite Blüte erlebte und zu einem wichtigen Handels-zentrum für Kaffee aufstieg, gab es in der Stadt an die 200 Schnapsbrennereien. In dieser Zeit war Chacaça eine Art Geldersatz und diente beim Handel mit aus Afrika verschleppten Sklaven als Zahlungsmittel. Von  den zahlreichen Destillen in der Zeit um 1860 sind heute nur noch drei übrig geblieben. Die populärste davon ist die *Fazenda Murycana,* eine ehemalige Kaffeefazenda. Genau dort, wo früher die Sklaven untergebracht waren, wird heute der Chacaca gebrannt, veredelt und in verschiedenen Geschmacks-richtungen verkauft, beispielsweise mit Wurzeln oder Kräutern oder gesüßt als Likör. Anfahrt: Straße Richtung Cunha, sechs Kilometer nördlich von Paraty, Ponte Branca, Tel./Fax (024) 3371-1153. Das Schnapsfest *Festival de Pinga* auf der Praça da Matriz findet am dritten Augustwochenende statt.

Ilhabela

Ilhabela ist die Touristeninsel an der Costa Verde schlechthin mit entsprechend guter Infrastruktur an ihrer Westküste. Badestrände gibt es südlich des Fähranlegers, wie *Praia da Feiticeira* mit Natur-schwimmbecken und Wasserfall (11 km), *Praia do Julião* (12 km), *Praia Grande* (13 km) oder *Praia do Curral* (14 km) mit dem Wrack der 1921 gesunkenen *Aymoré.* An der Nordküste sind die Strände *Praia Jabaquara* und der danebenliegende *Praia da Fome* zu emp-fehlen. Die schönsten Strände von Ilhabela liegen aber an der

Ostküste. Am belebtesten ist dort die *Praia Castelhanos* in der *Baía das Castelhanos,* die über eine Piste erreicht werden kann und an der häufig Delfine gesichtet werden. Wer menschenleere Strände sucht, läuft von dort zur *Praia Mansa* (Gz 15 Min.), zur *Praia Vermelha* (Gz 25 Min.) oder zur *Praia Figueira* (Gz 45 Min.).

Adressen & Service Ilhabela

Information *Ilhabela Informações Turísticas,* Praça José Leite dos Passos 14, Barra Velha, Tel. 3895-7220, www.ilhabela.sp.gov.br
Vorwahl: (012)
Websites: www.ilhabela.sp.gov.br • www.ilhabela.com.br
www.ilhabela.org (engl.)

Unterkunft **Pousada Ecoilha** (FAM), Rua Benedito Garcês 164, Água Branca, Tel. 3896-3098, www.ecoilha.com.br. Angenehme, saubere, dt.-spr. Pousada am Rande des Parque Estadual de Ilhabela, 12 Zi./AC (auch MBZ), großer Pool, erstklassiges, umfangreiches Frühstück. DZ/F ab 51 €, gPLV, FamKid, nur MC/VISA.

Essen & **Deck,** Av. Alm. Tamandaré 805, Itaguaçu, 11.30–24 Uhr, Sa bis 2 Uhr. Rustikales
Trinken Restaurant, Meeresfrüchte, Fisch, Petiscos und Pizzen, dt.-spr.

Tauchen *Colonial Dive,* Praia Pedras Miúdas, Tel. 3895-9459, www.ilhabela.com.br. Tauchausflüge, Wracktauchen (zur Darth von 1884, Velasquez 1908, Aoré 1908). Tauchgänge nur mit intern. Tauchzertifikat, Dreitageskurse zum Erwerb möglich.

Titanic Brasileiro

Ilhabela wird auch als „Bermuda-Dreieck Südamerikas" apostrophiert. Rund um die Insel liegen über 50 Schiffswracks. Das größte Passagierschiff, das vor der Südostküste Ilhabelas unterging, war die *Príncipe de Astúrias.* Von 590 Passagieren starben 477 in den Fluten des Atlantiks. Die Tragödie ging 1916 als der „Untergang der *Titanic Brasileiro*" in die Geschichte ein.

Orte und Strände an der Costa do Sol

Überblick   Die „Sonnen-Küste" östlich von Rio de Janeiro zwischen Niterói und Armação dos Búzios ist bekannt für attraktive Strände, schicke Ferienorte und zahlreiche Lagunen. Kristallklares Wasser, goldene Sandstrände leckend, laden zum Baden und Entspannen ein. Unterkünfte gibt es genügend und findet man mühelos, sei es in Fischerdörfern, Ferienanlagen oder bei zahlreichen privaten Pousadas. Unterwegs lohnen Stops in der Orten Marica, Saquarema und Araruama.

Cabo Frio

Die historische Stadt *Cabo Frio* („Kaltes Kap", 155.000 Ew.) am westlichen Ende der *Lagoa de Araruama* ist in der Saison eine Urlauberhochburg, am stadtnahen Hauptstrand *Praia do Forte* geht es an den Wochenenden laut zu. Doch das Umland bietet gute Ausweichmöglichkeiten, zu empfehlen ist die südlich gelegene *Praia do Coqueiral* und die nördlichen Strände *Praia Brava* (3 km), *Praia das Conchas* (5 km) und *Praia do Peró* (6 km, gutes Dünen-Boarding).

Arraial do Cabo

Lohnend sind auch die Strände um das 14 Kilometer südlich gelegene Küsten-Resort *Arraial do Cabo* an Südspitze einer Halbinsel. Hier ist besonders die *Praia Pontal do Atalaia* zu empfehlen, mit Dünen

und kristallklarem Wasser, bestens geeignet zum Schnorcheln und Tauchen. Auch der abgelegene Strand *Praia Forno* mit schöner, ruhiger Bucht, grünschimmerndem Wasser, Korallen und die Ruinen der Festung *Fortaleza do Marisco* (Zugang nur mit Boot) sind schöne Kurztouren. Im Norden von Arraial do Cabo locken die Badestrände *Prainha* und *Praia do Pontal* mit klarem Wasser und goldglänzenden Sandstränden.

Tauchspots Das Meer um die Halbinsel Arraial do Cabo ist eines der besten Tauchgebiete Brasiliens, denn in dem kristallklaren Wasser bietet sich eine ausgezeichnete Unterwassersicht. Die Wassertemperaturen schwanken stark und erreichen manchmal nur 10 °C. Die besten Tauchreviere sind: *Saco do Cordeiro, Ponta d'Água, Ilha dos Porcos* und vor der *Praia Pontal do Atalaia* und der *Praia Ilha do Cabo Frio.* Bei Tauchern beliebt ist auch die Unterwassergrotte *Gruta Azul* auf der Ilha do Cabo Frio.

Adressen und Service Cabo Frio & Arraial do Cabo

Information *Informações Turísticas,* Portal na Estrada de Arraial do Cabo, Tel. 2620-5039, www.arraial.rj.gov.br
Vorwahl: (022)
Websites: Cabo Frio: www.cabofrio.rj.gov.br.
Arraial do Cabo: www.arraialdocabo-rj.com.br

Unterkunft *Pousada Paraíso do Atlântico,* Av. Roberto Silveira 49, Praia dos Anjos, Arraial do Cabo, Tel. 2622-4447, www.paraisodoatlantico.com.br. 33 teilweise kleine Zi., Bar, Pool. DZ/F 115–170 R$.

Essen & Trinken *Viagem dos Sabores,* Rua Santa Cruz 12, Pousada Estalagem do Porto, Praia dos Anjos, Di–So 13–22.30 Uhr. Familienrestaurant, abwechslungsreiche Speisekarte, Gerichte ab 25 R$.

Touranbieter *Southern Cross Tours & Expedition,* Rua Vera Cruz 12, Sítio, Arraial do Cabo, Tel. 2622-7032, http://scte-brasilien.de. Dt.-spr. Touranbieter, authentische Erlebnisse: mit den Fischern aufs Meer, Nachtfischen auf Calamares, Strandreiten, Tauchen in einem der besten Tauchspots Brasiliens. Auch Unterkünfte aller Art.

Armação dos Búzios

Armação dos Búzios liegt nördlich von Cabo Frio und etwa 180 Kilometer östlich von Rio de Janeiro. Das einst verschlafene Fischerdorf samt seiner Halbinsel entwickelte sich in den letzten Jahrzehnten zu einem vielbesuchten Strandziel, in dem Shopping-, Strand- und Nightlife-Freunde voll auf ihre Kosten kommen, das aber auch Strandurlaubern, geübten Tauchern sowie Tennis- und Golfspielern eine Menge zu bieten hat. Mit nahezu 220 wolkenlosen Sonnentagen im Jahr hält das 23.000-Einwohner-Städtchen fast den brasilianischen Rekord.

Obwohl es nicht nur im unattraktiven Ort, sondern auf der gesamten Halbinsel überall Wochenendhäuser von Cariocas und Touristenunterkünfte aller Art gibt, wurde Armação dos Búzios nicht verschandelt – hässliche Bettenburgen findet man nicht.

Die *Rua das Pedras* ist die Flaniermeile und das Zentrum des Nachtlebens. Wer noch keinen typisch brasilianischen Zahnseidenbikini besitzt, wird hier garantiert fündig. Zahlreiche Restaurants bieten ausgezeichnete italienische, französische und auch deutsche Küche. Beliebte Open-air-Treffpunkte sind beispielsweise *Chez Michou,* berühmt für seine hervorragenden Crêpes, das stilvolle *Patio Havana* oder der Nachtschwärmer-Treff *Favela Chic.* Das zweifellos legendärste Haus des ist die *Pousada do Sol,* in der sich Brigitte Bardot 1964 schlafen legte.

Strände　　Insgesamt 23 Strände gibt es auf der Halbinsel, die alle Möglichkeiten bieten. Ein Strand zum Surfen und zum Sehen und Gesehenwerden ist z.B. *Geribá*, Taucher bevorzugen die *Praia da Tartaruga,* FKK-Anhänger den Strand *Olho de Boi,* der nur über einen felsigen Fußpfad vom Südende der *Praia Brava* im Osten der Halbinsel erreichbar ist. Die meisten Strände sind innerhalb einer halben Stunde zu Fuß erreichbar, doch mehr Spaß macht es, sich einen Beach-Buggy zu mieten und loszuknattern.

Tauch-　　Die Tauchgebiete im Norden der *Ilha Âncora* locken viele Unter-
gründe　　wassersportler. Sie finden dort Felsformationen mit meterhohen Wänden, die mit Korallen und Haarsternen bewachsen sind, können aber auch Höhlen erkunden. Neben Wasserschildkröten kann man Kaiserfische, Cowfische, Snapper, Skorpionfische, Steinfische, Barsche sowie Stachel- und Adlerrochen bewundern.

Blick auf die
Praia da Armação

Adressen & Service Armação dos Búzios

Information *Pórtico de Búzios,* Tel. 0800-24-9999. – *Secretaria de Turismo Situr,* Av. Praça Santos Dumont 111, Tel. 2623-2099, buziosturismo@mar.com.br, www.buziosturismo.com, 8–18 Uhr

Vorwahl: (022)

Websites: www.buziosonline.com.br

Unterkunft
• **Pousada da Cyssa** (FAM), Av. Geribá 214, Geribá, Tel. 2620-8143, www.pousadadacyssa.wordpress.com. Charmante 7 Zi./AC, Pool. Familiäre Atmosphäre. DZ/F 220 R$.

• **Serena Buzios Hotel** (FAM/LUX), Rua Campo de Pouso 1630, Geribá, Tel. 2623-2748, www.serenabuzios.com.br. Lodgeartiges Hotel mit 37 geschmackvollen Zimmern, schönem Pool. Gepflegte Atmosphäre. DZ/F ab 200 R$ (Netzwerk) bis 600 R$.

• **Pousada Vila do Mar** (FAM/LUX), Tr. dos Pescadores 88, Tel. 2623-1466, www.viladomar.com. 18 Zi./AC, Pool, Bar, Pp. DZ/F ab 250 R$, HP 30 R$ Zuschlag p.P., empfehlenswert.

• **Vila Três Marias** (FAM/LUX), Rua Três Marias 40, Manguinhos, Tel. 2623-2216, www.brasilien-geheimtipp.de/villa.htm. Ruhig gelegenes Luxus-Bed&Breakfast in stilvoll eingerichteter Villa direkt am Meer, dt. Leitung, 3 Zi./AC, Pool.

• **Pérola Búzios Design** (LUX), Av. José Bento Ribeiro Dantas 222, Tel. 2620-8507, www.perolabuzios.com.br. Schickes Hotel im Renaissance-Stil mit modernem Design, 60 Zi./AC, Sauna, Pp, Pool, Restaurant. DZ/F ab 450 R$.

Essen & Trinken
• *Chez Brigitte,* Rua das Pedras 131, Praia do Canto. Ehemaliges Stammlokal von BB.

• *David,* Rua Manoel Turíbio de Farias 260. Alteingesessen, abwechslungsreiche Karte, große Portionen, leckere Gerichte und Meeresfrüchte.

• *Bar dos Pescadores* der Associação dos Pescadores de Manguinhos, direkt am Meer, Zufahrt über die Estrada da Usina beim Krankenhaus; Fischgerichte, Mo–Fr 11–18 Uhr, Sa/So bis 20 Uhr. Jan/Feb 11–20 Uhr.

• *Picanha na brasa,* Av. José Bento Ribeiro Dantas 3711, Manguinhos. Churrascaria.

Unterhaltung
Der Puls des Nachtlebens schlägt ab 24 Uhr in der Rua das Pedras und Orla Bardot, meist bis zum Morgengrauen. Balladas mit Livemusik, aber nur bei gutem Wetter.

• *Patio Havana*, Rua das Pedras 101, Musikbar im kubanischen Stil, meistens Livemusik, auch Jazz und Blues.

• *Favela Chic*, Rua das Pedras 151, große Tanzfläche, häufig Livemusik.

• *Privilege*, Avenida Jose Bento Ribeiro Dantas 550, Orla Bardot; angesagte Disco.

Tauchen
Die besten Tauchgebiete liegen vor den Inseln *Filhote, Gravatá* und *Âncora.* Tauchgänge ab 150 R$. *Casamar,* Rua das Pedras 242, Tel. 9817-6234, www.casamar.com.br. Tauchausrüstung, Kompressor, Tauchkurse, geführte Tauchgänge.

Golf
Búzios Golf, Marina Porto Búzios, Rasa. Einer der größten 18-Loch-Golfplätze Südamerikas.

Mietwagen
Malízia Tour, Av. José Ribeiro Dantes 100, Tel. 2623-2022, www.maliziatour.com.br. Auch Buggys und Geldwechsel.

Von Rio de Janeiro ins Orgelgebirge nach Petrópolis und Teresópolis

Orgelgebirge

Der 11.800 ha große Parque Nacional da Serra dos Órgãos wurde 1939 gegründet und war der dritte Nationalpark Brasiliens. Er erhielt seinen Namen durch die ungewöhnlich hohen Felsspitzen, die wie Orgelpfeifen in die Höhe ragen. Er bietet gute Wander- und Kletterrouten. Der Park ist auch Rückzugsgebiet vieler Säugetiere, Vögel und Reptilien. Relativ oft können hier die possierlichen Nasenbären *(nasua nasua),* die flinken *Cutia* und, mit etwas Glück, auch der kleine Ameisenbär *Tamanduá-mirim* angetroffen werden.

Die Serra dos Órgãos dominieren eine Anzahl steiler Berggipfel. Die höchsten sind *Morro da Agulha do Diabo* (2050 m), *Nariz do Frade* (1980 m), *Dedo de Deus* (1692 m), *Dedo de Nossa* Senhora (1320 m), und *Pedra do Sino* (2263 m). Am eindrucksvollsten ist die Felsenspitze *Dedo de Deus* („Finger Gottes"), ein Granitfelsen in der Form einer geschlossenen Hand mit scheinbar erhobenem Zeigefinger, dessen Steilhänge im unteren Teil bewaldet sind. Zugang zum Park von Teresópolis aus, s.u.

Petrópolis

Eingebettet in der *Serra da Mantiqueira* liegt auf 840 Meter Höhe Petrópolis, 1843 von der brasilianischen Königsfamilie einst als Sommerresidenz gebaut. Wenn im 68 Kilometer entfernten Rio drückend heiße Temperaturen herrschen, ist es in der Bergstadt meist angenehm kühl. Die Namen einiger Straßenviertel (Koblenz, Bingen) und die Bauweise der Häuser erinnern an die im 19. Jahrhundert

Palácio
Rio Negro

Hotels

1 Bragança
2 **Casablanca Imperial**
3 Hostel Petrópolis
4 Pousada 14 Bis
5 Casablanca Center
6 Pousada Capim Limão
7 Pousada das Araras
8 Pousada dos Eucaliptos
9 Pousada Paraiso Açu
10 **Pedra Bonita**
11 Hostel Samambaia

Sehenswürdigkeiten

1 Palácio Imperial
2 Museu Imperial
3 Catedral de São Pedro de Alcântara
4 Igreja Luterana
5 Casa de Rui Barbosa
6 Casa de Petrópolis
7 Casa do Barão de Mauá
8 Palácio do Cristal
9 Casa de Santos Dumont
10 Palácio do Rio Negro
11 Palácio Amarelo

eingewanderten Deutschen. Der Schriftsteller *Stefan Zweig* lebte bis zu seinem Selbstmord in Petrópolis im Exil. Heute hat die Stadt 316.000 Einwohner.

Museu Imperial

Hauptattraktion in Petrópolis ist das im ehemaligen **Palácio Imperial** untergebrachte kaiserliche Geschichtsmuseum **Museu Imperial.** Der Palast wurde vom deutschen Baumeister *Julius Köler* im neoklassizistischen Stil entworfen und zwischen 1845 und 1864 als Sommersitz für Dom Pedro II. erbaut. Glanzstücke sind der Thornsaal und die kaiserliche Kleidung, die Kaiserkrone (Gewicht 1,7 kg, 639 Diamanten, 77 Perlen) und die Kronjuwelen von Dom Pedro I. und Dom Pedro II. sowie das Mobiliar aus dem 19. Jahrhundert. *Museum Imperial,* Rua da Imperatriz 220, Di–So 11–17.30 Uhr, (Gärten bis 18 Uhr), Eintritt 8 R$. Historien-Spektakel „Som e Luz" über das Leben Dom Pedro II., Fr/Sa 20 Uhr, Eintritt 20 R$. „Sarau Imperial", Drama über Prinzessin Isabel, Fr 18.30 Uhr, 45 Min., Eintritt 10 R$.

Kathedrale

Die **Catedral de São Pedro de Alcântara** wurde unter der Schirmherrschaft von Dom Pedro II. von 1884–1925 im neugotischen Stil erbaut und beherbergt das **Mausoléu Imperial** (kaiserliches Mausoleum,

Grablege von Dom Pedro II. Prinzregentin Dona Teresa Cristina und weiteren Mitgliedern der königlichen Familie). *Catedral de São Pedro de Alcântara,* Rua São Pedro de Alcântara 60, 7.30–18 Uhr, Eintritt frei.

Palácio Rio Negro   Ursprünglich für den wohlhabenden Kaffeebaron *Barão do Rio Negro* erbaut, diente das Palais zwischen 1894 und 1902 als Regierungssitz und zwischen 1903 und 1960 zahlreichen brasilianischen Präsidenten als Sommerresidenz. *Palácio Rio Negro,* Av. Koeller 225, Führungen Mo 12–17 Uhr, Mi–So 9.30–17.30 Uhr. Eintritt.

Weiter sehenswert im Zentrum von Petrópolis ist die Glas- und Metallkonstruktion **Palácio de Cristal** (1870–1884), Di–So 9–18 Uhr, **Casa de Santos Dumont** (1918), Führungen Di–So 9.30–17 Uhr, Eintritt 5 R$, und **Palácio Amarelo** (1850), tägl. 10–17 Uhr, heute das Rathaus.

Architektur aus Glas und Metall. Palácio de Cristal

Adressen & Service Petrópolis

Information • *Informações Turísticas,* Casa do Barão de Mauá, Praça das Confluência 3. Tel. 2222-1950. Mo–Sa 9–18 Uhr, So/Feiertag 9–15 Uhr
• *PetroTur,* Bandansage 0800-241516
Vorwahl: (024) · **Websites:** www.petropolis.rj.gov.br

Unterkunft • **Casablanca Imperial** (FAM), Rua da Imperatriz 286, Centro, Tel. 2242-6662, www.casablancahotel.com.br. Alteingesessenes, gutes Stadthotel, 42 Zi., Pp, Pool, Restaurant. DZ/F ab 220 R$.
• **Pedra Bonita** (FAM), an der BR 040 nach Rio de Janeiro, KM 69, Tel. 2237-4781, §§ www.hotelpedrabonita.com.br. 7 Zi./AC, 18 Chalés, Pools, Reiten, Pp, Restaurant. DZ/F ab 100 €, FamKid. TIPP!

Essen & Trinken • *Majórica,* Rua do Imperador 754, 11–24 Uhr, Churrascaria.
• Deutsche Küche in der *Bauernstube,* Rua Dr. Nélson da Sá Erp 297, Di–So 11–24 Uhr

Feste Ende **Juni:** *Festa do Colono Alemão*, deutsches Bauernfest

Teresópolis

Teresópolis liegt 871 Meter hoch und hat knapp 165.000 Einwohner. Sie ist nach der Gattin Pedros II., Teresa Cristina, benannt und beeindruckt, obwohl nur 90 Kilometer von Rio entfernt, durch ihre von Gebirgsgipfeln geprägte Umgebung. Vom Aussichtspunkt *Colina dos Mirantes* hat man von 1054 Meter Höhe den besten Blick auf die Stadt und bei klarem Wetter eine herrliche Fernsicht (Zugang über die Rua Jaguaribe, 2 km vom Zentrum, Anfahrt am besten mit dem Taxi).

Einer der Eingänge zum Nationalpark *Parque Nacional da Serra dos Órgãos* liegt in der Av. Rotariana, 6 km südlich des Stadtzentrums von Teresópolis im Stadtteil Alto und ist von 8–17 Uhr geöffnet. Neben Wanderwegen gibt es einige Naturschwimmbecken und Rastplätze.

1

Adressen & Service Teresópolis

Information *Divisão de Turismo,* Praça Olímpica, Tel. 2742-3352, Mo–Sa 8–18 Uhr, So 9–14 Uhr
Vorwahl: (021)
Websites: www.teresopolison.com

Unterkunft • **Hospedagem Cabana Thomé,** Estrado do Suspiro 143, Albuquerque, 10 km außerhalb, Tel. 2644-6509. Klein und nett, 6 Zi., Pool, Restaurant. DZ/F ab 30 €, Res. obligatorisch.
• **Urikana Boutique** (LUX), Estrada Ibiporanga 2151, Parque do Imbuí, 7 km außerhalb, Tel. 2741-4700, www.urikana.com.br. 13 Zi./AC, 14 Chalés, Pool, RoSt, Pp, Restaurant. DZ/F ab 130 €. TIPP!

Essen & • **Taberna & Estalagem Conde Redondo,** bei Luminar, 40 km östlich von Nova
Trinken Friburgo inmitten der Mata Atlântica am Rio Macaé, Parque Estrada Serramar, KM 9, Ponte Santa Luzia, Tel. 2210-1775, www.conderedondo.tur.br. Anfahrt von Luminar Richtung Casimiro de Abreu bis zur Ponte de Santa Luzia. Feundliches Gästehaus mit 8 Chalés, rustikale, gemütliche Ausstattung mit Bad, Ws, Bar, Grill, Sauna, Pool, Restaurant. Ideal für Naturliebhaber, Familien mit Kindern, ältere Reisende und Selbstfahrer. DZ/F ab 280 R$.
• **Taberna Alpina,** Rua Duque de Caxias 131, Di–So 8–23 Uhr, dt. Küche, preiswert.

Vale do Café

Westlich von Rio de Janeiro liegt hinter der Serra do Mar das berühmte Vale do Café. Hier locken die alten Herrenhäuser der Kaffeeplantagen um Vassouras und Barra do Piraí. Großartig ist der Besuch der Fazenda Ponte Alta, Av. Silas Perreira Mota 880, Parque Santana in Barra do Piraí. Infos und Reservierung Tel. (024) 2443-5005, www.pontealta.com.br.

São Paulo – Wirtschaftsmetropole und Schlemmerparadies

Megastadt São Paulo ist Brasiliens größte Stadt und liegt 65 Kilometer von der Küste entfernt in einem 730 Meter hohen Bergtal. Auf einer Fläche drei Mal so groß ist wie Paris leben mehr als 12 Millionen Menschen, und nimmt man alle Randgemeinden dazu, sind es über 20 Millionen. Zahllos eingewanderte Italiener, Portugiesen, Spanier, Deutsche, Japaner und Koreaner sowie der ungebrochene Zustrom aus dem brasilianischen Nordosten haben São Paulo zu einer der größten Megastädte der Welt gemacht. Die gigantischen Ausmaße und die Komplexität der Stadt wirken zuweilen abschreckend und lassen viele Touristen einen Bogen um die Stadt machen. Ihre schöne Seite zeigt sich in zahlreichen Museen und einem gewaltigen Kulturangebot, verbunden mit Kreativität und einem Gastronomie-Angebot ohnegleichen.

São Paulo ist *das* Industriezentrum Brasiliens, nahezu 35.000 Betriebe erwirtschaften rund 50% der brasilianischen Industrieproduktion. Mit über 800 deutschen Unternehmenstöchtern und 360.000 Mitarbeitern ist der Großraum São Paulo zugleich der wichtigste deutsche Industriestandort weltweit.

Es lassen sich in etwa folgende Zentren unterscheiden: Der alte Stadtkern mit wenigen historischen Gebäuden, die Schlagader *Avenida Paulista* mit dem berühmten MAC-Museum, die Geschäftsviertel *Itaim* und *Brooklin* und das Nobelviertel *Jardins* mit teuersten Läden, Boutiquen und Restaurants.

Labyrinth aus
Stein und Beton:
São Paulo

Geschichte   1553 drangen portugiesische Jesuiten-Mönche unter Führung der Jesuitenpadres *José de Anchieta* und *Manuel da Nóbrega* auf das Plateau von São Paulo vor, errichteten ein Kloster und gründeten den Ort am 25. Januar 1554. Mehr als dreihundert Jahre blieb São Paulo ein bedeutungsloses Dorf. Erst im 19. Jahrhundert entstanden riesige Kaffeeplantagen. Mit dem Kaffeeboom kamen die Einwanderer, zuerst aus Europa, später aus Asien.

Stadtrundgang

Vom Terminal Barra Fundo aus werden folgende Sehenswürdigkeiten angefahren: Memorial da América Latina, Pinacoteca do Estado, Museu de Arte Sacra, Museu de Arte Moderna und Museu de Arte de São Paulo. Im Busticket ist eine 50prozentige Ermäßigung für die Eintritte in die o.g. Museen enthalten. Abfahrten Di–So um 10, 12 und 14 Uhr.

Viertel Bexiga und Liberdade

Zwei der interessantesten Stadtteile werden auch heute von Einwanderern dominiert: Das italienische Viertel *Bexiga,* in dem sich zahlreiche Restaurants, Cafés und Bars mit Livemusik finden, und das japanische Viertel *Liberdade* südlich des Centro, in dem jeden Sonntag ein Markt mit asiatischem Kunsthandwerk stattfindet (Praça da Liberdade). An der Rua Galvão Bueno, der sog. „Laternengasse", finden sich orientalische Restaurants und Lebensmittelgeschäfte.

Sehenswertes im Zentrum

Catedral Metropolitana   Die Catedral Metropolitana, Praça da Sé (Metrostation Sé), ein wuchtiger Bau mit zwei 92 Meter hohen Türmen, wurde 1954 nach 42 Jahren Bauzeit fertiggestellt. Neugotische und byzantinische Einflüsse sind unverkennbar. Beeindruckend ist die gewaltige Orgel mit über 10.000 Pfeifen. Mo–Fr 8–19 Uhr, Sa/So bis 17 Uhr, Eintritt Crypta 5 R$. Westlich von ihr liegt die *Igreja de São Francisco de Assis,* eine der ältesten Kirchen der Stadt mit barocker Ausgestaltung

Spuren der Stadtgründer   Wenige Schritte nördlich der Praça da Sé finden sich Erinnerungen an den Stadt-

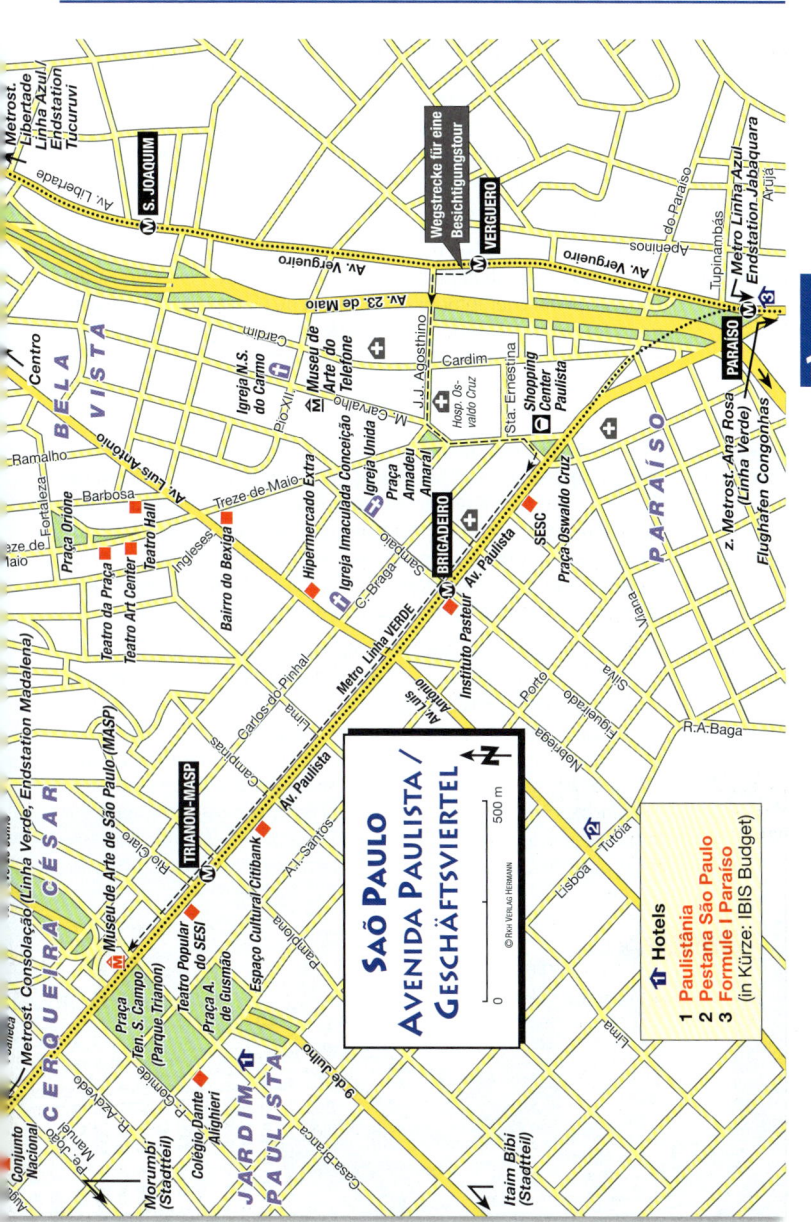

SAÕ PAULO
AVENIDA PAULISTA /
GESCHÄFTSVIERTEL

500 m

© RKH VERLAG HERMANN

↑ Hotels
1 Paulistânia
2 Pestana São Paulo
3 Formule I Paraíso
(in Kürze: IBIS Budget)

Wegstrecke für eine
Besichtigungstour

gründer. Die **Capela de Anchieta** (nahe der Metrostation *Sé*) ließ Padre Anchieta von der Ursprungsbevölkerung erbauen. Sie stammt ursprünglich aus dem 16. Jahrhundert, die jetzige Kapelle ist allerdings ein Nachbau. Pátio do Colégio 34, Di–So 8–17 Uhr.

An die Kapelle angeschlossen ist die **Casa de Anchieta,** ein kleines, eindrucksvolles Geschichtsmuseum. *Casa de Anchieta,* Pátio do Colégio 2, Di–So 9–17 Uhr.

Teatro Municipal

Das Teatro Municipal an der Praça Ramos de Azevedo (Metrostation *São Bento* oder *Anhangabaú)* wurde 1903–1911 erbaut und ist der Pariser Oper nachempfunden. Das Gebäude bietet 1550 Zuschauern Platz. Im Inneren beeindrucken Freskenmalereien, Skulpturen und bombastische Kronleuchter. Das 1992 sanierte Schauspielhaus gehört zu den luxuriösesten Theatern des Landes. Kostenlose Führungen nur nach Voranmeldung Di–So.

Freiluft-markt

Die **Praça da República** an der Av. Ipiranga im Zentrum (Metrostation *República*) lohnt samstags und sonntags von 8–14 Uhr einen Besuch. Auf einem Freiluftmarkt werden Halbedelsteine, Kleidung, Gemälde und Holzarbeiten feilgeboten. Der internationale Flair, der die Gastronomie der Stadt prägt, zeigt sich an den Essensständen, wo neben Süßigkeiten und bahianischen Spezialitäten auch chinesische und japanische Gerichte Gaumenfreuden verheißen.

Edifício Itália

Im Herzen der Stadt – Vale do Anhangabáu, Rathaus und Theater

Folgt man der Av. Ipiranga nach Südwesten bis zur Kreuzung zur Av. São Luís, kommt man zum **Edifício Itália.** Mit 168 Meter Höhe ist der beeindruckende Wolkenkratzer, 1965 zu Ehren der italienischen Einwanderer erbaut, das dritthöchste Gebäude der Stadt. Die *Terraço Itália,* im 41. Stock, geöffnet von 12–24 Uhr, sonntags bis 23 Uhr, bietet nicht nur eine unglaubliche Aussicht über das Häusermeer der Stadt, sondern auch exquisite Kost ab 10 € pro Person. Lohnend ist ein Besuch in den Abendstunden, denn dann verwandelt sich die Millionenmetropole in ein riesiges Lichtermeer. *Edifício Itália,* Av.

Ipiranga 344, Centro, Aufzug kostenlos, Eintritt 30 R$, Mo–Fr 15– 16 Uhr kostenlos.

Edifício Copan
Direkt neben dem Edifício Itália steht der architektonisch beeindruckendste Wolkenkratzer São Paulos: das 140 Meter hohe Copan-Gebäude. Dieses wellenförmig gestaltete Hochhaus mit 1640 Räumen entwarf Stararchitekt Oscar Niemeyer Anfang der 1950er Jahre. Einen gleichfalls umwerfenden Panoramablick über den Wald der Betonhochhäuser São Paulos bietet die Aussichtsplattform des **Edifício Banespa** vom 36. Stock südlich der Metrostation São Bento, Rua João Bricola, Mo–Fr 10–17 Uhr.

Religiöses Kunstmuseum
Die *Igreja e Convento N.S. da Luz* (1579) in der Av. Tiradentes nördlich des Zentrums ist das älteste Gotteshaus der Stadt. Im selben Gebäude ist das **Museu de Arte Sacra** untergebracht, das eine Sammlung sakraler Objekte bietet. Glanzpunkte sind die Arbeiten von *Aleijadinho* (Antônio Francisco Lisboa) und *Agostinho de Piedade*. *Museu de Arte Sacra,* Av. Tiradentes 676 (Metrostation Tiradentes). Kirche geöffnet Mo–So 6.30–11 u. 14–16.45 Uhr, Museum Di–So 10–17.30 Uhr, Eintritt 6 R$, Sa gratis.

Avenida Paulista
Die Avenida Paulista, São Paulos Hauptschlagader und ein Symbol ihres Wohlstands, im 19. Jahrhundert die vornehmste Adresse der Stadt, ist durchs Jahr hindurch auch „Laufsteg" für große Samba- und Fußball-WM-Feste, Demonstrationen und Paraden, wie z.B. der großen Gay-Parade *GLBT* (alljährlich Anfang Juni, ein bis zwei Millionen Mitwirkende und Zuschauer, mit Festwagen, Kostümierten und Musikgruppen). Zu Silvester begrüßen gleichfalls alljährlich ein bis zwei Millionen Feiernde frenetisch das neue Jahr.

Entlang der exklusiven Avendia finden sich neben Banken, Shoppings Malls und Versicherungspalästen auch viele Kinos, Fastfood-Restaurants, Geschäfte sowie das bedeutendste Kunstmuseum Brasiliens, das **Museu de Arte de São Paulo (MASP).** 1947 gegründet, besitzt der an einen riesigen Transformator erinnernde Bau mehr als 5500 Werke alter und neuer Meister. Die permanente Ausstellung zeigt u.a. Arbeiten von El Greco, Goya, Gauguin, Miró, Monet, Picasso, Van Gough, Cézanne, Degas, Debret, Rembrandt und Renoir. *Museu de Arte de São Paulo, MASP,* Av. Paulista 1578, Metrostation *Trianon-MASP,* Di–So 11–18 Uhr, Do bis 20 Uhr, Eintritt 15 R$, Di gratis, www.masp.art.br.

Parque do Ibirapuera
Eine grüne Oase in der Hektik der Großstadt liegt im Süden der Stadt: Der Parque do Ibirapuera, entworfen von Burle Marx (1909–1994) und gebaut von Oscar Niemeyer (1954 eröffnet). Viele Paulistas treffen sich hier zu Sport und Spiel, bringen Modellflugzeuge oder -segelboote mit. Inmitten des Parks befindet sich das 1948 gegründete moderne Kunstmuseum **Museu de Arte Moderna (MAM)** mit Werken

brasilianischer Künstler. Außderdem ein großes Biennale-Gebäude, das **Museum Afro-Brasil** (Di–So 10–18 Uhr, Eintritt, So gratis), **Monumento ás Bandeiras** und **Monumento do Pedro Álvares Cabral,** dem portugiesischen Entdecker Brasiliens.

Ein ungewöhnlicher architektonischer Hingucker, ganz im Duktus der avantgardistischen Architektur Brasiliens, ist das nahegelegene **Hotel Unique,** das aussieht wie ein futuristisches Schiff mit Bullaugen. Eines der vielen Werke des Star-Architekten Ruy Ohtake aus São Paulo. Von der Dachplattform mit einem Pool ergibt sich ein toller Panoramablick (www.hotelunique.com).

Parque do Ibirapuera, Av. Pedro Álvares Cabral, Tor 3 und 10, oder Av. República do Líbano 1158, Tor 8 (nur Fußgänger), 5–24 Uhr, Eintritt frei.

Botanischer und Zoologischer Garten

Der Jardim Botânico mit Restbeständen der Mata Atlântica, einer prächtigen Palmenallee und einem Orchideenhaus befindet sich beim Jardim Zoológico, einer der zehn größten Zoos der Welt. Er beherbergt rund 400 verschiedene Tierarten. Links vom Eingang befindet sich ein großer, dem Pantanal nachempfundener Teich mit kleinen Inseln, auf denen sich Affen tummeln. *Jardim Zoológico,* Av. Miguel Stéfano 4241, Água Funda, Di–So 9–17 Uhr, Eintritt 18 R$. Anfahrt mit Bus 4742 Aufschrift *Jardim Celeste* von der Metrostation São Judas (Linie Jabaquara), www.zoologico.sp.gov.br. Jardim Botânico, Av. Miguel Stéfano 3031, Água Funda, Di–So 9–17 Uhr, Eintritt 3 R$.

In der Nähe des Zoos liegt ein Safaripark, **Zôo Safari,** in dem sich vom Fahrzeug aus Tiger und Löwen beobachten lassen, aber auch Elefanten, Giraffen, Zebras und Kamele. Die vier Kilometer lange Fahrstrecke führt durch Mata Atlântica. *Zôo Safari,* Av. do Cursino 6338, Água Fundo, Tel. 6336-2131, Mi–So 9.30–16.30 Uhr, Eintritt mit eigenem Wagen 16 R$, im parkeigenen Fahrzeug 18 R$.

Weitere Museen

Museu de Arte Contemporânea (MAC)
Werke von Anita Malfatti, Calder, Chagall, Di Cavalcanti, Ernst, Matisse, Miró, Modigliani, Picasso und Portinari. MAC, Rua da Reitoria 160, Cidade Universitária, Mo–Fr 10–18 Uhr, Sa/So 10–16 Uhr, www.mac.usp.br/mac.

Museu de Arqueologia e Etnologia
Das Archäologisch-ethnologische Museum befindet sich in der Cidade Universitária, aber der Besuch ist lohnenswert. Die Exponate, vorwiegend Keramiken, Musikinstrumente, Kleidung, Masken und Amulette, stammen aus der präkolumbischen Epoche Südamerikas, aber auch aus Afrika und aus dem Mittelmeerraum. *Museu de Arqueologia e Etnologia da USP,* Av. Prof. Almeida Prado 1466, Cidade Universitária, Tel. 3818-4905, Di–Sa 10–16 Uhr, www.mae.usp.br.

Adressen und Service São Paulo

Information • *Delegacia Especializada de Atendimento ao Turista* (DEATUR), Av. São Luís 91, Centro, Tel. 3214-0209 und Rua São Bento 473, Centro (9–18 Uhr), Mercado Municipal (Mo–Sa 9–18 Uhr) sowie auf dem Flughafen (6–22 Uhr) und im Busterminal Tietê (6–22 Uhr).

• *Posto Municipal,* Praça da República 154, 9–18 Uhr. – *Posto Estadual,* Av. São Luís 115

Vorwahl: (011)

Websites: www.cidadedesaopaulo.com • www.guiasp.com.br www.spturis.com

Verkehrsknotenpunkt

Die Megastadt ist der größte Verkehrsknotenpunkt Südamerikas. Drei moderne Flughäfen bieten Verbindungen zu allen wichtigen Städten innerhalb Brasiliens und zu den wichtigsten Destiationen der Welt. Helikoperflüge über São Paulos Betongebirge von Büroturm zu Büroturm sind so gewöhnlich wie anderswo Straßentaxis, nirgendwo sonst in der Welt knattern mehr Hubschrauber durch die Luft wie hier. Es gibt mindestens 200 Heliports, darunter den *Campo de Marte,* den größten Südamerikas.

Flughäfen **Aeroporto Internacional de Cumbica (Guarulhos)**

Av. Monteiro Lombato 1985, Guarulhos. Abfahrten der **Frescõeos** (klimatisierte Busse) vor der Ankunftshalle, zuvor Busfahrkarte am Schalter in der Ankunftshalle kaufen. Wer mit dem Frescão zurück zum Flughafen fährt, sollte dem Fahrer die Fluggesellschaft (Inland- oder Auslandsflug) mitteilen, sonst müssen von der Endstation aus u.U. einige hundert Meter bis zum Einchecken zu Fuß zurückgegangen werden.

Aeroporto Congonhas

Av. Washington Luís (14 km von Zentrum), Shuttle Service (Luftbrücke) nach Belo Horizonte, Brasília, Curitiba, Rio de Janeiro und Porto Alegre

Terminal Rodoviário do Tietê

Av. Cruzeiro do Sul, Metrostation *Tietê* (vom Zentrum Linha 1 nach *Tucuruvi* nehmen), Tel. 3235-0322. Vom Terminal do Tietê fahren alle **Fernbusse** ab, ausgenommen die Busse in den Süden, Südwesten, entlang der Küste des Bundesstaates São Paulo sowie in den Süden von Minas Gerais.

Terminal Bresser

Rua do Hipódromo, Metrostation *Bresser-Mooca,* Tel. 6692-5191. Busse nach Belo Horizonte, Congonhas, Ouro Preto und São João del Rei.

Metrô Die Metrô ist schneller und sicherer als die oft stark überfüllten Stadtbusse. Sie wird ständig weiter ausgebaut. Derzeit sind fünf Linien von 5–24 Uhr in Betrieb:

• **Linha Azul** (blaue Linie) von Tucuruvi bis Jabaquara
• **Linha Verde** (grüne Linie) von Alto do Ipiranga bis zur Vila Madalena
• **Linha Vermelha** (rote Linie) von Corinthians-Itaquera nach Barra Funda
• **Linha Lilas** (lila Linie) von Capão Redondo nach Largo 13 (nur Mo–Sa)
• **Linha Amarela** (gelbe Linie) von Luz nach Vila Sônia (führerloses System von Siemens)

Es gibt sogenannte **Integração-Fahrkarten.** Dabei ist der Anschluß mit Stadtbussen, Flughafenbussen und Vorortzügen eingeschlossen.

Mietwagen
- *Hertz,* Rua da Consolação 439, Tel. 3255-8055; Niederlassungen auf allen drei Flughäfen.
- *Interlocadora,* Av. Brig. Luís Antônio 781, Tel. 3256-5486; Niederlassungen auf allen drei Flughäfen.

Unterkunft

ECO
- **IBIS Budget São Paulo Paraíso,** Rua Vergueiro 1571, Paraíso, Tel. 5085-5699, Res. 0800-7037000, www.accorhotels.com/de/hotel-3531-ibis-budget-sao-paulo-paraiso-anteriormente-formule-1/index.shtml. 300 Zi./AC, behindertengerecht, Pp (Gebühr). DZ ab 165 R\$.
- **Castelar,** Rua Aurora 541, Sta. Ifigênia, Tel. 3331-6611, www.hotelcastelar.com.br. 60 Zi./AC, Heizung, Bar, Pp. DZ/F ab 170 R\$.

FAM
- **Paulistânia,** Al. Casa Branca 343, Cerqueira César, Tel. 3148-2008, www.paulistaniaflat.com.br. Flat-Hotel, 78 Zi., Sauna, Pp, Pool, Restaurant. DZ ab 180 R\$.
- **Marian Palace,** Av. Cásper Libero 65, Sta. Efigênia, Tel. 3228-8433, Res. 0800-55-8433. Alteingesessenes Hotel (1942), 97 Zi./AC, Sauna, Pp, Pool, Restaurant. DZ/F ab 210 R\$.

LUX
- **Pergamon,** Rua Frei Caneca 80, Consolação, Tel. 3123-2021, Res. 0800-551056, www.pergamon.com.br. Modernes Hotel der Spitzenklasse mit Designermobiliar, 118 Zi./AC, behindertengerecht, Pp, Restaurant. DZ/F ab 410 R\$.
- **Pestana São Paulo,** Rua Tutóia 77, Jardim Paulista, Tel. 3059-5000, Res. 0800-26-6332, www.pestana.com. Modernes Hotel Nähe Av. Paulista, 198 Zi./AC, behindertengerecht, Mamorbadezimmer, Thermalpool, Sauna, Restaurant, Hubschrauberlandeplatz auf dem Dach, Pp. DZ/F ab 700 R\$.

Essen & Trinken

São Paulo ist das Schlemmerparadies Südamerikas. Die exklusiveren Lokale befinden sich vorwiegend in der Nähe des Bankenzentrums der Av. Paulista und in den Nobel-Vororten. Im Zentrum findet man vor allem volkstümliche Lokale.

Botecos
- **São Jorge,** Rua Cipriano Barata 1913, Ipringa, Di–Fr 17–24 Uhr. Umfangreiche Karte, schönes Ambiente. TIPP!
- **Empanadas Bar,** Rua Wisard 498, Madalena, Mo–Sa 11–2 Uhr, So 14–1 Uhr. Einer der besten Botecos.
- **Bar Estadão,** Viaduto 9 de Julho 193, Consolação, rund um die Uhr. Bohemia-Kneipe, keine Tische, nur Theke.

Feijioada
- **Porta Luna,** Rua Tabapuã 1417, Itaim Bibi. Schmackhafte Feijoada.
- **Baby-Beef Rubaiyat,** Av. Vieira de Carvalho 116, Centro, 11.30–24 Uhr; Filialen in der Alameda Santos 86, Paraíso, 12–16 u. 19–24 Uhr sowie in der Av. Brig. Faria Lima 533, Jardim Paulistano, 12–24 Uhr. Churassco, gehoben.
- **OK,** Praça Bento de Camargo Barros 172, Bom Retiro, 12–15.30 u. 18–24 Uhr. Saftiges, preiswertes Rodízio.
- **Fasano,** Rua Haddock Lobo 1644, Cerqueira César, Mo–Sa 19.30–24 Uhr. Exzellentes Traditionsrestaurant mit italienischer Speisekarte.
- **Café Antique,** Rua Haddack Lobo 1416, Jardim Paulista, Mo–Sa 12–15 Uhr, 19–24 Uhr, So 12–16.30 Uhr. Französische Spitzenküche mit Ambiente.

- **Cheiro Verde,** Rua Peixoto Gomide 1413, Cerqueira César, 12–15 u. 19–22.30 Uhr, vegetarisch.
- **Konstanz,** Av. Aratans 713, Moema, Di–So 12–24 Uhr, deutsche Küche.
- **Koyama,** Rua 13 de Maio 1050, Bela Vista, Mo–Sa 11.30–14 u. 18.30–22.30 Uhr. Japanische Küche aus Kansai Idore (Provinz Kyoto), u.a. Sushi und Sashimi.

Unterhaltung

Bars & Musik- kneipen

- **Bar Brahma,** Av. Ipiranga 787, Centro.
- **Café Girondino,** Rua Boa Vista 365, Centro, empfehlenswert.
- **Blen Blen Brasil,** Rua Inácio Pereira da Rocha 520, Pinheiros, Fr ab 24 Uhr meist Livemusik, Eintritt (Studenten ermäßigt).
- **Dado Bier,** Av. Kubitschek 1203, Itaim Bibi.
- **Taturana,** Rua Horácio Lafer 289, Itaim Bibi, empfehlenswert.
- **Bourbon Street,** Rua dos Chanés 127, Moema, Di/Mi/So 20–6 Uhr, Do–Sa ab 21 Uhr. Großer Musik-Club, Livemusik, u.a. Blues und Jazz, Eintritt. Tisch-Reservierung www.bourbonstreet.com.br.

Boates & Discos

- **D-Edge,** Av. Almirante Olga 170, Barra Fundo. Die beste Balada, der beste Club Brasiliens und einer der zehn besten der Welt. Spektakulär. Der TIPP!
- **Enfarta,** Rua Fidalga 46, Madalena. Traditionelle Balada mit *Fumódromo* (Raucherlounge), Tanzmusik, junges Publikum.
- **Ó de Borogodó,** Rua Horacio Lane, Pinheiros. Sambakneipe, Livemusik vom Feinsten. Wer zu spät kommt, muss warten bis jemand geht.
- **B.A.S.E./Diesel,** Av. Brigadeiro Luís Antônio 1137, Bella Vista, Mega-Disco Fr/Sa 23.30–6 Uhr, Eintritt 10–20 R$.
- **Museum,** Rua James Joule 65, Brooklin Novo, www.museumrestaurant .com.br. Dining-Club mit Livemusik, Baladas, angesagte Location.
- **U-Turn,** Rua Tabapuã 1463, Itaim Bibi, Di–Sa 23–5 Uhr, junges Publikum im Studentenalter, viel Techno und House, Mindestverzehr 5–10 €.

Einkaufen

- *Shopping Paulista,* Praça Osvaldo Cruz (am Anfang der Av. Paulista), Metrostation *Brigadeiro.*
- *Shopping Iguatemi,* Av. Brig. Faria Lima (Bus 775 C ab Metrosstation *Santa Cruz).*
- **Mercado Municipal** – Markthalle, Rua Cantareira 306, Mo–Sa 4–16 Uhr. Vom Largo São Bento (Metrostation *São Bento)* zu Fuß erreichbar.

Regenwald-Akademie in Tapirai

140 Kilometer südwestlich von São Paulo finden sich Restbestände des Atlantischen Küstenregenwaldes. Diese zu bewahren, aber für den Tourismus zugänglich zu machen, ist das Konzept der **Regenwald-Akademie.** Das deutsch-brasilianische ÖkoProjekt ist eine ausgezeichnete Adresse für die Beobachtung von Flora und Fauna im Küstenregenwald und auch für ältere Reisende sowie für Familien mit Kindern geeignet. Infos über *Salve Floresta,* Dr. Antonio Carlos Soares Pinto, Zentnerstr. 19, 80798 München, Tel. 089-1232677, csoares@t-online.de, www.salvefloresta.de.

2 Die Barockstädte im Bundesstaat Minas Gerais

Überblick

Der nördlich des Bundesstaates Rio de Janeiro gelegene Staat **Minas Gerais** („Allgemeine Minen") bekam seinen Namen nach den hier gefundenen Bodenschätzen. Es gibt in Minas Gerais große Vorkommen an Eisenerz, Bauxit, Gold und Silber. Glanzstücke sind aber die historischen Barockstädte *Diamantina, Mariana, Tiradentes, São João del Rei* und besonders **Ouro Preto.** Zusammen mit Congonhas und Diamantina ist Ouro Preto UNESCO-Welterbestätte.

Geschichte

Minas Gerais war für die portugiesische Krone anfänglich ohne Bedeutung. Mit der Entdeckung großer Gold-, Silber- und Edelsteinvorkommen Ende des 17. Jahrhunderts durch *Bandeirantes* im Hinterland änderte sich dies schnell. Edel- und Halbedelsteine gab es so viele, dass man sie nur aufzusammeln brauchte. Die Kolonialstädte mit ihren vielen barocken Kirchen und Herrenhäusern zeugen noch heute von dieser wirtschaftlich und kulturell großartigen Epoche.

Belo Horizonte

Die Hauptstadt von Minas Gerais hat 2,5 Millionen Einwohner und ist die drittgrößte Stadt Brasiliens. Die Stadt des „Schönen Horizonts" war die erste am Reißbrett konzipierte Stadt Brasiliens und wurde in den 1890er Jahren mit Straßen und Alleen nach dem Vorbild von Washington D.C. angelegt. Belo Horizonte ist eine der bedeutendsten Industriestädte Brasiliens und überrascht den Besucher trotzdem durch Modernität und zahlreiche Grünanlagen.

Der 2 qkm große *Parque Municipal* an de Av. Afonso Pena im Centro ist die größte Parkanlage der Stadt (nach Einbruch der Dunkelheit meiden). Er bietet eine Orchideenausstellung, Vogelgehege, Seen mit Ruderbooten und Spielplätze.

Unterhaltend ist auch ein Besuch der **Praça da Liberdade.** Diese zentral gelegene Grünanlage mit Springbrunnen, Marmorstatuen und Palmen wurde 1895 angelegt und ist ein beliebter Treffpunkt. Um den Platz reihen sich Regierungsgebäude (erbaut um 1890) im neoklassizistischen, Art-déco und postmodernen Stil.

Museen

Eine beeindruckende Sammlung von etwa 3000 Edelsteinen, wie Smaragde, Turmaline, Quarze etc., von denen etwa 800 Steine ständig präsentiert werden, zeigt das **Museu de Mineralogia Professor Djalma Guimarães,** Av. Bias Fortes, Funcionários, Tel. 3271-3415, Di–Fr 8–17 Uhr, Sa ab 9 Uhr, So ab 10 Uhr.

BAROCKSTÄDTE

Ouro Preto

0   50 km
© RKH Verlag Hermann

Brasília /
Diamantina
BR 135 /
BR 259 /
Gruta do Maquiné

BR 040

Cardeal
Mota

São José de Almeida

Sete Lagoas

Gruta da Lapinha

Parque Nac. da
Serra do Cipó

BR 381
Salvador

Gruta Rei do Mato

Pedro Leopoldo

Lagoa Santa

Itabira

Ribeirão das Neves

Sta. Luzia

João
Monlevade

Contagem

Sabará   Caeté

Betim

Belo Horizonte

Barão de Cocais

BR 262

Rod. Fernão Dias

Caraça   Sta. Bárbara

Vitória

(Kloster in einem Krater)
Parque Nac. da
Caraça

Catas Altas

BR 356

BR 040

Soares

Sta. Rita Durão

Antônio Pereira

Rod. JK

Cachoeira do
Campos

Mariana

MG 262

Ponte Nova

BR 381

← *São Paulo*

Congonhas

Ouro Preto

Lavras Novas

Ouro Branco

Diego de Vasconcelos

Passo Tempo

Cons. Lafaiete

Itaverava

Lamim

Cristiano Otoni

Cipatânea

São Tiago

Lagoa
Dourada

Carandai   Alto Rio Doce

Ubá

Tiradentes

São João del Rei

BR 040

Juiz de Fora /
Rio de Janeiro

← *São Paulo*

BR 265

Barroso

Barbacena

Straße von São Paulo
nach Minas Gerais

Das **Museu Mineiro,** Av. João Pinheiro 342, zeigt Sakralkunst aus der Kolonialära. Di/Mi/Fr 10–19 Uhr, Do 12–21 Uhr, Sa/So 12–19 Uhr. – **MAP**-Museum s.u.

In dem sehenswerten und nach wie vor betriebenen Bahnhof von 1894 befindet sich mit dem **Museu de Arte e Oficios** an der Praça Rui Barbosa das Gewerbekunstmuseum, Tel. 3248-8600, Di/Fr 12–19 Uhr, Mi/Do bis 21 Uhr, Sa/So 11–17 Uhr, Eintritt.

Pampulha

Pampulha liegt acht Kilometer nordwestlich des Zentrums. Ein Nobelviertel mit luxuriösen Villen und einer beeindruckendes Parkanlage rund um die *Lagoa da Pampulha,* einem künstlich angelegten See aus dem Jahr 1936. Die Parkanlage ist ein Frühwerk des berühmten Landschaftsarchitekten *Roberto Burle Marx* (1909–1994). Die visionäre Architektur der Bauten entwarf in den 1940 Jahren *Oscar Niemeyer,* sie sind Vorläufer für das moderne Brasília. Er entwarf die *Igreja des São Francisco de Assis, das Museu de Arte da Pampulha,* die *Casa do Baile* (Tanzhaus) in der Av. Octacílio Negrão de Lima 751 und den *Iate Tênis Clube* (Yacht- und Tennisclub). Später wurde der Pampulha-Komplex noch um das Fußballstadion *Mineirão*, das kleinere Mehrzweckstadion *Mineirinho* und um den Zoo erweitert.

Museu de Arte da Pampulha (MAP)
Das von Niemeyer entworfene Kunstmuseum (1934), das ursprünglich als Spielkasino fungierte, zeigt über 1600 Werke nationaler und internationaler Künstler. Im Garten lohnt ein Blick auf die Skulpturen von Ceschiatti, Zamoiski und José Pedrosa. *Museu de Arte da Pampulha,* Av. Otacílio Negrão de Lima 16585, Pampulha, Tel. 3443-4533, Di–So 9–19 Uhr,

Ingreja São Francisco de Assis

Ingreja São Francisco de Assis Der revolutionäre Kirchenbau, 1943 fertiggestellt, ist eines der Meisterwerke Oscar Niemeyers. Parabelförmige Betonbögen, von Licht durchflutet, formen das Kirchenschiff. Die Wandkacheln, *azulejos,* zeigen die 14 Leidensstationen von Christus und Franz von Assisi und wurden ebenso wie die ausliegenden Mauerkacheln von Cândido Portinari gemalt. *Igreja São Francisco de Assis,* Av. Otacílio Negrão de Lima 3000, Pampulha, Di–Sa 9–17 Uhr, So ab 12 Uhr.

Adressen & Service Belo Horizonte

Information *Belotur, Mercado das Flores,* Av. Afonso Pena 1055, Parque Municipal, Tel. 3277-7666 und 3277-9777, www.belotur.com.br, Mo–Fr 8.30–18.30 Uhr, Sa/So 8–15 Uhr. Vertretungen auch auf dem Flughafen und dem Busterminal, tägl. 8–18 Uhr. Empfehlenswert ist der monatlich erscheinende Stadtführer (auch in Englisch) *Guia Turístico BH Belo Horizonte. Alô Turismo,* Tel. 156. 24-Stunden-Service.

Vorwahl: (031) · **Websites:** www.belotur.com · www.pbh.gov.br

Flug *Aeroporto Internacional Tancredo Neves* (de Confins), an der Landstraße Velha de Confins (MG 010), 39 km außerhalb.

Bus *Rodoviária,* Praça Rio Branco s/n, Centro. Täglich mehrere Busse in die umliegenden Barockstädte.

Mietwagen • *Hertz,* Belo Horizonte Othon, Av. Afonso Penha 1050, Centro, Tel. 3273-0980, Res. 0800-147-300 und Flughafen Aeroporto da Pampulha, Tel. 3492-1919.

• *Locar Centro,* Av. Álvares Cabral 320/Rua da Bahia, Tel. 3222-1018. Kleinwagen, z.B. UNO, Tagesmiete 30 €.

Unterkunft

FAM • **ibis budget Belo Horizonte Minascentro** (ECO), Av. Bias Fortes 783, Lourdes, Tel. 3343-6400, http://www.accorhotels.com/gb/hotel-5625-ibis-budget-belo-horizonte-minascentro/index.shtml. 240 Zi./AC, RoSt. DZ ab 135 R$, gPLV.

• **Évora Palace,** Rua Sergipe 1415, Savassi, Tel. 3524-6220, www.hotel evora.com.br. 40 Zi./AC, Pp, Restaurant. DZ/F ab 85 €.

• **Zac Apart Hotel,** Av. Do Cotnomo 1423, Floresta, Tel. 3429-3200, www.zac.com.br. 84 Zi./AC, Pool, Restaurant. DZ/F ab 210 R$.

LUX • **Hotel Wimbledon,** Av. Afonso Pena 772, Centro, Tel. 3222-6160, www.wim bledon.com.br. 70 Zi./AC, Pool auf dem Dach, Restaurant. DZ/F ab 85 €.

• **Ouro Minas Palace,** Av. Cristiano Machado 4001, Tel. 3429-4001, Res. 0800-31-4000, www.ourominas.com.br. 343 Zi./AC, Thermalpool, Restaurant. DZ ab 180–230 €, gPLV.

• **Belo Horizonte Plaza,** Rua dos Timbiras 1600, Tel. 3247-4700, Res. 0800-707-4707, www.bhplaza.com.br. 91 Zi./AC, Sauna, Pool, Restaurant. DZ/F ab 110–150 €.

Essen & Trinken

• *Xapuri,* Rua Mandacaru 260, Pampulha, Di–Do 12–23 Uhr, Fr–Sa 12–1 Uhr, So 12– 18 Uhr. Das beste Restaurant der Stadt für *Cozinha Mineira* (Küche aus Minas Gerais), am Wochenende mit Warteliste! Besonders empfehlenswert sind die Nachspeisen, z.B. *Cocada de Maracujá.*

- *Vecchio Sogno,* Rua Martim de Carvalho 75, Sto. Agostinho. Mo–Fr 12–24 Uhr, Fr bis 2 h, Sa 18–2 Uhr, So 12–18 Uhr. Einer der besten Köche von Minas verwöhnt die Gäste jede Woche mit einer neuen Köstlichkeit, Pianobar und rote Sofas. Hingehen und die Atmosphäre erleben.
- *Chico Mineiro,* Rua Alagoas 626, Savassi, 11.30–15 u. 17.30–24 Uhr. Gutes Spezialitätenrestaurant der Cozinha Mineira.
- *Adega do Sul,* Av. do Contorno 8835, Gutierrez, Mo–Fr 12–16 u. 18–24 Uhr, Sa 12–24 Uhr, So 11.30–18 Uhr. Sehr gute **Churrascaria** mit Rodízio, reichhaltiges Salatbüffet, große Weinkarte.
- *Badejo,* Rua Rio Grande do Norte 836, Savassi, Di–Do 12–15.30 u. 18–23.30 Uhr, Fr/Sa 12–23.30 Uhr, So 12–17 Uhr. Bestes Fisch- und Meeresfrüchtlokal der Stadt, die Einrichtung erinnert an eine Strandkneipe. Die Fische kommen aus Ilhéus (Bahia). Spezialität des Hauses ist *Moqueca de badejo com camarões* für 2 Personen.
- *Casa Infinita,* Rua Ceará 1118, Funcionários, 6–24 Uhr. Bäckerei, Ladengeschäft und Restaurant. Frühstücksbüffet 7–11 Uhr. TIPP!

Unterhaltung

Das Kneipen und Ausgeh-Viertel im Zentrum bzw. im Stadtteil Funcionários (oder Savassi) sind die Straßen rings um die *Praça da Savassi* (oder Praça Diogo de Vasconcelos) an der Av. Cristóvão Colombo, z.B. die angrenzende Rua Pernambuco und Rua Tomé de Souza. Die beste Boteco der Stadt ist die mehrfach ausgezeichnete **Bar do Zezé,** Rua Pinheiro Chagas 406, Bairreiro de Baixo, Mo–Fr 17–23 Uhr, Sa 21–21 Uhr.

- **Krug Bier,** Av. Paulo Camilo Pena 736, Belvedere, Mo–Do 17.30–3 Uhr, Fr 17.30–4 Uhr, So 13–1 Uhr. *Die* **Chopería** (Bierkneipe) der Stadt! In der 700 qm großen Kneipe mit Tanzfläche für Musikveranstaltungen werden Biere (Cristal, Âmbar und Premium) nach deutschem Reinheitsgebot gebraut. Die Braukessel befinden sich direkt im Lokal.
- **Adega da Pinga,** Av. Contorno 7224, Lourdes, Mo–Fr 8.30–20 Uhr, Sa 8.30–17 Uhr, So 8.30–13 Uhr. Erste **Cachaçaria** (Schnapskneipe) der Stadt, schöne Einrichtung, man kann unter 180 Cachaça-Sorten wählen.

Musik-kneipen & Boates

- **Café Cultura,** Rua da Bahia 1416, Centro, Fr/Sa Livemusik.
- **Bar da Estação,** Praça da Estação s/n, Centro, Mo–Sa ab 20 Uhr. Musikkneipe im alten Bahnhofsgebäude, Livemusik.
- **Obra Bar Dançante,** Rua Rio Grande de Norte 1168, Savassi. Mi/Do Show, Fr/Sa mit DJs.
- **No Alambique,** Av. Raja Gabaglia 3200, Estoril. Einer der größten und besten Ballada-Schuppen mit Megapublikum, 5 Bars samt Cachaça-Destille und Fässern, Dampflok-Replika 204 am Eingang, Aussicht auf Belo!
- **Marcenaria,** Av. Raja Gabáglia 4700, Santa Lúcia, nur Do–Sa 20.30–3 Uhr. Interessante Musikkneipe mit Livemusik (Do Samba), die an den restlichen Wochentagen als Tischlerei und Architekten-Atelier genutzt wird.

Touranbieter

- *Barcelos Expedições*, Rua Cristina 1318, Santo Antônio, Tel. 3297-6017. Öko- und Abenteuertouren.
- *Unitour Turismo Universal*, Av. Getúlio Vargas 67, Funcionários, Tel. 2125-4600, http://8931.br.all.biz/de. Hotelreservierungen, Barockstädte, zweisprachige Führer.

• *Marco Túlio Saldanha,* Tel. 3447-0244, Handy 9906-7098. Freundlicher, eng-
lischsprachiger Führer mit Wagen und Kleinbus, organisiert auch
Stadtrundfahrten und Ausflüge nach Ouro Preto und andere Barockstädte.

Einkaufen

• *H. Stern,* Shopping Diamond Mall, Av. Olegário Maciel 1600, Lourdes
• *Gemas de Minas*, Rua Rio de Janeiro 430, Centro

Feste

• Ende Juni/Anfang Juli: *Carnabelô*, Karneval außerhalb der Saison mit Trio
Elétricos auf der Av. Afonso Pena.
• Anfang Juli: *Festival Nacional da Cachaça,* Schnapsfest.

Ouro Preto

Die bedeutendste und schönste Barockstadt Brasiliens liegt knapp
100 Kilometer südöstlich von Belo Horizonte und zählt rund 71.000
Einwohner. Triebfeder und Geldquelle für die Prachtbauten der Stadt
war der Goldrausch, der 1698 mit ersten Funden begann und von
1705 bis 1759 seine Boomzeit hatte. Maultierkarawanen, sogenannte
tropeiros, transportierten aus den Küstenstädten Lebensmittel,
Werkzeuge und alle Dinge des täglichen Bedarfs zu den Minen und
in die anschwellende Goldstadt. Von 1823–1897 war Ouro Preto unter dem Namen *Vila Rica de Ouro Preto* (Reicher Ort des schwarzen
Goldes) die Hauptstadt von Minas Gerais. „Schwarzes Gold" deshalb,
weil das Gold aus einem schwarzen, eisenoxidhaltigen Gestein gewonnen wurde.

Blick über die
barocke Alt-
stadt von
Ouro Preto
(UNESCO-
Weltkultur-
erbe)

Zum Bau der Stadt setzte man Sklaven und ganze Generationen
von geschickten Handwerkern und großartigen Künstlern ein. Die
Architektur Ouro Pretos, ja der gesamten Region, ist geprägt vom *Barroco Mineiro,* einem stark ornamentalen Tropenbarock. Gepflasterte

Straßen und enge, kurvige Gassen winden sich über die Hügel im
Stadtzentrum oder münden in kleine Plätze, gesäumt von schmu-
cken Kolonialhäusern mit bunten Tür- und Fensterrahmen und
schmiedeeisernen Balkongittern. Absolute Höhepunkte sind jedoch
über zwanzig prachtvolle und verschwenderisch ausgestatte
Barockkirchen, die das wohlhabende Zeitalter des Goldrausches wieder aufleben lassen. In Ouro Preto begann auch die von *Tiradentes*
angeführten Unabhängigkeitsrebellion *Inconfidência* gegen die
Portugiesen (1789–1792).

Stadtrundgang

Praça Tiradentes Ausgangspunkt für den in der Karte eingezeichneten Rundgang ist
die Praça Tiradentes mit der Statue von *Joaquim José da Silva Xavier,*
besser bekannt als Tiradentes. Der Freiheitskämpfer wurde von den
Portugiesen hingerichtet und ist heute brasilianischer Nationalheld.
An dem von Kolonialhäusern gesäumten Platz befinden sich die
Touristen-Information und Edelstein- und Schmuckgeschäfte. Im
uhrenturmgekrönten einstigen *Palácio dos Governadores* an der
Nordseite des Platzes, erbaut von 1741–1760, lohnt ein Besuch des
Museu de Ciência e Técnica. Mit über 23.000 Edelsteinen ist es eines der
bedeutendsten Mineralienmuseen der Welt, Di–So 12–17 Uhr, Eintritt.

Aleijadinho

In vielen Kirchen in den Barockstädten können Besucher die Meisterwerke
des größten brasilianischen Barockbildhauers, *António Francisco Lisboa,* bewundern. Trotz schwerster Behinderung schuf er einmalig schöne Skulpturen
aus Speckstein und Zedernholz, die nach ihm keiner mehr zustande brachte.
Geboren wurde er um 1738 in Bom Sucesso als unehelicher Sohn des Bau-
meisters Manuel Francisco da Costa Lisboa und der afrikanischen Sklavin
Isabel. Mit 40 Jahren erkrankte er an Lepra und verlor Zehen, Finger
und Zähne. Verstümmelt und verkrüppelt, mit nur einem Auge und
verzerrtem Mund, muss der Kleinwüchsige furchtbar ausgesehen
haben. Meißel und Hammer wurden durch den Sklaven Maurício,
mit dem er die Einnahmen teilte, an seinen Armstümpfen festge-
bunden, damit er überhaupt arbeiten konnte. O Aleijadinho – „das
Krüppelchen" – nannte man ihn fortan. Zeitlebens hatte der geni-
ale Mulatte weder europäische Architektur studiert noch die Bauwerke Europas gesehen. Viele seiner schönsten Werke entstanden
kurz vor seinem Tod 1814. In Ouro Preto schuf er u.a. die *Igreja da
Ordem Terceira de São Francisco de Assis*. In *Congonhas* hinterließ er
im Sakral-Komplex der Wallfahrtskirche *Bom Jesus de Matosinhos*
viele Werke, berühmt sind seine zwölf Statuen der biblischen Pro-
pheten auf der Freiterrasse. Weitere Beispiele seines Schaffens befinden sich in *São João del Rei* und *Tiradentes*.

Hotels

1 Hotel Piskar da Barra
2 Pousada Ouro Preto
3 Pousada do Mondego
4 Pousada Chico Rei
5 Pousada Tiradentes
6 Hostel Ouro Preto
7 Pousada Nello Nuno
8 Hostel Brumas
9 Solar N.S. do Rosário
10 Hotel Solar das Lajes
11 außerhalb: Htl. Estalagem das Minas Gerais
12 Minas de Ouro Preto

OURO PRETO

0 ca. 100 m

© Rʀʜ Verlag Heimann

Karte S. 153

n. Saramenha
Pico do Itacolomi
Calogeras
dos Inconfidentes
C. Alvim
Praça Ferroviária
Estação
Rio Ouro Preto
do Pilar
Praça Rio Branco
Matriz de N.S. do Pilar
Pça Mons. C. Barbosa
C. de Lima
Valadares
Santana
R. Bretas
Capela do Senhor do Bonfim
Chafariz do Gloria
Largo do Rosário
Igr. N.S. do Rosário dos Pretos
Vidal
Santos
J. Araújo
Guimarães
Pça Brandão
Pça do Tiradentes
Casa dos Contos
Igr. de São José
S. Fco. de Paula
Pdre J.M.P.
Igr. Fco. de Paula
S. José
Chafariz dos Contos
V. Yargas
Aldegato
Rodoviária
Pça T. Neves
Casa dos Condos
Teixeira
Igr. São Francisco de Paula
8
BR 40 / Belo Horizonte 95 km
Tourist-Info / Hospital / u. Hotels 11 u. 12
2
D. de Vasconcelos
C. Alves
Parana
Pça Alves de Brito
Conde Bobadela
Teatro Municipal
Igr. N.S. do Carmo
Palácio dos Governadores / Museu de Ciência e Técnica
Rocha-Lagoa
Igreja N.S. das Mercês e Misericórdia
Padre Rolim
H. Gorceix
Morro da Forca
X. da Vega
P. Homem
V. Dias
M. Cabral
Sena
Costa
Museu da Inconfidência
R. Mus. queira
Pça Tiradentes
Conde de Coimbra
C. Manoel
Chafariz do Carmo
M
Camargos
Brito
Pça Paulistas
Start Rundgang
Busse nach Mariana
Ribeirão do Funil
W. Dias
Igr. de N.S. das Mercês e Perdões
Igr. de São Fco. de Assis
das Mercês
Largo São Francisco
Largo de Coimbra
Largo Frei Botelho
C. Thomaz
F. dos Santos
A. Martins
Eugênia
B. Vasconcelos
Alagoas
Alejadinho
Casa de Thomaz Gonzaga
Serra do Ouro
Rua C. Quintiliano
10
Rio Sobreira
Calogeras
Serafim
Dias
da Conceição
J.de Eligênia
Pça. Antônio Dias
Mina do Chico Rei
Matriz N.S. da Conceição u. Museu Alejadinho
Dom Silve
9
Santa Efigênia dos Pretos
zur Igr. N.S. do Rosário dos Brancos
J. Veloso
Eligênia
Largo de Marília
n. Mariana-11 km
Mina da Passagem
10

Die schönsten Kirchen Ouro Pretos

Auf keinen Fall versäumen sollten Sie den Besuch der **Igreja de São Francisco de Assis** am Largo da Coimbra. Diese elegante kleine Barockkirche, erbaut zwischen 1765 und 1810, gilt als ein Meisterwerk Aleijadinhos. Er gestaltete die beiden Altäre, die Kanzel und das in Speckstein gefertigte Portal. Das opulente Deckengemälde schuf Aleijadinhos Künstlerfreund Mestre Ataíde (Manuel da Costa). Di–So 8.30–12 u. 13.30–17 Uhr, Eintritt 7 R$.

Die **Igreja Nossa Senhora do Pilar,** eine der prunkvollsten und reichsten Kirchen ganz Brasiliens, erinnert an das goldene Zeitalter der Stadt. Nicht weniger als 434 kg Gold wurden für die Ausschmückung verbraucht. Ausgestaltet wurde sie von dem portugiesischen Bildhauer Francisco Xavier de Brito, Auftraggeber waren die beiden wichtigsten kirchlichen Orden der Stadt. *Igreja N.S. do Pilar,* Praça Mons. Castilho Barbosa, Di–So 9–10.45 Uhr, 12–16.45 Uhr, Eintritt 7 R$.

Museu da Inconfidência
In der *Casa de Câmara,* Praça Tiradentes 139, waren einst die Präfektur und das Stadtgefängnis untergebracht. Heute beherbergt das Haus das **Museu da Inconfidência** (*inconfidência* „Verrat", hier im Sinn von „Freiheitskämpfer"), in dem die Graburnen erhängter Freiheitskämpfer, Holzstatuen Aleijadinhos sowie Gemälde vom Mester Ataide, Heiligenfiguren, Möbel, Porzellan und Silberobjekte ausgestellt sind. Di–So 12–17.30 Uhr, Eintritt, Audioführungen.

Museu do Aleijadinho
Die **Matriz N.S. da Conceição,** in der Aleijadinho begraben liegt, wurde von 1727–1746 erbaut und von Manuel Francisco Lisboa, Aleijadinhos Vater, künstlerisch ausgestaltet. Eine der prächtigsten Kirchen der Stadt mit harmonischen Proportionen. Außergewöhnlich sind acht Seitenaltare sowie zahlreiche Statuen. Dem Gotteshaus angeschlossen ist das sehenswerte Museum Aleijadinho im Untergeschoss mit einigen Heiligenstatuen, antiken Kleidungsstücken, Kolonialmöbeln, Skulpturen sowie Gold- und Silberobjekten von Aleijadinho. *Museu do Aleijadinho,* Praça Antônio Dias/Rua Bernardo Vasconcelos, Di–Sa 8.30–12 und 13.30–17 Uhr, So 12–17 Uhr, Eintritt.

Mit der „Maria Fumaça" von Ouro Preto nach Mariana

Vom restaurierten Bahnhof in Ouro Preto, Praça Cesário Alvim, verkehrt ein Dampfzug auf der 18 km langen Strecke nach Mariana und zurück, Fahrzeit etwa eine Stunde. Abfahrten Fr–So 10 Uhr und 15.30

Uhr, Rückfahrt von Mariana nach Ouro Preto 14 Uhr. Für gute Foto-
aussichten im letzten Wagen rechts sitzen, von Mariana nach Ouro
Preto im letzten Wagen links. Einfache Fahrt 22 R$, Rückfahrkarte
35 R$. Panoramawagen einfache Fahrt 35 R$. Rückfahrkarte 60 R$.
Busrückfahrt 3 R$.

Minas de Ouro

Wer nicht die Mina de Ouro da Passagem (s.u.) besichtigen möchte,
bekommt in Ouro Preto in folgenden stillgelegten Goldminen aus
dem 17. und 18 Jahrhundert einen kleinen Einblick:

- **Mina Jeje** (160 m), Rua Chico Rei 371, Alto da Cruz, 9–17.30 Uhr, Eintritt 15
  R$ inkl. Führung.
- **Mina Felipe dos Santos** (170 m), Rua 13 de Maio 637,
  Alto da Cruz, 8.30–17.30 Uhr, Eintritt 15 R$.
- **Mina de Sta. Rita** (120 m), Rua Sta. Rita 171, Padre Faria,
  9–18 Uhr, Eintritt 15 R$ inkl. Führung.
- **Mina do Chico Rei,** Rua D. Silvérino 108, Centro Histórico,
  8–17 Uhr, Eintritt 10 R$ ohne Führung.

Umgebungsziel: Mina de Ouro da Passagem

Interessierte können die älteste unterirdische Goldmine Brasiliens
(Inbetriebnahme 1719), nur wenige Kilometer außerhalb von Ouro
Preto in Richtung Mariana, besuchen. Die Mine wurde 1985 stillge-
legt, da nur noch 4 Gramm Gold pro Tonne Gestein zu gewinnen
waren. Ein kleiner Teil der insgesamt elf Kilometer langen Stollen ist
jedoch für die Öffentlichkeit zugänglich. Die Einfahrt erfolgt mit
Goldgräberwagen, die mit einem Stahlseil automatisch in den
Schacht hinunterbefördert werden. *Mina de Ouro da Passagem,*
Rua Eugenio Eduardo Rapollo 192, Tel. 3357-5000, www.minasda
passagem.com.br. Mo/Di 9–17 Uhr, Mi–So 9–17.30 Uhr, Führungen
9–17 Uhr, Eintritt 24 R$, Kinder ab 7 Jahre 20 R$.

Adressen & Service Ouro Preto

Information   *Informações Turísticas,* Rua Padre Rolim, São Cristovão, an der Ein-/Ausfahrt
von/nach Belo Horizonte, Tel. 3551-2655, ouropretoinfrom@feop.com.br,
www.ouropretoturismo.com.br, 8–20 Uhr. Sehr freundlich, gute Informationen
und Stadtpläne, Hotelreservierung.

Vorwahl: (031) · **Websites:** www.ouropreto.com.br · www.ouropreto.org.br

Unterkunft

ECO   • **Pousada Nello Nuno,** Rua Camillo de Brito 59, Tel. 3551-3375, www.pousa
danellonuno.com.br. Gepflegter Kolonialbau, rustikale Zi., familiäre Atmosphäre. DZ/F ab 140 R$.

FAM
- **Tiradentes,** Praça Tiradentes 70, Tel. 3551-2619, www.pousadatiradentesop.com.br. Zentral gelegene kleine Pousada im 2. Stock eines Kolonialgebäudes aus dem 18. Jahrhundert, 12 Zi. DZ/F 65 €.
- **Minas de Ouro Preto,** Rua Manganês 287, São Cristovão, 3 km von Stadtzentrum entfernt Richtung Belo Horizonte, Tel. 3551-3003, www.minasdeouropreto.com.br. Pousada, 11 Zi., 24 Chalés. DZ/F 150 R$, Chalés weniger.

LUX
- **Pousada do Mondego,** Largo de Coimbra 38, Tel. 3551-2040, www.roteiros decharme.com.br oder www.mondego.com.br. Schönes Hotel de Charme in einem Kolonialbau von 1747 mit 24 Zi., Heizung, Kolonialmöbel, Pp, Restaurant. §§ DZ/F 290–545 R$, gPLV.
- **Solar N.S. de Rosário,** Rua Getúlio Vargas 270, Largo do Rosário, Tel. 3551-5200, www.hotelsolardorosario.com.br. Eines der besten Hotels der Stadt in einem historischen Bau, 41 Zi./AC, Heizung, Sauna, Pool, kostenpfl. Pp, hervorragendes Restaurant. DZ/F 385–770 R$.

Essen & Trinken

- *Relicário 1800,* Praça Tiradentes 64, 11–15 Uhr, Restaurant in einem Kellergewölbe, das früher der Schlafsaal von Sklaven war, zugleich Kunstgalerie.
- *Casa dos Contos,* Rua Camilo de Brito 21 (50 m von der Praça Tiradentes). Preiswerte regionale Küche, Selbstbedienung; So–Di 12–16.30 Uhr, Mi–Sa bis 22.30 Uhr.

Einkaufen

Auffallend sind die vielen Skulpturenateliers und die zahlreichen Angebote an Keramiken. Juweliere bieten Edelsteine aus der Region an, wie Aquamarine, Smaragde und Turmaline.

- Daneben sollte die leckere Käsesorten probiert werden, z.B. bei *Garapinha*, Praça Reinaldo Alves de Brito 77, lecker!

Zwillingskirchen
do Carmo und de Assis

- *Feira do Largo de Coimbra,* Largo de Coimbra (Zugang von der Praça Tiradentes über die Rua Cláudio Manoel), 8–18 Uhr. Großer Kunsthandwerksmarkt.
- *Brasil Gemas,* Praça Tiradentes 74. Direktanbieter von Edelsteinen, eigene Schleiferei, individuelle Wünsche, Zertifikate, alle Kk. Auch Geldwechsel!

Mariana

Zwölf Kilometer östlich von Ouro Preto liegt an der MG 262 die historische Stadt Mariana (55.000 Ew.). Es ist die älteste Kolonialstadt in Minas Gerais, und ihre Minen sind noch heute in Betrieb. Von der Anhöhe mit der *Basílica de São Pedro dos Clérigos* aus dem 18. Jahrhundert bietet sich eine schöne Aussicht über das koloniale Zentrum.

Die **Praça Minas Gerais** säumen sehenswerte historische Gebäude, wie das frühere Gefängnis und heutige **Casa de Câmara e Cadeia** aus dem Jahr 1782. Imponierend ist das Barock-Ensemble der beiden Zwillingskirchen des Karmeliter- und Franziskanerordens, die **Igreja N.S. do Carmo** (1784, runde Türme) und die **Igreja São Francisco de Assis** (erbaut 1763–1795), letztere mit Werken von *Aleijadinho* und *Ataíde,* Minas Gerais' besten Kirchenkünstlern. Dort befinden sich auch 95 in den Boden eingelassene Grabplatten *(sepulturas),* eines am Portal gehört Ataíde, der 1837 starb.

Zu weiteren sehenswerten Kolonialgebäuden durch die *Rua João Pinheiro* gehen, das ist die Straße zwischen den beiden Barockkirchen. Von der *Praça Gomes Freire* nach links in die *Rua Frei Durão* abbiegen. Im Gebäude 49, erbaut 1770, befindet sich das **Museu Arquidiocesano de Arte Sacra,** Di–So 8.30–12 u. 14–17 Uhr. Es zeigt Gemälde von Ataíde und Werke von Aleijadinho aus Speckstein und Holz. Beeindruckend sind auch filigrane Arbeiten in Gold und Silber, wertvolle Kolonialmöbel und sakrale Objekte.

An der naheliegenden *Praça Cláudio Manoel* steht die sehenswerte Kathedrale **Catedral Basílica da Sé,** die unter der Regie von *Manuel Francisco Lisboa,* Aleijadinhos Vater, zwischen 1709 und 1760 erbaut wurde. Das Portal schuf Aleijadinho. Beeindruckend ist ihre goldene Ausschmückung mit 11 Altären, Deckenmalereien von Ataíde und einer deutschen Orgel aus dem Jahr 1701 mit 1039 Pfeifen. Di–So 8–18 Uhr. Orgelspiel Fr 11.30 Uhr, So 12.15 Uhr, Eintritt.

Touristeninformation Praça Tancredo Neves, Tel. 031-3558-2762, www.mariana.mg.gov.br. Mit dem Zug *Maria Fumaça* von Mariana nach Ouro Preto s.o.

São João del Rei

São João del Rei ist mit über 86.500 Einwohnern die größte der historischen Städte Minas Gerais. Sie ist Geburtsort von Tiradentes (ca. 1748–1792), dem einstigen Führer der *Inconfidentes* (Freiheitskämpfer).

Auffallend bei einem Bummel durch den kolonialen Stadtkern sind die gut erhaltenen Barockbauten mit zahlreichen Fresken. São João del Rei ist stolz auf seine Kirchen, auf das **Teatro Municipal,** seine Prozessionen und die Zinn- und Silberschmiedekunst. Das **Museu Regional** zeigt Dokumente der portugiesischen Besiedlung der Region. Schönste Kirche der Stadt ist die hochbarocke **Igreja São Francisco de Assis** an der Praça Frei Orlando mit Skulpturen von Aleijadinho.

Touristen-information Die Touristen-Information ist an der Praça Frei Orlando, Tel. (032) 3372-7338, www.saojoaodelreisite.com.br und www.saojoaodelrei.mg.gov.br.

Mit der „Maria Fumaça" von São João del Rei nach Tiradentes

Etwas Besonderes ist der alte Bahnhof in der Av. Hermílio Alves 366 mit seinem Eisenbahnmuseum, **Museu Ferroviário,** Tel. 032-3371-8485, Di–So 9–11 u. 13–17 Uhr, Führungen Fr–So 9.15 Uhr u. 14.15 Uhr, Eintritt. Eine Fahrt mit der „Rauchenden Maria", *Maria Fumaça,* nach Tiradentes ist die Touristenattraktion schlechthin. Abfahrten Fr/Sa 10 u. 15 Uhr, So 10 u. 13 Uhr, Rückfahrten von Tiradentes Fr/Sa 13 u. 17 Uhr, So 11 u. 14 Uhr. Fahrzeit 40 Minuten, Höchstgeschwindigkeit 12 km/h. Rückfahrkarte 50 R$, einfache Fahrt 30 R$, Kinder 6–10 Jahre 50%. Nach Tiradentes links sitzen, auf der Rückfahrt nach São João del Rei rechts.

Tiradentes

Das malerische kleine Städtchen (7200 Einwohner) liegt 14 km nordöstlich von São João del Rei. Es wurde wie die anderen Kolonialstädte auch mit Gold reich und später nach Tiradentes umbenannt. Es ist ist eines der schönsten barocken Schmuckstücke des Landes, eine Art

Die restaurierte Lokomotive „Maria Fumaça" steht wieder unter Dampf

„Freiluftmuseum". Viele Male war es idyllische Kulisse von Telenovelas, und Besucher bekommen ein gutes Bild vermittelt, wie es vor etwa 200 Jahren in der Kolonialzeit einmal war. Imposant ist die *Matriz de Santo Antônio,* eine der schönsten Barockkirchen Brasiliens.

Von Dezember bis Anfang März strömen die Touristen nur so. Von Tiradentes kann man mit Dampfzug nach São João del Rei zurückfahren (s.o.).

Touristen-Information: Largo das Forras, Tel. (032)-3355-1212, www.guiatiradentes.com.br

Weitere historische Städte

Obwohl es der Kolonialstadt Congonhas do Campo (49.500 Ew.) an der BR 040 südlich von Belo Horizone an historischem Flair mangelt, kann sie doch durch ihre einmalige *Basílica do Senhor Bom Jesus de Matosinhos* brillieren. Dieser ausgedehnte, barocke Sakral-Komplex mit der bedeutendsten Sammlung an Steinmetzwerken Aleijadinhos thront auf einem Hügel über der Stadt. Entstanden 1771 ist die Anlage heute UNESCO zum Weltkulturerbe.

Diamantina

Zum kolonialen Erbe von Minas Gerais zählt das sehr gut erhaltene und hübsche Diamantina. Die Stadt hat 47.500 Einwohner, liegt 285 km nördlich von Belo Horizonte auf 1262 Meter Höhe in einer zerklüfteten Hügellandschaft und ist seit 1999 UNESCO-Welterbestätte. Sie entwickelte sich aus dem 1729 entstandenen *Arraial do Tijuco,* als die portugiesische Krone nach den Diamantenfunden im Jahr 1728 versuchte, mit der Installierung eines Verwaltungssitzes die Ausbeutung der umliegenden Diamantenminen unter Aufsicht zu stellen. Schwerbewaffnete Dragoner transportierten einmal im Jahr die Diamanten nach Ouro Preto.

Mit dem Reichtum der Stadt durch die Diamanten entstanden im 18. Jh. eindrucksvolle Häuser und Kirchen. Alle historischen Gebäude liegen in Gehweite beieinander. Sehenswert sind u.a.:

• **Museu Casa do Diamante (1749),** Rua Direita 14, mit Münzsammlung, Porzellan, Kolonialmöbel und Sklaven-Folterinstrumente. Di–Sa 12–17.30 Uhr, So 9–12 Uhr, Eintritt.

• Das bescheidene Wohnhaus des ehemaligen brasilianischen Präsidenten Kubitschek (1902–1976), **Museu de Juscelino Kubitschek,** Rua São Francisco 241. Di–Sa 8–17 Uhr, So 8–13 Uhr, Eintritt.

- **Casa de Chica da Silva,** das Stadthaus der *Francisca (Chica) da Silva,* ehemalige Sklavin und spätere Geliebte des portugiesischen Statthalters João Fernandes, Praça Lobo Mesquita 266, Di–Sa 12–17.30 Uhr, So 8–12 Uhr.
- **Casa da Glória:** Zwei Stadthäuser in der Rua da Glória 297/298, deren Obergeschosse durch einen die Straße überspannenden Verbindungstrakt miteinander verbunden sind, 8–18 Uhr, Eintritt.
- Die prunkvolle **Igreja N.S. do Carmo** in der Rua do Carmo, erbaut 1760–1784, ist bekannt als „Chicas Kirche". Wegen ihrer Goldaus-schmückung, dem Tonnengewölbe und den Seitenaltären von Aleijadinho gilt sie als die schönste Kirche Diamantinas (Di–Sa 8–12 u. 14–18 Uhr, So 9–12 Uhr).
- Die älteste Kirche des Orts ist die **Igreja N.S. do Rosário dos Pretos,** 1728 im typischen Tropenbarock und mit viel Sklavenschweiß er-baut, Di–Sa 8–12 u. 14–18 Uhr, So 8–12 Uhr.

Adressen & Service Diamantina

Information　• *Informações Turísticas,* Praça Mons. Neves 44, Tel. 3531-2972, www.cidadeshistoricas.art.br/diamantina
• *Casa da Cultura,* Praça Antônio Eulálio 33, Tel. 3531-1636, Mo–Fr 8–18 Uhr, Sa 9–11 u. 13–17 Uhr, So 8–12 Uhr
Websites: www.diamantina.mg.gov.br • **Vorwahl** (038)

Unterkunft　• **Pousada da Seresta** (ECO), Rua Jogo da Bola 415, Tel. 3531-2368. 32 Zi./AC, Pool, Pp. DZ/F 135–150 R$, gPLV, alle Kk. TIPP! – **Tijuco** (FAM), Rua Macau do Meio 211, Tel. 3531-1022, www.hoteltijuco.com.br. Niemeyer-Bau in Hanglage, 27 Zi., Pp. DZ/F ab 150 R$.
• **Pousada do Garimpo** (FAM), Av. da Saudade 265, Centro, Tel. 3532-1040, www.pousadadogarimpo.com.br. Charmante Pousada, 58 Zi., Pp, Pool, Restaurant. DZ/F 210–285 R$, gPLV, TIPP!

Essen & Trinken　• *Cantina do Marinho,* Rua Direita 113, Mo–Sa 10–15 u. 18–22 Uhr, sonntags nur bis 15 Uhr. Abwechslungsreiche Speisekarte.
• *Capistrana,* Rua Campos Carvalho 4, Di–So 11–23 Uhr. Regionalküche.
• *Caipirão,* Rua Campos Carvalho 15, Mo–Sa 11–24 Uhr, So 11–15. Regionale Gerichte bis 30 R$.
• *Grupiara,* Rua Campos Carvalho 12 A, Di–So 11–24 Uhr. Regionalküche, emp-fehlenswert.
• *La Dolce Vita,* Rua da Caridade 147. Trattoria mit Atmosphäre, Pasta in ori-ginellen Variationen.

Fest　50 Tage nach Ostern: *Festa do Divino,* religiöse Festlichkeiten mit Umzügen.

Selbstfahrer　Von Belo Horizonte nach Diamantina: über die BR 040 114 km Richtung Brasília bis zur Abzweigung in die BR 135. Auf dieser 50 km bis Curvelo, von dort 128 km über die BR 259 nach Diamantina.

Bus　*Rodoviária,* Largo Dom João. Busse nach Belo Horizonte (297 km, Fz 5 h) und Curvelo (128 km, Fz 2 h).

Bahia – die Wiege Brasiliens

Bahia, etwa so groß wie Frankreich, ist der größte Bundesstaat im Nordosten Brasiliens und zählt knapp 13 Millionen *Baianos*. Bahia ist bekannt für seine endlosen und schönsten Badstrände und für seine zentrale geschichtliche Rolle: hier setze der Entdecker *Pedro Alvares Cabral* 1500 seinen Fuß auf brasilianischen Boden, und an Bahias Küsten landeten die portugiesischen Schiffe die Sklaven Afrikas an. Nirgendwo in Brasilien leben so viele Afrobrasilianer wie in Bahia und besonders in der pulsierenden größten Stadt des Landes Salvador. Im steppenartigen Landesinnern bietet der Nationalpark Chapada Diamantina grandiose Landschaftsszenerien und Wandermöglich-keiten. Das Klima ist an der Küste tropisch-feucht, im Landesinnern trocken-heiß. Die beste Reisezeit ist von Oktober bis Februar.

Die Kakaoküste im Süden Bahias
(von Süden hoch in Richtung Salvador)

Porto Seguro

In Porto Seguro soll *Pedro Alvares Cabral*, der Entdecker Brasiliens, am 22. April 1500 seinen Fuß auf brasilianischen Boden gesetzt haben. Heute ist der „Sichere Hafen" auf rund 130.000 Einwohnern angewachsen und ist eine Touristenhochburg mit jährlich bis zu einer Million Besuchern, die mit dem Flugzeug aus ganz Brasilien einschweben. Wer Rummel und Geselligkeit liebt, kann sich in das Nachtleben in der *Passarela do Álcool* stürzen, wer es beschaulicher mag, sollte in die südlicher gelegenen Orte Arraial d'Ajuda und Trancoso ausweichen.

Porto Seguro,
am Kai

Cidade Alta   Den *Palácio do Auditor* (Palast des Auditors) ließ José Xavier de Machado im Jahr 1535 errichten. Die ältesten und bedeutendsten Kirchen der Stadt sind die Ruinen der *Igreja São Francisco de Assis* (1503), die *Igreja Senhor dos Passos* (Igreja da Misericórdia) aus dem Jahr 1526 und die *Igreja Nossa Senhora da Pena* aus dem Jahr 1535. In letzterer ziert den Altar ein Porträt von *São Francisco de Assis* aus dem Jahr 1503. Auch die Reste des *Colégio Jesuíta*, einer 1534 errichteten Jesuitenschule, lohnen einen Besuch.

Strände   Die insgesamt 90 Kilometer Strände um Porto Seguro, an denen sich viele Kokospalmen und geschützte Naturschwimmbecken finden, gehören zu den schönsten Bahias, wie etwa der im Norden der Stadt gelegene Strand *Praia Curuípe* (3 km), *Praia Itacimirim* (4 km), *Praia Mundaí* (6 km), *Praia Taperapuã* (7 km), *Praia Rio dos Mangues* (9 km), *Praia Ponta Grande* (12 km, starke Brandung) sowie *Praia Ponta do Mutá* (15 km).

Sand, Sonne und Entspannung pur an den kilometerlangen Stränden um Porto Seguro

Arraial d'Ajuda   Der etwa sechs Kilometer südlich von Porto Seguro befindliche Wallfahrtsort *Arraial d'Ajuda* kann mit der Fähre über den Rio Buranhém erreicht werden. In den 1970er Jahren ein Eldorado für Hippies und Aussteiger, ist Arraial heute ein bevorzugtes Ziel für jüngere Reisende, die exzellente Strände und ein ausgiebiges Nachtleben schätzen. Beim *Arraial d´Ajuda Eco Parque*, einem der größten Freizeitbäder Brasiliens, beginnen die schönsten Strände. Empfehlenswert sind *Praia Arraial d'Ajuda* und *Praia Pitinga*. Weiter südlich werden die Strände fast menschenleer, deshalb sollten bei Strandwanderungen Trinkwasser und Verpflegung mitgeführt werden.

Trancoso   Von Arraial d'Ajuda lohnt auch ein Ausflug zur zwanzig Kilometer südlicheren Ortschaft **Trancoso** mit touristisch gehobenerer Infrastruktur. Man kann dazu einen Bus, die Fähre oder einen Buggy nehmen (Anmietung ab 30 €/Tag).

Adressen & Service Porto Seguro

Information   *Secretaria de Turismo,* Av. Portugal 30, Passarela do Descobrimento, Mo–Fr 8–12 u. 14–18 Uhr, Tel. 3268-2330. Stadtbus 2,25 R$.
Vorwahl: (073)
Websites: www.portosegurotur.com (auch für Arraial d'Ajuda und Trancoso) und www.portonet.com.br

Unterkunft   Hotels und Pousadas können über die *Central de Reservas de Hotéis,* Tel. 3288-1428 und 3288-2707, rund um die Uhr gebucht bzw. reserviert werden.
• **Estalagem Porto Seguro** (ECO), Rua Mal. Deodoro 66, Tel. 3288-2095, www.hotelestalagem.com.br. Gefällige Pousada, historisches Kolonialgebäude (1810), 23 einfache Zi./AC mit Charme, Pool. DZ/F 180 R$. TIPP!
• **Hotel Pousada Hamburgo** (FAM), Rua do Golfo 124, Centro, Tel. 3288-2881, www.hotelpousadahamburgo.com.br Zentral gelegen, 21 Zi./AC, Pool, Pp. DZ/F ab 145 R$, MC/VISA.
• **Quinta do Sol Praia** (FAM), Beira-Mar, KM 2,5, Praia do Curuípe, Tel. 3268-8500, www.quintadosol.com.br. Charmantes Hotel, 51 Zi., davon viele mit Meerblick, Pools (Hydromassage), Restaurant. DZ/F 240–260 R$.
• **Vela Branca Resort** (LUX), Rua Dr. Antônio Ricaldi 177, Cidade Histórica, Tel. 3288-2318, www.velabranca.com.br. Ruhige Parklage in Altstadtnähe, Panoramablick, 124 Zi./AC, Pools, RoSt, Restaurant. DZ/F 250 R$.

Essen & Trinken   Einige sympathische Restaurants liegen entlang der Avenidas dos Navegantes und Getúlio Vargas sowie im Beco („Gässchen") am südlichen Ende der Av. Portugal.
• *Baiada,* Rua 13 de Maio 100. Spezialisiert auf Caranguejos (Krebse), preiswert.
• *Preto Velho,* Praça da Bandeira 22. Gemütliches Restaurant für Fisch und Meeresfrüchte, Spezialität *Lagosta na Manteiga,* ab 21 Uhr Livemusik.
• *Vanda,* Rua Mal. Deodoro 100, Centro, 12–22 Uhr. Moquecas, Camarão, Lagosta, Polvo ... und mehr.
• *Portinha,* Rua Saldanha Marinho 33, Centro, 12–17 u. 19–22 Uhr. Sehr preiswert, auch Büffetessen.
• *O Verdedeiro Tanaka,* Praça Pataxós 72, in der Nähe der Fähre. Fisch, Meeresfrüchte, Fleisch- und Nudelgerichte.
• Gute Alternative: *Tanaka Axé,* Rua Augusto Borges 54. Bescheiden, doch lecker und preiswert.
Hinweise: Die meisten Restaurants in Arraial d'Ajuda öffnen erst ab 14 Uhr oder nur abends. Im Mai und Juni gibt es durch das Fangverbot keine frischen Krabben *(camarão).*

Unter-haltung   Die *Passarela do Álcool* („Alkohl-Gässchen") am südlichen Ende der Av. Portugal verwandelt sich in der Abenddämmerung in eine beliebte Schwofpiste. Dort ist der Gassenname Programm. Probieren Sie eine *Capeta,* ein Mixgetränk aus Honig, Guanápulver, Zimt, Wodka und Kondensmilch, das an der *Barraca do Marcelinho* (Ecke Augusto Borges) und in der *Cachaçaria Colônia Brasil* verkauft wird.

Fans von **Livemusik** (Axé, Forró) und **Tanz** (Lambada, Forró) kommen in den Nachtclubs und *Barracas* an den Stränden nördlich von Porto Seguro auf ihre Kosten. Die bekanntesten Barracas sind *Barra Point* (3,5 km von Porto Seguro, Lambada und Axé am Sa), *Tôa Tôa* (5 km, *Noite da Baracuda* am So), *Axé Moi* (6,5 km, *Luau* meist am Mo, *Noite de Siri* freitags).

**Tour-
anbieter**
Pataxó Turismo, Shopping Rio Mar, Loja 3, Passarela do Álcool, Tel. 3288-1256, Handy 9979-5597, www.pataxoturismo.com.br. Schonerfahrten, Tauchen, Exkursionen nach Coroa Alta, Trancoso, Corumbai, Monte Pascoal, Reserva Patoxcó da Aldeia Velha u.a., sehr zuverlässig, international ausgezeichnet.

Bootstouren
• *Taípe,* Av. 22 de Abril 245, Centro, Tel. 3288-1127, www.taipeturismo.com.br. Bootstouren zum **Parque Marinho do Recife de Fora.**
• *Luanda Turismo,* Av. 22 de Abril 182, Centro, Tel. 3268-3723, www.eutoai .com/luanda. Bootstouren u.a. zum **Parque Marinho do Recife de Fora.**

**Hub-
schrauber**
Um die Schönheit der Küste zu erleben lohnen Hubschrauberflüge zu den nördlichen Stränden Taperapuã, Ponta Grande und Mutá oder zu den Südständen um Arraial und Mundaí. Abflüge ab dem Heliponto, Av. Beira-Mar, Praia de Taperapuã (Barraca Tôa-Tôa), Tel. 9141-4824. Flugzeit und -preis von der Flugstrecke abhängig.

Kunstwerk
• *André Paulo,* Praça do Pataxós. Masken aus Kokosnüssen
• *Baíndia,* Shopping Avenida. Kleidung und *badulaques* (eine Art Gesichts-creme der Ureinwohner)

Arraial-Top
Unter dem Namen *Arraial-Top* haben sich die besten Pousadas in Arraial d'Ajuda zusammengeschlossen. Sie liegen in einer tropischen Gartenanlage, garantieren Standard und Service und verfügen alle über kleine Swimming-pools. Arraial-Top Viagens e Turismo, Rua do Mucugê 250, Tel. 3875-1224, www.arraial-dajuda.com.br.

Meerespark Marinho de Abrolhos

Der Abrolhos-Archipel, rund 200 km südöstlich von Port Seguro, wurde 1983 zum Meeres-Nationalpark erklärt. Der Archipel umfasst fünf Inseln vulkanischen Ursprungs, von denen nur die größte, die *Ilha Santa*

Fluke hoch – Buckelwale mit ihren großen Schwanz-flossen (bis zu 2–3 m Spannweite) stehen unter Artenschutz

Bárbara, bewohnt ist nicht zum Nationalpark zählt. Auf den Inseln im Nationalpark nisten und brüten zahlreiche Vogelarten, ausgedehnte, schöne Korallenbänke laden zum Schorcheln und Tauchen ein. Hauptattraktion sind jedoch die Buckelwale *(Baleia jubarte),* die im Gebiet des Archipels ihre Jungen gebären und sich von Juli bis November hier aufhalten. Ihre Population wird auf 1000 Exemplare geschätzt, von weltweit etwa noch 25.000. Zum Schutz der Giganten dürfen pro Tag nur 15 Boote den Meerespark befahren. Die Wassertemperatur beträgt um 24 Grad C, die Unterwassersicht um 20 Meter.

Infos

Information www.baleiajubarte.org.br und www.costadasbaleiasabrolhos.com.br/portal

Touren Mit Schonern der ICMBio werden von Caravelas aus, etwa 50 km südlich von Porto Seguro, ein- bis dreitägige Touren angeboten, Mehrtagespakete inkludieren VP und Übernachtung an Bord. Paketpreis für Tagesausflug 270 R$/Pers. zzgl. 10% IBAMA-Steuer. Hinfahrt 7 Uhr, Rück 17 Uhr, Fahrzeit 3–4 h pro Strecke (70 km). Mit Schnellbooten, *lanchas,* sind ebenfalls Tagesausflüge in den Archipel möglich, Fahrzeit 2,5–3 h pro Strecke, Mindestteilnehmerzahl, inkl. Esspaket.

Tauchen Wer tauchen möchte, kann eine komplette Taucherausrüstung mieten, Crash-Tauchkurs 150 R$. Schnorchler erhalten eine Ausrüstung inkl. Neoprenanzug für ca. 10 €.

Anbieter *Farol Abrolhos Viagens e Turismo,* Tel. (073) 3297-1173, Catamarã Horizonte Alberto, Tel. 3297-1474, und *Abrolhos Turismo,* Tel. (073) 3297-1149, www.abrolhos.net, beide in Caravelas.

3

Ilhéus

Etwa 210 km nördlich von Porto Seguro liegt Ilhéus (204.000 Ew.), früher die Kakaometropole Brasiliens. Viele Plantagen sind längst eingegangen, doch die Spuren des Kakaobooms sind noch präsent. Sehenswert ist die *Catedral de São Sebastião* (1931–1967) an der Praça Dom Eduardo und die am gleichen Platz gelegene *Bar Vesúvio,* die Kulisse für *Jorge Amados* berühmten Roman „Gabriela wie Zimt und Nelken" (s.S. 67). Das Haus in dem er aufwuchs ist heute *die Casa de Cultura Jorge Amado,* Rua Jorge Amado 21, Mo–Fr 9–12 u. 14–18 Uhr, Sa 9–13 Uhr, Eintritt.

Empfehlenswert sind die Strände im Süden der Stadt, wie die *Praia do Pontal* (4 km, Leuchtturm, Mietboote), *Praia do Sul* (5 km) oder *Praia Cururupe* (10 km, Mietboote). Ein schöner Tagesausflug in die Umgebung ist der Besuch einer Kakaoplantage einer Fazenda mit Verkostung verschiedener Kakaoprodukte (Preis ca. 20 R$), z.B. *Fazenda Primavera* (1816) an der Strecke Richtung Itabuna (ca. 20 km). Zu Pferde oder mit der Karrosse kann die Plantage entdeckt werden. Infos, Anmeldung und Tagesaufenthalt Tel. (073) 3613-7817 und 3231-3996, fazprimavera@uol.com.

Adressen & Service Ilhéus

Information Secretária de Turismo, Praça JJ Seabra s/n, Tel. 2101-5500,
www.ilheus.ba.gov.br
Vorwahl: (073)
Websites: www.costadocacau.com.br · www.brasilheus.com. br

Flug Aeroporto de Ilhéus, Rua Brig. Eduardo Gomes Pontal, etwa 3,5 km vom
Zentrum. Mehrere Anbieter auf dem Flughafen, wie Interlocadora, Localiza
und Unidas.

Unterkunft • Praia do Sol (FAM), Rodovia Ilhéus-Canavieiras, Praia do Sol, Tel. 3234-7000,
www.praiadosol.com.br. Schöngelegenes Strandhotel, 102 Zi., Pool, Restaurant. DZ/F ab 120 €.
• Jardim Atlântico (LUX), Rodovia Ilhéus-Canavieiras, KM 2, Praia do Sul, Tel.
3632-4711, www.resortjardimatlantico.com.br. Schöne Hotelanlage unmit-
telbar am Strand mit 55 Zi., einladender Pool im Palmengarten, exzellentes
Restaurant. DZ/F 280–345 R$.

Ilha de Comandatuba

Das Strandhotel Transamérica Ilha de Comandatuba, 75 km südlich von Ilhéus,
auf der nur 600 Meter breiten Ilha de Comandatuba (5 Bootsminuten vom
Festland) gelegen, zählt zu den exklusivsten Hotels der Welt. Das Luxusresort
inmitten von Kokospalmen verfügt über eine eigene Landepiste (40 Flugminu-
ten südlich von Salvador), über mehrere Pools und Restaurants, Kinderspielplatz
und einen 18-Loch-Golfplatz. Eine der besten Hotelanlagen Brasiliens. Transamérica Ilha de Comandatuba, Praia de Comandatuba, Ilha de Comandatuba,
Tel. (073) 3686-1122, Fax 3686-1477, Res. 0800-12-6060, www.transamerica.com
.br. 245 Zi., 118 Chalés, DZ/HP 420 R$ oder Chalé/VP ab 350 €. Weitere Infos auf
www.comandatuba.com.br.

Essen & Bar Vesúvio, Praça Dom Eduardo 190, 11–24 Uhr. Arabische Küche, stark von
Trinken Touristen frequentiert, da sich Jorge Amado hier für seine Romane inspirieren
ließ.

Itacaré

Das ehemalige Fischerdorf Itacaré, siebzig Kilometer nördlich von
Ilhéus, bietet neben zahlreichen Touristenunterkünften und einfachen
Pousadas auch Resorts der Spitzenklasse. Wegen seiner starken
Brandungswellen wird Itacaré als das „Hawaii Brasiliens" bezeichnet,
die umliegenden Strände zählen zu den besten Surfrevieren Brasiliens.
Allgemein frönt man einen entspannten Lebensstil. Itacaré und Ilhéus
sind durch die Estrada Parque miteinander verbunden, entlang ur-
sprünglicher Strände und durch intakten Küstenregenwald führt.

Itacarés wichtigster stadtnaher Strand heißt Praia da Concha, die
Surfstrände weiter im Süden sind mit dem Auto oder zu Fuß erreichbar. Die in einer Bucht gelegene Praia do Resende lockt bei Ebbe mit

Meeresschwimmbecken. An der *Praia da Tiririca* werden regelmäßig Surfmeisterschaften durchgeführt. Die *Praia São José* liegt inmitten eines Naturschutzgebiets, überrascht mit einem herrlichen Strand mit weißem Sand, vielen Palmen und starkem Wellengang. Dort befinden sich das luxuriöse *Itacaré Eco Resort-Hote*l sowie ein Öko-Park, in dem man die Fauna und Flora der Mata Atlântica erkunden kann. Die *Praia de Itacarezinho* (15 km) ist über drei Kilometer lang, in ihrer Nähe liegt das paradiesisch schöne *Txai Resort,* www.txairesort.com.br.

Adressen & Service Itacaré

Information **Websites:** www.itacare.com.br
Vorwahl: (073)

Unterkunft • *Aldeia do Mar* (LUX), Lot. Conchas do Mar, Praia da Concha, Tel. 3251-2230, www.aldeiadomar.tur.br. Schöne, ruhige Strandlage mit 12 Chalés und 16 Zi./AC, Pool, RoSt, Restaurant. DZ/F ca. 145 €, Chalés teurer.
• *Itacaré Eco Resort,* Rod. Ilhéus–Itacaré, Km 64, Cond. Villas de Sã José, Tel. 3251-2151, Res. 3251-3133, www.ier.com.br. Eingerahmt vom Regenwald liegt der idyllische Resort etwa 1 km außerhalb von Itacaré und etwa 100 Meter vom Strand entfernt. 49 angenehme Zi./AC, Mineralquelle, Pool, Freizeitangebote, Restaurant. HP/DZ ab 290 €.

Essen & Trinken • *O Restaurante,* Rua Pedro Longo 150, Pituba, Centro, 11–24 Uhr. Traditionelle bahianische Küche, 140 Gerichte stehen zur Auswahl, Preisspanne 25–75 R$. – *A Brasileira,* Nr. 175, 17–24 Uhr, gleichfalls gut.
• *Filhos de Zumbi,* Rodas (Aufführungen) und offene Kurse für Besucher, Kontakt über *Zebra,* Tel. 3251-2267, zebra@itacare.com.

Capoeira • *Pousada Ilha Verde,* Tel. 3251-2056, ilhaverdeita@uol.com.br. Mehrtägige Capoeira-Kurse mit Rahmenprogramm und Unterbringung.

Surfen *Associação de Surfe de Itacaré,* Praia da Tiririca, Tel. 3251-2194, http://surf.itacare.com. *Easy Drop,* www.easydrop.com, Surfkurse ca. 200 R$/Tag.

Tour-anbieter *Itacaré Ecoturismo,* Rua Lodônio Almeida 117, Centro, Tel. 3251-3666, www.itacare.com/itacare/ecotrip. Rafting auf dem Rio de Contas (Kat. III/IV), Rapel am Wasserfall Cachoeira da Noré (18 Meter).

Strandidylle

Salvador da Bahia

Salvador, die Hauptstadt des Bundesstaates Bahia, wurde von den
Portugiesen am 29. März 1549 am Ufer der *Baía de Todos os Santos*
(Allerheiligenbucht) gegründet und war bis 1763 die erste Haupt-
stadt der Kolonie. Schon 1550 wurden hier erstmals westafrikanische
Sklaven an Land gebracht. Ihre Nachkommen prägen Salvador noch
heute und machen sie zur kulturell lebendigsten Stadt Brasiliens.

**Festungs-
anlagen**

Um die Stadt verteidigen zu können, errichteten die Portugiesen eine
Reihe von Festungsanlagen. Dennoch gelang es den Niederländern
1624, sich für ein Jahr lang festzusetzen. Im 18. Jahrhundert zählte
Salvador bereits 600.000 Einwohner und wurde durch 14 mächtige
Festungsanlagen geschützt. Heute zählt die drittgrößte Stadt des
Landes mehr als 3,2 Millionen Einwohner und bietet Besuchern im
kolonial geprägten Altstadtkern renovierte Kirchen und Stadtpaläste,
pulsierendes Straßenleben, viele Strände, kulinarische Genüsse und
vor allem faszinierende Einblicke in die afrobrasilianische Kultur.

Salvador teilt sich in die Oberstadt **Cidade Alta** und die Unterstadt
Cidade Baixa, die dem Meer abgerungen wurde. Fast alle Attraktionen
liegen in der Oberstadt, auch das berühmte Viertel **Pelourinho.** Ober-
und Unterstadt sind über Treppen und steile Rampen *(ladeiras)*, die
Standseilbahn *Plano Inclinado do Gonçalves* und durch den mächtigen
Personenaufzug *Elevador Lacerda* miteinander verbunden.

Pelourinho Seit seiner gelungenen Restaurierung 1992–1995 ist der Pelourinho ("Pranger"), auch *Pelo* genannt, das sicherste und populärste Ausgehviertel der Stadt. Schwer zu glauben, dass sich hier früher ein innerstädtisches Getto befand, im dem Armutsprostitution und Kriminalität den Alltag bestimmten und die architektonischen Schätze dem Tropenklima zum Opfer fielen. Nahezu 800 Bauwerke und rund 20 Straßenzüge wurden aufwendig renoviert. Glücklicherweise ist der Pelo dabei alles andere als ein steriles Freilichtmuseum geworden, sondern ein lebendiges Stück Brasilien. Afrobrasilianische Trommelgruppen, die durch die Straßen ziehen, gehören hier genauso zum Alltag wie volkstümliche Straßenkneipen und Freiluftkonzerte. Kernstück ist der längliche Platz *Largo do Pelourinho*.

Stadtrundgang

Ausgangspunkt einer Besichtigung der Oberstadt ist die **Praça Tomé de Souza,** der Rathaus- und ehemalige Marktplatz.

Praça Tomé de Souza Der Personenaufzug *Elevador Lacerda* wurde bereits 1869–1873 erbaut und mit einer Dampfmaschine betrieben, der 1930 durch einen Elektroantrieb ersetzt wurde. Während der täglichen Betriebszeit von 6–23 Uhr fährt man für wenige Centavos in Sekunden hoch zur 72 Meter höher gelegenen Oberstadt. Man betritt den Platz, wendet sich nach links und hat dann einen Panoramablick auf den alten Hafen, den *Mercado Modelo* und auf die kleine Seefestung *São Marcelo*.

Die Praça Tomé de Souza mit dem Denkmal des Stadtgründers rahmen öffentliche Gebäude ein. Dominierend ist der kuppelgekrönte **Palácio Rio Branco.** Der Bau von 1549 wurde im späten 17. Jahrhundert und in den Jahren 1919 und 2010 vollständig renoviert.

3

Palácio Rio Branco

SALVADOR
– CENTRO HISTÓRICO
PELOURINHO –

© RKH Verlag Hermann

0 — 100 m

Baía de Todos os Santos

Forte de Monte Serrat (8 km) /
Igreja do Bonfim (10 km) /
Feira de São Joaquim /
Mercado Popular /
Museu do Cacau
Fährableger zur
Ilha de Itaparica
(3 km)

Busse
zum
Buster-
minal

Schiffsanlegstellen / Docks

Praça da Inglaterra

COMERCIO
(UNTERSTADT /
CIDADE
BAIXA)

Av. da França
Av. da França
Rua da Polonia
Holanda
Rua da Argentina

Rua Pinto Martins
Rua da Grécia
Av. Estados Unidos
Rua C. Dantas
Curves
Saraiva
Algibedes
Guindaste
dos Padres

Mit dem Schoner »Mar Grande«
zur Insel Itaparica (ca. 18 km)

Fähr-Schiffsverbindungen
Catamarã / Lancha
Morro de São Paulo

Terminal
do Centro Náutico

zur Hafenfestung
Forte São Marcelo
(ca. 300 m)

Rua M. Calmon
Rua São João
Rua Portugal
Rua Santos Dumont
Rua do Corpo Santo

Zugang

Rest. Maria de São Pedro
Zugang
Rest. Camafeu de Oxóssi

Mercado Modelo

Zugang
Praça Vis-
conde de Cairu

Busse z. Busterminal

alter
Hafen

Capitania dos
Portos

Brunnenplastik

Elevador
Lacerda
(Aufzug)

Ladeira da Misericórdia
Palácio
Arquiepiscopal
Cruz Caída
Belvedere
Dom
Pedro

Igreja
Misericórdia

Ladeira da Montanha

Aussichts-
punkte
Palácio
Thomé
de Souza

Praça
Thomé
de Souza

Rua da Misericórdia
Rua J.
Gonçalves
Rua 28 de Setembro

Av. das Naus
Av. L. Coutinho
Conçeião da Praia
Busse n.
São Joaquim

Busse
Start Rundgang

CD.
ALTA /
OBERSTADT

Solar do Unhão /
Praia da Barra und
Strandhotels 11 – 16
Flughafen

Igreja N.S. do
Conçeição
da Praia

z. Hotel   u. Busse
z. Flughafen

Palácio
Rio Branco

Paço
Municipal

Vitorino Costa
M. Costa
Praça C. Alves
Leão Par da
Bandeira Virgilio
Chile
Chapeu

Stadtbus-Terminal

⬆ Hotels

1 Hotel Pelourinho
2 Hotel Arthemis
3 Albergue das Estrelas
4 B&B Laranjeiras Hostel
außerhalb der Karte:
5 Nega Maluca Guesthouse
6 Pousada Vila do Carmo
7 Pousada do Boqueirão
8 Pousada das Flores
9 Hotel Bahia do Sol
10 Pous. Barroco na Bahia
11 Pous. Estrela do Mar
12 Pousada Eckerlino
13 Grande Hotel da Barra
14 Salvador Praia
15 Bahia Othon Palace
16 Catussaba Resort

Hotels Nr. 5 6 7 8   u. Largo Sto. Antônio

Rua do Carmo

Convento do Carmo (Hotel)

Largo do Carmo

Igreja do Santíssimo Sacramento da Rua do Passo

Igreja Nossa Senhora do Carmo

Irgreja da Ordem Terceiro do Carmo

z. Túnel América Simas

Praça Riachuelo

Albuquerque

Gonçalves

Cabral

Lafaiete

Ladeira do Tuboão

Camino Novo do Tuboão

Rua Ribeiro dos Santos (do Passo)

Ladeira do Carmo

Rua das Flores

Queiroz

R. Rib. dos Santos (do Passo)

Rua do Tuboão

N.S. do Rosário dos Pretos

Senac

Rua J.J. Seabra (Baixa dos Sapateiros)

Largo do Pelourinho

Museu das Portas do Carmo

Plano Inclinado Gonçalves **(Rampen-Seilbahn)**

P E L O U R I N H O

Fundação de Casa de Jorge Amado

Museu da Cidade

Filhos de Gandhy

Teatro M. Santana

Leovig. Carvalho

Antiga Faculdade de Medicina

Rua Alfredo Brito

Catedral Basílica

Museu Afro-Brasileiro

Museu E. Teixeira Leal

Rua Inácio Aciole

Tugang

Largo de Quincas Berro d'Água

R. Casa das Gamboa

Rest. Uauá

Rest. Dona Chika-ká

Solar do Ferrão m. Museu Abelardo Rodrigues

Angelo Verraz

z. Hotel Nr. 10

und Largo Sto. Antônio

Zumbi

Praça da Sé

Terreiro de Jesus

(Praça 15 de Novembro)

Igreja São Pedro dos Clérigos

Rua João de Deus

Gregório de Matos

Museu Temporal

Museu de Azulejaria e Cerâmica Udo Knoff

Largo de Teresa Batista

Rua Barreto

BAHIATURSA

Rua Frei Vicente

Igr. Ordem Terc. São Domingos de Gusmão

Acadêmia Mestre Bimba

Largo de Pedro Arcanjo

Rua do Saldanha

Rua do Bispo

Cruzeiro de São Francisco (Pça Anchieta)

G. de Matos

R. Laranjeiras

Rua 3 de Maio

Rua da Oração

Feira de Artesanato

Touristenpolizei

Kreuz

Terceira (ant. "Acciolli")

Rua da Ordem

Rua Guedes de Brito

Igreja e Convento de São Francisco

Igreja da Ordem 3a de São Francisco

Rua São Francisco

Stadtbus-Terminal / 🅿

Rua J.J. Seabra

🅿

3

Stadtrundfahrt

Für einen schnellen Überblick über Salvador empfiehlt sich die Fahrt mit dem *Salvador Bus*. Dieser Doppeldeckerbus mit Stopps an einigen Sehenswürdigkeiten legt am Mercado Modelo eine anderthalbstündige Pause und am Shopping Salvador eine von 50 Minuten ein. Jederzeit kann an einer Haltestelle ausgestiegen und mit dem nächsten Doppeldecker weitergefahren werden. Rundfahrtdauer Mo–Sa 4 h. *Salvador Bus,* Tel. 3356-6425, www.salvadorbus.com.br, Fp 45 R$, Kinder 7–12 Jahre 30 R$ inkl. Touristen-Stadtplan.

Der Palast mit antikem Mobiliar kann Di–Fr 10–16 Uhr und Sa 9–13 Uhr geführt besichtigt werden, ansonsten zugänglich Di–Fr 10–18 Uhr und Sa/So 9–13 Uhr. Der hässliche verglaste Betonklotz gegen-über heißt **Palácio Tomé de Souza** und ist Sitz der Stadtverwaltung.

Praça da Sé   Über die Rua da Misericórdia gelangt man zur **Praça da Sé.** Am Beginn des Platzes geht es links mit ein paar Schritten zum Aussichtspunkt Belvedere mit Blick auf die Allerheiligenbucht. Die Skulptur des „Gefallenen Kreuzes", *Cruz caída,* erinnert an die 1933 abgerissene Igreja de Sé, die hier einst stand. Links unterhalb des Belvedere steht das kleine Museum **Memorial das Baianas,** das über die Geschichte und die Trachten der Baianas informiert. Das Denkmal vor dem großen *Palácio Arquiepiscopal* erinnert an den er-sten Bischof Brasiliens, *Dom Pedro Fernandes Sardinha,* ein anderes weiter oben am Platz an den afrikanischen Sklavenbefreiungs-Anführer *Zumbi dos Palmares.*

Baianas

Die Kleidung der Baiana-Frauen besteht aus weiten, knöchellan-gen Röcken, spitzenbesetzten Oberteilen und farbigen Schär-pen. Die meist weiße Farbe des Kleides ist ein Erbe der nach Bra-silien verschleppten Afrikaner und geht auf deren religiöse Traditio-nen zurück. Obwohl in den Gassen des Pelourinhos auch einige Baia-nas auf fotohungrige Touristen warten oder diese in Edelsteingeschäfte locken, leben die meisten Baianas vom Verkauf ihrer *Acarajés.* Das ist ein in Palmöl aus-gebackener, reich gewürzter Teig mit Bohnen, Krabben und Zwiebeln.

Terreiro de Jesus Noch vor der Catedral Basílica geht es links zur Rampen- bzw. Standseilbahn in die Unterstadt, nach rechts öffnet sich der große Platz **Terreiro de Jesus.** Drei Kirchen säumen ihn, die zwei kleineren haben jeweils nur einen (Stummel-)Turm, die Basilika zwei. Früher missionierten hier die Jesuiten das einfache Volk, heute bevölkern den Platz Touristen aus aller Welt. Zu jeder Tages- und Nachtzeit herrscht hier reges Treiben: Stände verkaufen Kunsthandwerk, *Baianas acarajés* und abends verwandelt er sich oft in eine Musikarena. Den gepflasterten Mittelbereich ziert typisches Wellendesign, ein paar Königspalmen beschatten den Brunnen *Fonte da Deusa da Abundância*.

Catedral Basílica Die Kathedrale Salvadors wurde von 1656–1672 erbaut. 1701 wurde ihre Fassade mit weißem italienischen Marmor verkleidet. Die Kirche gehörte ursprünglich zu einem Jesuitenkloster. Später wurde sie zum Sitz des Erzbischofs von Brasilien. Im Inneren beeindrucken der goldene Hauptaltar, das Chorgestühl, die wertvollen Heiligenstatuen und die im Barockstil erbaute Sakristei. Mo–Sa 8.30–11.30 u. 13.30–17 Uhr, Eintritt. Messe sonntags 9 und 18 Uhr.

Museu Afro-Brasileiro Im zart lachsfarbenen Gebäude der *Antiga Faculdade de Medicina*, der ehemaligen medizinischen Fakultät aus dem Jahr 1808, ist das kleine **Museu Afro-Brasileiro** untergebracht. Es zeigt Fotos, Kunst- und Kulturgegenstände der Afro-Brasilianer. Sehenswert ist die Sammlung über die Orixás (Gottheiten) des Candomblé. Mo–Fr 9–18 Uhr, Sa 10–17 Uhr, Eintritt.

3

Igreja de São Francisco Auf dem Weg über den Terreiro de Jesus sieht man zwei weitere Kirchen: die Rokoko-Kirche **Igreja São Pedro dos Clérigos** (1709) und die **Igreja da Ordem Terceira de São Domingos** (1731).

Von der Südseite des Platzes erblickt man von der leicht abfallenden *Praça Anchieta* (oder *Largo do Cruzeiro de São Francisco*) die

Prachtvoller Innenraum der Kloster-kirche Igreja de São Francisco

Klosterkirche **Igreja de São Francisco.** Dies ist die prachtvollste Barockkirche des historischen Zentrums. Sie wurde 1587 gegründet, später von den Holländern zerstört und von 1708–1723 wieder aufgebaut. Der Eingang ist rechts der Kirche. Beachten Sie im Kassenraum die Perspektivmalerei an der Decke. Mo–Sa 8–17 Uhr, Di nur bis 14 Uhr, So 13–17 Uhr, Eintritt, das Führungsblatt gibt es auch auf Deutsch. Fotografieren mit Blitz nicht erlaubt.

Man betritt zunächst den Kreuzgang des Klosters, dessen Wände 37 wunderschöne Bildszenen schmücken. Insgesamt sind sie aus 55.000 Azulejos zusammengefügt, gemalt von Bartolomeu Antunes de Jesus 1737 in Portugal. Sie zeigen überwiegend biblische Szenen und Darstellungen zur Moral des menschlichen Lebens nach Horaz (Erklärungen auch auf Deutsch) und über das Leben des Heiligen Franziskus.

Der Innenraum der Kirche quillt über mit vergoldeten, meisterhaften Schnitzereien, Heiligenfiguren und Putten, ein unermesslicher Reichtum an Formen und Figuren. Imposant ist nicht nur der Chor mit vergoldetem Schnitzwerk und die Kanzel, sondern auch die eingewölbte Decke mit prächtiger Kassettendekoration.

Igreja da Ordem Terceira de São Francisco

Gleich links neben der Kirche São Francisco liegt die Kirche des 3. Franziskanerordens mit ihrer kunstvoll gestalteten Sandsteinfassade. Im Vergleich zur Nachbarkirche wirkt ihre Ausgestaltung eher schlicht. Mo–Fr 8–17 Uhr, Eintritt.

Von der Kirche der abschüssigen Rua da Ordem Terceira folgen und nach links in die Rua das Laranjeiras einbiegen. An der nächsten Straßenecke ist rechts eine Touristen-Information. Hier rechts in die *Rua Gregório de Matos* abbiegen.

Rua Gregório de Matos

Nach einigen Schritten geht es links zum **Largo Teresa Batista.** Auf dem Platz mit Kneipen und Restaurants spielt jeden Dienstag ab 20 Uhr die *Grupo Cultural Olodum.*

Trommlergruppe der Escola Olodum

Weiter durch die Rua Gregório de Matos. Man passiert das **Instituto de Artesanato** (Haus Nr. 27) mit bahianischem Kunsthandwerk (8–18 Uhr), das **Museu Tempostal** mit über 45.000 außergewöhnlichen Postkarten (Di–So 12–18 Uhr, Eintritt frei), den großen **Solar do Ferrão** (Nr. 45, geöffnet Di–Fr 10–18 Uhr, Sa/So 13-17 Uhr, Eintritt frei) mit dem **Museu Abelardo Rodrigues** für sakrale Kunst, das **Teatro Miguel Santana** (Nr. 47) und den Sitz der Afoxé-Vereinigung *Filhos de Gandhi* (Nr. 51–53).

Auf dem
Largo do
Pelourinho

Largo do Pelourinho

Auf dem abschüssigen Platz mit seinen pastellfarbenen Gebäuden gab es bis 1888 einen Pranger *(pelourinho)*, an dem Sklaven bei Vergehen öffentlich ausgepeitscht wurden. Oben befindet sich das Haus der Stiftung *Fundação Casa de Jorge Amado* zur Erinnerung an den Schriftsteller Jorge Amado (Mo–Fr 10–18 Uhr, Sa bis 16 Uhr). Einige seiner Romane spielten im Pelourinho. Die Innenwände des Cafés zieren Amados Büchertitel.

Im Nachbargebäude zeigt das Stadtmuseum **Museu da Cidade** Ausstellungen zur afrobrasilianischen Kunst (Mo–Fr 8–17 Uhr, Sa 8–12 Uhr).

Glanzstück am Platz ist die hellblau getünchte **Igreja N.S. do Rosário dos Pretos** im Rokoko-Stil. Sie wurde 1704–1796 von Sklaven und freigelassenen Afrikanern erbaut, da diese die Kirchen der Weißen nicht betreten durften. Die Seitenaltäre der 2011 restaurierten Kirche schmücken Heiligenfiguren mit dunkler Hautfarbe. Mo–So 9–18 Uhr.

Carmo-Kirchen und Kloster

Die **Ladeira do Carmo** steigt als Gasse an und führt hoch zum Largo do Carmo. Zwischen den beiden Kirchen geht es nach rechts (s. Hinweisschild) zu einer lebensgroßen Christusfigur aus Zedernholz in einem verglasten Schrein. Geschaffen hat das Meisterwerk 1730 der ehemalige Sklave Chagas. Hunderte Rubinsplitter symbolisieren dabei das vergossene Blut Christi (9–17.30 Uhr, Eintritt).

3

Den Eckabschluss der mächtigen Klosteranlage **Convento do Carmo,** 1586 vom Karmeliterorden erbaut, bildet die eintürmige Igreja da Ordem Terceira do Carmo. Der größte Teil des Klosterkomplexes dient heute als Luxushotel *Pestana Convento do Carmo.* Durch den Hoteleingang gelangt man auch zum *Museu do Carmo,* das sakrale Objekte aus Gold und Silber zeigt.

Damit ist die Tour beendet, Rückweg zur Praça Tomé de Souza s. Stadtplan.

Cidade Baixa

Sehenswert in der Unterstadt sind *Mercado Modelo,* die *Igreja do Bonfim* und Igreja N.S. da Conceição da Praia. Diese am Largo da Conceição da Praia gelegene Kirche wurde 1549–1765 erbaut und ist vom unteren Ausgang des Elevador Lacerda zu Fuß erreichbar. Sie wurde in Portugal vorgefertigt. Beachtlich sind außer der Marmorfassade auch die aus dem Jahr 1868 stammende Orgel und die Deckengemälde von 1765. Mo 7–12 u. 14–17 Uhr, Di–Fr 7–17 Uhr, Sa/So 7–11.30 Uhr.

Mercado Modelo Im alten Zollhaus ist der Touristenmarkt *Mercado Modelo* untergebracht, ein riesiges Angebot an Folklore- und Kunsthandwerkserzeugnissen in über 250 Ständen. Die zwei Fischrestaurants lohnen einen Besuch am frühen Abend, weil man von den Terrassen einen grandiosen Blick auf den Meeres-Sonnenuntergang hat.

Bonfirm Die Wallfahrtskirche **Igreja do Bonfim** (1745–1772) ist eine der schönsten der rund 170 Kirchen Salvadors. Candomblé-Anhänger

Blick von der Praça Tomé de Souza auf die Unterstadt mit dem Mercado Modelo und dem Elevador Lacerda

assoziieren Bonfim mit der obersten Orixá-Gottheit *Oxalá.* Am zweiten Donnerstag im Januar, beim *Lavagem do Bonfim,* werden die Stufen der barocken Franziskanerkirche von Pilgern gewaschen. An das Gotteshaus angeschlossen ist das *Museu de Ex-Votos do Senhor do Bonfim.* Es zeigt Nachbildungen von Gliedmaßen und Köpfen von Gläubigen, die den Senhor do Bonfim um Heilung baten und sich für Genesungen bedanken. Mo 9–18 Uhr, Di–So 6.30–18 Uhr.

Vor der Bonfim-Kirche werden *fitinhas* verkauft, bunte Stoffarmbänder. Sie tragen die Aufschrift *Lembrança do Senhor do Bonfim da Bahia* (Erinnerung an den Herrn des guten Endes von Bahia) und werden mit drei Knoten am Handgelenk befestigt. Jeder Knoten symbolisiert einen Wunsch, der jedoch erst in Erfüllung geht, wenn die Fitinhas von selbst wieder abfallen.

Museen

• *Museu de Arte Sacra da Bahia,* Rua do Sodre 276, Tel. 3283-5600, Mo–Fr 11.30–17.30 Uhr, Eintritt 5 R$. Das Museum für sakrale Kunst, einst ein Konvent der barfüßigen Karmeliterschwestern von 1667, beherbergt eine bedeutende Sammlung von antiken Statuen aus Holz, Silber und Gold sowie Skulpturen von *Aleijadinho.*

• *Museu de Arte Moderna,* Av. do Contorno, Solar de Unhão, Di–So 13–19 Uhr, Eintritt.

• *Museu Carlos Costa Pinto,* Av. 7 de Setembro 2490, Vitória, Tel. 3336-6081, Mi–Mo 14.30–19 Uhr, Eintritt 3 R$. Das bedeutendste Museum Salvadors mit einer sehenswerten Sammlung von Kolonialmöbeln und Silbergut aus dem 17.–19. Jahrhundert.

• *Museu de Arte da Bahia,* Av. 7 de Setembro 2340, Vitória, Tel. 3117-6902, Di–So 14–19 Uhr. Gemälde, Keramiken, Kolonialmöbel, Goldjuwelen und eine große Porzellansammlung zeigen den opulenten Lebensstil im kolonialen Bahia.

Weitere Sehenswürdigkeiten Salvadors

Dique de Tororó
In dem 110.000 qm großen See nordwestlich des Busterminals wurden Figuren der Orixá-Gottheiten des bahianischen Künstlers *Tati Moreno* installiert. Das Gebiet um den See ist ein beliebtes städtisches Erholungsgebiet.

Parque Metropolitano de Pituaçu
Der Stadtpark in der Nähe der Praia Pituaçu verlockt mit kilometerlangen Wander- und Radwegen und dem Skulpturenpark *Espaço Mário Cravo* des Bildhauers Cravo Neto, www.espacomariocravofmc.blogspot.de.

Festung
Das *Forte de Santo Antônio da Barra* am Farol (Leuchtturm) da Barra, erbaut 1696–1702, ist die älteste Festung der Stadt. Di–So 9–19 Uhr.

Stadtstrände

Vor allem an den Wochenenden sind die Salvadors Stadtstrände beliebte Treffpunkte, wie etwa die *Praia Farol da Barra* am gleichnamigen Leuchtturm. Der Strand liegt bereits innerhalb der Bucht, das Wasser ist deshalb sehr ruhig. Die *Praia Jaguaripe* ist der erste echte Badestrand stadtauswärts Richtung Norden. Noch ein wenig weiter liegt *Praia Piatã*, zum Baden gut geeignet und mit zahlreichen Barracas. Er endet mit einem kleinen Kokospalmenhain. Auch an der *Praia Itapoã*, 23 km vom Zentrum entfernt, gibt es Fischkneipen und Strandbuden.

Capoeira

Capoeira wurde einst von Sklaven aus dem Gebiet des heutigen Angola als Teil ihrer Volkskultur nach Brasilien mitgebracht. Ursprünglich Kampfritual und Kampfkunst, die aber von den Sklavenhaltern nicht geduldet wurde. So begannen die Schwarzen, Capoeira als harmlose Tanzdarbietung zu kaschieren und spielten Musik dazu. Zu einer Aufführung mit akrobatischen und blitzschnellen Dreh- und Luftsprüngen, Duckbewegungen, Scheinfußtritten, Faustschlägen, Überschlägen und Salti treten zwei Kämpfer aus einer Kreisgruppe ins Zentrum und messen ihre Kunst. Getanzt wird zum Klang des *berimbau*, einem Holzbogen mit nur einer Metallsaite und einem Kalabassenresonator. Mit der *baqueta*, einem Holzstab, schlägt der Berimbau-Spieler auf den längeren Saitenabschnitt, den er mit einem *dobrão*, einem Kieselstein oder einer großen Münze, verkürzen kann, um einen höheren Ton zu erzeugen.

Die *Capoeiristas* unterliegen einem Ehrenkodex, der bestimmte Kleidung, charaktervolles Verhalten und Regeln vorschreibt. Reine Angriffs-Capoeiras sind verboten. Das Herz des Capoeira-Sports schlägt in Bahia, aber mittlerweile finden sich in jeder brasilianischen Großstadt Capoeira-Schulen. So entstand ein regelrechter Capoeira-Boom, mit Anhängern und Aktiven in vielen Ländern der Welt.

Capoeira – eine brasilianische
Nationalsportart

Candomblé

Candomblé ist ein Wort aus dem afrikanischen Yoruba und bedeutet „Fest" oder „Gebet". Abgehalten werden sie auf den Candomblé-Kultstätten, den *terreiros*, meist unter Leitung von einer Frau, der *lalorixá* oder *Mãe de Santo* („Mutter des Heiligen"). Wer eine Candomblé-Zeremonie Terreiro besucht, kann beobachten, wie die *orixás,* göttliche Wesen, durch Trommelrhythmen, Tanzschritte und Gesänge herbeigerufen werden. Dabei fallen die Teilnehmer in Trance. Sie geben ihr „Ich" auf, damit die Gottheit von ihnen Besitz ergreifen kann.

Wer eine Zeremonie besuchen möchte, sollte dies mit einer Begleitperson tun (z.B. über die Touristen-Information), denn nur ein Führer kann Besucher sicher in die meist in Armenvierteln gelegenen Terreiros bringen und über Verhaltensregeln und Abläufe informieren. Lange Trommelpassagen, die die Orixás herbeirufen sollen, bestimmen den Ablauf der Zeremonie, die mehrere Stunden dauert. Später betreten weißgekleidet Frauen den Terreiro oder Raum, tanzen langsam, singen in der Yoruba-Sprache und fallen in Trance. Im Terreiro sollten folgende Verhaltensregeln beherzigt werden:

• weiße oder helle Kleidung, keine kurzen Hosen
• nicht rauchen
• nie ohne Rücksprache Filmen oder Fotografieren

Wichtige Orixás
(in Klammer vergleichbare Bedeutung im Katholizismus)

Olorún:	Schöpfergott, er verkörpert die Schöpfungsenergie
Oxalá:	Sohn des Olorún, Gott der Fruchtbarkeit, mächtigster Orixá (Jesus)
Exú:	Götterbote, ambivalent Freund und Feind
Iemanjá:	Meeresgöttin (Jungfrau Maria)
Xangô:	Donner- und Feuergott (Hl. Hieronymus, Petrus)
Oxum:	Flussgöttin, Frau des Xangô (Nossa Senhora das Candeias)
Ogún:	Kriegsgott (Hl. Antonius)
Oxóssi:	Wald- und Jagdgott (Hl. Georg)
Oxumaré:	Göttin des Regenbogens (Hl. Anna)
Lansã:	Wind- und Sturmgöttin (Hl. Barbara)
Ifa:	Gott der Weissagung
Anamburucu:	Regengöttin
Ibêji:	Orixá der Kinder, der Fröhlichkeit und Spaßes (Hl. Kosmas, Hl. Damian)
Ossain:	Gott der Kräuter und Medizin (Hl. Benedikt)
Omolu:	Gott der Leiden und Krankheit (Lazarus)

3

Der größte Straßenkarneval der Welt

Kernstücke bei den Umzügen beim Straßenkarneval von Salvador – dem größten der Welt – sind die *Trio Elétricos,* eine spezielle Erfindung der Karnevalshochburg Salvador. Das sind riesige, umgebaute Monster-Lastwagen, auf denen auf Plattformen hoch oben Musikgruppen die ausgelassenen Teilnehmer und das Publikum mit an den Lastwagen montierten, riesigen Lautsprechern beschallen – mit Tausenden von Wattstärken! Ohrenstöpsel nicht vergessen! Die berühmtesten Bands Bahias und Pop-Superstars machen mit, und die Fans und Gruppen im Strom hinter den schneckenlangsamen Lastwagen, die *Blocos,* kennen jeden Song und singen und tanzen mit. Ein Riesenspektakel. Etwa 40–50 Trio Elétricos sind pro Umzug unterwegs.

Die **Blocos** sind gleichfalls charakteristisch für Salvadors Karnevalsparaden, die Blocos *Afoxé, Afro, Alternativo, Blocos Do Trio, Índios, Infantil, Mascarados, Percussão, Travestidos* und *Trio Independente* vereinen Dutzende Untergruppen, wie z.B. bei den afrobrasilianischen *Ilê Aiyê* („Haus der Schwarzen"), wo nur Dunkelhäutige mitmachen dürfen. Ein anderer, sehr berühmter Block ist *Olodum,* bekanntgeworden durch seinen hartgetrommelten Samba-Reggae. Jeder Bloco zählt bis zu 3000 Mitwirkende, die meist einheitlich gekleidet oder auch nur ganz knapp kostümiert und durch das Tragen einer Schärpe identifizierbar sind. Wer als Gast in einem Bloco mitmachen will, kann sich einen aussuchen und muss dafür bezahlen. Die Preise variieren von 40–250 €.

Salvadors Karneval dauert sechs Tage ab Donnerstag vor Aschermittwoch, und er ist an Buntheit und überschäumender Lebensfreude nicht zu überbieten, auch nicht von Rios Karneval. Ein bis zwei Millionen Menschen verstopfen über 20 Kilometer abgesperrter Straßen, um die etwa 200 Karnevalsgruppen zu feiern. Drei Umzugstrecken – *Circuitos* – gibt es, nämlich *Dodô* (vom Stadtteil Barra nach Ondina), *Batatinha* (Pelourinho) und *Osmar* (Avenida 7 de Setembro und Zentrum). Auf der Praça Castro Alves findet am Mittwochmorgen dann das Finale der Blocos und Trio Elétricos statt.

Alle aktuellen Details und Daten auf www.carnaval.salvador.ba.gov.br

Adressen & Service Salvador

Information Bahiatursa, Palácio Rio Branco, Praça Tomé de Souza, Tel. (071) 3241-4333, www.bahiatursa.ba.gov.br, Mo–Fr 8.30–18 Uhr

Vorwahl: (071)

Websites: www.saltur.salvador.ba.gov.br • www.bahia.com.br

Tour-anbieter
- Organisierte Halb- und Ganztagestouren zu Pauschalpreisen mit Schonern führen in die Inselwelt der Allerheiligenbucht, wie z.B. auf die *Ilha de Maré* oder auf die sehenswerte *Ilha dos Frades.* Diese Tour sowie auch Candomblé-Besuche und Ausflüge ins Umland bieten an: *Toursbahia*, Rua João de Jesus 2, Pelourinho, Tel. 3322-3676, Incoming-Agentur unter schweizerisch-brasilianischer Leitung.
- Geführte Stadtrundfahrten sowie Tagestouren nach Morro de São Paulo, Praia do Forte oder Cachoeira organisiert *Schöne Reise Boa Viagem Turismo,* Praça Anchieta, Pelourinho, Tel. 3321-3182, www.schonereise.com.br. Vernünftige Preise, deutschsprachige Führer.

Einkaufen
- *Mercado Modelo,* Praça Cairú; großes, vielseitiges Angebot an Kunsthandwerk in bester Qualität, handeln lohnt.
- *Mestre Lua,* Rua Frei Vicente 19, Pelourinho, Tel. 3488-3600; *berimbaus* und *atabaques* (Handtrommeln).
- *Tabacaria Rosa do Prado,* Rua Inácio Acciole 5, Pelourinho; Zigarren aus São Felix und Cachoeira.

Ankunft und Weiterreise

Aeroporto Internacional Luís Eduardo Magalhães, Estrada do Coco, 28 km vom Zentrum. Fahrscheine zum Festpreis für die Flughafentaxis gibt es in der Ankunftshalle. Vom Flughafen pendelt ein klimatisierter Bus *(frescão)* entlang der Stadtstrände und durchs Zentrum zur Praça da Sé. Stadtbus 2,50–3 R$.

Fernbusse *Rodoviária,* Av. Antônio Carlos Magalhães 4362, Iguatemi, 8 km vom Zentrum.

Fähre & Schiffe
- *Terminal Marítimo de São Joaquim,* Av. Oscar Pontes 1051, Água dos Meninos, Enseada de São Joaquim, Autofähre *(balsa)* nach Bom Despacho auf der Ilha de Itaparica.
- *Terminal do Centro Náutico*, Av. da França (nordwestlich vom Mercado Modelo), Schoner nach **Mar Grande** (Ilha de Itaparica); Lancha oder Catamarãn nach **Morro de São Paulo.**

Mietwagen Auf dem Flughafen gibt es zahlreiche internationale Autovermieter.
- *Avis,* Av. 7 de Setembro 1796, Vitória, Tel. 3237-0155, Flughafen Tel. 3377-2276
- *Hertz,* Rua Baependi 1, Ondina, Tel. 3245-2577, Flughafen Tel. 3377-4316

Unterkunft

ECO
- **Pousada Estrela do Mar,** Rua Afonso Celso 119, Farol da Barra (Nahe dem Leuchtturm), Tel. 3264-4882, www.estreladomarsalvador.com. Kleine Pousada, 9 Zi./AC, dt. Leitung. DZ 140–200 R$. TIPP!

FAM
- **Pousada Vila do Carmo,** Rua do Carmo 58, Sto. Antônio Além do Carmo (Nähe Pelourinho), Tel. 3241-3924, www.pousadavillacarmo.com.br. Haus mit herrlichem Blick auf die Bucht, 10 Zi., bc/bp. DZ/F ab 125 R$.

- **Barroco na Bahia,** Rua Jogo do Carneiro 75, Saúde, Tel. 9188-3946 u. 3241-6031, www.pousadabarroco.com.br. Sehr gepflegte dt.-spr. Pension in einer Jugendstilvilla, 20 Zi./AC/Vent., Pool, Restaurant. DZ/F ab 165 R$.
- **Eckerlino,** Lotamento Fazenda do Portão, Lote 116, Buraquinho, Laura de Freitas, in Flughafennähe, Tel. 3379-2139, www.pousada-eckerlino.com. Strandnahe Pousadavon Haja & Izabel in großem Garten. DZ/F 50–70 €. TIPP!
- **Bahia do Sol,** Av. 7 de Setembro 2009, Vitória, Tel. 3338-8800, www.bahia-dosol.com.br. 91 Zi./AC, Pp, Restaurant. DZ/F ab 190 R$.
- **Grande Hotel da Barra,** Av. 7 de Setembro 3564, Praia do Porto da Barra, Tel. 2106-8600, www.grandehoteldabarra.com.br. 121 Zi./AC, Pool, Restaurant. DZ/F 230–265 R$.

LUX
- **Salvador Praia,** Av. Oceânica 2338, Praia de Ondina, Tel. 3203-9000, www.salvadorpraiahotel.com.br. Hotel in schöner Lage am Strand, 163 Zi., Pool, Restaurant. DZ/F ab 340 R$.
- **Bahia Othon Palace,** Av. Oceânica 2294, Praia de Ondina, Tel. 2103-7100, Res. 0800-725-0505, www.othon.com.br. Schön gelegenes Hotel in Strandnähe, 278 große Zi., Sauna, Pool, Restaurant. DZ/F 200–360 R$.
- **Catussaba Resort,** Alameda da Praia (Stella Maris), Tel. 3374-8000, www.catussaba.com.br. Großzügig angelegtes Strandresort in toller Lage am Itapuã-Strand, etwa dreißig Kilometer von der Stadtmitte, 259 Zi., behindertengerecht, großer Pool, Sportangebot, Hotel-Pendelbus, Restaurant. DZ/F 260–600 R$.

Essen & Trinken

Bahia-Küche
- *Uauá,* Rua Gregório de Matos 36 (1.Stock), Pelourinho, Di–So 11.30–15 u. 19–23 Uhr. Spezialitäten des Hinterlandes, z.B. *Carne do Sol,* Fr/Sa Livemusik.
- *Dona Chika-ká,* Rua Castro Rabelo 10, Pelourinho, Mo–Sa 18–1 Uhr. *Carne de Sol* (aus eigener Rinderzucht), Meeresfrüchte *(camarão)* und Fisch.
- *Solar do Unhão,* Av. Do Contorno s/n, Mo–Sa 11.30–24 Uhr, So 11–18 Uhr. In der ehemaligen Zuckermühle ist das **Museu de Arte Moderna** und eines der besten Restaurants für bahianische Küche untergebracht. Die sehenswerte Folkloreshow beginnt um 21 Uhr.
- *Yemanjá,* Av. Otávio Mangabeira 4655, Jardim Armação, 11.30–24 Uhr. Mehrfach als bestes Restaurant der bahianischen Küche ausgezeichnet, spezialisiert auf Moquecas, Fisch und Meerestiere.
- *Sorriso da Dadá,* Rua Frei Vincente 5, Pelourinho, 11–24 Uhr. Köstliche Fischgerichte.

Churrascaria *Porcão,* Av. Otávio Mangabeira 7689, Praia do Corsário, 11–24 Uhr. Rodízio.

Afrikanisch *Casa do Benin,* Praça José de Alencar 29, Pelourinho, Mo–Sa 11–23 Uhr, So 11–16 Uhr. Schönes Restaurant mit Innenhof, afrikanische Spezialitäten.

Unterhaltung und Kultur

Salvador ist die Musikhochburg Brasiliens. Afoxé, Axé, Samba-Reggae, Tropicalismo und Caribé dominieren die Live-Konzerte. Wichtigste Inspirationsquelle sind die *Blocos Afros* (Kulturvereine der Afrobrasilianer), die zuweilen mit mehreren tausend Anhängern tanzend und trommelnd durch die Straßen Salvadors ziehen. Bekannte Gruppen sind *Olodum, Timbalada, Banda Mel, Reflexus* oder *Ara Kétu*.

Als Teil des staatlich geförderten Kulturprogramms *Pelourinho Dia & Noite* (Pelourinho bei Tag und Nacht) finden nahezu täglich Konzerte, Open-air-Kino, Folklore-Tänze und andere Veranstaltungen statt. Empfehlenswert sind u.a. die Kneipen und Restaurants am Largo Tereza Batista und um den Largo Quincas Berro D'Água. Am lebhaftesten ist es im Pelourinho dienstagabends. Die aktuellen Kultur- und Unterhaltungsprogramme *Bahia Cultural* und *Pelourinho Dia & Noite* erhalten Sie bei der Touristen-Information. In der Freitagsausgabe der Tageszeitungen *A Tarde* und *Correio da Bahia* finden sich ebenfalls Veranstaltungshinweise.

Kulturelle Höhepunkte
- Die *Terça da Benção* in der Igreja de São Francisco, ist eine kirchliche Zeremonie mit afrikanisch gefärbten Chorgesängen. – *Ensaio do Olodum,* öffentliche Proben am Largo Tereza Batista mit gewaltigem Trommelspektakel.
- Die Strände von *Porto da Barra, Patamares, Ondina, Piatã* und *Rio Vermelho* haben sich zu Ausgehmeilen entwickelt. Insbesondere die Tanzkneipe *Casquinha de Siri* ist abends ein beliebter Treffpunkt. Viele Konzerte und Veranstaltungen bietet auch das Shopping- und Vergnügungscenter *Aeroclube,* in dem sich die Disco *Rock in Rio* und mehrere Kinos befinden.

Strandkneipen – Barracas da Prais
- *Aruba Barraca dos Artistas,* Praia dos Artistas, Praia do Boca do Rio. Eine der traditionellsten Barracas Salvadors, werktags Rockmusik, am Wochenende Axé.
- *Barraca Azul Marinho,* Praia de Stella Maris. Touristische Strandkneipe.
- *Casquinha de Siri*, Praia de Piatã. Livemusik und Tanz.

Kneipen & Botecos
- *Mercado do Peixe,* Largo da Mariquita, Praia do Rio Vermelho. Ess- und Kneipenstände, rund um die Uhr geöffnet
- *Cantina da Lua,* Terreiro de Jesus. Populäre Kneipe, von Touristen frequentiert.
- *O Cravinho,* Terreiro de Jesus 3, Pelourinho, 10–23 Uhr. Treff der Pelô-Bohème, spannende Karte.
- *São Jorge,* Rura Borges dos Reis 16, Rio Vermelho, 12–24 Uhr. Samba-Botequim, eiskaltes Bier.
- *Lupetta,* Rua Alm. Marquês de Leão 161, Barra, Di–Sa 18–24, So 12–18 Uhr. Preiswerte Boteco, Pizza & Pasta.
- *Koisa Nossa,* Trav. Eng. Allioni 1, Mouraria, Mo–Fr 17–1 Uhr, Sa 12–24 Uhr, sonntags bis 19 Uhr, Drinks & Bier.
- *Habeas Copos,* Largo Quincas Berro D'Água, Pelourinho. Angesagte Bierkneipe.
- *Caminho de Casa,* Rua Anísio Teixeira 161, Shopping Boulevard, Itaigara. Kneipe, rund um die Uhr geöffnet.
- *Bar do Reggae,* Praça do Reggae 24–26, Pelourinho, ab 19 Uhr, Eintritt. Junges Publikum, Surf & Reggae.

Discos & Nachtbars
- *Friday,* Rua das Laranjeiras, Pelourinho, Di–Sa ab 18 Uhr. Im Stil eines US-Cafés, Blues, Künstler und Touristen.
- *Moema Batataria,* Rua Alagoinhas 772, Rio Vermelho. Bar, Spiele, Livemusik.
- *Madre,* Av. Octávio Mangabeira 2471, Pituba. Tanzpiste.
- *Kibe & Cia.,* Praça Berro d'Água 50, Pelourinho. Di–Sa ab 18 Uhr, So ab 12 Uhr.
- *Póstudo,* Rua João Gomes 87, Praia do Rio Vermelho, Mo–Sa ab 12 Uhr, Di Jazz (live), Do Blues (live).

• *Aeroclube Plaza Show,* Av. Otávio Magabeira 6000. Großes Einkaufs- und Freizeitzentrum an der Praia Boca do Rio mit *Rock in Rio,* eine der bekanntesten Discos Salvadors.

Capoeira   Die älteste Capoeira-Schule Salvadors ist die *Associação de Capoiera Mestre Bimba,* Rua Francisco Muniz Barreto 1 (oder Rua das Laranjeiras 1), Terreiro de Jesus, Tel. 3322-0639. Rodas (Darbietungen) Di, Fr/Sa 19–21 Uhr, Eintritt. Am Freitagabend tritt *Mestre Lua Rasta* auf dem Terreiro de Jesus öffentlich auf. Infos zu anderen Academias über *Bahiatursa.*

Candomblé   Über Termine von Candomblé-Zeremonien informiert *Bahiatursa* und die *Federação Nacional do Culto Afro-Brasileiro,* Rua Alfredo Brito 39, Pelourinho, Tel. 3481-7167, Mo–Fr 8–11.45 Uhr. Die traditionsreichsten Terreiros sind Ilê Opo Afonjá, Bate-Folha, Gantois und Casa Branca.

Ensaio de   Die Musikproben der Blocos Afros und Afoxés sind ein Fest für Augen und
Blocos   Ohren.

• *Ara Ketu,* Av. Otávio Magabeira 6000, Aeroclube Plaza Show, Praia do Boca do Rio, http://cliquemusic.uol.com.br/artistas/ver/ara-ketu und http://letras .terra.com.br/araketu. Auftritte im Hangar des Aeroclube.

• *Didá Escola de Música,* Auftritt am 2. und 3. Donnerstag im Monat am Largo Tereza Batista, Pelourinho, 21–24 Uhr. Der 1993 gegründete Bloco besteht nur aus Frauen.

• *Filhos de Gandhi,* Rua Gregório de Matos 51–53, Pelourinho. Auftritte im Stadtviertel von Liberdade und Pelourinho.

• *Olodum,* Largo Tereza Batista (dienstags), Eintrittskarten Tel. 3321-5010, gewaltiges Trommelspektakel.

• *Timbalada/Carlinhos Brown*, Alameda Bons Ares 448, Candeal de Brotas, www.timbalada.com, So 18–21 Uhr. Eintrittskarten Tel. 3276-7298.

• *Solar do Unhão,* Av. Do Cotorno, Tel. 3329-5551. Folkoreshow mit Candomblé, Mo–Sa um 20.30 Uhr, Eintritt 40 R$.

• *Teatro Miguel Santana*, Rua Gregório de Matos 47, Pelourinho.

• *Balé Folclórico da Bahia*, eine der besten Folklore-Shows Brasiliens. Aufführungen Mo/Mi/Sa 20 Uhr, Vorverkauf im Theater Mo u. Mi ab 13 Uhr, Sa ab 16.30 Uhr.

Theater   *Teatro Castro Alves,* Praça Dois de Julho s/n, Campo Grande. Größtes und bedeutendstes Theater Salvadors.

Tanzkurse   *Escola de Dança da Fundação Cultural de Bahia,* Rua da Oração, Pelourinho, Tel. 3322-5350. Demonstrationskurse Fr ab 18.30 Uhr.

Feste   • 29. Dez.–1. Januar: *Festa do Senhor Bom Jesus dos Navegantes* (Festa de Boa Viagem). Höhepunkt ist die Meeresprozession am Neujahrstag.

• Januar (2. Donnerstag): *Lavagem do Bonfim* mit religiösen, farbenfrohen Umzügen

• Februar/März: *Carnaval da Bahia*

• 29. März: Gründungdatum Salvadors, zahlreiche Festlichkeiten

• 2. Juli: *Festa da Independência da Bahia,* Fest der Unabhängigkeit Brasiliens, Festumzüge

Umgebungsziele von Salvador

Die Plantagenstädte im Recôncavo

Der Recôncavo, das Agrar- und Plantagenland etwa 60 km nordwestlich der Allerheiligenbucht bzw. Salvadors, war über Jahrhunderte die Basis für den Wohlstand Salvadors. Die Zuckermühlen, die *engenhos* im Recôncavo gehörten meist Großgrundbesitzern, die wie Feudalherren herrschten und das höfische Leben der europäischen Königshäuser imitierten. Mit dem Verfall der Zuckerpreise im 19. Jahrhundert begann der Niedergang der Plantagenstädte, die heute den Eindruck erwecken, als sei die Zeit von damals stehen geblieben.

Die beiden Plantagenstädte **Cachoeira** und **São Félix** sind Hochburgen des Candomblé. In beiden Städten soll es über 50 Terreiros (Kultstätten) geben. Informationen über Terreiros und Zeremonien, zu denen Gäste zugelassen werden, gibt es bei der Touristen-Information und in den Hotels.

Cachoeira

Cachoeira hat 33.000 Einwohner und überrascht mit der größten Ballung an Barockbauten außerhalb Salvadors. Im historischen Stadtzentrum um *die Praça da Aclamação* – auf diesem Platz wurde die Unabhängigkeit Cachoeiras von Portugal ausgerufen – lohnt ein Blick auf die *Casa da Câmera e Cadeia* (1698–1712), früher Regierungssitz, dann Gefängnis und heute das Rathaus. Prachtvolle Kolonialmöbel, die im Regionalmuseum *Museu SPHAN* ausgestellt sind, zeugen vom Reichtum der Oberschicht. Im Süden der Praça da Aclamação geht es durch die Rua Inocêncio Bonaventura bis zur Klosteranlage der Karmeliter (1695–1745). Die *Igreja e Convento Nossa Senhora do Carmo* war eine der ersten Karmeliterkirchen in ganz Brasilien. Das *Museu Hansen Bahia* zeigt Holzschnitte des nach Brasilien ausgewanderten Hamburger Künstlers Karl-Heinz Hansen (1915–1978). Di–Fr 9–17 Uhr, Sa/So 9–14 Uhr.

Adressen & Service Cachoeira

Information   *Informações Turísticas,* Praça da Aclamação s/n sowie im Museu Hansen Bahia
Vorwahl: (075)
Websites: www.bahia.com.br

Unterkunft   • **Pousada do Convento do Carmo** (ECO), Rua Inocêncio Bonaventura s/n, Praça da Aclamação, Tel. 3425-1716, www.pousadadoconvento.com.br. Schöne Pousada im ehemaligen Karmeliterkloster, 26 Zi./AC, Pool, Pp, FamKids, Restaurant. DZ/F 165 R$.
• **Hotel Fazenda Villa Rial** (FAM), Km 42, an der Straße nach Santo Amaro, Tel. 3602-4600, www.villarial.com.br. Idyllisch gelegenes Fazendahotel mit Resten der Mata Atlântica, 38 Zi./AC, Pool, Reiten, Restaurant. VP/DZ 300 R$, gPLV.

Essen & Trinken	• *Nair,* Rua 13 de Maio (beim Museu Hansen Bahia) • *Beira Rio,* Rua Paulo Filho 19, 9–22 Uhr
Fest	Vom 13. bis 15. August wird die *Festa da Boa Morte* gefeiert, eines der wichtigsten Feste der Candomblé-Religion.

São Félix

Das Nachbarstädtchen São Félix (16.000 Ew.) ist mit Cachoeira durch eine Brücke über den Rio Paraguaçu verbunden. Hier ließ der 1872 nach Bahia eingewanderte Bremer Kaufmann *Gerhard Dannemann* seine inzwischen weltberühmten Dannemann-Zigarren fertigen. Dannemann hatte sich aber auch um die städtebauliche und soziale Entwicklung der Stadt verdient gemacht und wurde 1889 Bürgermeister. In der kleinen Zigarrenfabrik dominiert noch heute die Handarbeit (Besichtigung und Verkauf). *Centro Cultural Dannemann*, Av. Salvador Pinto 29, Di–Sa 7–12 u. 13–16.30 Uhr, So 13–17 Uhr.

Ilha de Tinharé

Morro de São Paulo

Die *Ilha de Tinharé,* etwa 150 km südlich von Salvador gelegen mit ihrem Hauptort Morro de São Paulo, bietet kilometerlange, traumhafte Strände mit kristallklarem Wasser, gute Unterhaltungsmöglichkeiten und viel Flair. Auf der sympathischen Insel, die oft als die „Karibik Bahias" verkauft wird, gibt es keine regulären Autos. Jardineiras, Minibusse, Landover und die Buggys der Pousadas sind die wichtigsten Transportmittel, es gibt nur Sandwege. Bei der Ankunft am Pier von Morro de São Paulo warten Gepäckträger mit Schubkarren.

Die meisten Restaurants und Bars in dem ehemaligen Fischerdorf liegen um den Hauptplatz *Praça Nossa Senhora da Luz,* den abends Lichterketten schmücken.

Am Ortseingang, oberhalb des Bootsanlegers, lohnt der Besuch der Barockkirche *Igreja Matriz de Nossa Senhora da Luz,* 1845 fertiggestellt. Den Sonnenuntergang beobachtet man am besten beim Leuchtturm auf dem *Morro do Farol,* besuchenswert ist auch die Ruine des alten Forts *Fortaleza do Tippirandu* von 1630, das Salvador und den Recôncavo vor Piraten schützen sollte.

Morro de Sao Paulo ist sehr feierfreudig. In den Stranddiscos am 2. Stand *(Segunda Praia)* oder in der hügelaufwärts gelegenen *Toca de Morcego* kann man von ein Uhr nachts bis zum Morgengrauen durchtanzen.

Die schönsten Badestrände liegen im Süden von Morro de São Paulo auf der Atlantik-Seite. Die 500 Meter lange *Primeira Praia* (1. Strand) ist mit Wochenendhäusern und Pousadas dicht bebaut, die 400 Meter lange *Segunda Praia* ist der belebteste Strand und ein Zentrum des Nachtlebens. Die danach folgenden Strände sind ruhiger, vor allem die palmengesäumte *Quarta Praia* (4. Strand) mit einem herrlichen Naturschwimmbecken und guten Wander- und Reitmöglichkeiten. Südlich des 5. Strandes, beim Fischerdorf *Guarapuá* (Gehzeit 2,5 h), gibt es die schönsten Tauchspots der Insel und einige einfache Unterkünfte.

Adressen & Service Morro de São Paulo

Information *Centro de Informações ao Turista,* Ladeira da Igreja s/n, Tel. 3652-1088, www.morrosp.com.br. Unregelmäßige Öffnungszeiten. Inselgebühr 10 R$.
Vorwahl: (075) • **Websites:** www.morrodesaopaulo.com.br

Schiffs-verbindung Nach Valencia: 6.30–17 Uhr, unregelmäßig, Fz Schiff 90 Minuten, Schnellboot 30 Minuten. Nach Salvador: mit Schnellboot um 9/9.30/13.30 und 14 Uhr, Überfahrt 2 Stunden (fährt bei starkem Seegang nicht!).

Flug Mehrmals täglich Shuttleflüge von der Landepiste *Bom Jardim* am 3. Strand nach Salvador; *Aerostar,* Tel. 3377-4406, www.aerostar.com.br und *Adey Taxi,* Tel. 3204-1393, www.addey.tur.br. Flugzeit mit Bimotor 25 Minuten, Fp 100 €. Buchung auch über die Touranbieter.

Unterkunft FAM • **Pousada Colibri,** Hügellage an der Praia Porto da Cima, Tel. 3562-1056, www.pousada-colibri.com. Charmante Pousada von Marga & Helmut Bauer, Zi./AC, Chalés/Vent. und Bungalows/Vent., freundlich, exzellentes, originelles Restaurant, Gartenpool. Bungalow/F ab 40 €, DZ/F ab 75 €, Chalét mit Küche 70 € inkl. Gepäckservice. Reichhaltiges Frühstück, gPLV. TIPP!
• **Praia do Encanto,** Quinta Praia, Tel. 3652-1020, www.praiadoencanto .com.br. Schöne Lage in einem Palmenhain, 22 Zi./AC, Reiten, Fahrräder, Pool, Restaurant. DZ/F ab 65 €.
• **Vila Guaiamu,** 3. Praia, Tel. 3652-1035, www.vilaguaiamu.com.br. Schön-gelegene Pousada im Palmenhain eines Naturschutzgebietes, 22 Zi./AC, Restaurant. DZ/F ab 65 €. Mai/Juni geschlossen.

FAM/LUX • **Natureza,** Praça da Amendoeira, Praia de Gamboa, Tel. 3652-1044, www. hotelnatureza.com. Nette, weißgetünchte Pousada im Kolonialstil des dt.-spr. Horst Drechsler mit angeschlossenem Segelclub. 16 Zi./AC, Pool, Restaurant. DZ/F ab 100 €, empfehlenswert.

LUX • **Villa das Pedras Pousada,** am 2. Strand, Tel. 3652-1075, www.villada spedras.com.br. Pousada mit kleinem Garten, 25 Zi./AC, Pool, Fahrrad-vermietung, Restaurant. DZ/F 165–210 €.
• **Pousada Vila dos Corais,** am 3. *Strand,* Tel. 3652-1560, www.villadoscorais .com.br. Schöne „Wohlfühl"-Pousada auf einer Landzunge, 40 komfortable Zi./AC, großer Pool, Fahrradvermietung, Sportangebot, Restaurant. DZ/F 150–240 €, je nach Jahreszeit.

Essen & Trinken • *Sabor da Terra,* Caminho da Praia s/n. Fischgerichte.
• *Pizzeria Dona Mercedes,* Praça Nossa Senhora da Luz. Große Holzofen-Pizzen.
• *Piscina,* 4. Praia 9–22 Uhr. Fischgerichte.
Am besten abends von der Praça über den *Caminho da Praia* Richtung zum 2. Strand schlendern. Dort finden Mo/Do Luau-Partys statt. Mittwochs geht es auf den Morro da Mangaba ins *Teatro do Morro.* Fr Livemusik im *Toca do Morçego,* Caminho do Farol. Sa Disco im *Pulsar,* Camhino do Forte.

3

Chapada Diamantina

Inmitten des steppenartigen Landesinneren von Bahia, dem *Sertão Baiano,* liegt 425 km westlich von Salvador (30 Minuten mit dem Flugzeug oder sieben Stunden mit dem Bus) der Nationalpark Chapada Diamantina (*chapada* = Ebene) mit einer grandiosen Landschaft aus Tafelbergen, Tropfsteinhöhlen, Wasserfällen und Seen. Die besten Monate für Touren im Nationalpark sind in der Trockenzeit August bis Oktober.

Lençóis

Die Geschichte des Städtchens Lençóis ist untrennbar mit der Diamantenförderung verbunden, die 1820 begann. Doch der Boom währte nur etwa 25 Jahre, dann waren die Vorkommen erschöpft. Heute steht die Stadt mitsamt ihrer bunten Häuser und gepflasterten Gassen unter Denkmalschutz. Vor allem die Kolonialhäuser an der *Praça Horácio de Matos,* an dem sich auch das ehemalige französische Vizekonsulat befindet, erinnern an den Wohlstand vergangener Tage. Einblicke in das Leben der *Garimpeiros* (Diamantensucher) vermittelt das *Museu do Garimpo Zacáo* an der Kreuzung Rua Peixoto/ Rua das Pedras.

Adressen & Service Lençóis

Information   *Secretária de Turismo Lençóis,* Av. 7 de Setembro 35, Tel. 3334-1378, 8–20 Uhr. **Vorwahl:** (075) · **Websites:** www.guialencois.com

Unterkunft   • **Alcino Estalagem** (FAM), Rua Tomba Surrão 139, Tel. 3334-1171, www.alcinoestalagem.com. Vom Künstler Alcino familiär geführtes, rekonstruiertes Kolonialhaus mit Antiquitäten, 7 Zi./AC, bc/bp, abwechslungsreiches Frühstück, Pp. DZ/F/bc 175 R$, DZ/F/bp 175–260 R$, empfehlenswert.

Lençóis – denkmalgeschützt, nostalgisch und recht gemütlich

- **Vila Serrano** (FAM), Rua Alto do Bonfim, Tel. 3334-1486, www.vilaserrano.com.br. Charmante Öko-Pousada von Chirs & Sandra Müller mit großem Garten. DZ/F 230 R$, gPLV. TIPP!
- **Canto das Águas** (LUX), Av. Sr. dos Passos 1, Tel. 3334-1154, www.lencois .com.br. Sehr schönes Hotel am Fluss, 44 Zi./AC, Pool, RoSt, Restaurant. DZ/F 320–550 R$.
- **Portal Lençóis** (LUX), Rua Altina Alves 747, Tel. 3334-1102, www.portal delencois.com. Das größte und mit das beste Hotel der Stadt in Hügellage. 69 Zi./AC für bis zu 4 Personen, 15 Chalés/AC, Pool, Spielplatz, Pp, Restaurant. DZ/F ab 290 R$. Chalés teurer.

Essen & Trinken
- *Fazendinha,* Rua das Pedras. Urige Atmosphäre, preiswerte und üppige Gerichte für bis 3 Personen.
- *Grisante,* Praça Horácio de Matos. Regionale Küche, Portionen reichen gut für 2 Personen.
- *A Picanha da Praça,* Praça Otaviano Alves 62, 11–22 Uhr. Churrascaria, Picanha wird auf einer heißen Eisenplatte serviert.
- *Os Artistas da Massa,* Rua da Baderna 49, 12.30–22.30 Uhr. Selbstgemachte Pizza und Jazzmusik.

Tour-anbieter
- *Chapada Adventura*, Praça Horácio de Matos 112, Tel. 334-2037, dt.-spr., www.chapadaadventura.com. TIPP!
- *Lentur,* Av. 7 de Setembro 15, Tel. 3334-1271
- *Nas Alturas,* Praça Horácio de Matos 130, Tel. 3334-1054, www.nasalturas .net, 8–13 u. 14–22 Uhr
- Weitere Touranbieter an der Praça Horácio de Matos.

3

Nationalpark Chapada Diamantina

Touren durch den Nationalpark sollten nur mit Führern bzw. einem Touranbieter unternommen werden. Zu den Highlights des National-parks gehören:

- *Morro do Pai Inácio:* ein 1200 Meter hoher Tafelberg 22 Kilometer nordwestlich von Lençóis. Er ist das Wahrzeichen der Chapada

Tafelberge, Tropfsteinhöhlen und Wasserfälle – es gibt unzählige Sehenswürdig-keiten im Nationalpark

Diamantina, sein Gipfel ist vom Parkplatz aus in knapp 20 Minuten zu Fuß zu erreichen.

• *Gruta da Lapa Doce:* die beeindruckende, 850 Meter tiefe Tropfsteinhöhle liegt 69 Kilometer nordwestlich von Lençóis an der Estrada da Bandeira.

• *Gruta Azul:* steile Grotte in der Nähe eines Sees, 75 Kilometer nordwestlich von Lençóis an der Estrada da Bandeira.

• *Cachoeira da Fumaça:* am „Wasserfall des Rauchs", 66 Kilometer westlich von Lencois, stürzt das Wasser 340 Meter in die Tiefe (http://sites.google.com/site/tombosequedas/diamantina).

• *Cachoeira do Sossego:* ein schöner Wasserfall 8 Kilometer südwestlich von Lençóis, der über einen alten, sehr anstrengenden Diamantensucherpfad erreicht werden kann (Gehzeit ca. 3 h, Bademöglichkeiten, nur mit Guide!).

Von Salvador an der Atlantikküste entlang nach Norden

Estrada do Coco, BA 099/ Praia do Forte

Die Straße der Kokospalmen (Estrada do Coco, BA 099) beginnt am Flughafen Salvadors und führt entlang der Küste nach Norden bis Praia do Forte. Von *der Praia Flamengo,* einem langen palmengesäumten Strand mit vielen Unterkünften, kann man noch die Dünen der *Lagoa de Abaeté* sehen. Während der Hippie-Bewegung in den 1960er Jahren lockte die *Praia Arembepe* und die *Kommune Aldeia da Caratingui* sogar Jimi Hendrix und Janis Joplin nach Bahia. Am ehemaligen Hippie-Strand findet sich heute ein Posten des Meeresschildkröten-Schutzprojekte Tamar.

Praia do Forte

Vorbei an den Ruinen des *Castelo Garcia D'Àvila* (1551–1835) wird das Fischerdorf Açú da Torre erreicht. Von dort sind es noch 2 km nach Praia do Forte. Der kleine Badeort 90 km nördlich von Salvador mit baumbestandenen Fußgängerzonen, zahlreichen Restaurants, Boutiquen, Unterhaltungsmöglichkeiten, vielen Unterkünften und Palmenstränden ist vielbesucht. Sehenswert beim alten Leuchtturm ist das *Projeto Tamar* zum Schutz der Meeresschildkröten, das es bereits über 30 Jahre gibt. In Meerwasserbecken können vier Arten beobachtet werden. Inzwischen sind die Meeresschildkröten für die Brasilianer das, was für die Inder ihre Kühe sind, nämlich heilig. Das größte Ereignis zwischen November und Mai ist das Aussetzen der frisch geschlüpften Schildkröten ins Meer. Mo–So 9–17.30 Uhr, Eintritt 15 R$, alle Kk. www.tamar.org.br.

Adressen & Service Praia do Forte

Information   **Vorwahl:** (071) • **Website:** www.praiadoforte.org.br

Unterkunft   • **Pousada Sonha da Lagoa** (FAM), Rua da Corvina, Tel. 3676-1032. 14 Zi./AC, Restaurant. DZ/F 35 €.

• **Pousada Ogum Marinho** (FAM), Al. do Sol 7, Tel. 3676-1165, www.ogum marinho.com.br. Schöne Pousada in Strandnähe, 20 gemütliche Zi./AC, RoSt, gutes Restaurant. DZ/F 290 R$.

• **Tivoli Ecoresort Praia do Forte** (LUX), Av. do Farol s/n, Tel. 3676-4000, Res. 0800-71-8888, über www.tivolihotels.com.br. Luxushotel in traumhafter Strandlage und nicht weit vom Ort. 287 Zi., behindertengerecht, Spa, Freizeitangebote, Pool, Restaurant. DZ/HP 950–1575 R$.

• **Iberostar Praia do Forte,** KM 56 via BA 99, Tel. 3676-4200, www.iberostar .com.br. Direkt am Strand, §§ 534 Zi./AC, große Betten, Tennis, Pool, 5 Restaurants. VP ab 990 R$, außerhalb der Hochsaison Rabatte.

Costa do Sauípe

Der 2010 völlig überholte Hotel- und Freizeitkomplex in Costa do Sauípe, 27 km nördlich von Praia do Forte, umfasst die Luxus-Hotels *Sauípe Park, Sauípe Club, Sauípe Premium, Sauípe Fun* und *Sauípe Class* (VP 400–600 €) sowie die preiswerteren, thematisch gestalteten fünf *Sauípe Pousadas* (DZ/VP ca. 200 €). Die Anlage mit insgesamt 3500 Betten verfügt über einen 18-Loch Golfplatz, ein Centro Náutico, Tennis-, Fußball-, Basketball-, Volleyball- und Reitplätze und einem internen Busservice. Res. 0800-965656, www.costadosauipe.com.br. Neugierige können die jeweiligen Freizeitkomplexe der Hotels als Tagesgäste nutzen.

4 Der Nordosten zwischen Recife und São Luis

Mit dem Buggy über die Dünen von Natal, Forró tanzen bis zum Morgengrauen in der Piratá-Bar in Fortaleza, ein Blick über die malerische Altstadt der Kolonialstadt Olinda: Brasiliens Nordosten mit seinen freundlichen und aufgeschlossenen Menschen und seinem angenehmen Klima steht für „Brasilien pur". Die beste Reisezeit für die Küstenstaaten und den Sonnengürtel von Pernambuco bis Maranhão ist von Oktober bis Februar.

Die Bewohner des Nordostens, *nordestinos,* sind ein Völkergemisch portugiesischen, holländischen, französischen und afrikanischen Ursprungs. Vor allem die afrikanischen Wurzeln sind unübersehbar. Sie zeigen sich in Tradition und Religion ebenso wie in der Musik und im Tanz.

Recife

Im 16. und 17. Jahrhundert machten Zuckerrohr und Baumwolle Pernambuco zur reichsten Provinz ganz Brasiliens. Dies lockte die Westindische Handelskompanie aus Holland an, die sich 1630 am Strand *Pau Amarelo* festsetzte. Johann Moritz Graf von Nassau-Siegen, von 1636 bis 1644 Generalgouverneur von Pernambuco, ließ die Mangrovensümpfe trockenlegen, Hafenbecken anlegen und Brücken zwischen den Inseln der vier hier ins Meer mündenden Flüsse bauen. 1654 übernahmen die Portugiesen das Kommando und aus *Mauritsstad* wurde *Recife,* abgeleitet nach einem langen Felsenriff vor der Küste.

Blick auf Recife

RECIFE / CENTRO

0   200 m

Fußgängerstraßen

Hotels

1 Hotel 4 de Outubro
- südlich außerhalb:
2 Navegantes Praia
3 Barramares
4 Best Western
  Manibu Recife
5 Atlante Plaza
6 Blue Tree Towers

4

Recife hat 1,57 Millionen Einwohner und mit seinen fünfzig Kanälen und 39 Brücken wird Recife oft auch als „brasilianisches Venedig" bezeichnet – was natürlich leicht übertrieben ist.

Recife ist nicht nur umgeben von langen Stränden, sie gilt auch als eine Metropole der Musik, insbesondere des *Frevo, Maracatu* und *Xaxado*. Farbenfrohe Feste, wie *Bumba-meu-boi* und *Xangô,* vor allem aber der Karneval im benachbarten Olinda, begeistern Besucher. Recife ist aber auch eine Stadt der Kontraste: nicht weit von der renovierten Altstadt und den historischen Sehenswürdigkeiten sind Favelas entstanden, die Kriminalitätsrate steigt.

Altstadt / Insel Santo Antônio

Zur Altstadt Recifes gehören das Viertel *Recife Antigo* mit den ältesten Bauwerken und das auf einer Insel liegende Santo Antônio. Die *Praça da República,* direkt an der Landspitze am Zusammenfluss der Flüsse Beberibe und Capibaribe gelegen, dominieren drei Prachtbauten: das neoklassizistische *Teatro Santa Isabel* (1841–1850), der *Palácio do Campo das Princesas* (1841), auch „Palácio do Governo" (Gouverneurspalast) genannt, und der *Palácio da Justiça* (Justizpalast).

Durch die Rua Imperador Dom Pedro II erreichen Sie das barocke Franziskanerkloster *Convento Franciscano de Santo Antônio* (1606) mit der **Capela Dourada** (Goldene Kapelle). Die 1697 erbaute Kapelle besticht durch mit Blattgold verzierte Schnitzarbeiten und eine aufwendig ausgemalten Kuppel. Zum Klosterkomplex gehören auch die *Igreja da Ordem Terceiro de São Francisco* (1804) und der Kreuzgang mit sehenswerten Azulejos. Das angeschlossene *Museu Franciscano de Arte Sacra* zeigt sakrale Objekte.

Insel Santo Antônio zwischen den Flüssen Beberibe und Capibaribe

Convento
Franciscano de
Santo Antônio

Capela Dourada, Rua Imperador Dom Pedro II, Mo–Fr 8–11.30 u. 14–17 Uhr, Sa nur bis 11.30 Uhr, Eintritt.

An der **Praça da Independência** – von der Capela Dourada über die Rua Diário de Pernambuco zu erreichen – liegt die Barockkirche *Igreja Santíssimo Sacramento* von 1790. Die im manuelinischen Stil gehaltene Kirche, auch *Matriz de Santo Antônio* genannt, beeindruckt mit sehenswerten Gemälden, Skulpturen sowie einem mit Blattgold überzogenen Barockaltar (Mo–Fr 7–12 u. 14–18 Uhr). Auch die *Basílica e Convento N.S. do Carmo,* über die Av. Dantas Barreto nach Süden zu erreichen, ist im Barockstil erbaut (1663–1767). Der prachtvolle Innenraum der Kirche birgt prunkvolles, goldüberzogenes Schnitzwerk. Noch heute wird der Klosterkomplex von Mönchen bewohnt.

Basílica e Convento N.S. do Carmo. Av. Dantas Barreto 646, Mo 6.30–17 Uhr, Di–Fr 6.30–19 Uhr, Sa 9–11 Uhr So 9–11 u. 17–20 Uhr.

Der **Pátio de São Pedro** mit seinem Kopfsteinpflaster und seinen bunten Kolonialhäusern ist ein beliebter Künstlertreff. Am Dienstagabend beim *Terça Negra* ist hier viel los. Im Haus Nr. 11 ist das *Museu de Arte Popular* untergebracht (Mo–Fr 9–17 Uhr). Im Haus Nr. 52 präsentiert die **Casa do Carnaval** eine Dokumentation zum *Carnaval do Recife* (Mo–Fr 9–17 Uhr). Die *Catedral de São Pedro dos Clérigos* von 1782 überragt den Platz. Sie besitzt ein achteckiges Kirchenschiff und sehr schöne Deckengemälde, die barocken Türen und Altäre sind aus Jaracandáholz (Mo–Fr 8–12 u. 14–17 Uhr).

Im früheren Stadtgefängnis von 1855 in der Rua Floriano Peixoto ist die **Casa da Cultura** untergebracht. In den ehemaligen Gefängniszellen werden Kunsthandwerkprodukte aus Holz, Ton, Stroh und Spitzenseide sowie Halbedelsteine verkauft. Größter Kunsthandwerksmarkt der Stadt, Mo–Fr 9–19 Uhr, Sa bis 18 Uhr, So bis 15 Uhr.

Recife Antigo

Nach Recife Antigo gelangen Sie über die *Ponte J. Mauricio de Nassau.* Diese Brücke gilt als die älteste der Stadt, wurde 1643 aus Holz gebaut und 1917 durch eine Betonbrücke ersetzt. Von der Brücke aus führt Sie die Rua Mq. de Olinda zur Rua do Bom Jesus (4. Querstraße links) mitten ins Herz der Altstadt, deren mehrstöckige Kolonialhäuser aufwendig restauriert und bunt bemalt worden sind.

4

In den Häusern 197 und 203 ist die *Synagoga Kahal Zur Israel* untergebracht. Es ist die älteste Synagoge ganz Südamerikas, sie wurde
1641 von aus Amsterdam ausgewanderten Juden erbaut. Heute beherbergt sie ein jüdisches Kulturzentrum. *Centro Cultural Judáico,*
Rua do Bom Jesus 197, Tel. 3224-2128, Di–Fr 9–16.30 Uhr, Sa/So 14–
17.30 Uhr, Eintritt.

In den Kneipen, Tanzlokalen und Szenetreffs in den Sobrado-
Häusern in der Rua do Bom Jesus sowie in den umliegenden Gassen,
beispielsweise in der Rua do Apolo, wird es erst in den Abend- und
Nachtstunden so richtig lebendig.

Boa Viagem An der Praia Boa Viagem, einem zum Baden geeigneten Stadtstrand,
der durch ein langes Riff geschützt ist, liegen viele Hotels und
Restaurants. In den Bars, Kneipen und Diskotheken an dieser Strandpromenade trifft man vorwiegend Touristen. Das Nachtleben der
Einheimischen konzentriert sich auf **Polo Pina** am nördlichen Ende
von Boa Viagem.

Wesentlich reizvollere Strände liegen weit außerhalb, insbesondere auf der nördlich von Recife gelegenen Insel *Itamaracá,* 40
Kilometer, oder in Richtung Süden im Umfeld des 60 Kilometer entfernten Wassersport-Zentrums *Porto de* Galinhas (s.S. 200).

Museen

• *Museu do Homen do Nordeste,* Av. 17 de Agôsto 2187, Casa Forte,
Tel. 3073-6340, Di–Fr 8.30–17 Uhr, Sa/So 13–17 Uhr. Sehenswertes
Museum, mit Sammlungen zu Folklore, Kunsthandwerk, Kleidung,
Literatur und afrobrasilianischen Kulten. Außerdem Maschinen
und Werkzeuge, die während der Kolonialzeit zur Zuckerherstellung
eingesetzt wurden.

• *Oficina de Cêramica Francisco Brennand,* Av. Caxanga, Várzea, Tel.
3271-2466, Mo–Do 8–17 Uhr, Fr bis 16 Uhr, Eintritt 10 R$. Die in ein
Museum umgewandelte Keramikwerkstatt Francisco Brennand mit
einem Skulpturengarten ist eine der größten Sehenswürdigkeiten
Pernambucos.

• *Museu da Abolição,* Rua Benfica 1150, Madelana, Mo–Fr 9–12 u. 14–
17 Uhr. Museum der Sklavenbefreiung.

• *Museu do Estado,* Av. Rui Barbosa 960, Graças, Tel. 3184-7174, Di–
Fr 9–17 Uhr, Sa/So 14–17 Uhr, Eintritt. Das in einem Palast unter-
gebrachte Museum zeigt Kunstgegenstände aus verschiedenen
Epochen und Exponate indigener Kulturen.

• *Forte das Cinco Pontas (1630),* Largo das 5 Pontas, mit Stadtmuseum,
Dokumente und Exponate zur Stadtgeschichte, Di–Fr 9–17 Uhr,
Sa/So 13–17 Uhr, Eintritt.

Kacheln und Skulpturen – Oficina de Cerâmica Francisco Brennand

Der irischstämmige *Francisco Brennand,* geb. 1927, zählt zu den bedeutendsten Bildhauern Brasiliens. Nach einem Kunststudium in Frankreich kehrte er nach Recife zurück und baute seinen Familienbesitz in Várzea zu einer Keramikwerkstatt um, das inzwischen zum Museum umgewandelt wurde. Inmitten eines tropischen Gartens können fantastisch anmutende Gebäude besichtigt werden, die an die Architektur von Gaudí und Hundertwasser erinnern. Weitere Attraktionen sind seine künstlerischen Keramikfliesen und rund 1500 archaisch gestaltete, tierische und menschliche Keramikskulpturen und -statuen in Überlebensgröße, darunter viele erotische und phallische.

Um die Taxifahrt zu der 16 Kilometer außerhalb gelegenen Werkstatt zu verkürzen, kann die Metro bis zum Busterminal *Terminal Integrado de Passageiros* genommen werden. Von dort sind es mit dem Taxi nur noch fünf Kilometer. *Oficina de Cerâmica Francisco Brennand,* Av. Caxangá, Várzea, Tel. (081) 3271-2666, Mo–Do 8–17 Uhr, Fr 8–16 Uhr, Eintritt 10 R$.

Adressen & Service Recife

4

Information *Empetur,* Centro de Convenções, Complexo Salgadinho, Av. Agamenon Magalhães (an der Straße nach Olinda), Tel. 3232-8409, Mo–Fr 8–18 Uhr.
Vorwahl: (081)
Websites: www.recife.pe.gov.br • www.pernambuco.com/turismo

Flug/Bus • *Aeroporto Internacional de Guararapes,* Praça Salgado Filho, 10 km südlich des Zentrums
• *Rodoviária Terminal Integrado de Passageiros (TIPP),* Curado, 15 km vom Zentrum, Stadtbus 2 R$

Unterkunft • **Navegantes Praia** (FAM), Rua dos Navegantes 1997, Boa Viagem, Tel. 3326-9609, www.navegantespraiahotel.com.br. Kleines Hotel in Strandnähe, 25 Zi./AC, Pool. DZ/F ab 220 R$.
• **Barramares** (FAM), Av. Beira-Mar 544, Praia de Piedade, Tel. 3312-6100, www.hotelbarramares.com.br. 45 Zi./AC, Pool, Restaurant. DZ/F ab 250 R$.
• **Blue Tree Towers** (FAM/LUX), Av. Bernardo Vieira de Melo 500, Praia de Pidade, Tel. 2123-4567, Res. 0800-15-0505, www.bluetree.com.br. 152 Zi./AC, Pool, Sauna, Pp, Restaurant. DZ/F ab 300 R$.
• **Best Western Manibu Recife** (LUX), Av. Conselheiro Aguiar 919, Boa Viagem, Tel. 3084-2811, www.hotelmanibu.com.br. 154 Zi./AC, Pool, RoSt, Restaurant. DZ/F 360–435 R$.
• **Atlante Plaza** (LUX), Av. Boa Viagem 5426, Praia Boa Viagem, Tel. 3302-3333, Res. 0800-81-4433, www.ponteshoteis.com.br/atlante-plaza. Modernes

Strandhotel (Straße zwischen Hotel und Meer), 241 Zi., Sauna, Pp, Strand-service (Entgelt), Pool, RoSt, Restaurant. DZ/F ab 450 R$.

Essen & Trinken

Carne de Sol, von der Sonne getrocknetes Fleisch, ist eine Spezialität Pernambucos. Es wird in Butter gebacken und mit Reis und Gemüse serviert.

- *Tio Pepe,* Rua Alm. Tamandaré 170 (Trav. Barão de Souza Leão), Boa Viagem, Di–Sa 11.30–23.30 Uhr, So bis 16 Uhr. Kleines Restaurant (Fleisch und Fisch) mit Flair und regionaler Küche in einer Seitenstraße. Preisspanne 25–40 R$.

- *Famiglia Giuliano,* Av. Engenheiro Domingos Ferreira 3980, Boa Viagem, Mo–Fr 12–15.30 u. 18.30–24 Uhr, So/So 12–1 Uhr. Italiener in einem burg-artigen Bau mit angenehmem Ambiente, der neben ausgezeichneter Pasta am Samstag die beste *Feijoada completa* der Stadt bietet. TIPP!

- *Bargaço,* Av. Boa Viagem 670, Pina, tägl. 12–24 Uhr. Eines der besten Fisch-restaurants der Stadt.

- *Pra Vocês,* Av. Herculano Bandeira 115, Pina, tägl. 11–24 Uhr, Fr bis 2 Uhr. Preiswerte Fischgerichte 20–35 R$.

- *Boi Preto,* Av. Boa Viagem 97, Pina, Mo–Fr 12–16 u. 18–24 Uhr, Fr–So 12–24 Uhr. Rodízio 40 R$.

- *Chica Pitanga,* Rua Petrolina 19, Boa Viagem, tägl. 11.30–15.30 u. 18–22 Uhr. Das beste SB-Restaurant der Stadt, Preise nach Tellergewicht, 20 R$/kg.

Choperias/ Kneipen

- *Gambrinus,* Av. Marquês de Olinda 263, Recife Antigo, 8–19 Uhr. Künstler-kneipe mit preiswerten Gerichten. – *Espaço Antônio Maria,* Rua do Bom Jesus 163, Recife Antigo. Nette Kneipe, älteres Publikum, Mo–Fr 9 Uhr bis zum Morgengrauen, Sa/So ab 17 Uhr, wö. Livemusik, MPB, Bossa Nova, Samba Rock.

- *Boteco,* Av. Boa Viagem 1660, Boa Viagem, Mo–Do ab 17 Uhr, Fr–So ab 12 Uhr. Frisch gezapftes Bier und leckere *petiscos,* Häppchen.

Discos & Nachtbar

- *Downtown Pub,* Rua Vigário Tenório 105, Recife Antigo, Mi–So ab 22 Uhr. Nachtbar mit Livemusik von Jazz über Blues bis Rock.

- *Calypso,* Rua Bom Jesús 167, Recife Antigo. Disco Mi–Sa 20–4 Uhr, Fr Livemusik ab 23 Uhr, Eintritt ca. 10 R$.

- *Fashion Club,* Av. Fernando Simões Barbosa 266, Boa Viagem, Do–So ab 23 Uhr. Große Disco mit zwei Tanzflächen.

- *Nox,* Av. Eng. Domingos Ferreira 2422, Boa Viagem, Fr/Sa ab 22 Uhr. Ballada-Schuppen für über 1000 Gäste.

- *Casa da Moeda,* Rua doe Moeda 150, Recife Antigo, Chorinho und Jazz.

Casa do Forró

Musikliebhaber sollten sich einen Besuch in einer *Casa do Forró* nicht entge-hen lassen. Die bekanntesten sind *Belo Mar (*Av. Bernardo Vieira de Melo, Candeais) und *Casa de Festejo (*Praça Derby, Torre). Die meisten Forró-Häuser liegen in Vororten und werden am besten per Taxi erreicht. Klassische Forró-Tage sind Freitag- und Samstagnacht, z.B. am Freitag im *Sala de Reboco*, Rua Gregório Jr. 264, Cordeiro.

Ensaisos

Jeden Sonntag kommt in der Rua do Bom Jesus und in den Nebenstraßen Karnevalsstimmung auf. Die öffentlichen Karnevalsproben, *ensaios,* beginnen gegen 16 Uhr.

Tour-anbieter

- *Andratur*, Av. Conselheiro Aguiar 3150, Boa Viagem, Tel. 3465-8588, andratur@hotmail.com; preiswerte Touren zur Insel Fernando de Noronha, kompetent.

• *Idéia Tours,* Rua Virgínia Loreto 72, Parnamirim, Tel. 2128-0909, www.ideia tours.com.br, dt.-spr. Vielseitiges Tourprogramm, auch ins Hinterland.

Bootstouren Stimmungsvoll sind nächtlich Bootstouren auf dem Rio Capibaribe. Die Fahrten mit der *Catamarã do Capibaribe* führen vom Bacia do Pina auf den Rio Capibaribe unter fünf historischen Brücken hindurch. Abfahrten von der Bootsanlegestelle *Cais das Cinco Pontas* südöstlich der Festung Forte das Cinco Pontas, Tel. 3424-2845, tägl. 6 u. 20 Uhr, Fz 1,5 h, Fp 35 R$. Programm und Karte Bootsanleger auf www.catamarantours.com.br.

Einkaufen • *Mercado São José,* Praça Dom Vital, Santo Antônio, Mo–Sa 6–17.30 Uhr, So 6–12 Uhr. Regionales Kunsthandwerk, Heilkräuter, Lebensmittel.
• *Casa da Cultura* (ehemaliges Stadtgefängnis), Rua Floriano Peixoto, Santo Antônio, Tel. 3184-3151, Mo–Sa 9–18, So 9–15 Uhr. Riesenauswahl an Kunsthandwerk, Hängematten, Kleidung, Lederartikel etc.
• *Paranambuco,* Rua do Bom Jesus 215, Recife Antigo. Kulturzentrum mit Kunsthandwerk aus dem Landesinnern.
• *Feirinha de Arte e Artesanato,* Boa Viagem. Mi/So Kunsthandwerksmarkt am Abend.
• *Shopping Center Recife,* Rua Padre Carapuceiro 777, www.shoppingrecife .com.br, Boa Viagem. Eines der größten und modernsten Shoppings Brasiliens mit 10 Multiplex-Kinos und 500 Geschäften.

Feste • **Februar/März:** *Carnaval;* besonders stimmungsvoll im Stadtviertel Recife Antigo
• **12.–29. Juni:** *Festas Juninas;* ausgelassene Volksfeste mit festlichen Messen, Tänzen, Heißluft-Ballonfahrten, Feuerwerk
• **Juni:** *Trem do Forró;* Forró-Zug von Recife nach Cabo de Santo Agostinho. Infos bei *Serrambi Turismo,* Tel. 3423-5000, www.tremdoforro.com.br
• **Oktober:** *Recifolia,* ein *Carnaval fora de épocoa,* Karneval außerhalb der Saison mit Schwerpunkt in Boa Viagem
• **1.–8. Dezember:** *Iemanjá,* Fest zu Ehren der Meeresgöttin Iemanjá

4

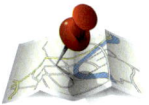

Bitte schreiben oder mailen Sie (verlag@rkh-reisefuehrer.de), wenn sich in Brasilien Dinge verändert haben oder Sie Neues wissen. Wir beantworten jede Zuschrift. Danke!

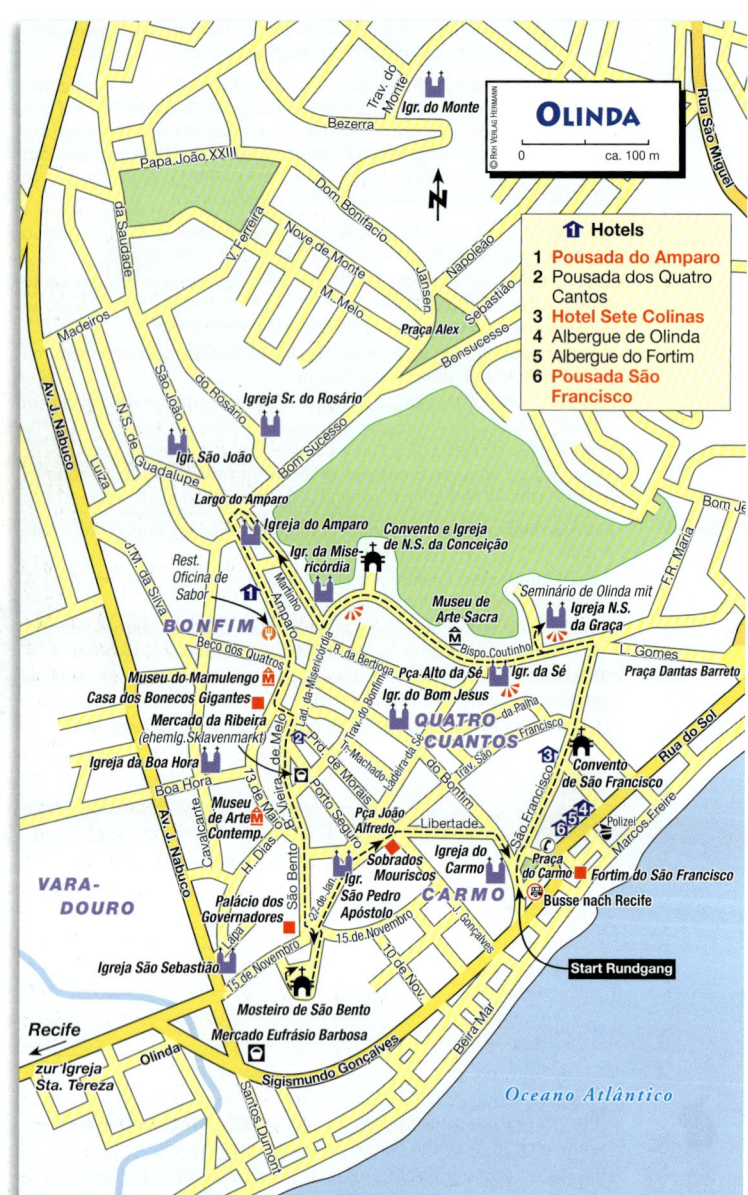

OLINDA

© Rick Verlag Heimann

0   ca. 100 m

⬆ Hotels

1 **Pousada do Amparo**
2 Pousada dos Quatro Cantos
3 **Hotel Sete Colinas**
4 Albergue de Olinda
5 Albergue do Fortim
6 **Pousada São Francisco**

Umgebungsziele von Recife

Olinda

Sieben Kilometer nördlich von Recife liegt Olinda. Die frühere Hauptstadt Pernambucos hat heute 385.000 Einwohner und stellt mit seinem historischen Zentrum ein bedeutendes Kulturdenkmal dar. Als Recife noch ein Fischerdorf war, blühten hier bereits Literatur, Theater, Malerei und Bildhauerkunst. Viele dieser Werke aus dem 17. Jahrhundert können heute im Museum für pernambucanische Kunst in Recife besichtigt werden. Noch heute ist Olinda ein Zentrum der bildenden Künste und besitzt zahlreiche Ateliers und Galerien.

Altstadtrundgang

Die auf- und absteigenden Gassen der historischen Altstadt lassen sich am besten zu Fuß erkunden. Folgen Sie für einen Rundgang der eingezeichneten Route im Stadtplan. Ausgangspunkt ist der Stadtplatz Praça do Carmo mit der Igreja N.S. de Carmo, eine der ältesten Karmeliterkirchen Brasiliens, erstmals 1580 erbaut und nach ihrem Einsturz 1720 an der gleichen Stelle neu errichtet.

Von der Praça do Carmo geht es in der Rua São Francisco bergauf bis zum **Convento de São Francisco,** einem 1585 fertiggestellten Kirchen- und Klosterkomplex, den die Holländern im Jahr 1631 niederbrannten. Rund 100 Jahre später wurde er von den Portugiesen wieder aufgebaut (1715–1755). Zur Klosteranlage gehören die *Capela de Sant'Ana* (1754), die *Capela São Roque* (1811) mit Gemälden zum Leben des Heiligen São Francisco und die *Igreja das Neves* (1585). Sie ist die erste und älteste Franziskanerkirche auf brasilianischem Boden. Mo–Fr 7–11.30 u. 14–17 Uhr, Sa 7–12 Uhr.

Weiter bergaufwärts stößt man in der Rua Bispo Coutinho auf das Jesuitenkolleg **Seminário de Olinda** (1557) mit der *Igreja Nossa Senhora da Graça* (1540), die 1654 restauriert wurde (Mo–Fr 9–11, Sa/So 14–17 Uhr). Vom Kirchplatz bietet sich ein herrlicher Blick über Dächer und Kokospalmen hinweg auf das Meer.

Der Platz **Alto da Sé** ist das Herz der historischen Altstadt. An den Wochenenden werden hier u.a. Klöppel- und Stickarbeiten auf einem Kunsthandwerksmarkt angeboten. Die Praça Alto da Sé überragt die schlichte **Igreja da Sé** (1537), in der sich beim Hauptaltar das Grab des brasilianischen Erzbischofs Dom Hélder Câmara (1909–1999) befindet. Geöffnet 9–17 Uhr.

Bergauf weitergehend liegt rechts in der Rua Bispo Coutinho 728 der **Palácio Episcopal** (1696), der das **Museu de Arte Sacre** beherbergt. Geöffnet Mo–Fr 9–12.45 Uhr, Eintritt. Danach wird der höchste Punkt am Largo da Misericórdia mit weitem Blick über Olinda

Die Igreja de
Nossa Senhora
do Amparo –
eine der
zahlreichen
Kirchen
Olindas

erreicht. Dort stehen die Kirchen **Igreja de N.S. da Conceição** (1585)
und **Igreja da Misericórdia** oder Barmherzigkeitskirche (1540).
Letztere ist eine der schönsten Olindas mit einem vergoldeten Altar,
herrlichen Schnitzereien und Azulejos. Besichtigung um 12 und 18
Uhr für 15 Minuten oder während der Messe Mo–Sa um 6.20 Uhr
und So um 7.30 Uhr.

Steil geht es nun über Kopfsteinpflaster und an Kolonialhäusern
vorbei die Ladeira da Misericórdia hinunter bis zum ehemaligen
Sklavenmarkt **Mercado da Ribeira** in der Rua Bernardo Vieira de
Melo. Früher wurden hier am Pelourinho (Pranger) Sklaven ausge-
peitscht, heute wird Kunsthandwerk verkauft. Über die Rua São
Bento gelangen Sie zum Mosteiro de São Bento.

Das **Mosteiro de São Bento,** ein prunkvolles, barockes Benedik-
tinerkloster (1582) gehört zu den bedeutendsten Sakralbauten
Brasiliens. Nachdem es von den Holländern zerstört worden war,
wurde es von den Portugiesen im spätbarocken Stil wieder aufgebaut. Besonders lohnend ist ein Besuch der einschiffigen Kapelle
sonntags um 10 Uhr, wenn gregorianische Choräle aufgeführt werden. *Mosteiro de São Bento,* Rua São Bento, 8–11 u. 14–17 Uhr.

Museen

Museu de Arte Contemporânea, Rua 13 de Maio 149, Di–Fr 9–12 u.
14–17 Uhr, Sa/So 14–17 Uhr. Museum für zeitgenössische Kunst. –

Museu do Mamulengo, Rua do Amparo 59, Di–So 10–17 Uhr. Theaterpuppen-Museum.

Adressen & Service Olinda

Information *Secretaria de Turismo,* Rua do Bonsucceso 183, Amparo, Tel. 3439-1988, www.olinda.pe.gov.br, Mo–Fr 8–13.30 Uhr

Box Turismo, Rua do Sol 127, bei der Praça do Carmo, Mo–Sa 7.30–13.30 Uhr

Vorwahl: (081)

Websites: www.olindaturismo.com.br

Unterkunft • **Pousada São Francisco,** (FAM), Rua do Sol 127, Carmo, Tel. 3429-2109, www.pousadasaofrancisco.com.br. Gepflegte Hotelpousada, 45 Zi./AC, HMP, tropischer Garten mit Pool, Ws, Restaurant. DZ/F ab170 R$. TIPP!

• **Sete Colinas** (LUX), Ladeira de São Francisco 307, Tel. 3439-6055, www. hotel7colinas.com.br. Stilvoll und schön, 44 Zi./AC, Pp, Pool, RoSt, Restaurant. DZ/F 90–130 €.

• **Pousada do Amparo** (LUX), Rua do Amparo 199, Tel. 3439-1749, www.pousadadoamparo.com.br. Bestes Hotel der Stadt, 12 Zi., schöne Aussicht, Pool, Restaurant. DZ/F 80–190 €.

Essen & Trinken • *Olinda Art & Grill,* Rua Bispo Coutinho 35, Alto da Sé, Mi–Mo 12–24 Uhr. Restaurant mit angeschlossener Cachaçaria; Churrasco, Fischeintopf und mehr, Livemusik, immer voll!

• *Goya,* Rua do Amparo 157, Mi–Mo 18–24 Uhr, So/Mo 12–17 Uhr. Restaurant und Kunstatelier mit ausgefallenen Fischgerichten, gehobenes Preisniveau.

• *Oficina do Sabor,* Rua do Amparo 335, Di–Sa 12–16 u. 18–24 Uhr, So 12–1 Uhr. Fisch, Meeresfrüchte und regionale Gerichte, gehobenes Preisniveau bis 46 R$.

Unterhaltung • *Bar dos Quatro Cantos,* Rua Prudente de Morais 458. Stadtbekannte Kneipe, viele Musiker und Künstler. Dienstagabends legt die Besitzerin Schallplatten mit brasilianischen Oldies auf.

• *Atlântico,* Praça do Carmo. Livemusik bis zum Morgengrauen.

• *Xinxim da Baiana,* Praça do Carmo. Belebte Kneipe, immer was los.

• *Uruguay Club,* Rua Prudente de Morais 281, Carmo, Di–Sa 19–2.30 Uhr. Großes Haus mit Bars, Restaurant, Terrasse und Bibliothek, Do–Sa Livemusik (Blues und Jazz).

• *Pernambucamente,* Av. Marcos Freire 739. Musikshows.

Theater *Teatro Guararapes,* Centro de Convenções de Pernambuco, Complexo do Salgadinho s/n. Theater- und Showprogramm.

Touranbieter *Viagems Sob o Sol*, Rua Prudente de Morais (gegenüber Pousada dos Quatro Cantos), Tel. 3429-3303, Handy 9971-8102, auch Mietwagen mit und ohne Fahrer, www.mmrentacar.com.br.

Einkaufen • *Mercado da Ribeira*, Rua Bernardo Vieira de Melo, 9–12 u. 14–18 Uhr. Kunsthandwerk.

• *Mercado Eufrasio Barbosa*, Av. Sigismundo Gonçalves s/n, Varadouro. Kunsthandwerk.

• *Alto da Sé,* Sa/So 9–18 Uhr. Freiluftmarkt.

4

Eine der krummen und buckeligen Straßen von Olinda

Feste

- **Januar:** *Serenata Luar de Olinda,* Musikumzug durch die Gassen der Altstadt. Termin bei der Touristen-Information erfragen
- **Februar:** *Carnaval de Olinda*
- **Ostern:** *Ápice,* Osterprozession von er Igreja da Sé (Alto da Sé) bis zur Igreja São Pedro Apóstolo (Praça João Alfredo, Carmo)
- **Ende August:** *Festival de Folclore Nordestino.* Großes Folklorefestival.

Porto de Galinhas

Der Name Porto de Galinhas, „Hafen der Hühner", stammt aus der Zeit des Sklavenhandels. Wenn Sklavenschiffe *Praia Porto,* so der ursprüngliche Name des Ortes, anliefen, sagte man den Plantagenbesitzern, dass „neue Hühner aus Angola" angekommen seien.

Jangada- und Buggyfahrten, Bootsausflüge und Wassersport – Porto de Galinhas ist heute ein Mekka für Strandliebhaber. Vom vier Kilometer langen Dorfstrand fahren Jangadas (Segelflöße) hinaus zu Korallenriffen. In glasklaren, flachen Meeresbecken wird der Besucher von Schwärmen bunter Fischchen *(Peixinhos coloridos)* umkreist. Etwa drei Kilometer weiter südlich, am Maracaípe-Strand (3 km, starker Wellengang), werden im Sommer häufig die brasilianischen Surf-Meisterschaften ausgetragen. Der 13 Kilometer vom Zentrum entfernte Enseadinha-Strand ist durch Riffe geschützt und deshalb gut zum Baden und Schwimmen geeignet. Die besten Strände nördlich von Porto de Galinhas *sind Praia do Cupe* (7 km, starke Strömungen außerhalb des Riffs), *Praia Muro Alto* (9 km, bei Ebbe großes Meeresbecken zum Schwimmen) und *Praia da Gamboa* (12 km). Buggy-Touren von Praia da Gamboa führen bis Pontal de Maracaípe, Fz 2 h (16 km), 5 € p.P.

_____ **Adressen & Service Porto de Galinhas**

Information *Centro de Informações Turísticas*, Rua da Esperança 188, Tel. 3552-1728, www.visiteportodegalinhas.com, 9–17 Uhr
Vorwahl: 081
Websites: www.portodegalinhas.com.br

Unterkunft • **Pousada Aquamarinha** (ECO/FAM), PE 009, Km 8,5, Qd. 7 A, Lt. 2, Merepe 3, Tel. 3552-1482, www.aguamarinhapousada.com.br. Kleine Pousada 100 m vom Strand, 21 Zi./AC, kleiner Pool, Pp. DZ/F 120–170 R$, gPLV.
• **Pousada dos Coqueiros** (FAM), Rua Beira Mar 7, Praia de Maracaípe, Tel. 3552-1294, www.pousadadoscoqueiros.com.br. Strandlage, 16 Zi., Pool, Restaurant. DZ/F 90 €.
• **Armação de Portos** (LUX), Praia do Cupe, Tel. 3552-1446, www.hotelarmacao.com.br. Sehr schöne Strandanlage, 130 Zi./AC, Strandservice, Sport, FamKids, Restaurant. DZ/F ab 150 €.
• **Brisas de Maracaípe,** Av. Beira-Mar s/n, Portal de Maracaípe, 3 km über Erdpiste, Tel. 3552-1816, www.brisas.com.br. Pousada, 10 Zi., 4 Chalés/AC, nettes Restaurant direkt am Meer, Pool, Pp. §§ DZ/F 100 €, Chalés 170 €. TIPP!

Essen & • *Picanha Tio Dadá,* Rua da Esperança 167, 11–24 Uhr. Churrascaria.
Trinken • *Beijupirá,* Rua Beijupirá s/n, 12–24 Uhr. Exquisite Fischgerichte und Meeresfrüchte, gehobene Preisklasse.
• *Carne de Sol do Cunha,* Rua Beijupirá 98, 11–22 Uhr. Preiswerte regionale Küche, Preise bis 30 R$.

Unter- Die Nacht beginnt mit Fruchtcocktails und Drinks im *Café do Brasil,* bis 24
haltung Uhr. Das Nachtleben konzentriert sich um die *Beco da Sapucaia,* eine kleine Gasse mit Läden und Kneipen, und auf das Dorf Vila de Todos os Santos. *Downtown Porto* und *Papillon Summer* sind beliebte Nachtclubs. Im Restaurant *Bico Verde* gibt es täglich Livemusik.

Fernando de Noronha _____

Unberührte Strände, kristallklares Wasser, intakte Korallenriffe, dazu flache Basaltbecken mit Delfinen und eine artenreiche Unterwasserwelt – die Inselgruppe *Fernando de Noronha,* 550 km nordöstlich von Recife bzw. 360 km von Natal – ist das maritime Naturparadies Brasiliens. Hier finden sich die besten Tauchgründe des Landes mit Sichtweiten von bis zu fünfzig Meter. Im 25 Grad warmen Wasser können Blue Marlins, Rochen, Barsche, Barrakudas, Makrelen sowie weitere Großfischarten und Meeresschildkröten beobachtet werden. Die 21 Inseln und 3 Felsen des insgesamt 26 qkm großen Archipels sind Gipfel eines unterseeischen Vulkangebirges. Nur die 17 qkm große Hauptinsel Ilha de Fernando de Noronha (gut 2700 Einwohner) dürfen Besucher betreten. Fernando de Noronha ist einer der größten maritimen Nationalparks der Welt. Mit Ausnahme der ausgewiesenen Schutzzonen im Westen und Süden der Insel kann man sich frei bewegen. Um das fragile Ökosystem nicht zu schädigen, gelten strenge Umwelt- und Naturschutzgesetze. Hauptort ist *Porto de Santo Antônio.*

An der **Enseada (Baía) dos Golfinhos,** der Delfinbucht an der Insel-Westseite, vesammeln sich allmorgendlich Hunderte Spinner-Delfine. Von der nächtlichen Jagd im offenen Meer zurückkehrend springen und drehen sie sich in showreifer Manier in den Basaltbecken der Bucht und gebären hier auch ihre Jungen. Zum Schutz der bis zu zwei Meter langen Tiere sollten sie nur mit gebührendem Abstand beobachtet werden, beispielsweise vom Aussichtspunkt *Mirante dos Golfinhos.*

Die **Praia do Leão** an der Insel-Ostseite gilt mit ihrem rötlich schimmernden Sand und türkisblauem Wasser als der schönste Strand der Insel. Die Felsen bilden hier eine Art Geysir *(repucho)*, durch den die Wellen hochbranden.

Von der Inselwestseite hat man einen herrlichen Blick auf den Sonnenuntergang, besonders an der **Praia Conceição.** Dieser lange Strand mit hellem Sand und ruhigem Wasser, an dem sich einige Barracas befinden, liegt zwischen Praia de Boldró und Praia do Cachorro. Auch die weiter südlich gelegene **Baía dos Porcos** mit ihrem großen Naturschwimmbecken und dem Ausblick auf die Felsen **Dois Irmãos** lohnt einen Besuch, ebenso wie die **Baía do Sancho.** Die sichelförmige Bucht mit weißem Sandstrand ist ein Tauchparadies und wird regelmäßig von Ausflugsbooten zu Bade- und Schnorchelstopps angefahren. In den Felsen über dem Strand nisten Tölpel und Seemöwen. Die besten Tauchgebiete liegen vor der *Praia do Boldró,* vor der *Ponta da Sapata* und bei der *Ilha Dois Irmãos.*

Der Morro do Pico ist die höchste Erhebung der Insel und ein guter Orientierungspunkt

Adressen & Service Fernando de Noronha

Information *Centro de Visitantes,* Alameda do Bodró, Tel. 3619-1352, Mo–Fr 8–22.30 Uhr
Vorwahl: (081)
Nationalparkgebühr: In der ersten Woche 12 €/Tag pro Person, später ansteigend
Websites:
• www.fernandodenoronha.pe.gov.br
• Inselinfo auf portg./engl. auf www.noronha.com.br,
• Infoseite auf Deutsch: www.fernando-de-noronha.net

An-/Abreise TRIP/TAM und GOL fliegen täglich ab Recife nach Fernando de Noronha, TRIP außerdem täglich ab Natal. Hin- und Rückflug ab ca. 400 €.
Zeitverschiebung gegenüber dem Festland plus eine Stunde.

Miet-fahrzeuge • *Berenice & Jürgen,* Trav. da Estrela 53, Vila dos Remédios, Tel. 3619-1829, Handy 9783-2881 und 9704-2619, inf@fernando-de-noronha.info. Buggys, Motorräder, E-Bikes und Fahrräder sowie geführte E-Bike-Touren.
• *Locadora Tropical,* Tel. 3619-1205. Mietbuggys und geführte Buggy-Touren
• *R.D.F Locadora,* Tel. 3619-1614. Motorräder.

Unterkunft • **Pousada do Recanto,** Rua da Consolação 117, Vila de Remédios, Tel. 3619-1236, www.pousadarecanto.com.br. Alteingesessen, 8 Zi./AC, Fahrradverleih, Transfer. DZ/F ab 100 €.
• **Pousada Paraíso do Atlântico** (FAM), Av. Maj. Costa 117, Vila do Trinta, Tel. 3619-1538, www.ilhadenoronha.com.br/ailha/hoteis_pousadas_paraiso_do_atlantico.php, 7 Zi./AC. DZ/F ab 55 €.
• **Hotel Dolphin** (LUX), BR 363, Vacaria, Tel. 3619-1000, www.dolphinhotel.tur.br. Eines der besten Hotels der Insel, 11 Zi./AC, Sauna, Pool, Transfer, Restaurant. DZ/F ab 240 €.

Essen & Trinken • *Gameleira,* Freiluftrestaurant an der Hauptstraße von Vila dos Remédios, Spezialität Barrakuda im Bananenblatt.
• *Flamboyant,* Vila dos Remédios, 12–16 u. 19–23 Uhr. Gutes, preiswertes Büffet-Restaurant nach Gewicht. TIPP!
• *Cacimba Bistrô,* Praça Eurico Dutra 9, Vila dos Remédios, 12–15 u. 18.30–23.30 Uhr. Gute Küche, Weinkarte!
• *Nascimento,* Rua Maj. Costa 115, Vila do Trinta, 11–24 Uhr. Fischgerichte.

Unter-haltung • *Bar São Pedro,* Porto de Santo Antônio SB-Mittagsbüffet.
• *Porto Marlin,* Porto de Santo Antônio. Sushi.
• *Bar do Cachorro,* Vila dos Remédios. Forró bis morgens um 4 Uhr, montags Livemusik mit einer Batucada.

Tourguide Zuverlässige dt.-spr. Tourguides für Insel- und Bootsausflüge sind Berenice (mit Lizenz!) und Jürgen. Adresse s.o.

Tour-anbieter *Dolphin Travel,* Tel. 3619-1129 und *Mubatur,* Tel. 3619-1266, beide an der Alameda do Boldró.

4

Boots-touren	Die Ausflugsboote legen im Porto de Santo Antônio ab. Die Touren verlaufen über die *Enseada da Ressireta* (Schnorchelstopp) und die *Baía do Sancho* (Badestopp) bis zur Südspitze der Insel, *Ponta da Sapata*; Fz 3 h, 35 € p.P., inkl. Transfer. Infos bei *Abatur,* Tel. 3619-1307. Auf den Nachmittagstouren sieht man häufig Delfine.
Buggy-touren	*Nortax* (Kooperative der Buggyfahrer), Tel. 3619-1314. Buggytouren durch die Insel, Abfahrt früh am Morgen, Fz 8 h, Fp mind. 130 €/Buggy/4 Personen.
Tauchen	Geführte Tauchgänge kosten ab 130 € inkl. Kompletter Tauchausrüstung, Lungenautomat und Tauchflaschen. Eintägige Schnupperkurse für Anfänger (auf 12 Meter Tiefe) kosten etwa 120 € inkl. Transport und Ausrüstung.

• *Atlantis-Divers*, Vila dos Remédios, Tel. 3619-1371, divers@elogica.com.br, www.atlantisnoronha.com.br; Tauchschule eines deutschsprachigen Elsässers.

• *Águas Claras*, Alamada do Bodró s/n, Tel. 3619-1225, aclaras@elogica.com.br, www.aguasclaras-fn.com.br; sehr gutes Equipment.

Natal

Natal, die Hauptstadt des Bundesstaates Rio Grande do Norte, hat knapp 810.000 Einwohner und liegt auf einer Halbinsel, die im Nordwesten vom Potengi-Fluss und im Osten vom Atlantik begrenzt wird. Ein acht Kilometer langer Strandboulevard, die *Via Costeira,* verbindet Natal mit seinem Strandort *Ponta Negra,* wo man gut unterkommen kann. Im Gebiet von Natal herrscht durchschnittlich an 300 Tagen im Jahr Sonnenschein.

Natal – „Weihnachten" – wurde am 25. Dezember 1599 gegründet. Von 1633–1654 herrschten die Holländer über die Region, sie nannten Natal Neu-Amsterdam.

Im Eselsgalopp über einen herrlichen Dünenstrand

Forte dos
Reis Magos

Es gibt nur wenige historische Gebäude. Die *Matriz Nossa Senhora da Apresentação,* die Haupt- oder Urkirche der Stadt, stammt aus dem Jahr 1694. In ihrem Inneren wurden Wandgemälde mit chinesischen Motiven entdeckt. Ein Blick lohnt auch in die *Igreja Santo Antônio,* eine 1799 erbauten Barockkirche mit schönem Holzaltar in der Rua Santo Antônio 698, Cidade Alta. Ihr angeschlossen ist ein Kloster und das Museum für sakrale Kunst (Di–So 9–17 Uhr).

Das ehemalige Stadtgefängnis an der Rua Aderbal de Figueiredo beherbergt das **Centro de Turismo,** in den ehemaligen Zellen wird das Kunsthandwerk des Nordostens präsentiert. Am Donnerstagabend im Innenhof Tänze und Musik *(forró com turista).*

Forte dos Reis Magos
Die „Festung der Heiligen Drei Könige" ist das bekannteste Wahrzeichen der Stadt. Sie liegt 5 km vom Zentrum an der Praia do Forte. Die Portugiesen errichteten sie noch vor der Gründung Natals im Januar 1598 an der Mündung des Rio Potengi. Die Bastion, fertiggestellt 1628, die man über einen schmalen Fußweg erreicht, hat die Form eines fünfzackigen Sterns, ihre bis zu 14 Meter dicken Mauern wurden aus Riffgestein, Kalk und Walfischöl gefertigt. Im Inneren befinden sich eine Kapelle, ein Brunnen, Mannschaftsquartiere und Kanonen. Geöffnet 8–16.30 Uhr, Eintritt 3 R$.

Strände
Östlich des Zentrums liegen: Stadtstrand *Praia dos Artistas* (3,5 km zahlreiche Unterkünfte und Restaurants); *Praia da Areia Preta* (4 km, felsig) und die kleine *Praia Mãe Luiza*. Der schönste Stadtstrand ist die *Praia do Forte* (5 km) beim Forte dos Reis Magos. Vorgelagerte Riffe bilden ein riesiges Bassin, das sich gut zum Baden und Windsurfen eignet. An der Via Costeira erstreckt sich im Süden der ruhige, breite Sandstrand *Praia Barreira d'Água* (12 km) und die vielbesuchte *Praia Ponta Negra* (14 km). Entlang einer drei Kilometer langen Bucht finden sich Hunderte von Strandkneipen, Restaurants und Pousadas. Überragt wird Ponta Negra vom *Morro do Careca* („Glatzenhügel"), einer 120 Meter hohen und sehr steilen Düne, die direkt ins Meer abfällt.

4

Adressen & Service Natal

Information   *Centro de Turismo de Natal* (Setur), Rua Aderbal de Figueiredo 980, Petrópolis, Tel. 3211-6149, 9–19 Uhr, www.natalonline.com. Jeden Donnerstag um 22 Uhr Forró-Aufführung für Touristen.
Vorwahl: (084)
Websites: http://turismo.natal.rn.gov.br • www.natalguia.com.br www.natal.de

Flug/Bus   • *Aeroporto Internacional Augusto Severo*, BR 101, Parnamirim, 15 km des Zentrums
• *Rodoviária Nova*, Av. Capitão Mor Gouveia 1237, Cidade da Esperança, 6 km südlich des Zentrums

Mietwagen   • *Avis*, Rua Manoel Castro 123, Tel. 3204-5037, Flughafen Tel. 3644-2503
• *Localiza*, Av. Nascimento de Castro 1794, Lagoa Nova, Tel. 3221-4296, Flughafen Tel. 3272-2557

Unterkunft   • **Recanto da Costeira** (ECO), Rua Pedro Fonseca 8856, Trevo de Ponta Negra, Tel. 3219-3856, www.recantodacosteira.com.br. 24 Zi./AC, Pool. DZ/F 35–50 €.
• **Tubarão** (FAM), Rua Vereador Manoel Coringa 259, Praia Ponta Negra, Tel. 3641-1029,http://hote95.wix.com/hotel-tubarao. Strandnahe Parklage mit Meerblick-Veranda, 20 Zi., Bar, Pool. DZ/F 60–80 €, Kinder bis 7 Jahre kostenlos.
• **King´s Flat** (FAM), Rua Francisco Gurgel 2117, Ponta Negra, Tel. 3236-4680, www.kingsflathotelnatal.com. 39 Zi./AC, Pool, RoSt, Restaurant. DZ/F ab 100 €, gPLV, alle Kk.

Essen & Trinken   • *Casa Grande,* Rua Princesa Isabel 159. Regionale Küche.
• *Tábua de Carne,* Av. Roberto Freire 2912. Spezialisiert auf *Carne de Sol,* 11.30–23.30 Uhr, preiswert!
• *Peixada da Comadre,* Rua Dr. José Augusto Medeiros 4, Praia dos Artistas, Mi–So 11.30–15.30 u. 18–22.30 Uhr, sonntags nur bis 17 Uhr. Fisch & Meeresfrüchte.

Unterhaltung   • *Taverna Pub Medival,* Rua Dr. Manoel A.B. de Araújo 500, Ponta Negra. Livemusik!
• *Complexo Lazer Chaplin,* Av. Pres. Café Filho 27, Praia dos Artistas. Großes Vergnügungszentrum mit mehreren Discos.
• *Cervejaria Continental* (Dancing Beer), Av. Senador Dinarte Mariz s/n, Via Costeira. Strandbrauerei, Do–Sa Livemusik.
• *Forró com Turista,* im Centro de Turismo de Natal, Rua Aderbal de Figueiredo 980, Petrópolis. Donnerstagabends Forró-Tanzshow und Disco.
• Show *Estação Nordeste*, Di/Do/Sa Show *Dança Brasil.* Täglich *Dança Quilombo* und *Capoeira.* Tanzfläche ist ab 23 Uhr geöffnet. Res. Tel. 3211-1457, empfehlenswert.

Museum   *Museu Câmara Cascudo,* Av. Hermes da Fonseca 1398, Tirol, Tel. 3212-2795, Di–Fr 8–10.30 u. 14–16.30 Uhr, Sa/So 13–17 Uhr. Exponate der im Amazonasgebiet ansässigen Ureinwohner, Fossilien und Skelette, sakrale Kunst.

Touranbieter   *Manary Ecotours*, Rua Francisco Gurgel 9067, Praia Ponta Negra, Tel. 3219-2900, ecotours@manary.com.br, www.guiatur.com.br/manary-ag.php. Paketangebote, u.a. für Fernando de Noronha.

Tourguide	*Issac Frankenthal,* Tel. 9185-2063, easytour07@hotmail.com. Erfahrener dt.-spr. Tourguide für Natal und Umgebung mit eigenem Wagen, Hotelreservierungen, Flüge nach Fernando de Noronha.
Buggys	• *Sindicato de Bugeiros* (SINDIBUGGY), Rua João XXIII Nr 582, Praia Mãe Luiza, Tel. 3202-1252 oder *Associação de Bugeiros*, Tel. 3225-2077. Registrierte Buggy-Fahrer, preiswerte Direktanbieter für die Tour Natal–Fortaleza.
	• *Marazul Turismo,* Rua Manoel Sátiro 1, Praia Ponta Negra, Tel. 3219-2221, www.passeiodebuggy.com.br. Touren entlang der Süd- und Nordküste und nach Fortaleza.
Kunsthandwerk	• *Centro de Tourismo de Natal*, Rua Aderbal de Figueiredo 980, 9–19 Uhr. – *Casa do Artesão*, Av. Prudente de Morais 470, Petrópolis, Mo–Fr 8–18.30 Uhr, Sa 8–16 Uhr.
	• *Centro Potiguar de Artesanato*, Av. Gov. Silvio Pedrosa 290, Praia do Meio. Freiluftmarkt, nur Sa/So.
Feste	• **20. Januar:** *N.S. dos Navegantes*. Bootsprozession an der Praia da Redinha.
	• Anfang **Dezember:** *Carnatal*. Dreitägiger Karneval außerhalb der Saison (Termin bei Setur erfragen).

Umgebungsziele Natal

Praia da Pipa

Die Küste südlich von Natal heißt *Rota do Sol* und ist mit zahllosen, herrlichen Sandstränden gesegnet. Das ehemalige Fischerdorf *Praia da Pipa*, 86 Kilometer südlich von Natal, fasziniert durch Strände mit steil aufsteigenden Felsklippen, an denen bei Flut häufig Delfine und Meeresschildkröten zu sehen sind. Während es am Hauptstrand von Praia da Pipa mit seinen bunten Sonnenschirmen, Strandkneipen, Restaurants auch wegen des Nachtlebens in der Hochsaison zuweilen zu Gedränge kommt, ist es an der zwei Kilometer nördlich gelegenen *Praia Curral,* an der die Delfine häufig Fischschwärme in

4

Praia Amor

die Bucht treiben, deutlich ruhiger. Die südlich gelegenen Strände sind wahre Surfparadiese, insbesondere *Amor* und *Moleque*.

Die Anfahrt von Natal zur Praia da Pipa erfolgt über die BR 101 bis nach Goianinha (in den Ort einfahren), dann den Praia da Pipa-Schildern folgen. Busse von Natal fahren tägl. via Tibau do Sul nach Praia da Pipa (Fz 2 h).

Genipabu

Der Dünenstrand von Genipabu, 24 km nördlich von Natal, ist sicherlich der fotogenste Strand in Rio Grande do Norte. Die riesigen, herrlichen Sanddünen des *Parque Dunas de Genipabu* schieben sich direkt an das türkisfarbene Meer, zahlreiche Jangadas warten insbesondere während der Ferienzeit auf Fahrgäste. Genipabu ist ein Eldorado für Buggy-Fahrer, der Verkehr ist so lebhaft, dass ungestörtes Sonnenbaden kaum möglich ist. Ruhiger wird es weiter im Norden, an Stränden wie *Barra do Rio, Graçandu* und *Pitangui*.

Dünenstrände in Ceará

Ceará – für die meisten Brasilien-Urlauber steht dieser Bundesstaat für „Sonne pur". Selbst wenn es in Bahia, Pernambuco und Maranhão regnet, scheint in Ceará fast immer die Sonne. 570 Kilometer Küste bieten über 100 Traumstrände mit türkisgrünem Wasser, Kokospalmen, Sanddünen und Süßwasserlagunen. Besonders außerhalb der tanzbegeisterten Hauptstadt Fortaleza finden sich echte Strandperlen, z.B. *Canoa Quebrada* im Südosten und *Jericoacoara* im Nordwesten.

Auf vier Rädern durch den Sand

Vor Beginn der Tour über die Sanddünen fragen die *Bugeiros* (Buggyfahrer), ob man „*Com ou sem emoção*" (mit oder ohne „Aufregung") fahren möchte. Zum Eingewöhnen ist die Variante *sem emoção* zu empfehlen: wenn der Buggyfahrer auf die Gipfel der 30 Meter hohen Dünen zurast und dann scheinbar ins Nichts verschwindet, muss man sich auch bei der gemäßigteren Variante noch gut festhalten. Auf längeren Buggy-Touren ist Sonnenschutz ratsam, wegen des feinkörnigen Sandes empfiehlt es sich, die Fotoausrüstung gut einzupacken.

Fortaleza

Mitreißende Forró-Musik, vielfältiges Kunsthandwerk und köstliche Meeresfrüchte erwarten den Besucher in Fortaleza, der Hauptstadt von Ceará. Die 2,5 Millionen-Stadt ist modernen Zuschnitts und *die* Tanz-Metropole des Nordostens. Einen Besuch in der *Pirata-Bar* oder bei *Lupus Bier,* beide in der Rua dos Tabajaras an der *Praia de Iracema,* und einen Spaziergang dort sollten Sie sich nicht entgehen lassen. Auch in den restaurierten Kolonialgebäuden um die *Ponte Metálica* hat sich eine Ausgehszene etabliert. Eine gute Gegend zum Übernachten ist *Praia Meireles* mit quirliger Uferpromenade, Strandcafés, Restaurants, Kneipen und einem Strandmarkt bis spätabends.

Die Festung *Schoonenborch,* aus der die Stadt Fortaleza entstand, wurde 1649 von den Holländern erbaut. Nach der Rückeroberung durch die Portugiesen im Jahr 1654 wurde die Bastion in *Fortaleza da N.S. da Assunção* umbenannt. Sie dient auch heute noch dem Militär (Av. Alberto Nepomuceno).

Die **Praça da Sé** am südlichen Ende dieser Straße wird von der neugotischen *Catedral da Sé* dominiert, die erst 1978 fertiggestellt wurde und 5000 Gläubige fasst. Danach lohnt ein Bummel durch den naheliegenden (Rua Nepomuceno) *Mercado Central.* Neben Lebensmitteln aller Art wird auch Kunsthandwerk in großer Auswahl verkauft.

Straßenkünstler jeglicher Couleur trifft der Besucher an der *Praça José de Alencar,* im Umfeld des *Theatro José de Alencar.* Es wurde 1910 erbaut, die eindrucksvolle Eisenkonstruktion stammt aus Schottland. Das Schauspielhaus ist Mo–Fr 8–17 Uhr geöffnet, es werden Führungen angeboten.

Das ehemalige Stadtgefängnis (1850–1866) an der *Praça dos Mártieres* beherbergt das **Centro de Turismo** und das *Museu de Arte, Cultura Popular e de Mineralogia* (Mo–Sa 7–18 Uhr, So 7–12 Uhr). In den ehemaligen Gefängniszellen verkaufen über 100 Ladengeschäfte Kunsthandwerk. Wenn Sie Flaschen mit buntem Sand *(garrafas coloridas)* oder kunstvolle Spitzen und Stickereien kaufen wollen, werden Sie hier garantiert fündig.

Strände

Die besten Badestrände Fortalezas liegen außerhalb des Stadtzentrums. An der acht Kilometer langen *Praia do Futuro,* einem Sandstrand südöstlich des Zentrums, bieten zahlreiche Strandkneipen Fangfrisches aus dem Meer und Live-Bands spielen auf. Westlich von Fortaleza, am 22 Kilometer entfernten Dünenstrandes *Praia Icarí* und an der 33 Kilometer entfernten *Praia do Combuco,* werden Reit- und Buggytouren, Wassersportarten und Jangada-Segelausflüge angeboten. **Jangadas** sind die traditionellen Segelflöße der Fischer. Sie sind etwa sechs Meter lang und bestehen aus Holzplanken und einem Mast, an dem ein Dreiecksegel befestigt ist. Cumbuco bietet außerdem hohe Dünen und blaue Lagunen.

Adressen & Service Fortaleza

Information   *Setur Farol do Mucuripe,* Rua Vincente de Castro s/n, Mucuripe, Tel. 3101-4688, Mo–Fr 8–17 Uhr, Sa/So 8–12 Uhr

Centro do Turismo, Rua Sen. Pompeu 350, Centro, Tel. 3101-4698, Mo–Sa 8–16 Uhr, So 8–12 Uhr

Vorwahl: (085)

Websites: www.fortaleza.ce.gov.br • www.fortaleza.de (dt.-spr.) www.rotaceara.com.br • www.visitfortaleza.com

Flug/Bus	• *Aeroporto Pinto Martins,* Praça Eduardo Gomes, 6 km südlich des Zentrums
	• *Rodoviária,* Rua Osvaldo Studart/Av. Borges de Melo, Fátima, 6 km südlich des Zentrums. Stadtbus 2 R$.
Unterkunft	• **Ibis** (FAM), Rua Atualpa Barbosa de Lima 660, Praia de Iracema, Tel. 3052-2450, Res. 0800-703-7000, www.ibishotel.com.br. Ruhige Lage in Strandnähe, 170 Zi./AC, Pool, Restaurant. DZ/F 180–210 R$.
	• **Pousada do Suiço,** Rua Antônio Augusto 133, Iracema, Tel. 3219-3873, www.pousadadosuico.com.br. Etablierte Pousada von den Schweizern Anna und Walter, 30 Zi./AC/Vent., kleines Restaurant. DZ/F ab 150 R$.
	• **Mareiro Hotel** (FAM/LUX), Rua Tibúrcio Cavalcante 10, Tel. 3266-7200, www.mareiro.com.br. Strandnähe, 200 Zi./AC, Pool, gutes Restaurant. DZ/F 450–800 R$.
	• **Marina Park** (LUX), Av. Pres. Castelo Branco 400, Iracema, Tel. 4006-9595, www.marinapark.com.br. Schöne Lage mit Flair, 315 Zi./AC, goßer Pool mit Wasserfall, 4 Tennisplätze, guter Service. DZ/F 400–640 R$.
Essen & Trinken	**Günstig Fisch und Krustentiere kaufen Sie im Mercado do Peixe** und können Fangfrisches gleich bei den Grillbuden grillen lassen. Authentischer und preiswerter geht es nicht.
	• *Peixada do Peixe,* Av. Beira Mar 4632, Meireles. Top-Restaurant beim Fischmarkt, gPLV!
	• *O Osmar,* Rua São João 147, Mucuripe, Mo–Sa 11–24 Uhr. Familiäre Insiderkneipe im Hinterhof, Zugang durch einen sehr schmalen Gang. Leckere Krabben in Knoblauchsoße, Langusten a.A.
	• *Sobre o Mar,* Rua dos Tremembés 2 (in der Nähe der Ponte Metálica), 11–1 Uhr. Schönes Restaurant mit Meerblick, gehobene Preisklasse.
	• *Sal e Brasa,* Av. Abolição 3500, Meireles, 12–24 Uhr. Spitzen-Churrascaria, Rodízio mit erstklassigen Beilagen, Salatbüffets inkl. Lachs und Kaviar, exzellenter Service. TIPP! Wer keinen Platz findet, geht ins naheliegende *Boi Preto*.
	• *Hofbräuhaus,* Rua Costa Barros 1088, Casa 2, Aldeota, Di–Sa 18–24 Uhr, So 12–23 Uhr. Deutsche Küche, auch bei Einheimischen beliebt.
Unter- haltung	• *Camelão,* Rua Dragão do Mar 72, 16.30–3 Uhr, Mi–So Livemusik.
	• *Café del Mare,* Rua dos Tremembés 100, Praia de Iracema, 21–6 Uhr, Livemusik.
	• *Lupus Bier,* Rua dos Tabajaras 340, *chope* (Micro-Brauerei) und Folklore Shows (mittwochs).
	• *Alfforia Bar Cultural,* Rua Pessoa Anta 218 (neben dem Kulturzentrum Dragão do Mar), tägl. Livemusik.
	• *Mucuripe Fortaleza,* Av. Beira-Mar 4430, Mucuripe. Größte Disco der Stadt.
Forró	• *Pirata-Bar,* Praia de Iracema, erkennbar am großen Piratenschiff-Modell. Open-air-Disco mit legendärer Forró-Party (Mo), professionelle Forró- und Lambada-Tänzerinnen.
	• *Clube do Vaqueiro,* am Kreisverkehr BR 116/CE 04 (Tankstelle Posto do Vaqiero). Forró Mi/Sa 22–6 Uhr, in der angeschlossenen Churrascaria wird Lammfleisch gegrillt.
	• *Oásis,* Av. Santos Dumont 6061, Papicu. Großer Forró-Club, dienstags geht die Post ab.

4

Strand-
kneipen
Viele Strandkneipen reihen sich an der Praia de Futuro, die abwechselnd musikalische Strandpartys abhalten. Die Taxifahrer wissen immer, an welcher etwas am Abend geboten wird. *Chico do Caranguejo,* Av. Zezé Diogo s/n, Praia do Futuro, Donnerstagsparty ab 20 Uhr mit Pagode-, Forró- und Axé-Bands.

Kultur-
zentrum
Centro Cultural Dragão do Mar, Rua Dragão do Mar 81, Praia de Iracema. In dem futuristisch anmutenden Gebäude sind die zwei Museen *Museu de Arte Contemporânea* und *Memorial da Cultura Cearense* untergebracht, sowie Kinos, Kunstgalerien, das Planetarium und ein Freilufttheater.

Beach Park
Eines der größten Erlebnisbäder Brasiliens mit mehreren Wasserrutschen (darunter eine 41 Meter hohe) und Wellenbad liegt 29 km östlich des Zentrums an der Praia Porto das Dunas; www.beachpark.com.br, 11–17 Uhr (Mai meist geschl.), Eintritt 130 R$, Kinder bis 1 m Größe frei, Kinder bis 12 Jahre 120 R$, alle Kk.

Off-Road-
Touren
Tagestouren mit Jeeps führen an den Stränden entlang, mehrtägige Touren nach Jericoacoara, zum Delta des Rio Paraíba (Piauí) oder zum Nationalpark Lençóis Maranhenses (Maranhão) sowie nach Natal (Rio Grande do Norte).
• *Dunas Off-Road Expedições*, Av. Desembargador Moreira 2001, Aldeota, Tel. 3264-2511
• *Trip da Areia*, Av. Beira-Mar 3120, Meireles, Tel. 3242-3985

Buggys
• *Locabuggy,* Av. Beira-Mar 2500, Meireles, Tel. 3242-6945
• *Helio Medeiros,* Rua Vincente Leite 759, Tel. 3261-5666. Buggys mit Freikilometern, Transfer vom Flughafen.

Boots-
touren
Bootausflüge entlang der Küste biete *Martur* (Tel. 3263-1203) und *Ceará Saveiros* (Tel. 3263-1085). Abfahrten von der der Praia Mucuripe um 10 und 16 Uhr, Fz 2 h. Vom Pier des Hotels Marina Park, Av. Pres. Castelo Branco 400 (südlich des Zentrums), Tel. 3252-5253, legen um 10 und 16 Uhr ebenfalls Ausflugsboote ab.

Einkaufen
• Einen traditionellen Strandmarkt gibt es an der Praia do Meireles, Av. Beira-Mar gegenüber dem Hotel Othon, 16–22 Uhr. Preiswerte Hängematten, Carangas, Sandflaschen, Cashew-Nüsse, sehenswert.
• *Centro de Turismo*, Rua Senador Pompeu 350, Mo–Sa 7–18 Uhr, So 8–12 Uhr.
• *Mercado Central*, Rua Alberto Nepomuceno 199, Mo–Fr 7.30–18.30 Uhr, Sa 8–16 Uhr, So 8–12 Uhr, preiswerter als im Centro de Turismo.
• *Central de Artesanato do Ceará,* Av. Santos Dumont 1589, Aldeota, Mo–Sa 8–12 u. 14–18 Uhr.

Feste
• **2. Julihälfte:** *Regata de Jangadas Dragão do Mar.* Jangada-Wettkampf entlang der Strände Meireles und Mucuripe.

- **Ende Juli:** *Fortal,* einer der größten Karnevals außerhalb der Saison. Hunderttausende bevölkern die Av. Beira-Mar, auf der die Karnevalsgruppen defilieren.
- **15. August:** *Iemanjá.* Festlichkeiten zu Ehren der Meeresgöttin am Strand Praia do Futuro.

Umgebungsziele Fortaleza

Canoa Quebrada

Canoa Quebrada, knapp 170 Kilometer südöstlich von Fortaleza, war ein verschlafenes Fischerdorf ohne Strom, bis der Ort und sein 13 Kilometer langer Dünenstrand in den 1970er Jahren von Hippies und Aussteigern entdeckt wurden. Ein portugiesisches Schiff, das im Jahr 1640 an den Korallenriffs vor der Küste aufgelaufen war und zu Bruch ging, hat dem Ort seinen Namen gegeben: *Canoa Quebrada,* das zerbrochene Kanu. Heute ist der auf einem 40 Meter hohen, rötlich schimmernden Felsen gelegene Ort ein populäres Strandziel geworden, der auch Nachtschwärmern einiges zu bieten hat: Sie können in der *Bar do Reggae* an der Hauptstraße des Dorfes, großspurig *Broadway* genannt, oder in Diskotheken wie *Pokoloco* und *Eu quero é Mais* bis zum Morgengrauen feiern. Alles Weitere auf www.canoa-quebrada.com oder www.portalcanoaquebrada.com.br.

Unterkunft
- **Refugio Dourado** (ECO), Rua Refúgio Dourado 11, Tel. (088) 3421-8085. Einfaches, rustikales Fischerhaus, 12 Zi, Pool, Restaurant. DZ/F ca. 120 R$.
- **Pousada Lua Morena** (FAM), Rua Francisco Caraço, Vila Canoa Quebrada, Tel. (088) 3421-7030, www.pousadaluamorena.com.br. Schöne Pousada eines Holländers mit tollem Meerblick, 17 Chalés (max. 6 Per.), Pool.DZ/F 160–200 R$.
- **Il Nuraghe,** (LUX), Rua Descida da Praia, Tel. 3421-7418, www.nuraghe-canoa.com. 21 Zi./AC, Pool, RoSt, Pp. DZ/F 200–280 R$.

Essen & Trinken
Die meisten Restaurants liegen in der Rua Dragão do Mar (Broadway), wie z.B. *Costa Brava* (Spanische Küche), *Cabana* (gemischte Küche) oder *Pizza Nostra*.
- *Trio da Casa*, Rua Dragão do Mar (Broadway); Langusten, Shrimps und Fisch.
- *Artesanal,* Rua Caminho do Mar, Praia Canoa Quebrada (vor der Pousada Tranquilândia). Gute Fisch- und Fleischgerichte, 11–24 Uhr, Jan/Feb und Juli tägl. 12–23.30 Uhr, im Mai geschlossen.

4

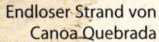

Endloser Strand von
Canoa Quebrada

Kitesurfer

Jericoacoara

Jericoacoara, eines der schönsten Strandparadiese Brasiliens, liegt
305 Kilometer von Fortaleza entfernt an der Nordwestküste. Die
Region ist Nationalpark. Der 5000- Einwohner-Ort, in dem es weder
Asphaltstraßen noch Straßenbeleuchtung gibt, liegt in einem
Palmenhain am Fuße der dreißig Meter hohen Sanddüne *Duna Pôr-
do-Sol,* einem Eldorado für Sandboard-Fahrer. Von der Düne hat
man einen fantastischen Blick auf den Sonnenuntergang. Die
Wanderdünen und Lagunen stehen unter Naturschutz. Die *Pedra
Furada,* ein vom Meer ausgehöhlter Steinbogen, ist das Wahrzeichen
des Strandes. Die Häuser sind spartanisch, das Nachtleben konzentriert sich auf die Rua do Forró und die Rua Principal, zum Tanzen
empfiehlt sich das *Mama Africa* (hinter der Pousada Calanda) oder
die *Bar do Forró.*

Website mit Links zu Unterkünften: www.jericoacoara.com und
www.jeri-brazil.org. **Anreise** nach „Jeri": Von Fortaleza aus werden
Touren angeboten, die Übernachtungen sowie einen Transport im
Mini-Van umfassen. Außerdem fährt die Busgesellschaft *Redenção*
täglich um 9, 10.30 u. 18.30 Uhr nach Jericoacoara, Fz mind. 6 h.
Endstation ist Jijoca de Jericoacoara. Dort wird in die geländegän-
gigen Jardineira-Busse nach Jericoacoara umgestiegen (im Fp inbegriffen), Abfahrten um 15/0.30 Uhr, Fz 1,5 h.

Propellermaschinen von *Correta* (max. 14 Passagiere) fliegen
Mo/Mi/Fr um 9 Uhr in einer Stunde von Fortaleza nach Camocim,
das ca. 100 km westlich von Jericoacoara liegt. Rückflüge 15 Uhr.
Die 111 Kilometer lange Fahrt von Camocim nach Jericoacoara erfolgt im Buggy oder im Jardineira-Bus, Fz 2 h.

Tour-Paket ab Fortaleza
Das Dreitages-Super Pacote umfasst Abholung vom Hotel in Fortaleza, Transporte und Übernachtungen in der Pousada *Recanto do Barão* in Jericoacoara. 2x ÜF/DZ inkl. Transfer ab 180 €. Buchung in D: *Brasil Travel*, Tel. (06261) 893150, brasil-travel@t-online.de.

Unterkunft
• **Pousada Calanda** (ECO/FAM), Rua das Dunas s/n, Tel. (088) 3669-2055, www.pousadacalanda.com. Schöne Lage mit Blick auf die Duna Pôr-do-Sol. 12 Zi., Bar, Vollmond-Party, gutes Restaurant. DZ/F ab 40 €, der Schweizer Urs Hemmi bietet auch Pferdetouren an.

• **Pousada Vila Kalango** (LUX), Rua das Dunas 30, Tel. (088) 3669-2290, www.vilakalango.com.br. Exzellente Lage, Strandnähe, 3 geschmackvoll eingerichtete große Zi., 8 Chalés/AC, auch mehrere Baumhäuser, Transfer, Restaurant. Klein, aber fein. DZ/F a.A.

São Luís

Als einzige Hauptstadt eines brasilianischen Bundesstaats (Maranhão) wurde die Inselstadt São Luís (1 Mio. Ew.) von den Franzosen gegründet. 1612 bauten die Franzosen an der Stelle des heutigen *Palácio dos Leões* eine Festung. Schon zwei Jahre später wurden die Franzosen von den Portugiesen vertrieben. Kolonisten von den Azoren besiedelten die Region und bauten Baumwolle und Zucker-

rohr an. Für ihre Plantagen brauchten sie Arbeitskräfte. Deshalb wurden Afrikaner nach Maranhão verschleppt, die am alten Sklavenmarkt *Cafua das Mercês* verkauft wurden.

Der Export von Zucker und später Baumwolle spülte Geld in die Stadt. São Luís war die erste Stadt in ganz Brasilien, die asphaltierte und beleuchtete Straßen erhielt. Kunst und Literatur blühten auf, was São Luís den Beinamen „Athen Brasiliens" einbrachte. In dieser goldenen Ära entstanden Paläste und prächtige Bürgerhäuser.

Es ist dieser Mix aus französischen, holländischen und portugiesischen Ursprüngen und Umformungen, der São Luís zu einer Stadt mit besonderem Flair macht. Architektonisch ist sie sowieso die schönste des Nordostens: Es ist die größte Konzentration portugiesischer Kolonialarchitektur in Brasilien.

4

São Luís / Centro

Baía de São Marcos

Terminal Hidroviária

Centro

Praia Grande

Desterro

Centro Histórico

Start Rundgang

Centro de Criatividade

Stadtbus-Terminal Grande Praia

nach São Francisco, Strände u. Hotels

Belém / Rodoviária / Flughafen

Sehenswertes

1 Casa das Tulhas / Feira da Praia Grande
2 Solar dos Vasconcelos
3 Cafua das Mercês/ Museu do Negro
4 Centro de Cultura Popular
5 Solar de Baronesa de Anajatuba
6 Museu Histórico e Artístico
7 Museu de Arte Sacra
8 Teatro Artur Azevedo
9 Palácio da Ravadiére (Prefeitura)
10 Palácio dos Leões
11 Beco da Catarina Mina
12 Casa do Maranhão

Hotels

1 Pousada do Francês
2 Hotel Villa Rica
3 Hotel Casa Grande
4 AJ Solar das Pedras
5 Pousada Colonial
außerhalb:
6 Hotel Skina Palace
7 São Francisco
8 Best Western Praia Mar
9 São Luís Park

Convento das Mêrces / Museu da Memória Republicana

Igr. do Desterro

Mercado Central

Busse nach São José do Ribamar

Rotatória Centro

Die historische Bausubstanz wurde ab den 1980ern restauriert, 1997 bekam das *Centro Histórico* bzw. *Praia Grande* den UNESCO-Weltkultur-erbe-Titel.

Prächtige *Sobrados,* palastartige Herrenhäuser und einstöckige *Portas e Janelas* säumen die Straßen und Gassen *(Becos)*. Um die Bauten vor der feuchten und salzhaltigen Luft zu schützen, wurden ihre Fassaden mit handbemalten Keramikfliesen verkleidet. Die schönsten Kolonialhäuser mit schmiedeisernen Balkongittern, hand-geschnitzten Türen und gepflasterten Innenhöfen liegen an der *Praça do Comércio,* in Straßen *Rua Portugal, Rua da Estrela, Rua do Giz* und *Rua do Sol.*

Stadtrundgang

Lassen Sie sich einfach durch die malerische Altstadt treiben oder folgen Sie dem in der Karte eingezeichneten Rundgang mit dem Ausgangspunkt *Centro de Criatividade*, dem Kultuzentrum der Stadt.

Neben dem kolonialen Erbe verzaubert die Stadt durch Folklore und Reggae-Rhythmen. Darüber hinaus lohnt der *Parque Nacional dos Lençóis Maranhenses* mit seiner gewaltigen Dünenlandschaft ei-nen Besuch.

Casa das Tulhas [1] In diesem Kolonialhaus-Komplex von 1820 in der Rua da Estrêla am *Largo do Comércio* werden typische Produkte Maranhãos, wie *tiquira* (Maniokschnaps), *caju,* Süßigkeiten und Delikatessen verkauft. Dort findet auch die *Feira da Praia Grande* statt (Altstadtmarkt).

Solar dos Vasconcelos [2] Ausstellung über das *Projeto Reviver,* der Altstadtrestaurierung. Der zweite Teil des Musums befasst sich mit dem Bootsbau und den Bootstypen an der Küste und auf den Flüssen des Bundesstaates. Mo–Fr 8–19 Uhr, Sa/So 8–17 Uhr.

4

Unterwegs in der Altstadt

Cafua das Mercês [3]	In dem fensterlosen Gebäude auf dem alten Sklavenmarkt in der Rua Jacinto Maia 43 wurden die afrikanischen Sklaven eingesperrt, bevor sie an die Plantagenherren verkauft wurden. Das kleine *Museu do Negro* zeigt eine beeindruckende Ausstellung zur leidvollen Geschichte Sklaverei. Ein *Pelourinho* zum Auspeitschen an ihm angebundender Sklaven steht im Innenhof. Mo–Fr 9–18 Uhr.
Museu do Centro de Cultura Popular [4]	Das Volksmuseum in der Rua do Giz 221 zeigt Kunsthandwerk und Folklore aus Maranhão und alles rund um die *Festa do Divino*. Di–Fr 9–18 Uhr, Sa/So bis 17 Uhr, Eintritt.
Solar da Baronesa de Anajutaba [5]	Auf der anderen Straßenseite liegt das ehemalige Herrenhaus der Baronin von Anajutaba. Eines der höchsten Gebäude im historischen Zentrum.
Igreja do Carmo	Die Kirche von 1627 an der *Praça João Lisboa* besitzt eine mit Azulejos verzierte Fassade.
Museu Histórico e Artístico do Maranhão [6]	Das Museum in dem 1836 erbauten Palast *Solar Gomes de Souza*, Rua do Sol 302, zeigt altes Porzellan, sakrale Objekte, Möbel und alte Dokumente. Di–Fr 9–18 Uhr, Sa–So 14–18 Uhr.
Museu de Arte Sacra [7]	Unter gleicher Adresse befindet sich im Solar do Barão de Grajaú, einem Herrenhaus aus dem 19. Jahrhundert, das *Museu de Arte Sacre*. Es zeigt religiöse Gemälde aus mehreren Epochen. Führungen Di–Fr 9–18 Uhr, Sa–So 14–18 Uhr.
Teatro Artur Azevedo [8]	Das 1817 erbaute neoklassizistische Theater an der Rua do Sol 180 zählt nach einer aufwendigen Restaurierung nun zu den schönsten Schauspielhäusern Brasiliens (Führungen Mo–Fr um 15 Uhr).
Igreja Matriz da Sé	An der *Praça Dom Pedro II* dominiert die 1629 von Jesuiten erbauten Kirche *Igreja Matriz da Sé*. 1922 erhielt sie eine neoklassizistische Fassade. Sehenswert ist der vergoldete Hochaltar, Di–Fr 8–18 Uhr, Sa/So 8–12 u. 16–21 Uhr.
Palácio La Ravardière [9]	Der Palast von 1689 diente bereits als Senat, Gefängnis und Bürgermeisteramt und ist heute die Prefeitura.
Palácio dos Leões [10]	An dieser Stelle hatten die Franzosen ihre Festung *Forteleza de São Luís* erbaut. Der von den Portugiesen erbaute „Löwenpalast" war Gouverneurssitz und wurde zum Kulturzentrum umgebaut.
Beco da Catarina Mina [11]	Ab der Nazaré e Odila geht es über Steintreppen durch das Gässchen *Beco da Catarina Mina* wieder in die Altstadt hinab.
Casa do Maranhão [12]	Das Alte Zollhaus in der Rua do Trapiche s/n zeigt eine Sammlung zur Bumba-Meu-Boi-Volkskunst. Sehr sehenswert. Mo–Fr 13–19, Sa/So 9–18 Uhr.

Bumba-Meu-Boi

Schwangere Frauen haben ja zuweilen die absonderlichsten Gelüste. Glaubt man der Legende, wollte die schwangere Sklavin Catrina unbedingt eine Ochsenzunge essen. Ihr Ehemann Francisco zögerte nicht und tötete den schönsten Ochsen der Fazenda. Die Missetat wurde entdeckt und Francisco zum Tode verurteilt. Doch mit Hilfe von Geisterbeschwörern und Tänzen erweckte der Sklave den Ochsen wieder zum Leben. In aufwendigen Bumba-Meu-Boi-Aufführungen mit Musik, Tanz und Gesang, die bis zu acht Stunden dauern können, wird dieses Ereignis nachgespielt. In São Luís, der Hochburg der Bumba-Meu-Boi-Feste („Beweg dich, mein Ochse"), wird das karnevalsähnliche Ochsentanz-Spektakel alljährlich während der *Festas Juninas* in der zweiten Junihälfte aufgeführt.

Alcântara

Auf dem Festland gegenüber der Insel São Luis liegt die Schwesterstadt Alcântara (22.500 Ew.). In der ehemaligen Provinzhauptstadt wohnten die Besitzer der Zuckerrohr- und Baumwollplantagen. Ihre prunkvollen Herrenhäuser, deren Fassaden verfallen, finden sich vor allem in der *Rua Grande* und um *die Praça Gomes de Castro*. Ein Spaziergang durch die engen Gassen des verschlafenen Kolonialstädtchens gleicht einer Reise in die Vergangenheit. Am schönsten ist die *Casa Histórica de Alcântara* (MCHA), Praça Gomes de Castro 7, ein historisches Museum (Di–Fr 10–16 Uhr, Eintritt). Wer mehr über die brasilianische Raumfahrt erfahren möchte, ist im *Casa de Cultura Aerospacial,* Praça N.S. de Rosário, 10–15 Uhr, richtig.

Adressen & Service São Luis

Information *Fumtur,* Praça Benedito Leite, Palácio do Comércio, Ventro, Tel. 3212-6211, Mo–Fr 8–19 Uhr, Sa 9–17 Uhr oder Praça Deodoro, Tel. 3244-4500
Vorwahl: (098)
Websites: www.saoluis.ma.gov.br • www.turismo.ma.gov.br
Hinweis: Viele Straßen und Gassen in der Altstadt haben zweierlei Namen.

Flug • *Aeroporto Marechal Cunha Machado,* Av. Santos Dumont, Tirirical, 15 km vom Zentrum
• *Rodoviária,* Av. dos Franceses, Santo Antônio, 12 km vom Zentrum

Unterkunft
- **Pousada Colonial** (FAM), Rua Afonso Pena 112, Tel. 3232-2834, www.hotelpousadacolonial.com.br. Kolonialhaus mit Azulejos, 29 Zi./AC, Restaurant. DZ/F ab 58 €. TIPP!
- **Pousada do Francês** (FAM), Rua da Saavedra 160/Rua 7 de Setembro, Tel. 3231-4844, www.pousadadofrances-informacoes.blogspot.de. Denkmalgeschütztes Kolonialhaus, 29 Zi./AC, Restaurant. DZ/F 55 €.
- **Best Western Praia Mar** (LUX), Av. S. Marcos, Praia Ponta d'Areia, 4 km vom Zentrum, Tel. 3235-5252, www.praiamar.com.br. 123 Zi./AC, Pool, Restaurant. DZ/F 75 €.

Essen & Trinken
Aus den Stämmen und Blättern der bis zu 20 Meter hohen Babaçu-Palmen *(Orbignya martiana)* werden in ländlichen Regionen Maranhãos Hütten gebaut. Auch die Setzlinge der Babaçu-Palmen sind begehrt und zwar als Delikatesse. **Palmitos** (Palmenherzen) können kalt als Salat genossen oder warm zubereitet werden. Unbedingt probieren!
- *Base de Lenoca,* Praça Dom Pedro II 181. Beliebtes Fischrestaurant.
- *Antigamente,* Rua da Alfândega. Gute Fleisch- und Fischgerichte, Tische stehen auf der Straße.
- *Tia Maria,* Av. Nina Rodrigues 1, Praia Ponta d'Areia. Leckere Fischgerichte mit Flair.
- *Maracangalha,* Av. Litorânea 45, Praia Calhau. Traditionelle Küche.

Unterhaltung
Die Strände um São Luis verwandeln sich sonntags oftmals in eine Party-Zone. Den Besuch einer der sonntäglichen Reggae-Partys – *Domingueiras* genannt – sollten Sie nicht versäumen. Nähere Informationen dazu gibt es im Tourismusbüro.
- *Créole,* Praia Ponta d'Areia, Lagoa Jansen. Reggae-Club, Livemusik (Do)
- *Bar do Nelson,* Livemusik (Fr/Sa) und *Kaya na Rede,* beide Av. Litorânea, Praia do Calhau
- Reggae-Clubs in der Alststadt: *Taberna Cantaría,* Beco da Prensa
- *Bar do Porto,* Rua do Trapiche 49. – *Bar Antigamente,* Rua da Alfândega, Praia Grande
- An der Praia do Calhau: *Zanzibar* und *Deusimar,* beide in der Av. Litorânea

Touranbieter
- *Giltur,* Rua Montanha Russa 22, Tel. 3232-6041, giltur@farolweb.com.br
- *Taguatur,* Rua do Sol 141 (Shopping-Mall), Tel. 3235-7403, taguatur@farolweb.com.br

Einkaufen
Centro de Artesanato, Rua de São Pantelão 1332, Madre de Deus, Mo–Sa 9–19, So 9–13 Uhr. Kunsthandwerk.

Feste
- **Februar/März:** *Carnaval,* Straßenkarneval, nicht so kommerzialisiert wie im übrigen Nordosten.
- **Mai** (12 Tage): *Festa do Divino.* Eines der schönsten Feste in Maranhão mit geschmückten Häusern und Musikgruppen.
- **2. Junihälfte:** *Bumba-Meu-Boi,* das größte Fest von São Luís. Die Umzüge beginnen am 13. Juni, Taufe des Ochsens am 23. Juni, Höhepunkt mit Auftritt aller Bumba-Meu-Boi-Gruppen am 24. Juni.
- Mitte **Oktober:** *Marfolia,* Karnevalsfest außerhalb der Saison.

Parque Nacional dos Lençóis Maranhenses

Der *Parque Nacional dos Lençóis Maranhenses* liegt 270 Kilometer östlich von São Luís an der Küste und ist eine vom Seewind geschaffene, etwa 70 Kilometer lange pittoreske Dünenlandschaft, die von Lagunen und Flussläufen durchzogen ist und bis zu 50 Kilometer ins Hinterland reicht. Die bis zu 40 Meter hohen, weißen Sanddünen im Nationalpark erinnerten die Namensgeber an weiße Leintücher *(lençóis)*. Eingangstor zum Nationalpark ist Barreirinhas (48.500 Ew.), ein Fischerort am Rio Preguiças.

Hier kann man Ausflüge in den Nationalpark buchen, z.B. zur *Lagoa Bonita* und zum *Lago Azul* im Südosten. Es lohnt sich, mit dem Boot auf dem Rio Preguiças hinabzufahren. Die dreistündige Fahrt, vorbei an Mangrovewäldern, Kakteensteppen, Dünen und dem Fischerdorf Caburé, endet in Atins. Von hier aus erreicht man das Zentrum des Nationalparks in etwa 40 Minuten. Besonders beeindruckend ist ein Besuch in der Regenzeit von Juli bis September, wenn Tausende von Zugvögeln an den grünen und türkisblauen Lagunen Station machen.

Weiße Dünen,
türkisblaue Lagunen

4

5 Amazonien, das große Abenteuer

Ökologische Schatzkammer

Amazonien – ein ewiger Mythos. Aber auch ein Ökosystem der Superlative: der schier endlose Regenwald bildet den größten Naturraum der Erde. Seine Lebensader ist der 6575 Kilometer lange Amazonas-Strom. Zusammen mit seinen über 200 größeren Nebenflüssen bildet er das größte Flusssystem der Erde. Eine imposante Region im Bann der Naturgewalten. In Amazonien wird alles vom Wald und vom Wasser bestimmt: das Leben der Menschen, Tiere und Pflanzen.

Mehr Details darüber s.S. 45 „Amazonien – zwischen Faszination und Resignation"

Willkommen
am Amazonas

Geschichte

Der spanische Konquistador *Francisco de Orellana* befuhr 1542 von Ecuador über den Río Napo als erster den Fluss bis zu seiner Mündung in den Atlantik. Dabei wurden er und seine Mannen vom Ufer her von Bogenschützen mit Pfeilen beschossen. Wegen ihrer langen Haare hielt sie Orellana für Frauen. Die Spanier erinnerten sich an die Amazonen des Altertums, die den Trojanern gegen die Griechen zu Hilfe eilten. Deshalb bezeichneten sie den Fluss, den sie ursprünglich *Mar Dulce* (süßes Meer) getauft hatten, von nun an als *Rio de las Amazonas*.

Kautschuk-
Boom

Wer die Städte entlang des Amazonas bereist, begibt sich auf die Spuren des Kautschuk-Booms, der im 19. Jahrhundert Reichtum, Glanz und Luxusgüter nach Amazonien brachte. Damals war die

Der Kautschukbaum hat eine wirtschaftliche
Bedeutung, da der Milchsaft die wichtigste Quelle
als nachwachsender Rohstoff für die Gummi-
herstellung ist.

Amazonasregion der größte Natur-
kautschuklieferant der Welt und
hatte das Monopol darauf.

Auf Bitte der Briten öffnete Kaiser
Pedro II. die brasilianischen Häfen
1866 für befreundete Nationen. Dies
nutzte ein gewisser Henry A. Wick-
ham. Er ließ sich in Santarém nieder
und schmuggelte 70.000 Samen des
Kautschukbaumes auf einem Frachter außer Landes. In London wurden
daraus Kautschuksetzlinge gezogen,
die später auf den britischen Plantagen Südostasiens prächtig gedie-
hen. Die brasilianische Kautschuk-
Alleinherrschaft war gebrochen.

Beste Reisezeit

Im Amazonasgebiet überwiegt ein regenreiches, tropisches Klima
mit ziemlich konstanten Temperaturen. Während der Regenzeit –
nördlich des Äquators in den Monaten um den Juni, südlich des
Äquators von Dezember bis April – liegt die durchschittliche
Tagestemperatur bei 24–26 °C, in der Trockenzeit bei 30–36 °C.

Die günstigste Reisezeit für den Amazonas zwischen Belém und
Manaus sind also die Monate Mai bis November (Trockenzeit mit
wenigen Niederschlägen).

Amazonasküche

Lukullische Spezialitäten sind frisch gefangene Flussfische, wie
Surubim, Tambaqui, Piranhas, Tamuatá, Tucunaré oder *Pirarucú*, denen Gewürze und Kräuter aus dem Urwald hinzugefügt werden.

Typische Gerichte sind *Pato no Tucupi*
(Ente mit einer Manioksoße und
Jambublättern), *Tacacá* (scharfe
Pefferschotensuppe mit Krabben, in
einer Kalabasse serviert), *Vatapá*
(Krabben mit Dendê-Palmöl), *Mani-
çoba* (Eintopf mit Maniokblättern),
Caranguejos (Krebse) und *Moquecas*
(Pfannengerichte) sowie *Casquinho
de Caranguejo* (Krebsschenkel) oder
Casquinho de Siri (gefüllte Krebse).

Trocknen von Maniokmehl (Farinha)
über dem Feuer

5

Belém do Pará – Tor zum Amazonas

Belém do Pará, die Hauptstadt des Bundesstaates Pará, liegt am südlichen Mündungsdeltas des Amazonas und gilt als das Tor zum
Amazonasgebiet. Die Stadt hat rund 1,52 Millionen Einwohner und
ist nach Manaus die größte und wichtigste Stadt des Amazonasgebietes. 145 Kilometer entfernt vom Meer, finden sich hier Betriebe
der verarbeitenden Industrie sowie ein bedeutender Exporthafen
für Harthölzer, aber auch für Paranüsse, Pfeffer und Jute. Das brasilianische „Bethlehem" ist ein idealer Startpunkt für eine Bootsfahrt
auf den Amazonas. Die Altstadt ist sehenswert, denn hier erinnern
noch viele Gebäude an den Glanz der Kautschukzeit.

Belém wurde am 1616 als portugiesischer Stützpunkt unter dem
Namen Nossa Senhora de Belém do Grão Pará gegründet. Um das
Delta in Besitz zu nehmen und den Zugang ins Amazonasbecken
zu sichern, bauten die Portugiesen eine Festung, das *Forte do Presépio.* Im Cabanagem-Aufstand von 1835–1845 wurde Belem in großen
Teilen zerstört, doch nachdem die internationale Amazonasschiff-
fahrt 1867 freigegeben worden war, entwickelte sich die Stadt rasch
zu einem wichtigen Handelshafen. Während des Kautschuk-Booms
konnte kein Schiff nach Manaus weiterfahren noch in den Atlantik
gelangen, wenn es nicht zuvor Zollzahlungen geleistet hatte. Belém
wurde reich und konnte bereits 1878 das **Teatro da Paz** bauen, das
dem späteren Amazonastheater in Manaus in Prunk und Ausstattung
nicht nachsteht. Die Fischmarkthalle auf dem Markt **Ver-o-Peso,** deren Eisenkonstruktion in England vorgefertigt wurde, das Eckhaus
Paris-America an der Praça Barão de Guajará und die schmiedeeisernen Laternen in der Altstadt (Verlängerung der Rua João Alfredo)
erinnern noch heute an jene Boom-Epoche. In den engen Gassen
mit Kopfsteinpflaster finden sich Häuserfassaden mit den typisch
blauen Azulejo-Kacheln aus dem 18. Jahrhundert, insbesondere in
der *Ladeiro do Castelo,* der ältesten Straße Beléms.

Terminal
Turistico da
Estação das
Docas

← zum Mangal das Garças

Rio Guamá

BELÉM

0 ⊢———————⊣ 200 m

© RKH VERLAG HEIMANN

Corveta Solimões

Casa das Onze Janelas / *Boteco das Onze*

do-Carmo

Boaventura

Igr. do Carmo

Pça do Carmo

Porto do Rodamar

Porto do Sal / Terminal Turístico de Belém / u. zu Hotels

17 u. **18**

Assis

Malcher

Paço da Justiça

Cometa

Santos

Palacio L. Sodré m. Museu do Estado

Palacio A. Lemos mit Prefeitura u. Museu de Belém

Custódio

Av. Portugal

C O M E R C I O

São Francisco

São Pedro

Av. Tamandaré

São Pedro

Shopping Iguatemi

Praça Rio Branco

Pça Brandão

Igr. Sto. Alexandre

Mus. de Arte Sacra

Forte do Presépio
Feira do Açaí
(Markt für Açaí-Früchte)
u. Bootsanleger

alter Hafen mit Fischerbooten

Fischmarkt-Halle

Baía de Guajará

Uhrturm
Praça do Relógio

Mercado de Carne

Solar da Beira

Mercado Ver-o-Peso

Praça do Pescador

7 de Setembro

Av. 13 de Maio

Casa da França

Pça Maranhão

Paris America

Igr. de Santana

Igr. das Mercês

Praça das Mercês

Terminal Turístico da Estação das Docas

Touristen-Polizei

Estação das Docas

Banco do Brasil

Ministério da Fazenda

Companhia Docas do Pará

Igr. N.S. dos Homens Pretos

Telemar

Artindia

Brunnen

Bar do Parque

Praça da República

Säule

Av. Vargas

Praça Waldem. Henrique

Paratur u. Artesanato

TAM

Cais do Porto Icoaraci 26 km
Fähre nach Marajó
Terminal Hidroviário

Teatro da Paz

FUNAI

Belémtur

Basílica de Nazaré / Parque da Residência/ 1 km Museu Emílio Goeldi, 2 km zur Rodoviária / BR 316 / Mosqueiro / Marudá / Brasília / Salinópolis / Marabá / Flughafen u. Hotels **11 12 13 14 15 16**

5

Hotels

1 Ver-o-Peso
2 São Geraldo
3 **Itacoa Belém**
4 Novo Avenida
5 **Grão Pará**   6 **Hilton**
7 **Le Massilia**
8 **Regente**   9 Vanja
10 Amazônia Hostel
außerhalb:
11 Transbrasil
12 Diplomata
13 **Samaúma Park Hotel**
14 Parque dos Igarapés
15 Sagres   16 Formule 1
17 **Beira Rio**
18 Mangal das Garças

Im Hafen von Belém liegen Frachter aus aller Welt, aber auch Holz-
boote aus den entferntesten Amazonasregionen. Nach Manaus
(1700 km) fahren regelmäßig Passagier- und Frachtschiffe.

Das **Círio de Nazaré** ist das bedeutendste religiöse Fest Nordbrasiliens, Hunderttausende nehmen daran teil (s.u., Adressen &
Service Belem).

Stadtrundgang in der Cidade Velha

Start ist die Praça da República, eine öffentliche Parkanlage mit
Brunnen, Mauergalerien, Musikpavillons und einer Säule mit der
Siegesgöttin Helena. Das dortige Teatro da Paz ist die wichtigste
Sehenswürdigkeit im Stadtzentrum.

**Teatro
da Paz**

Dieses prächtige, neoklassizistische Festspielhaus wurde zwischen
1869 bis 1874 erbaut, unter Verwendung italienischen Marmors. Die
Säulen vor der rosafarbenen Fassade erinnern an die griechische
Antike. Die vier Büsten an der Vorderseite des Gebäudes symboli-
sieren die vier Künste Musik, Komödie, Drama und Poesie. Der
Zuschauersaal fasst 1100 Personen. Ein Hingucker ist der gewaltige
Kristallleuchter, zusammengesetzt aus 6000 Einzelstücken, der aus
Venedig stammt. Der riesige, bemalte Bühnenvorhang wurde in
Paris angefertigt. Stündliche Führungen Di–Fr 9–17 Uhr, Sa 9–12
Uhr, Eintritt 4 R$.

Vom Teatro da Paz aus die die Av. Pres. Vargas in Richtung Baía
do Guajará nehmen. Nach der Banco do Brasil nach links in die Rua
Sto. Antônio abbiegen, eine Fußgängerzone mit Kopfsteinpflaster.

**Igreja N.S.
das Mercês**

Eine der ältesten Kirchen der Stadt ist die Igreja N.S. das Mercês an
der Praça das Mercês. Ursprünglich wurde sie im Barockstil erbaut,

Das imposante
Teatro da Paz

doch Umbauten und Restaurierungen haben zu einem Stilmix geführt. 1978 brannte die Kirche fast vollständig ab, wurde jedoch ori-
ginalgetreu wieder aufgebaut. Mo–Fr 6.30–12 Uhr, 15–19 Uhr.

Palácio Antônio Lemos
Weiter der Rua João Alfredo folgen, die Av. Portugal überqueren
und nach links zur Praça Dom Pedro II gehen. Der Grundstein des
dortigen glanzvollen *Palácio Antônio Lemos*, auch als *Placete Azul*
(Blauer Palast) bekannt, wurde 1860 gelegt. Er war lange Zeit Sitz
der Bezirksverwaltung und beherbergt seit 1994 die Prefeitura
(Stadtverwaltung) mit dem *Museu de Arte de Belém* (Gemälde-
sammlung). Di–Fr 10–18 Uhr, Sa/So 9–13 Uhr. Eintritt 4 R$, Di gratis.

Palácio Lauro Sodré
Neben dem Palácio Antônio Lemos liegt der Palácio Lauro Sodré. Er
war ab 1772 der Sitz der Kolonialverwaltung. Sein *Museu Histórico
do Estado do Pará* (MHEP) kann mit einer umfangreichen Sammlung
von Gemälden und Möbelstücken aufwarten. Di–Fr 10–18 Uhr, Sa/So
bis 9–13 Uhr.

Igreja Sto. Alexandre
An der *Praça Frei Caetano Brandão* steht eine der größten erhaltenen
Jesuitenkirchen Südamerikas, die *Igreja Sto. Alexandre* (Bauzeit 1698–
1719). Mit großen, schmuckvollen Giebeln und breiten Wandpfeilern
ist sie ein Musterbeispiel für den sogenannten „Tropenbarock". Im
Inneren beeindrucken bemalte und vergoldete Schnitzereien an den
Kanzeln und Altären. Zusammen mit dem **Colégio Sto. Alexandre**
bildet die Kirche das *Museu de Arte Sacra*. Di–Fr 10–18 Uhr, Sa/So 9–
13 Uhr. Eintritt 4 R$, Di gratis.

Catedral da Sé
Die Catedral da Sé an der Praça Frei Caetano Brandão wurde 1748
auf Initiative von Jesuiten auf den Ruinen einer bereits 1617 errich-
teten Vorgängerkapelle gebaut. Die farbenfrohe Innengestaltung
mit vielen Gemälden, Malereien und Rundbögen bietet ein harmo-
nisches Bild, der Hochaltar aus Alabaster und Marmor wurde von
Papst Pius XI. gestiftet. Sehenswert sind auch die 18 bronzenen
Kerzenleuchter sowie die aus Paris stammende Orgel. Mo 14–18 Uhr,
Di–Fr 8–12 Uhr, 14–18 Uhr, Sa/So 6.30–10 Uhr und 16–20 Uhr.
Opfergabe empfehlenswert.

Casa das Onze Janelas
Dieses Herrenhaus an der Praça Frei Caetano Brandão wurde im 18.
Jh. für einen reichen Zuckerbaron erbaut, 1768 vom Staat Pará in Besitz
genommen und als Krankenhaus für Edelleute genutzt. Heute dient
es für kulturelle Veranstaltungen und Austellungen, Di–Fr 10–19 Uhr,
Sa/So 9–13 Uhr. Angenehmes Restaurant mit Flussblick, Mo 18–24 Uhr,
Di–So 12–1 Uhr. Am Flussanleger liegt die guterhaltene Flusskorvette
Solimões, heute ein Flussschiffahrtsmuseum, Di–So 9–16 Uhr.

Forte do Presépio
Der ursprüngliche Festungsbau stammt aus dem Jahr 1616. 1622
und 1878 folgten Nachfolgebauten. Die Bastionen schützten Belém

einst vor französischen, holländischen und englischen Piraten. Von den Mauern hat man einen guten Rundblick auf den Hafen und den Ver-o-Peso-Markt. Seit 2001 ist das Forte do Presépio ein Museum, das u.a. Keramiken der Marajó- und Tapajônica-Kultur zeigt. Praça Frei Caetano Brandão, Di–Fr 10–18 Uhr, Sa/So 9–13 Uhr. Eintritt 2 R$, Di kostenlos.

Markthalle
Ver-o-Peso

Ver-o-Peso   Der quirlige Markt Ver-o-Peso ist der bunteste und traditionsreichste Amazoniens. In der Markthalle mit ihren vier Ecktürmchen werden fangfrische Amazonasfische feilgeboten. In den frühen Morgenstunden gibt es am meisten zu sehen: kurz nachdem die bunt bemalten Holzkutter am Hafenkai angelegt haben, werden riesige Pirariba- und viele andere Fischarten mit Haumessern geteilt. Handeln und Feilschen ist ein Grundsatz auf dem Ver-o-Peso. Der seltsame Name „Schau' auf das Gewicht" stammt noch aus der Zeit, als hier die Zollbehörde ihren Sitz hatte und Waren besteuerte.

Die Händler an den Marktbuden beim Fischmarkt verkaufen Gemüse und Früchte, Schamanene und Kräuterfrauen bieten Heilpflanzen, Elexiere, eingelegte Schlangen, Kaiman-Amulette, Fetische oder „Urwaldzauber" feil.

Forte do Presépio

Museu Emílio Goeldi	Parque Zoobotânico, Av. Magalhães Barata 376, Nazaré, Di–So 9–17 Uhr, Eintritt 2 R$. Dieses Naturmuseum präsentiert über 3000 verschiedene Pflanzen und 700 Holzarten des Amazonasgebietes. Außerdem ein kleiner zoologischer Garten sowie Aquarien und eine Sammlung von Ton- und Keramikobjekten. Nicht zu viel erwarten.

Adressen & Service Belém

Information	Parátur, Praça Maestro Waldemar Henrique, Tel. 3212-0575, www.paratur.pa.gov.br, Mo–8–18 Uhr.
	Belémtur, Av. Gov. Malcher, Passagem Bolonha 38, Tel. 3283-4850, www.belemtur.com.br, Mo–Fr 8–12 u. 14–18 Uhr.
	Vorwahl: (091)
	Websites: www.belem.pa.gov.br • www.belemdopara.tur.br • www.cdpara.pa.gov.br • www.belemdopara.de (dt.-spr)
Stadtführung mit Pfiff	Individuelle Stadtentdeckung Beléms mit Besuch einer Dendé-(Palmöl)-Plantage samt Verarbeitungsstätte und der unter dt. Leitung stehenden Brauerei CERPA inkl. aller Transporte zu Land oder zu Wasser. Info: Amazon Style Tavel, www.amazonstyle.de.
Flug	*Aeroporto Internacional Val de Cans,* Av. Júlio César s/n., Val-de-Cans, 10 km vom Zentrum. Bus „Pratinha".
Fernbusse	*Rodoviária,* Praça do Operário s/n., São Braz, 5 km vom Zentrum. Hier fahren auch die regionalen Buslinien zur *Ilha do Marajó* und *Ilha Mosqueiro.*
MacAmazon	Rua Boulevard Castilho França 744, Tel. 3241-4047. Verkauf von Passagen für Schiffe, die zwischen Belém, Manaus und Macapá verkehren. Abfahrten Di/Mi/Fr/Sa 18 Uhr.
Mietwagen	• *Avis,* Av. Sen. Lemos 121, Tel. 3230-2000, Flughafen Tel. 3233-2066. Angebote mit unbegrenzten Kilometern.
	• *Locarauto,* Av. Jerônimo Pimentel 156, Umarizal, Tel. 3212-4242. Neben normalen Mietwagen auch 4WD.
	• *Forest Off Road Club,* Av. Marquês de Herval 948, Pedreira, Tel. 3266-1423. Spezialisiert auf 4WD (Jeeps, Pick-up), auch inkl. Fahrer.
Unterkunft	• **Grão Pará** (ECO), Av. Pres. Vargas 718, Tel. 3321-2121, www.hotelgraopara.com.br. Älteres Hotel im Zentrum, 150 einfache, doch akzeptable Zi., AC. DZ/F ab 110 R$.
	• **Massilia** (ECO/FAM), Rua Henrique Gurjão 236, Reduto, Tel. 3222-2834, www.massilia.com.br. 17 geschmackvolle Zi./AC, Pool, angenehme Atmosphäre. DZ/F ab 140 R$.
	• **Itaoca Belém** (FAM), Av. Pres. Vargas 132, Centro, Tel. 4009-2400, www.hotelitaoca.com.br. Zentral, 36 Zi./AC, Restaurant. DZ/F ab 160 R$.
	• **Beira-Rio** (FAM), Av. Bernardo Sayão 4804, 5 km außerhalb am Guamáfluss, Tel. 4008-9000, www.beirariohotel.com.br. Komfortabel, 92 Zi./AC, Sport, Pool, Restaurant. DZ/F ab 160 R$. Eigene Boote für Flussexkursionen und Igarapé-Befahrungen, ideal für Urwaldtouren.
	• **Regente** (FAM), Av. Gov. José Malcher 485, Nazaré, Tel. 3181-5000, www.hotelregente.com.br. Zentrumsnah, komfortabel, 216 Zi./AC, Pool, RoSt, Restaurant. DZ/F ab 310 R$.

5

- **Hilton** (LUX), Av. Pres. Vargas 882, Tel. 4006-7000, Res. 0800-728-0888, www.hilton.com. Bestes Hotel am Platz, 361 Zi., Pool, mehrere Restaurants. DZ 390–480 R$.
- **Samaúma Park Hotel** (FAM), Praia do Caripy s/n, Vila dos Cabanos, Barcarena, Tel. 3322-8000, www.samaumaparkhotel.com.br. Anfahrt von Belém mit der Flussfähre über den Rio São Francisco oder auf dem Landweg (Bus/Taxi) via Vila dos Cabanos/Barcarena. Anfahrtsdauer mit Fähre oder Landweg knapp eine Stunde, wobei Sie auf der Fähre den Urwaldfluss kostenlos erleben können. Die Anlage liegt inmitten des Urwaldes, hat 24 Chalés/AC und 18 Zimmer/AC. Restaurant am Flussstrand, drei kleine Pools. Attraktion ist das große Baumhaus mit 4 schönen, komfortablen Zi. Der 16 ha große Urwald um das Hotel ist ein privates Naturreservat und kann auf Pfaden entdeckt werden. Baumhaus (Kinder erst ab 15 Jahren) DZ/F ab 230 R$, Chalés/F 125–170 R$, DZ/F 146–350 R$, je nach Kategorie. TIPP!

Essen & Trinken
- Hinter dem Solar da Beira zwischen dem Boulevard Castilhos França und der Kaimauer der Baía de Guajará verkaufen Garküchen Fleisch-, Geflügel- und Fischgerichte.
- Ein paar Schritte weiter liegen die **Estação das Docas,** Boulevard Castilhos França s/n, Armazém, alte Lagerhallen, die auf einer Fläche von 32.000 qm zu einem Ausgehtreff umgewandelt wurden, mit Restaurants, Kneipen, Kunsthandwerk, Theater und Ausstellungen. Gut sind dort *Lá em Casa,* leckere regionale Küche, schöne Flusslage, AC, Di–Fr 10–24 Uhr und das *Restô das Docas,* ein ausgezeichnetes SB-Restaurant/AC, Di–So 12–24 Uhr.
- *Restô do Parque,* Av. Magalhães Barata 830, Parque da Residência, im ehemaligen Wohnsitz des Gouverneurs. Typisch lokale Küche, Di–So 12–15.30 Uhr.
- *Trapiche,* Av. Bernardo Sayão 4906, Guamá, Di–So ab 11 Uhr bis zum letzten Gast. Typisches Amazonasrestaurant in einem Holzbau direkt am Rio Guamá.
- *Peixaria Amazonas,* Rua Municipalidade 897, Umarizal, tägl. geöffnet, typische Fischgerichte, Treff der Einheimischen, Gerichte reichen für 2 Personen.

Unterhaltung
- *Cosanostra Caffé,* Rua Benjamin Constant 1499, Nazaré, ab 12 Uhr. Treff für Leute über 30 Jahre. Sa–Di MPB, Mi Música Latina, Do Jazz, Fr gemischt.
- *African Bar,* Praça Waldmar Henrique 2, Reduto, Fr/Sa 22–4 Uhr, So 19–2 Uhr. Im Stil eines afrikanischen Buschdorfes mit drei verschiedenen Räumen: Disco *(danceteria)* mit Rock-, Techno- und House-Musik, *Palco Central* mit Sambashow und Axé.
- *Território Lounge Bar,* Trav. Benjamin Constant 1321. Balladas, gute Musik, gute Stimmung.
- *Roxy Bar,* Av. Senador Lemos 231. Ein Hauch von Nostalgie, Kino-Deko, Balladas.

Touranbieter
- *Amazon Star Turismo,* Rua Henrique Gurjão 236, Tel. 3241-8624, Tel. 3212-6244, www.amazonstar.com.br. Halb- und Tagestouren mit dem Boot auf den Igarapés des Rios Guamá und Acará, inkl. Ausflug in den Tropenwald. Lohnenswert für Frühaufsteher ist die Bootstour zur Ilha dos Papagaios an der Mündung des Rio Acará. Im Morgengrauen brechen die Papageienschwärme von ihren Schlafnestern zur Futtersuche auf. Abfahrt tägl. 4.30 Uhr, Rückkunft 8.30 Uhr, Res. 1 Tag vorher.
- *Valeverde Turismo,* Boulevard Castilhos França, Estação das Docas, Armazém 1, Loja 7, Tel. 3212-3388, www.valeverdeturismo.com.br. Bootstouren in die Baía do Guajará und zu den Flussinseln in der Bucht.

Geldwechsel **Câmbio-Change-Exchange Turvicam,** Av. Presidente Vargas 640, Tel. 3201-5461, Kurse www.turvicam.com.br.

Einkaufen • *Império da Rede,* Rua 1. de Março, gute Hängematten für 20–100 €, einfache Ballenware ab 10 €.

• *Doca Boulverad,* Rua Visonde de Souza Franco 776, Reduto, Shoppingzentrum mit über 50 Geschäfte und fünf Kinos, Restaurants, Mo–Sa 11–23 Uhr, So 15–22 Uhr.

Kunsthand- Die FUNAI verkauft im *Artíndia,* Av. Pres. Vargas 762 (Loja 02), Kunsthandwerk
werk der Ureinwohner, Mo –Fr 8–17 Uhr. Ebenfalls empfehlenswert: *Marajó,* Vargas 314, *Regional,* Vargas 394.

Fest **Círio de Nazaré:** Das *Círio de Nazaré* ist das bedeutendste religiöse Fest in Nordbrasilien. Die Mammut-Prozession, an der über 2 Millionen Gläubige teilnehmen, beginnt an der Kathedrale Beléms. Böllerschüsse und Glockengeläut begleiten eine Marienfigur, die auf einem Wagen an über 300 Meter langen Seilen von Pilgern gezogen wird. Viele Gläubige schieben und drücken sich heran, um Opfergaben abzulegen und versuchen die Seile zu berühren, um dem Göttlichen näher zu sein. Nach der Prozession, die am 2. Sonntag im Oktober stattfindet, beginnt der *Arraial,* ein zweiwöchiges Volksfest.

Ilha do Marajó

Die *Ilha do Marajó* liegt Belém gegenüber und ist mit knapp 50.000 qkm Fläche die größte Flussinsel der Welt. Der Westen der Ilha do Marajó ist mit dichtem Urwald bewachsen, den im Nordwesten unzählige *Igarapés* und Flüsse durchziehen. Den Osten prägen sumpfige Wiesen, *Campos,* die während der Regenzeit von Dezember bis Juni überflutet sind. Die „Insel der Wasserbüffel" ist ein Paradies für Naturfreunde und Angler und es gibt zahlreiche Rinderfarmen. Wahrscheinlich brachten portugiesische Siedler die Büffel auf die Insel. Es wird geschätzt, dass 200.000 Büffel und 600.000 Zeburindern auf der Insel leben. Die ersten Bewohner waren die *Maraó,* die vor rund 2500 Jahren mit der Herstellung von Keramik begannen. Insel-„Hauptstadt" ist Soure, etwa 90 Wasserkilometer von Belém entfernt.

Soure

Soure am Ostufer der Ilha do Marajó hat ungefähr 23.000 Einwohner. Die Strände *Praia Araruna* und *Barra Velha* (Mangrovenwälder) liegen etwa 3 km östlich. 11 km nordöstlich erstreckt sich *die Praia do Pesqueiro,* einer der schönsten Strände der Insel. Das kleinere und ruhigere *Salvaterra* südlich von Soure lockt mit der *Praia Grande,* bewachsen mit Kokospalmen.

5

Wasserbüffel

Adressen & Service

Information *Informações Turísticas,* 1. Rua, Trav. 14, www.paraturismo.pa.gov.br
Vorwahl: (091)

Touren Reiseagenturen in Belém vermitteln Ausflüge auf die Insel, mit Besuch der Igarapés, Angeln, Beobachtung von Kaimanen, Reiher-, Ibis- und anderer Vogel-Kolonien sowie den Besuch einer Fazenda mit Wasserbüffeln. Empfehlenswert ist z.B. die *Fazenda Bonjardim,* 10 km außerhalb von Soure, Tel. 3741-1243 oder 9969-8006. Fazendahaus mit 5 Zi., Reit- und Safari-Ausflüge, Bootsanleger, Landepiste, VP/DZ 90 €. Feb–Juni geschlossen. Res. und Info in Belém, Av. Pres. Vargas 676, Tel. (091) 3242-1380.

Fähren & • Tägliche Fährverbindung ab Belém mit *Arapari Navegação,* Hidroviaria,
Schiffe Estação das Docas, nach Camará auf Marajó. Mo–So 6.20 Uhr und 14.30 Uhr, Fz 3–3,5 h, Fp ab 18 R$, Kabine 30 R$/Pers. Anschließend Weiterfahrt ab Camará mit dem Bus oder Van nach Soure.

• Rückfahrten Camará – Belém: Mo–Sa 6.30 Uhr, 15 Uhr. Die Abfahrtszeiten ändern sich häufig, deshalb vorher informieren. Fahrkarten können vorher gekauft werden.

Unterkunft • **Casa Alemã** (ECO/FAM), 8. Rua 1975, Tel. 3741-1234, www.bernardo-pe.com. Gästehaus mit 3 DZ/1 EZ, Suite, 4000 qm tropischer Garten, dt.-bras. Ehepaar. Fazendabesuche, Mangrovenwald, Reitausflüge u.a. mehr. DZ/F ab 70–90 R$, Kinder bis 12 Jahre kostenlos, 12–16 Jahre 10 R$. Der „Knaller" für FamKid!

• **Hotel Ilha do Marajó** (FAM), Trav. Segunda 10, Matinha, direkt am Fluss, Tel. 3741-1315, §§ www.iaraturismo.com.br. Das beste Hotel, 39 Zi./AC, Pool, am Wochenende Folklore. DZ/F ab 125 R$. Res. in Belém: Av. Assis de Vasconcelos 199, Tel. 3224-5966, nach preisgünstigen 2–3 Tagespaketen fragen

Essen & • Typisch lokale Küche ist *Frito do Vaqueiro,* gebratenes Büffelfleisch und
Trinken Fischgerichte *(Pirarucu)*

• *Solar do Bola,* 8. Rua, neben der Polizeistation

• *Paraíso Verde,* Trav. 17, 2135 (zwischen 9. und 10. Rua), 10–22 Uhr. Empfehlenswerte regionale Küche.

• *Patu Anu,* 2. Rua, 14. Travessa

Amazonaswelle Pororoca

Nach Voll- und Neumond drückt die Kraft der Gezeiten aus dem Atlantik gewaltige Wassermassen in die Flussmündungen des Amazonasdeltas. Eine meterhohe Flutwelle schiebt sich dabei alle zwölf Stunden mit 20–30 km/h gegen die Strömung des mächtigen Stroms und seiner Nebenflüsse. Wegen des nur sehr geringen Gefälles der Amazonasflüsse rollt die Flutwelle hunderte Kilometer tief ins Landesinnere. *Pororoca* – „krachendes Wasser", heißt sie in der Guaraní-Sprache, weil ihr Donner und Grollen schon lange vorher zu hören ist. Ihre Gewalt reißt dabei schlagartig ganze Uferböschungen mit, unterspült die Holzhütten der Flussbewohner und lässt Boote kentern. Der deutsche Botaniker von Martius beschrieb bereits 1817 dieses Naturphänomen. Besonders stark und hoch ist die Welle von Januar bis April, weil dann die Flüsse wegen der Regenzeit sehr voll sind. Dann wird die Pororoca bei Voll- und Neumond in Meeresnähe zur zerstörerischen Riesenwelle.

Auf dem Amazonas von Belém nach Santarém

Nach dem Ablegen in Belém führt die knapp 1700 Kilometer lange Schiffsreise zunächst an zahlreichen Inseln vorbei in den Rio Pará, immer an der dunkelgrünen Urwaldwand entlang. Stationen nach Westen sind die Flussenge von Breves, Ilha Grande de Gurupá, Almeirim, Prainha (815 km von Belém) und schließlich Santarém.

Santarém

Santarem, das an der Mündung des *Rio Tapajós* in den Amazonas liegt, hat rund 295.000 Einwohner. Die regionale Wirtschaft, deren Produkte im Hafen von Santarém umgeschlagen werden, basiert auf Holz, Kautschuk, Fischfang, Textilprodukte, Viehzucht und

5

Blick auf
Santarém

Am
Schiffsanleger

Bodenschätzen. Als Gründungsdatum gilt der Bau der *Capela Nossa Senhora da Conceição* im Juni 1661 durch Jesuiten. 1758 erhielt die Siedlung den Namen *Santarém*. Die Ära des Kautschukbooms im 19. Jahrhundert spülte etwas Geld in die Stadt. Bei Grabungen in den 1920ern wurden zahlreiche Tongefäße der *Tapajós*-Urbewohner gefunden *(Cerâmica tapajoara)*.

Die *Igreja da Conceição* wurde 1761 an der Praça Monsenhor José Gregório errichtet und gilt als das älteste erhaltene Bauwerk Santaréms. Das Kruzifix der Kirche wurde vom deutschen Wissenschaftler *Karl von Martius* gespendet. Der in Erlangen geborene Martius war im Auftrag des Bayerischen Königs auf einer Brasilienreise, als das Expeditionsschiff 1819 vor Santarém unterging. Das 1,62 Meter hohe Kruzifix ließ Martius zum Gedenken an das Schiffsunglück anfertigen und nach Santarém bringen.

Das kleine Stadtzentrum liegt zwischen dem 1911 eingeweihten *Mercado de São Brás* an der Praça Lauro Sodré und dem *Centro Cultural João Fona* an der Praça Barão de Santarém. Nur ein einziges Herrenhaus des alten Santaréms ist bis heute gut erhalten geblieben: der *Solar do Barão de Santarém* an der Praça do Pescador/Av. Lameira Bittencourt, erbaut zwischen 1819 und 1859. Die *Praça Mirante do Tapajós* bei der alten Festung *Fortaleza dos Tapajós* bietet den besten Blick auf den *Encontro das Águas,* das Zusammenfließen von Rio Tapajós und Amazonas.

Museu de Santarém

Interessant ist das *Centro Cultural João Fona,* Praça Barão de Santarém s/n, Mo–Fr 8–17 Uhr. Das 1869 eingeweihte Gebäude wird heute als Museu de Santarém genutzt, das über die Kultur der Tapajós, Munducuru und Tapuiu informiert. Neben Keramiken (Reproduktionen) gibt es auch *Muriaquitãs* zu sehen – Steinamulette, die Dämonen und Geister abhalten sollen.

Alter do Chão

Sehr zu empfehlen ist *Alter do Chão,* etwa 30 Kilometer westlich von Santarém. Dort laden weiße, feinsandige Flussstrände am Ufer des Rio Tapajós ein. *Caribe de Água Doce,* „Karibik des Süßwassers", nennen die Einheimischen ihr ökologisches Idyll mit dem V-förmigen *Lago dos Muriaquitãs* bzw. *Lago Verde.* Ein beliebtes Ausflugsziel mit Restaurants, Kneipen und auch Unterkünften. Badekleidung nicht vergessen.

Busse von Santarém nach Alter do Chão fahren im Stundentakt ab der Praça Tiradentes, Mo–Sa 5–22 Uhr im Stundentakt, So 5–20.30 Uhr im Halbstundentakt, Fahrzeit 90 Minuten.

Adressen & Service Santarém & Alter do Chão

Information | *COMTUR,* Rua Floriano Peixoto 343, Tel. 3523-2434, Mo–Fr 7–13 Uhr
Vorwahl: (093)
Websites: www.santarem.pa.gov.br

Flug/Bus
- *Aeroporto Internacional Maria José,* Rod. Fernando Guilhom s/n, Praia da Maria José, 14 km vom Zentrum, Tel. 3522-4328.
- *Rodoviária Jonathas de Almeida e Silva,* an der BR 163 von Santarém nach Cuiabá, Vila Esperança, 3 km vom Zentrum, Tel. 3522-5861. Fahrzeit nach Alter do Chão ca. 60 Minuten.

Schiff
- Regelmäßiger Schiffsverkehr nach Belém, Manaus, Parintins, Itaituba und Macapá. Infos bei der Hafenbehörde *Companhia das Docas do Pará,* Av. Cuiabá s/n, Tel. 3523-2043, Mo–Fr 7–11, 13–17 Uhr, samstags nur bis 11 Uhr.
- *Marques Pinto,* Tel. 3523-2828, fährt regelmäßig nach Belém, Manaus, Macapá, Òbidos u.a. Zielen.

Unterkunft Hotelsuche für Santarém: www.sur-hotels.com/Brasilien/Santarem
- **Sandis** (FAM), Rua Floriano Peixoto 609, Tel. 2101-2700, www.hotelsandis.com.br. 27 Zi., AC. DZ/F 130–150 R$.
- **Pousada Tapajós** (ECO), Rua Lauro Sodré 100, Praia do Cajueiro, Tel. 9210-2166, www.pousadadotapajos.com.br. Neues, schönes Hostal direkt am Strand. DZ/F 100–120 R$, MBZ preiswerter.
- **Santarém Palace** (ECO), Av. Rui Barbosa 726, Tel. 3523-2820. 44 Zi./AC, Restaurant. DZ/F 95–105 RS.
- **Casa Lumiá Lodge** (FAM), Rod. Dr. Everaldo Martins, KM 24, dann noch 4 km Erdpiste, Alter do Chão, Tel. 9156-4994. Naturnahe Familien-Lodge in Biobauweise inmitten des Urwaldes. Zweitagespaket, Ü/VP inkl. Transfer 150 €/Pers., keine Kk. Reservierung erforderlich, dt.-sprachig.

Paradiesischer Flusstrand Alter do Chão

5

• **Barão Center** (FAM), Rua Barão do Rio Branco 344, Tel. 3064-9950, www.baraocenterhotel.com. 44 Zi./AC, Restaurant. DZ/F 210–250 R$.

Essen & Trinken
• *Piracatu,* Av. Mendonça Furtado 174, 10–2 Uhr. Rustikale Peixaria mit guten Fischgerichten.
• *Canto do Sabiá 2,* Trav. Turiano Meira 2025. Gut für *Churrasco Mixto, Galetinho na manteiga,* in Butter gebratene Hühnchenspieße.
• *X-BOM,* Trav. António Alves 218. Gute Lanchonte mit leckeren Snacks, auch X-Pirarucu. Immer voll und faire Preise.
• *Siria,* Rua Turiano Meira 744. Derzeit einziges vegetarisches Restaurant, ab 11.30 Uhr.

Unterhaltung
La Boom, Av. Cuiabá 694, Libertade. *Zoom,* Av. Presidente Vargas 1721, Santa Clara.

Touranbieter
Santarém Tur, Av. Adriano Pimentel 44, Tel. 3522-4847/3523-1836. Tourangebote mit Schwerpunkt auf den Rio Tapajós und Amazonas, Bootsvermietung.
Casa Lumiá, Rod. Dr. Everaldo Martins, KM 24, Alter do Chão, Tel. 9156-4994. Der dt.-spr. Daniel Quiring bietet Touren mit Einblick in das Leben der Caboclos und in die intakte Flora und Fauna um Alter do Chão

Einkaufen
Beliebt sind Keramikarbeiten in Vasen-, Statuen- und Säulenformen.
• *Dica Frazão,* Rua Floriano Peixoto 281. Schönes Kunsthandwerk, Besuch lohnt.
• *Muiraquitã,* Rua Sen. Lameira Bittencourt 131. Breites Angebot an Kunsthandwerk. TIPP!

Parintins

Etwa 420 Kilometer von Manaus entfernt liegt am Amazonas die Dschungelstadt Parintins (111.000 Ew.). Sie gehört zum Bundesland Amazonas und liegt auf der Ilha Tupinambarana.

Alljährlich vom 28. bis 30. Juni fällt die gesamte Stadt in Ekstase, wenn hier das verrückteste Fest Amazoniens, das *Festival Folclórico Parintins,* tobt. Eine Art Urwaldkarneval und tagelanger Wahnsinns-Wettbewerb, bei dem die beiden Boi-Bumbá-Konkurrenten *Caprichoso* (blaue Farben, blauer Stier, stilisiert das arme Parintins) und *Garantido* (rote Farben, roter Stier, das reiche Parintins) vor dem Publikum darüber streiten, wer die beste Show, die hübschesten Frauen, die aberwitzigsten Kostüme und die größten Monsterwesen

Festival Folclórico Parintins

zu bieten hat. Hintergrund ist der Tod und die Wiedergeburt eines legendären Ochsens, *boi.* Die Festa findet statt im Stadion Bumbó-dromo, ähnlich dem Sambódromo in Rio de Janeiro, das 40.000 Zuschauer fasst. Nur für die Logen *(camarotes),* die nummerieren Sitzplätze *(cadeiras numeradas)* und für spezielle Sitzbänke *(arquibancadas especíais)* ist Eintritt zu zahlen.

Infos   *Secretaria de Estado da Cultura e Turismo,* Manaus, Tel. 3234-8755 oder bei der *Associação Folclóricas Boi-Bumbá Caprichosas,* Rua Silva Meireles 1645, www.boicaprichoso.com und *Associação Folclóricas Boi-Bumbá Garantido,* Estrada Odovaldo Novo, KM 1, http://boibumba.com/index_pt.htm

Adressen & Service Parintins

Information   *Secretaria Municipal de Cultura e Turismo,* Av. Nações Unidas 708 S 2, Tel. 3533-3109, www.parintins.am.gov.br
Vorwahl: (092)
Websites: http://parintins.com/docs/parintins/

Flug   *Aeroporto,* an der Straße nach Paranamema, 4 km außerhalb, Tel. 3533-2700. Flüge nach Belém, Manaus (75 Minuten) und Santarém (80 Minuten).

Schiff   Regelmäßige Verbindungen nach Manaus (420 km, Fz 26 h), Santarém (Fz 10 h), Belém (Fz 60 h) und Óbidos (Fz 12 h). Infos unter Tel. 3533-1783.

Unterkunft   Während des Festivals sind die Unterkünfte bereits Monate im Voraus ausgebucht. Viele Besucher reisen deshalb mit Amazonasbooten *(gaiolas)* an und übernachten während ihres Aufenthaltes in ihren Hängematten auf diesen Schiffen.
• *Amazon River* (FAM), Lagoa da Francesa 697, Tel. 3533-1342, www.pack-tours.com.br/dest/amazonas/parintins/hotelamazonriver/index.htm. 61 Zi./AC, Sauna, Pool, Restaurant. DZ/F 110–160 R$. Sonderangebote und Pakete für das Festival.
• *Uirapurú* (FAM), Rua Herbert de Azevedo 1486, Tel. 3533-0226. 10 Zi./AC, Pool. DZ/F ca. 140 R$.

Essen & Trinken   *Pedaço de Paz,* Av. Amazonas 2945, São Benedito. Regionale Küche, Fisch- und Fleischgerichte.

Unterhaltung   *Show Club Ilha Verde,* Av. Amazonas 2936

Tour-anbieter   *Tupinambarana Turismo,* Rua Paes de Andrade 146. Spezialisiert auf das *Festival Folclórico Boi-Bumbá* und Bootsausflüge zur Ilha do Papagaio.

5

Manaus

Das legendäre Manaus ist alles andere als ein Idyll. Eine laute, geschäftige Industriestadt inmitten des Amazonasurwaldes am Rio Negro, mit über 1,75 Millionen Einwohnern. Dennoch ist die Innenstadt sehenswert, insbesondere das *Teatro Amazônico,* das *Museu do Índio* und der *Porto Flutante* mit *dem Mercado Municipal.*

1669 gründeten Portugiesen eine erste Siedlung und bauten das *Forte São José da Barra do Rio Negro.* 1850 wurde der Ort in Manaus umbenannt. Kurz vor dem Ende des 19. Jahrhunderts, als der Kautschukboom (1870–1906) seinen Höhepunkt erreichte, war Manaus eine der reichsten Städte der Welt. Gummibarone errichteten prächtige Villen und protzige Paläste und ließen sich feinste Stoffe aus England, Parfüm und Champagner aus Frankreich oder Seide aus China kommen. Sie finanzierten das berühmte Opernhaus, bestellten für Manaus eine elektrische Straßenbahn und eine der ersten elektrischen Straßenbeleuchtungen Brasiliens. Das „Paris der Tropen" konnte sich drei Krankenhäuser, zehn Hochschulen und 25 Schulen leisten. Doch nach und nach produzierten die britischen Kolonien in Asien größere und billigere Mengen an Kautschuk, der Abstieg Manaus hatte begonnen. Seit 1967 ist Manaus Freihandelszone, um Handel, Industrie und Entwicklung im Herz Amazoniens anzukurbeln.

Die weit hingestreckte Hauptstadt
des Bundesstaates Amazonas
am Ufer des Rio Negro

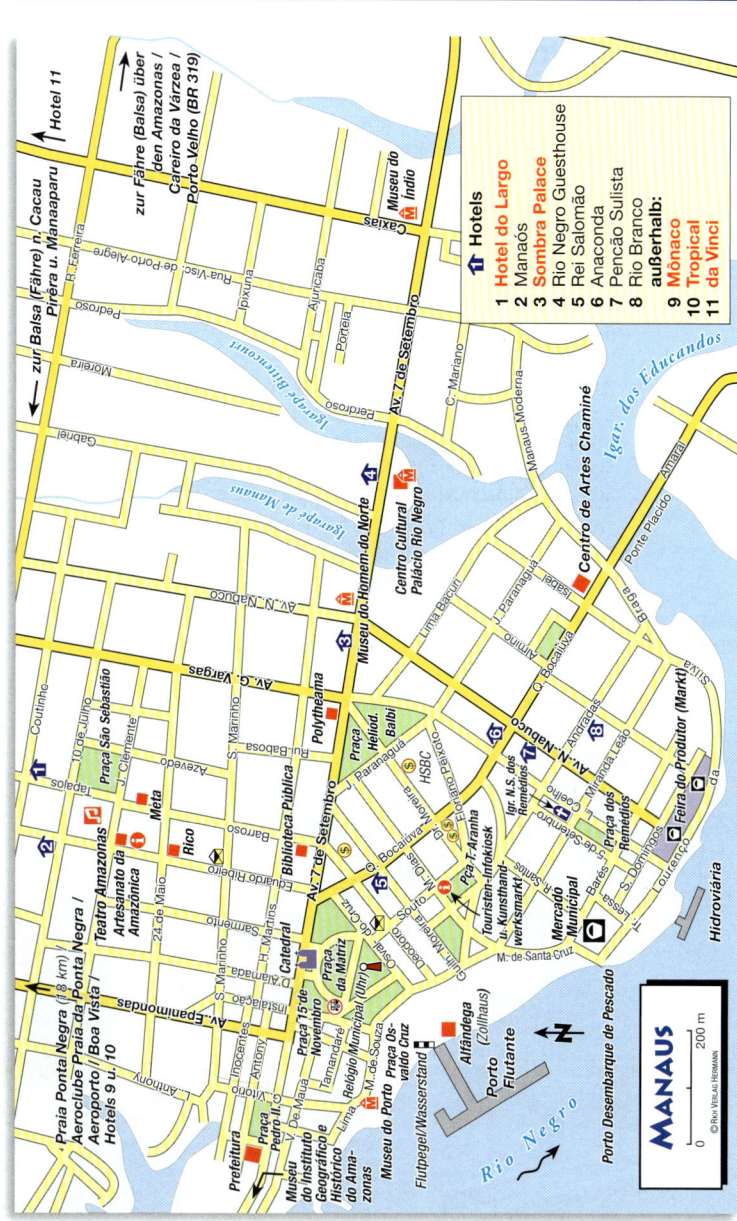

↟ Hotels

1 Hotel do Largo
2 Manaós
3 Sombra Palace
4 Rio Negro Guesthouse
5 Rei Salomão
6 Anaconda
7 Pensão Sulista
8 Rio Branco
außerhalb:
9 Mônaco
10 Tropical
11 da Vinci

MANAUS

0   200 m

© Reis Verlag Heinmann

Stadtrundgang

Teatro Amazônico

Das Amazonastheater ist das Wahrzeichen von Manaus und wurde 1884–1896 in einem Stilmix aus Belle Epoque und Barock und mit neoklassizistischer Fassade erbaut. Die gesamten Baumaterialen und die Inneneinrichtung wurden damals fast vollständig aus Europa eingeführt: Marmor aus Carrara, Dekor und Bühne aus Frankreich, vergoldete Ziegel aus Lothringen, die Dachkuppel aus Schottland, das Treppengeländer und die Türen aus England, Kristall aus dem italienischen Murano. Herrlich sind die Deckengemälde und Wandbilder, der bemalte Bühnenvorhang zeigt den Zusammenfluss von Rio Negro und Rio Solimões, *Encontro das Águas*. Ein Glanzpunkt neben dem harfenförmigen Opernsaal, der 700 Zuschauer fasst, ist auch der Ballsaal mit seinen kapitellgeschmückten Säulen, Gemälden, Leuchten und französischen Kristallspiegeln. Der wertvolle Intarsien-Parkettfußboden ist aus Urwaldhölzern gefertigt. Für Theater- und Konzertaufführungen sowie für andere kulturelle Ereignisse ist das glanzvolle Erbe des Kautschukbooms nach wie vor die erste Adresse der Stadt.

Teatro Amazônico, Praça São Sebastião, Tel. (092) 3232-1768, Mo–Sa 9–17 Uhr, Eintritt mit 30minütiger Führung 10 R$, alle Kk. Keine Führungen zwischen 12 und 14 Uhr.

Palácio Rio Negro

Eine Stadtvilla, die ebenfalls an den Kautschuk-Boom erinnert, ist *der Palácio Rio Negro* in der Rua 7 de Setembro 1546. Hier residierten einst der deutsche Kautschukbaron Waldemar Scholz und später der Regional-Gouverneur. Der beeindruckende Palast wurde 1910 erbaut und ist eines der letzten vollständig erhaltenen Gebäude aus der Kautschukära, Di–Fr 10–16 Uhr, So 17–20 Uhr, Eintritt frei.

Das Wahrzeichen von Manaus – das Amazonastheater

Palacete
Provincial
Ebenfalls aus den Anfängen der Kautschukära (1874) war die Villa an der Praça Heliodoro Balbi lange Zeit der Polizeisitz des Bundesstaates Amazonas. Heute fungiert es als *Centro Cultural* mit den Museen *Histórico* und *Numismática* (Münzmuseum) sowie *da Imagem e do Som* (Museum der Bilder und Töne). Di/Mi 9–17, Do–Sa 9–19 Uhr, So 16–20 Uhr, Eintritt frei.

Cais
Flutuantes
Der Flusshafen mit schwimmenden Docks und Hunderten von Frachtschiffen, *Gaiolas, Balsas, Lanchas,* Kanus und Einbäumen ist für die meisten Besucher beeindruckender als die Altstadt. Durch die *Cais flutuantes,* 1902 von den Engländern gebaut, werden Wasserstände bis zu 15 Metern ausgeglichen und ermöglichen, dass Hochsee- und Kreuzfahrtschiffe festmachen können. Sie stehen heute unter Denkmalschutz, ebenso wie das in England vorgefertigte und 1906 in Manaus errichtete Zollgebäude, *Alfândega.*

Frischer Fisch
direkt vom
Fischerboot

5

Mercado
Municipal
Die Markthallen am Hafenanleger der Flussfischer an der Rua dos Barés 46 sind von 8–18 Uhr mit kunterbuntem Leben erfüllt. Fangfrische Fische, tropische Früchte, exotische Kräuter, Lebensmittel, verschiedenes Kunsthandwerk und vieles mehr gibt es hier zu kaufen. Die Eisenkonstruktion wurde 1882 bei Gustave Eiffel in Paris vorgefertigt und ist mit ihren Rundbögen und bunten Glasfenstern den früheren Pariser Markthallen *Les Halles* nachempfunden. Die Garküchen und Restaurants im Mercado Municipal sind bekannt für schmackhafte und preisgünstige Fischgerichte.

Fluss-
strände
Die **Praia Ponta Negra** liegt 18 km westlich der Stadt in der Nähe des Hotels *Tropical* und ist mit Bussen (Abfahrt neben der Kathedrale) zu erreichen. Während der Hochsaison (beste Badezeit Juli bis

November) ist an den Wochenenden kaum mehr ein Plätzchen zu ergattern. Dann empfiehlt es sich, auf die weniger überlaufene *Praia Dourada,* Estrada do Cetur (23 km von Manaus) auszuweichen, die von Ponta Negra aus mit dem Boot erreicht werden kann.

Parque Ecológico do Janauary

Der Naturpark am Lago Janauary ist ein Labyrinth aus *Igarapés* (Kanälen), *Várzeas* (Seen, Flussauen), *Igapós* (Überschwemmungswald), *Matas de galeria* (Waldbestände entlang von Flussläufen), die von den riesigen Schwimmblättern der *Vitória-régia* (oder Vitória-amazônica) und schwimmendem Gras bedeckt sind. Tagestouren zum Naturpark und zum Encontro das Águas starten gegen 9 Uhr am Porto de Desembarque de Pescado am Mercado Municipal oder an den Kais vor der Praça da Matriz. Rückkehr gegen 16 Uhr. Ein Preisvergleich lohnt. Bei günstigen Anbietern kostet die Fahrt inklusive Mittagessen etwa 125–250 R$, Hotels und Agenturen verlangen mehr. Zuverlässige Anbieter sind *Amazon Explorers, Selvatur* oder *Fontur.*

Encontro das Águas

Der Rio Solimões, ein gelbbrauner Weißwasserfluss aus den Anden, und der Rio Negro, ein Schwarzwasserfluss aus dem nordwestlichen Amazonasbecken, vereinen sich etwa zwanzig Kilometer südöstlich von Manaus und bilden so den Amazonas.

Zum *Encontro das Águas* („Treffen der Wasser") fährt man von Manaus auf dem Rio Negro. Er hat das geringere Gefälle und eine höhere Wassertemperatur und wirkt stellenweise wie ein riesiger See. Nach dem Zusammentreffen der beiden Flüsse fließen Weiß- und Schwarzwasser noch etwa sechs Kilometer lang nebeneinander her. Die Wasserscheide ist deutlich zu erkennen. Viele Tagesausflüge zum Parque Ecologico do Janauary und zum Encontro das Águas schließen auch eine Kanufahrt durch die Igarapés mit ein.

Museen

- *Museu do Homen do Norte,* Rua 7 de Setembro/Av. Nabuco, Di–Do 9–12 u. 13–17 Uhr, Fr 13–17 Uhr. Kultur, Gesellschaft und Ökonomie der Menschen Nordbrasiliens, Stammeswaffen und Kunsthandwerk.
- *Museu do Índio,* Rua Duque de Caxias 296, Praça 14, Mo–Fr 11.30–14 Uhr, Sa 8.30–11.30 Uhr, Eintritt 5 R$. Kleidungsstücke, Keramiken, Kunsthandwerk und rituelle Gegenstände der wichtigsten Stammesgruppen des Rio Negro. Verkauf von authentischer *Artesanato indígena.*
- *Museu do Instituto Geográfico e Histórico do Amazonas,* Rua Bernardo Ramos 117, Mo–Fr 8–17 Uhr. Geografisch-historisches Amazonasinstitut mit Bibliothek (10.000 Bücher und Dokumente des Amazonas) sowie 450 Museumsstücke der regionalen Archäologie und Ethnologie.
- *Museu de Ciências Naturais,* Colônia Cachoeira Grande, 15 km vom Zentrum, Mo–Sa 9–12 und 14–17 Uhr. Präparierte Insekten, Krokodile, Schildkröten und Amazonasfische, Aquarium mit Pirarucus.
- *Museu do Porto de Manaus,* Boulevard Vivaldo Lima 61, Mo–Sa 7–11 u. 13–16.30 Uhr. Hafenmuseum.

Amazon Bus Beim CAT fahren Doppeldeckerbusse für eine Stadtrundfahrt ab. Einziger Stopp an der Praia Ponta Negra. Abfahrten Mo–So 9 Uhr und 14.40 Uhr, Fz 3 h, Fp 60 R$.

Adressen & Service Manaus

Information *Centro de Atendimento ao Turista (CAT),* Av. Eduardo Ribeiro 666, Tel. 3182-6251, www.visitamazonas.am.gov.br, Mo–Fr 8–17 Uhr, Sa bis 12 Uhr. Infos über Hotels, Restaurants, Touranbieter, Veranstaltungskalender. Abfahrtsstelle der Doppeldeckerbusse für die Stadtrundfahrt. Zweigstellen auf dem Flughafen, im Hafen sowie im Amazonas Shopping Center, Av. Djalma Batista 482, Mo–Sa 9–22 Uhr, So 15–21 Uhr.

5

Vorwahl: (092)

Websites: www.amazonasconvention.com.br/index.php
www.manausonline.com · www.manaus-amazonas.com
www.manausmais.com.br

Reisezeit Das Klima ist tropisch schwül mit nahezu täglichen Regenschauern um die Mittags- bzw. Nachmittagszeit. Regenzeit zwischen Dezember und Juni.

Flug, Bus und Schiff
- *Aeroporto Internacional Eduardo Gomes,* Av. Santos Dumont, 17 km vom Zentrum. *Rodoviária,* Rua Recife/BR 174, Richtung Flughafen, 8 km vom Zentrum, Microbus-Linie 813 (Frescão) Fp 4,20 R$, Buslinie 306 Fp 2,75 R$.
- *Capitania dos Portos* (Hafenbehörde), Rua Mq. de Sta. Cruz 264, Tel. 3622-2500.
- Abfahrtszeiten können bei den Bootseignern oder im *Departamento da Marinha Mercante,* Av. Eduardo Ribeiro 520, Tel. 3633-1224, Mo–Fr 8–12 u. 14–16.30 Uhr erfragt werden.

Mietwagen   *Hertz,* Rua São Luís, Posto Castelino, Tel. 3236-4060, Flughafen Tel. 3621-1376

Unterkunft   • **Sombra Palace,** Av. 7 de Setembro 1325, Tel. 3234-8777, www.hotelsom-
ECO   bra.com.br. 40 Zi./AC, Bar, Restaurant. DZ/F 90 R$.

FAM   • **Boutique Hotel Casa Teatro,** Rua 10 de Julho 632, Centro, Tel. 3633-8381,
                www.casateatro.com.br. Dekoratives Boutique Hotel, 23 teilweise kleine
                Zi./AC. DZ/F 120–180 R$, alle Kk.
           • **Brasil Manaus** (ex-Razil), Av. Getúlio Vargas 657, Centro, Tel. 2101-5000,
                www.hotelrazil.com. br. 74 Zi./AC, SB-Rest. 12–15 u. 18–21 Uhr 20 R$/kg.
                DZ/AC ab 140 R$, TrZ/AC 170 R$, Frühstück 8 R$, alle Kk.
           • **Largo,** Rua Monsenhor Coutinho 790, Centro, Tel. 3304-4751, www.hotel-
                dolargomanaus.com.br. Neueres Hotel in Theaternähe, 45 Zi./AC. DZ/F 190–
                290 R$, alle Kk.

Pool-
Landschaft
im Hotel
Tropical

LUX   • **Da Vinci,** Rua Belo Horizonte 240 A, Adrianópolis, 3 km außerhalb des
                Zentrums, Tel. 3663-1213, www.davincihotel.com.br. 156, Zi./AC, Pool, Sauna,
                Restaurant. DZ/F 390–475 R$, alle Kk.
           • **Tropical,** Av. Cel. Teixeira 1320, Ponta Negra, 18 km außerhalb, Tel. 2123-
                5000, Res. 0800-701-2670, www.tropicalmanaus.com.br. Schöne Parklage
                an der Praia da Ponta Negra, 517 Zi./AC, sehr großer Pool, Fahrräder, Minizoo,
                Sport, FamKids, Restaurant. DZ/F 290–500 R$. Eines der besten Hotels in
                Manaus.

Essen &   • *Kilozito,* Rua Ramos Ferreira 1945, Praça 14, Mo–Sa 11–15 Uhr, preiswertes,
Trinken   vielfältiges SB-Büffet.
           • *Panorama,* Boulevard Rio Negro 199, Di–So 11–22.30 Uhr. Veranda mit
                Flussblick, typische Fischgerichte, Spezialität *Caldeirada de Tambaqui* oder
                Tucunaré à escabeche, Portion reicht für 2 Pers., empfehlenswert.
           • *Canto da Peixada,* Rua Emílio Moreira 1677, Mo–So 11–15.30 Uhr, Mo–Sa
                18–22.30 Uhr. Preiswerte Fischgerichte, große Portionen.
           • *Paramazon,* Rua Sta. Isabel 1176, Cachoeirinha, 11–15 u. 18–23.30 Uhr.
                Hervorragende regionale Küche, Tische z.T. im Freien, Spezialität *Pato no
                Tucupi.*

• *Caçarole,* Av. Maues 188 A, Cachoeirinha, 11–15 u. 18–24 Uhr, sonntags nur bis 16 Uhr. Künstlertreff, sehr gute Fischgerichte, Spezialität *Tambaqui, Tucunaré á escabeche,* etwas teurer.

Unter- • *Coração Blue,* an der Straße nach Ponta Negra, Mo–Sa ab 21 Uhr. Musik und
haltung Tanz, Pagode, Axé, Jazz, Rock, Bolero.

• *Fellice,* Rua Rodrigo Orávia 3555, Studio 5 Festival Mall, Distr. Industrial. Brauhaus mit Livemusik und Tanz, tägl. ab 19 Uhr, Couvert ab 10 R$, Zuschlag für Männer.

• *All Night,* Av. Ephigenio Sallas 2085, Aleixo. Musik-Pub, Balladas, Livemusik Do–Sa ab 21.30 Uhr. Programm auf www.allnightpub.com.

• *Porão de Alemão,* Estrada da Ponta Negra 1986, São Jorge, Mo/Mi–Sa 21–5 Uhr, MC/VISA. Beliebte Location mit Livemusik, mit das Beste in Manaus. Programm auf www.poraodoalemao.com.br. TIPP!

• *O Chefão,* Av. Ferreira Pena 50, Centro. Mehrfach ausgezeichneter Nostalgie-Pub mit Livemusik von MPB, Bossa Nova, Pop Rock bis Jazz. Mo–Sa, Studententreff. Gleich gegenüber liegt die Champagnerbar *A Viúva,* Mo–Sa 19–2 Uhr.

Individual- • *All Brazil Travel,* Tel. 3681-6771, Handy 8384-5592, www.allbraziltravel.com.
touren Individuelle Stadtbesichtigungen und Touren mit dem Insider Peter Hagnauer. Bootsausflüge, Urwaldexkursionen, Unterkunftsvermittlung, Lodge-Aufenthalte, Kontakte zu Ureinwohnern, Amazonas-Karneval Parintins, gPLV. TIPP!

• *Amazonas Abenteuer,* Tel. (022) 2622-6859, www.amazonasabenteuer.de und www.amazon-neblina-tours.de, dt.-spr. Privattouren durch den Anavilhanas-Flussarchipel, den Jaú-Nationalpark sowie zum Oberlauf des Rio Negro u. zum Pico da Neblina. Regenwald unverfälscht und hautnah, das echte Amazonas-Feeling! TIPP!

Tour- • *Oropendola Tours,* Rua Juvenal 204, Cidade Nova, Tel. 9141-9884, www.oro
anbieter pendolatours.com. Zuverlässiger Allrounder, Stadtführungen, Bootstouren, Mamori-Lodge.

• *Selvatur,* Av. Constantino Nery 761, Tel. 3622-2577, Stadtführung, Encontro das Águas, Urwald- und Bootstouren.

Boots- • Ausflüge mit *Gaiolas,* den typischen, doppelstöckigen Booten Amazoniens,
touren sind nicht billig, aber neben den Erklärungen über Flora und Fauna des Amazonas ist auch die meist hervorragende Verpflegung im Preis inbegriffen. Der Rio Negro ist leichter zu befahren, es gibt dort weniger Moskitos als auf dem Rio Solimões; allerdings ist es auf dem Rio Solimões leichter, Tiere zu beobachten.

• *Amazon Antonio Jungle Tours,* Rua Lauro Cavalcanti 231, Centro, Tel. 3234-1294, Handy 9961-8314, www.antonio-jungletours.com. Touren zur Amazonas-Lodge von Antonio Gomes am Rio Urubu, nachhaltiges Tourkonzept und für Naturfreunde sehr zu empfehlen, gPLV. TIPP!

• *Amazon Style Travel,* www.amazonstyle.de, dt.-spr. Bootstouren rund um Manaus, wie z.B. Anavilhanas-Flussarchipel. Ökologische Tourkonzepte.

• *Amazon Clipper Cruises,* Rua Sucupira 249, Kíssia, Tel. 3656-1246, www.amazonclipper.com.br. Alteingesessene Gesellschaft, Bootstouren mit typischen doppelstöckigen Gaiolas oder dreistöckigen Premium-Schiffen auf dem Solimões und Rio Negro.

5

Amazonas-Kreuzfahrten

Ab Manaus werden ein- und mehrtägige Amazonas-Kreuzfahrten angeboten. Die komfortabelste Möglichkeit bietet die *IBEROSTAR Grand Amazon,* ein Kreuzfahrtschiff mit 4 Decks/72 Kabinen/AC für 150 Passagiere und eigentlich ein schwimmendes Fünf-Sterne-All-inclusive-Luxushotel mit Rest., Pool und Disco und dt.-spr. Reiseleitung. Do–So fährt das Schiff auf dem Rio Solimões, So–Do auf dem Rio Negro. Täglich Exkursionen mit Kleinbooten, Angeltouren u.a. mehr. Das 3. oder 4. Deck bevorzugen, um möglichst weit entfernt vom Discolärm zu sein. VP ab 820–1800 €, Kk. Buchung in D über www.iberostar.com oder als Zubucherreise über jedes Reisebüro. Weniger Luxus, deutlich kleinere Gruppen (max. 16 Passagiere), aber mit fast gleichem Programm bietet die *Amazon Clipper,* montags und mittwochs ab Manaus den Rio Negro hinauf. Infos unter www.amazonclipper.com.br, Buchungen über dt. Brasilienveranstalter, 4-Tagestour inkl. VP ca. 480 € .

Am preiswertesten aber sind die *Gaiolas,* die landesüblichen Passagierboote, die regelmäßig auf dem Amazonas verkehren und Hängemattenplätze anbieten (Hängematte ist selbst mitzubringen, die Passage ist mit VP). Infos über Abfahrten in jedem Hafen. Tipp: Immer flußaufwärts einschiffen, da dann die Boote näher am Ufer entlangfahren und die Fahrt dadurch interessanter ist.

Einkaufen
- *Central de Artesanato Branco e Silva,* Rua Recife 1999, Adrianóplis, Mo 12–18 Uhr, Di–Fr 9–18 Uhr, Sa bis 16 Uhr.
- *Mercado Municipal,* Rua dos Barés 46, 8–18 Uhr.
- *Galeria Amazônica,* Rua Costa Azevedo 272, Largo do Teatro, Centro, Mo–Sa 8–20 Uhr, So 16–20 Uhr. Traditionelle *Arte Indígena.*

Feste
- **Februar:** Karneval in Manaus.
- 3. Woche im **April:** Woche der Amazonasureinwohner mit Kunsthandwerk, Ausstellungen und Vorträgen.
- **29. Juni:** *Procissão Fluvial de São Pedro.* Flussprozession auf dem Rio Negro.

Boot an Boot
(Gaiolas) am
Rio Negro

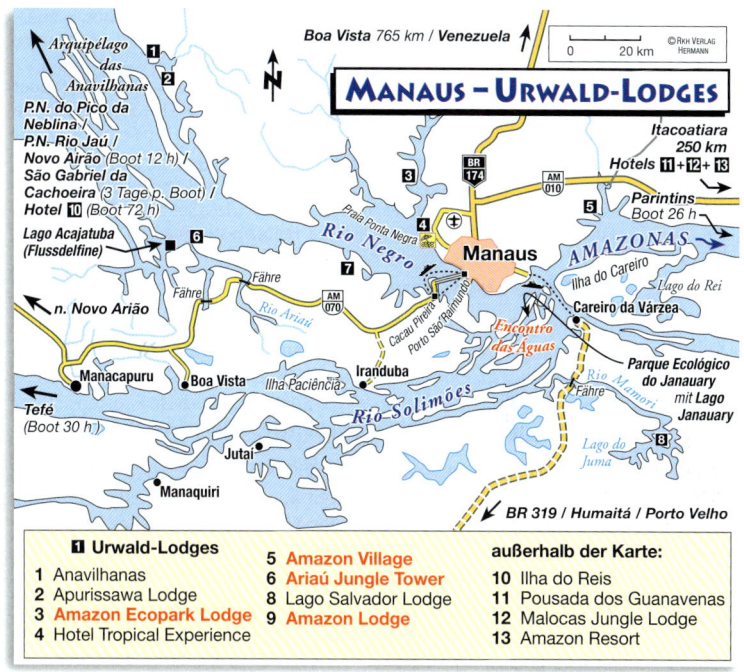

Manaus – Urwald-Lodges

1 Urwald-Lodges

1 Anavilhanas
2 Apurissawa Lodge
3 Amazon Ecopark Lodge
4 Hotel Tropical Experience

5 Amazon Village
6 Ariaú Jungle Tower
8 Lago Salvador Lodge
9 Amazon Lodge

außerhalb der Karte:

10 Ilha do Reis
11 Pousada dos Guanavenas
12 Malocas Jungle Lodge
13 Amazon Resort

Umgebungsziele Manaus

Urwaldlodges um Manaus

Die meisten Urwaldlodges um Manaus können nur mit dem Boot erreicht werden, wobei die Fahrzeiten mind. 2–3 Std. betragen. Die Lodges bieten meist Zwei-, Drei- und Viertagespakete inkl. Transport/ VP an. Die besseren Lodges verlangen für 2 Tage/1 Nacht mind. 200 € p.P. Es empfiehlt sich, mindestens zwei Nächte zu bleiben, damit genügend Zeit für Dschungelausflüge bleibt.

• **Amazon Ecopark Jungle Lodge,** Igarapé do Tarumã-Açu, 20 km vom Rio Negro den Igarapé do Tarumã-Açu flussaufwärts, Fz 40 Min., Schnellboot 20 Min, Tel. 3622-2612, www.amazonecopark.com.br. 64 Cabanas/AC, Naturpool, Restaurant. Zweitagespaket/Transfer/VP/DZ ab 1050 R$. Tagesausflug ab 6 Personen möglich.

• **Ariaú Amazon Tower,** Lago Ariaú, 60 km auf dem Rio Negro stromaufwärts, 2 km vor dem Anavilhanas-Archipel, Fz 2,5 h, Schnellboot 1,5 h, Tel. 3245-1497, Res. 0800-702-5005, www.ariau.tur.br. 157 Zi./AC/Vent., 35 Meter hoher Aussichtsturm, Flussstrand von Sept–März, Zweitagespaket/Transfer/VP/DZ ab 1090 R$, Tagesausflug möglich.

• **Amazon Village,** Lago Puraquequara, 45 km östlich von Manaus, Schnell-boot Fz 2,5 h, Tel. 3633-1444, www.amazon-village.com.br. 45 Zi., Restaurant. VP ab 1350 R$, Zweitagespakete günstiger, alle Kk.

• **Amazon Eco Lodge,** Lago Juma, 80 km südöstlich von Manaus, Schnellboot Fz 4 h, Tel. 3656-6033, www.amazonecolodge.com.br. Schwimmende Pousada, 14 Zi./bc, Restaurant.

Lago Acajatuba

In dem See tummeln sich in der Nähe des Recanto do Boto Flussdelfine, die man filmen, fotografieren oder mit denen man schwimmen kann. Hin- und Rückfahrt vom Pier des Hotel Tropical auf die andere Seite des Rio Negro mit kurzem Aufenthalt am Lago Acajatuba. Halbtagestour ca. 350 R$.

Ausflüge ab Manaus

Für Besucher mit mehr Zeit ist Manaus ist ein guter Ausgangspunkt für Ausflüge entlang des Rio Negro zum *Arquipélago das Anavilhanas,* zum *Parque Nacional do Jaú,* zum *Pico da Neblina* sowie in die obere Amazonas-Region entlang des *Rio Solimões.* Für diese Fahrten sollten jedoch mindestens fünf Tage veranschlagt werden.

Anavil-hanas-Inseln

Der Arquipélago das Anavilhanas (350.000 ha) liegt etwa 90 km nord-westlich von Manaus und besteht aus zahllosen Inseln im dort bis zu zwanzig Kilometer breiten Rio Negro. Während der Regenzeit von Dezember bis April versinkt die Hälfte der gut 400 Inseln in den Fluten des Hochwassers. Auf den restlichen drängen sich dann Tukane, Reiher und andere Vögel. Aber auch Kaimane, Faultiere und weitere Regenwald-Spezies kann man je nach Jahres- und Tagzeit und der Tourdauer sehen.

Parque Nacional do Jaú

Der knapp 2,3 Millionen Hektar große Parque Nacional da Jaú ist das größte geschlossene Waldreservat Südamerikas. Es liegt 250 km (Fz 12 h) nordwestlich von Manaus an der Westseite des Rio Negros in Höhe des Dorfes Novo Arião. Der Nationalpark ist in der Regenzeit über den Rio Jaú mit dem Kanu befahrbar. Im Park lassen sich Riesen-notter und Seekühe beobachten, er ist zudem ein wichtiges Rück-zugsgebiet für Raubkatzen wie Ozelot oder Puma. Zugang nur mit einer Erlaubnis der Umweltschutzbehörde ICMBio, Tel. 3232-7040, in Manaus, kleine Gebühr. Als Basisstation für einen Besuch eignet sich Novo Arião.

6 Retortenstädte und Sumpfgebiete – unterwegs im Westen Brasiliens

Pantanal

Geologisch ist die 210.000 qkm große Schwemmlandebene im Dreiländereck von Bolivien, Brasilien und Paraguay eine Absenkung des Brasilianischen Berglandes. Im Überflutungsgebiet könnten flächenmäßig gleich vier EU-Staaten zusammen Platz finden: Dänemark, die Niederlande, Belgien und Portugal.

Ein Großteil des Pantanals, der im Jahr 2000 von der UNESCO zum Weltnaturerbe erklärt worden ist, liegt in den Bundesstaaten Mato Grosso und Mato Grosso do Sul.

Ursprünglich war der Pantanal eine gewaltige pazifische Meeresbucht. Als sich durch die Kontinentaldrift die Anden auftürmten, wurde die Bucht vom Pazifik abgetrennt und entwickelte sich zu einem gigantisch großen See, der nach und nach sein Salz verlor. Die eingeschlossenen Meerestiere, darunter Haie, Rochen und Delfine, mussten sich an das Süßwasser anpassen. Heute bildet der Pantanal ein vielschichtiges Mosaik aus Flüssen, Seen, überschwemmten Bereichen, Wäldern und wasserdurchsetzten Savannen.

Während der Regenzeit verwandelt sich der Pantanal in eine nahezu weglose, amphibische Wasserwildnis. Die Flüsse weiten sich, und ihr Wasser wird vom Land wie von einem riesigen Schwamm aufgesaugt. Dem periodischen Hochwasser haben sich zahllose Pflanzen- und Tierarten angepasst.

Der Pantanal von oben –
ein Labyrinth von Wasserwegen

6

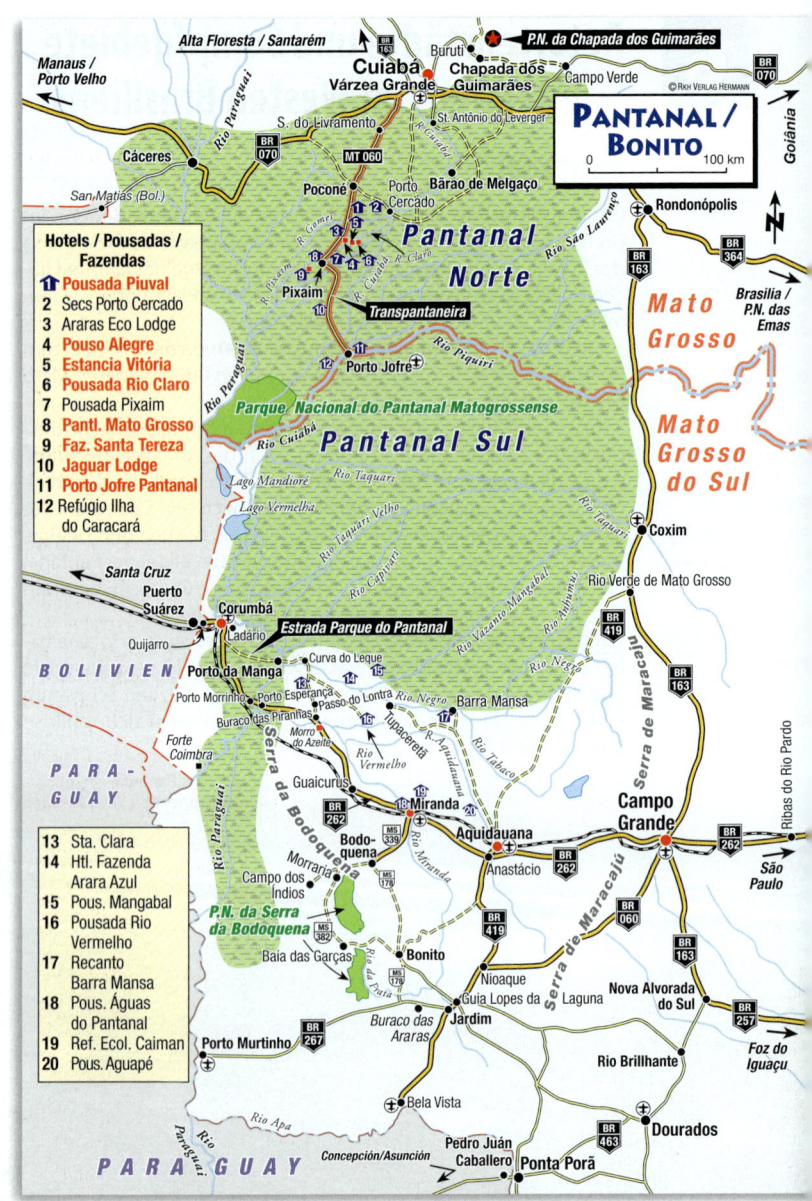

Manaus / Porto Velho

Alta Floresta / Santarém

Buruti

P.N. da Chapada dos Guimarães

Cuiabá
Várzea Grande

Chapada dos Guimarães

Campo Verde

BR 070

Goiânia

S. do Livramento

St. Antônio do Leverger

© RKH VERLAG HERMANN

PANTANAL / BONITO

0   100 km

Cáceres

BR 070

San Matías (Bol.)

MT 060

Porto Cercado

Bárao de Melgaço

Rondonópolis

Poconé

Rio São Lourenço

Rio Cuiabá

Pantanal Norte

R. Gomeo

1
2

BR 163

BR 364

Brasilia / P.N. das Emas

Pixaim

3
5
8 7 6
9
4

R. Cuiabá

R. Claro

Mato Grosso

R. Piraim

10

Transpantaneira

11

12

Porto Jofre

Rio Piquiri

Rio Cuiabá

Parque Nacional do Pantanal Matogrossense

Pantanal Sul

Mato Grosso do Sul

Lago Mandioré

Lago Vermelha

Rio Taquari

Rio Taquari Velho

Rio Capivari

Rio Taquari

Coxim

Santa Cruz

Puerto Suárez

Rio Verde de Mato Grosso

Corumbá

Ladário

Quijarro

B O L I V I E N

Porto da Manga

Curva do Leque

Rio Negro

BR 419

BR 163

Estrada Parque do Pantanal

13
14 15

Porto Morrinho

Porto Esperança

Passo do Lontra

Rio Negro

Barra Mansa

Rio Vázante Mangabal

Serra de Maracajú

Buraco das Piranhas

Morro do Azeite

16

Tupaceretã

R. Aquidauana

17

Rio Negro

Rio Tabaco

P A R A - G U A Y

Forte Coimbra

Rio Vermelho

Guaicurus

19

20

Campo Grande

BR 262

Serra de Maracajú

BR 262

Ribas do Rio Pardo

18 **Miranda**

Aquidauana

BR 262

São Paulo

Bodo-quena

MS 339

Rio Miranda

Anastácio

BR 060

Serra da Bodoquena

Morraria

Campo dos Índios

MS 178

BR 419

BR 163

Nova Alvorada do Sul

P.N. da Serra da Bodoquena

MS 382

Baia das Garças

MS 178

Bonito

Nioaque

Guia Lopes da Laguna

BR 257

Foz do Iguaçu

BR 267

Buraco das Araras

Jardim

Rio Brilhante

Porto Murtinho

Bela Vista

Rio Apa

P A R A G U A Y

Rio Paraguai

Concepción/Asunción

Pedro Juán Caballero

Ponta Porã

Dourados

BR 463

Der Pantanal wird oft als „Arche Noah Südamerikas" bezeichnet, denn nirgendwo in Südamerika finden sich mehr verschiedene Tierarten als hier. Das riesige Binnendelta ist ein Paradies für unterschiedlichste Vogelarten. Neben Schmuck- und Marmorreihern, Löfflern und Ibissen, Schlangenhalsvögeln und Blatthühnchen, Safranammern und Soldatenvögeln trifft man hier die seltenen blauen Hyazinth-Papageien, den gelbschnäbligen Riesentukan und den imposanten Tuiuiú-Storch. Insgesamt 650 Vogel- und mehr als 250 verschiedene Fischarten haben Naturkundler im Pantanal registriert. Dazu kommen Kapuziner- und Brüllaffen, Jaguare und Tapire, Sumpfhirsche und Mähnenwölfe, Anakondas und Riesenotter, Capivara und Füchse. Die beste Zeit, um Tiere zu sehen, ist morgens zwischen 5 und 7 Uhr und in der Abenddämmerung ab 17 Uhr.

Je nach Jahreszeit und Wasserstand sind Boots- oder Reittouren die beste Möglichkeit, um das Sumpfland zu erkunden. Etliche Lodgebesitzer bieten solche Touren an und es ist durchaus abenteuerlich, mit den Pantanal-Pferden durch das zum Teil hüfthohe Wasser zu reiten. Wer Tiere fotografieren möchte, sollte ein starkes Teleobjektiv mitbringen.

Ökosystem in Gefahr Der weitaus größte Teil des Pantanals steht nicht unter Naturschutz. Außerhalb des Nationalparks *Pantanal Matogrossense* gibt es kein Land- oder Sumpfstück, das sich nicht im Privatbesitz befindet und mit einem Buschflieger erreicht werden kann. Häufig werden Feuchtgebiete trockengelegt, Wälder abgebrannt und Monokulturen angelegt. Auch Chemikalien und Rückstände von riesigen Sojaplantagen belasten das Wasser. Manche Flüsse sind bereits derart verschlammt, dass nur noch kleine Boote auf ihnen verkehren können. Wenn Galeriewälder abgeholzt werden, um Rinder zu züchten, raubt dies den Vögeln die Brutplätze. Auch der Tourismus ist zweischneidig: Zur Trockenzeit reisen zahlreiche Sportfischer an, ihre Fanggebiete und -quoten werden kaum reglementiert und kontrolliert.

Pantanal-Landschaft

6

Jacaré

Voll in seinem Element ist im Pantanal der Brillenkaiman, der sich hauptsächlich von Fischen, Amphibien und Weichtieren ernährt. Geschätzte 40 Millionen Exemplare dieser Alligatorenart haben im Pantanal ihr Habitat. Auf jeden
Pantanal-Bewohner kommen, statistisch gesehen, etwa vierzig Kaimane.
Während der Trockenzeit sitzen die *Jacarés* zu Hunderten am Rande der letzten verbliebenen Tümpel und manchmal auch auf der einzigen Dammpiste.

Reisezeit   Ab April fällt der Wasserstand im nördlichen Pantanal, im südlichen
Pantanal dauert es noch etwas länger an. Ideal ist ein Besuch in der
Trockenzeit. Von Juni bis Anfang Oktober können besonders viele
Tiere beobachtet werden: Kaimane und Vögel drängen sich an den
noch verbliebenen Tümpeln. Im Juli und August blühen rosa und
gelb die Ipê-Bäume.

Mit dem Wagen durch den Pantanal

Der Pantanal lässt sich nicht mit einem Fahrzeug durchqueren, aber
es gibt zwei bedeutende Dammpisten, die eine Strecke in den
Pantanal hinein führen: die *Estrada Parque do Pantanal* von Buraco
das Piranhas nach Corumbá und die *Transpantaneira* von Poconé
nach Porto Jofre. Empfehlenswert sind Touren während der tierrei-
chen Trockenzeit von Ende Juni bis Oktober, da in der Regenzeit die
Pisten verschlammen und selbst Lastwagen drin stecken bleiben.

Bolada
(Viehtrieb)

Campo Grande nach Corumbá

Campo Grande

Campo Grande, die Hauptstadt des Bundesstaates Mato Grosso de Sul, ist der wichtigste Zielflughafen für Touren in den südlichen Pantanal. Die Stadt kann per Flugzeug von Brasília, Rio de Janeiro oder São Paulo erreicht werden. Von Campo Grande führt die BR 262 über Aquidauana (145 km), Miranda (226 km) und Buraco das Piranhas nach Corumbá.

Sehenswert ist das *Museu Dom Bosco* im Parque das Nações Indígenas, Av. Afonso Pena 7000, Mo–Fr 8–18 Uhr, Sa/So 9–19 Uhr, Eintritt 5 R$. Es besitzt 5000 Ausstellungsstücke über das Leben der Ureinwohner am Rio Uaupés, darunter Musikinstrumente, Waffen, Werkzeuge und Schmuck. Außerdem zu sehen: 10.000 Insekten, 6000 Schmetterlinge, 1100 ausgestopfte Vögel.

Adressen & Service Campo Grande

Information *Informações Turísticas,* Morada dos Baís, Av. Afonso Pena/Av. Noroeste 5140, Tel. 3314-9968, www.pmcg.ms.gov.br/sedesc, Di–Sa 8–18 Uhr, So 9–12 Uhr.
Vorwahl: (067)
Websites: www.campogrande.net
www.campogrande.ms.gov.br/cidademorena

Stadt-rundfahrt Auf der City Tour mit einem Doppeldeckerbus werden über 40 Sehens-würdigkeiten angefahren mit Stopps am *Memorial da Cultura Indígena* und am *Parque das Nações Indígenas* für einen einstündigen Museumsbesuch. Abfahrten Morada dos Baís, Di–So, Fz 3,5 h, Fp 33 R$.

Flug *Aeroporto Internacional de Campo Grande,* Av. Duque de Caxias, 7 km vom Zentrum. Mit Bus 116 *Vila Popular* ins Zentrum.

Bus *Rodoviária,* Rua Joaquim Nabuco 200, Amambaí. Verbindungen nach Bonito, Miranda, Corumbá und Cuiabá.

Mietwagen *Localiza,* Av. Afonso Pena 318, Tel. 3382-8786. Flughafen, Tel. 3363-1401.

Unterkunft FAM • **Internacional,** Rua Allan Kardec 223, Tel. 3384-4677, www.hotelinter metro.com.br. 100 Zi./AC, Bar, schöner Pool. DZ/F 100–190 R$, alle Kk.
• **Vale Verde,** Av. Alfonso Pena 106, Flughafennähe, Tel. 3321-3355, www. hotelvaleverde.com.br. 97 Zi., schöner Pool, Restaurant. DZ/F 145–225 R$.

Essen & Trinken Das typische Gericht ist *Linguiça de Maracaju,* das preiswert im *Comitiva Pantaneira e Linguíça de Maracaju,* Rua Espírito Santo 1443, Do/Fr ab 18 Uhr und Sa/So ab 11 Uhr angeboten wird.
• *Costelaria do Gaúcho Gastão,* Rua Dr. Zerbini 38, Chácara Cachoeira, Mo–Fr 11–14.30 Uhr, Sa 11–15 Uhr. Rodízio 17–44 R$.
• *Ponteio,* Rua 14 de Julho 1346, Centro, 11–24 Uhr. Preiswerte Churrascaria, Livemusik.

Buschflieger *Amadeu Barbosa Ferreira,* AAT Aerotur Transporte, Tel. 3026-9523, Handy 9982-6156, comandanteamadeu@hotmail.com.

6

Miranda

Die kleine Stadt ist einer der besten Orte, um eine Tour in den Pantanal zu einer der Fazendas zu starten. Ein mögliches Ziel wäre z.B. die Caiman Lodge, die inmitten der Dorfanlage einer 53.000 ha großen Fazenda am Rande des Pantanals liegt. Auf dem Landweg ist sie in 45 Minuten von Miranda aus mit einem Kleinwagen erreichbar. Obwohl sich „Öko-Lodge" nennend, wurden etwa 600 ha Wald für neue Weideflächen für die 30.000 Rinder gerodet. Der Tagesaufenthalt inkl. Mittagessen, Poolbenutzung und zwei geführten Ausflügen kostet 40 €. In Veranstaltungskatalogen tauchen auch die *Cordilheira Lodge*, *Pousada Baiazinha* und *Pousada Piúva* auf, die alle zur Caiman Lodge gehören.

Adressen & Service Miranda

Information
www.miranda.ms.gov.br und www.pantanalms.tur.br
Vorwahl: (067)

Unterkunft
• **Pousada Águas do Pantanal,** Av. Afonso Pena 367, Miranda, Tel. 3242-1314, www.aguasdopantanal.com.br. Rustikale, zentrumsnahe Pousada für Ausflüge in den südlichen Pantanal, 15 Zi./AC, MBZ, auf Wunsch HP/VP, Pool, Restaurant. DZ/F ab 160 R$, Rabatte in der NS. Touranbieter, Bootsvermietung mit Bootsführer, gut für Familien. Fátima Cordella kann die richtigen Infos geben, einer der besten Touranbieter vor Ort: Ausflüge zur Estrada Parque do Pantanal bis zur Pousada Arara Azul inkl. Mittagessen. Besuch der *Aldeia Terena* (Dorf der Ureinwohner) inkl. Mittagessen. Auch Mietwagen, Tagesmiete ab 35 €.

• **Pantanal Ranch Meia Lua,** BR 262, Km 547, Zona Rural, Tel. 9686-9064, www.pantanalranchmeialua.com. Pousada unter Schweizer Leitung inmitten eines 800 ha großen Geländes, 7 Zi./AC und Vent., mit Palmen umgebener Pool, Hängemattenareal, Aussichtsturm, See, Pantanal-Touren, WiFi. DZ/F 200 R$, DZ/VP 340 R$.

• **Refúgio Ecológico Caiman,** Estr. nach Agachi, 37 km, Tel. 3242-1450, www.caiman.com.br. Vier Lodges mit Plätzen für 71 Besucher, Pool; Kajakfahrten, Wanderungen und Fotosafaris. Katalogreiseziel.

Essen & Trinken
Cantina Dell Ámore, Rua Barão do Rio Branco 515, 10–23 Uhr. Fisch- und Fleischgerichte, Pasta, gediegene Atmosphäre.

Touranbieter
Explore Pantanal, BR 262, Km 554, Zona Rural, Tel. 9638-3520, www.explore pantanal.com. Mirjam & Marcello Göring Silva bieten Touren zur *Reserva das Figuerias* am kristallklaren Rio Salobra mit einer außergewöhnlich großen Population an Riesenotter, Touren in den Pantanal für Reisende, die an der Schmuck- und Keramikherstellung der Ureinwohner sowie deren Medizin und Heilpflanzen interessiert sind. Bootstouren mit Schnorchelmöglichkeit zur Beobachtung der Unterwasserwelt. Hoher Service-Standard, dt.-spr., keine Kk.

Estrade Parque do Pantanal

In Buraco das Piranhas zweigt rechts die alte *Estrada Parque do Pantanal* ab, eine Dammpiste durch den südlichen Pantanal, die über 87 Holzbrücken nach Corumbá führt und 117 Kilometer lang ist.

Die Piste beginnt am Pórtico von Buraco das Piranhas, 5 km nach dem Morro do Azeito. Dort befinden sich eine Touristen-Information und ein Polizeiposten. Der erste Streckenabschnitt von 7 km Länge führt nach *Passo da Lontra* am Rio Miranda. In *Porto da Manga* (Kneipe) müssen Sie den Rio Paraguai auf einer Fähre überqueren (Betrieb 6– 18 Uhr). Die letzten 52 km nach Corumbá sind abwechslungsreich. Kurz vor Corumbá klettert die Piste zum *Maciço do Urucum* hinauf, von dort hat man den besten Blick über das südliche Pantanal.

Corumbá

Die 100.000-Einwohner-Stadt an der Grenze zu Bolivien ist ebenfalls ein Startpunkt für organisierte Touren in den südlichen Pantanal. Die Uferpromenade des Rio Paraguai am alten Hafen Porto Geral war einmal der prächtigste Teil der Stadt, ist mittlerweile aber etwas heruntergekommen. Sehenswert ist die *Casa do Artesão,* ein Museum für lokale Kunst im alten Stadtgefängnis, Rua Dom Correia 405, Mo– Fr 8–12 u. 14–18 Uhr, Sa 8–12 Uhr.

Adressen & Service Corumbá

Information   *Setur,* Rua Manuel Cavassa 275, Porto Geral, Tel. 3232-5221, Mo–Fr 8–17 Uhr
Vorwahl (067)
Websites: www.corumba.com.br

Flug/Bus   • *Aeroporto Internacional de Corumbá,* Rua Santos Dumont, 3 km vom Zentrum
• *Rodoviária,* Rua Porto Carreiro, Esplanada da Estação. Busse nach Campo Grande (441 km, 6–9 h)

**Unter-
kunft**   *Nacional Palace* (FAM), Rua América 936, Tel. 3234-6000, www.hnacional .com.br; bestes Hotel in Corumbá mit Churrascaria, kleiner Pool. DZ/F 150– 190 R$.

6

Essen & **Trinken**	• *Ceará,* Rua Albuquerque 516, Di–So 11–14.30 Uhr u. 19–23 Uhr. Traditionsrestaurant, typische Pantanal-Küche, schmackhafte Fischgerichte. • *Viva Bella,* Rua Arthur Mangabeira 1, Mo–Sa 17–24 Uhr. Restaurant in schöner Lage, abwechslungsreiche Karte, Weine.
Tour- **anbieter**	*Indiana Tours,* Rua Dom Aquino Corrêia 255, Tel. 3232-1831, indianatours @uol.com.br. Tagestour über die Estrada Parque do Pantanal. Dreitagestouren ab 200 €.

Bonito

Die Flüsse bei Bonito sind ein El Dorado für Taucher und Schnorchler. Durch ihr kristallklares Wasser wirken der *Rio Baía Bonito* und der *Rio Sucuri* wie überdimensionierte, natürliche Aquarien.

Wer nicht wasserscheu ist, sollte sich den Besuch im *Aquário Natural* im 90 ha großen **Parque Ecológico Baía Bonita** (etwa 8 km außerhalb Richtung Jardim) nicht entgehen lassen. Das klare Wasser des Flusses lässt die vielen Fische ungewöhnlich deutlich und nah erscheinen, zu den vielen Arten gehören Piraputangas, Matogrossense, Pequiras mit roten Schwanzflossen und Lambaris, Der Fluss mündet nach 900 Meter über einen Wasserfall in den Rio Formoso. Neoprenanzüge und Schnorchelausrüstungen werden gestellt. Die Zahl der Besucher ist auf 100 pro Tag begrenzt. *Aquário Natural*, Parque Ecológico Baía Bonita, www.aquarionatural.com.br, Tel. 3255-1193. Einlass 7.30–15.30 Uhr, Rundkurs 3 h. Eintritt 120–165 R$. Mittagessen 16 R$.

Ein weiterer Ausflug führt zur knapp 100 Meter tiefen **Gruta do Lago Azul** mit weißen Stalaktiten und türkisblauem Wasser. Vor den Ausflügen muss ein Voucher bei einem örtlichen Touranbieter gekauft werden.

Ein Platz zum
Entspannen

Adressen & Service Bonito

Information *Setur*, Rua Pilad Rebúa 1780, Tel. 3255-1449, www.portalbonito.com.br,
www.bonitoonline.com.br
Vorwahl: (067) · **Websites:** www.bonitoonline.com.br

Anreise Von Miranda aus auf der MS 339 nach Bodoquena und weiter über die MS
178 nach Bonito. Alternativ direkt von Campo Grande über die BR 262 nach
Aquidauana, von dort über Guia Loopes da Laguna weiter nach Bonito.

Reisezeit April–Mai und Sept–Okt sind empfehlenswert, der Juli ist gut zum Tauchen.

Unterkunft • **Hotel Pirá Miúna** (FAM), Rua Luis da Costa Leite 1792, Tel. 3255-1058,
www.piramiunahotel.com.br. 39 Zi, Thermalpool, am Wochenende
Livemusik, Touranbieter, Restaurant. DZ/F 170–340 R$.
• **Pousada Gira Sol** (FAM), Rua Pérsio Schamann 710, Tel. 3255-2677, www.
girasolbonito.com.br. Schöne Pousada, 12 Zi./AC, RoSt, kleiner Pool,
Tourangebote. DZ/F 155–200 R$, VISA/MC. TIPP!
• **Zagaia Eco Resort** (LUX), Rod. Três Morros, Richtung Campo dos Índios, Tel.
3255-5500, www.zagaia.com.br. Schöne Anlage, 100 Zi./AC, 3 Pools (auch
Therme), Reiten, Sport, FamKids, Restaurant. HP/DZ 550–740 R$, alle Kk.
Mindestaufenthalt 3 Tage.

Essen &   *O Caserão*, Rua Pilad Rebuá 1835, 11–15 u. 18.30–23 Uhr. Eines der besten
Trinken   Restaurants, Spezialität Fisch-Rodízio mit *Pintado, Jaú, Dourado, Pacu, Cachara*.

Tour-   **Big Tour**, Rua 15 de Novembro 862, Tel. 3255-1753, http://bigtour.com.br/
anbieter reservas.htm

Von Cuiabá in den nördlichen Pantanal

Cuiabá

Die Hauptstadt des Bundeslandes Mato Grosso hat über 600.000
Einwohner und ist der Ausgangspunkt für Touren in den nördlichen
Pantanal. Der Weg dorthin führt auf der MT 060 über Santana do
Livramento ins 104 Kilometer entfernte *Poconé*. Diese beschauliche
Viehzüchterstadt leidet noch heute unter den Folgen eines Gold-
rausches von 1983 bis 1999, bei dem über 10.000 *garimpeiros* die
Erde rund um das Städtchen aufgerissen und durchwühlt haben.
Sehenswert ist das kleine *Museu do Índio Marechal Rondon* in *der
Cidade Universitária*. In der Region Cuiabá herrscht fast das ganze
Jahr über brütende Hitze.

6

Adressen & Service Cuiabá

Information *Sedtur*, Praça da República 131, Tel. 3613-9300
Vorwahl: (065) · **Websites:** www.cuiaba.mt.gov.br

Flug/Bus *Aeroporto Marechal Rondon*, Av. João Ponce de Arruda, Várzea Grande, 7 km
vom Zentrum. *Rodoviária*, Av. Mal. Deodoro, Alvorada, Richtung Chapada dos
Guimarães, 3 km vom Zentrum.

Mietwagen	*Trescinco Locadora,* Av. Duarte 952, Tel. 3627-3500. Flughafen, Tel. 3682-2004
Unterkunft	*Fazenda Mato Grosso* (FAM), Rua Antonio Dorileo 1100. Coximpó, Tel. 3351-1200, www.hotelmt.com.br. Parkhotel, 51 Zi., Pool, Restaurant. DZ/F 200–245 R$.
Essen & Trinken	*Peixaria Flutuante,* Rua Sarita Baracat s/n, Ponte Nova, Várzea Grande, 3 km vom Zentrum, 11–23 Uhr. Flussrestaurant mit Atmosphäre, Fischgerichte.

Transpantaneira

In Poconé beginnt die Transpantaneira, die über 122 einfachste Holzbrücken durch den Pantanal führt. Ursprünglich sollte die Dammpiste Poconé mit Corumbá am Südrand des Pantanal verbinden, doch der Weiterbau wurde aufgrund vieler Schwierigkeiten eingestellt. Deshalb endet sie nach 145 Kilometern in Pto. Jofre am Rio Cuiabá. Bei Kilometer 16 treffen Sie auf das Eingangstor mit einem Kontrollposten. Der Zustand der Erd- und Schotterstraße ist sehr unterschiedlich. An einzelnen Stellen können bis zu 80 km/h gefahren werden, an anderen Streckenabschnitten allenfalls 30 km/h. Holzbrücken sollten langsam angefahren werden, im Zweifelsfall aussteigen und prüfen. Mit einem Kleinwagen nur bis Pixaim (64 Kilometer) fahren, da sich der Zustand der Brücken nach diesem Ort von Kilometer zu Kilometer verschlechtert. Während der Regenzeit von Dezember–März ist die Transpantaneira meist unpassierbar.

Seit 2009 ist es nicht mehr erlaubt die Transpantaneira alleine mit einem Miet- oder Privatwagen zu befahren oder den Pantanal alleine zu betreten. Nur registrierte Fahrzeuge oder Besucher, die sich über eine Lodge eingebucht haben, dürfen ein- oder ausfahren. Das Eingangstor der Transpantaneira am Kontrollposten sollte von 22 bis 5 Uhr geschlossen sein, wird derzeit praktisch (noch) nicht kontrolliert.

Hier beginnt das Abenteuer

Adressen & Service Transpantaneira

Information Touristeninformation, Sedtur, Praça da República 131, Tel. 3613-9300, Mo–
Fr 8–18 Uhr. Adressliste einheimischer Führer für den Pantanal. Zweigstelle
auf dem Flughafen.

Websites: www.portalpantanal.com.br • www.pantanalportal.de
Vorwahl: (065)

Unterkunft • **Pousada Piuval** (FAM), KM 10 (14 km von Poconé), Tel. 3345-3479, Res.
3345-1338, 9983-7425, www.pousadapiuval.com.br. Exzellente Pousada inmitten einer Fazenda, 20 Zi./AC, schöner Pool mit Wasserfall, aufmerksam
und freundlich, FamKids, Restaurant. VP/DZ ab 240 R$ (NS), inkl. Boot- und
Reitausflüge sowie Piranha-Angeln. Tagesgäste wilkommen. TIPP!

• **Pouso Alegre,** KM 33, anschließend 7 km Trasse zur Pousada, Handy 9981-
7911, www.pousalegre.com.br. 10 einfache Zi., Pferdeausflüge, viele Tiere,
auch Hyazinth-Aras *(Arara-Azul),* Restaurant. VP/EZ 190 R$, VP/DZ 280 R$,
Res. notwendig.

• **Pousada Estancia Vitória,** KM 38 (41 km von Poconé), Tel. 3345-1992, Handy
9968-6037, www.pantanal.ch. Haupthaus/Bungalows mit 11 Zimmern,
EZ/DZ/MBZ, Vent./AC, Moskitoschutz, kleiner Pool, kleiner See, Aussichtsturm, Reit- u. Bootstouren. Ü/VP auf Anfrage.

• **Pousada Rio Claro** (FAM), KM 42 (45 km von Poconé), Tel. 3345-1054 u.
9982-0796, www.pousadarioclaro.com.br. 20 Zi./AC, Restaurant, Pool, Reit-
und Bootsausflüge, Transfer, aber während der Regenzeit nicht direkt erreichbar (ggf. 1 km Fußmarsch durch den Sumpf), gPLV, schöne Pantanal-
Atmosphäre. VP/DZ ab 240 R$, TIPP!

• **Pantanal Mato Grosso** (FAM), KM 65, gleich nach der Betonbrücke, direkt
am Rio Pixaim, Tel. 3614-7500, www.hotelmatogrosso.com.br. 35 Zi./AC,
Pool mit Wasserfall, Boots- und Nachtausflüge, Transfer, Restaurant. VP/DZ
220–330 R$ (HS Juni–Aug), gPLV, Tagesgäste wilkommen.

• **Jaguar-Lodge,** Reserva Ecológica Jaguar, KM 112, Tel. 3345-1545, Handy
9998-1264. Rustikale Pousada, Ausgangspunkt für Mehrtagesausflüge über
Pto. Jofre mit max. 5 Pers. zur Suche und evtl. Beobachtung von Jaguaren,
die dort am häufigsten im Pantanal vorkommen.

• **Porto Jofre Pantanal,** Km 149, am Rio Cuiabá, Tel. 3623-0236, www.porto
jofre.com.br. Komforthotel, 28 Zi./AC, gutes Rest., Pool, Bootstouren, CP,
RoSt, StroGe, exzellenter Service. VP/DZ ab 145 €. Von Nov.–Feb. geschlossen.
Transfer Landweg 200–350 R$.

Essen & *Churrascaria Tradição,* Praça Bem Rondon 140, Poconé, tägl. 17–24 Uhr, tra-
Trinken ditionelle Küche, Fleisch- und Fischgerichte, auch Pizza, 20–50 R$. TIPP!

Tour- **Pantanal-/Amazonas-Tours,** Estancia Vitória, Rod. Transpantaneira, KM 38,
anbieter Poconé, Tel. 3345-1992, www.pantanal.de. Spezialist für den Pantanal und
Umgebung sowie das Amazonasgebiet, viele Tourversionen.

Angel-/Schiffs- Barco Santa Cruz, Poconé, Tel. 3644-4305,
ausflüge

Kunst- Atelier do Luizão, Rua Generoso Ponce 1101
handwerk

6

**BRASÍLIA /
CENTRO**

0   200 m

z. Templo da Legião
da Boa Vontade

Busterminal / Fernverkehr
Parque da Cidade

Estádio

Via W5 – Sul   SGAS

Museu Histórico
e Geográfico

704   703
SHIGS 702

Torre de Televisão

Setor
Hoteleiro
Sul

Shopping
Brasília

Setor
W3 –
Norte

Via W3 – Sul

Santuário São
João Bosco

Markt

ERWS

Setor
Comer-
cial Sul
(SCS)

Setor
Hoteleiro
Norte
SCN

Eixo.Rodoviário.Sul

Via L1 – Sul

ERLS

Estação Central

Eixo
Rodoviário
Norte

Asa Sul

Via L2 – Sul

SBS

Teatro
Nacional SBN

Asa
Norte

Museu de Valores

Set. Cultural
(SCTS)

Via L1 – Norte

807

AUS

SCTN

AUN

Dt. Botschaft

805

Catedral Metropolitana

Ponte Costa
e Silva

801

803

8
9
10
11
12
13
14
15

1
2
3
4
5
6
7

Anexos dos Ministérios

Anexos dos Ministérios

Lago do

Paranoá

Setor de
Embaixadas Sul

Av. das Nações

Esplanada dos Ministérios

Palácio do Itamarati

Anexo Rel. Exteriors

Palácio da Justiça

Câmara dos Deputados
Anexo da Câmera

Senado Federal
Anexo do Senado

Doppeltürme des
Congresso Nacional

Praça dos Três Poderes

Palácio do Planalto
(Präsidentenpalast)

Supremo Tribunal Federal

Setor de
Clubes
Esportivos
Sul

Panteão da Pátria

Mastro da
Bandeira

8

Via L4 – Norte

9

z. Hotel Royal
Tulip Alvorado

Ministerios:

1 Ação Social
2 Secretaria da Cultura
3 Secr. da Adm. Federal e
   Secr. dos Desportes
4 Agricultura e Ref. Agrária
5 S. do Desenv. Reg. e Sec.
   da Ciêcia e Tecnologia
6 Trabalho e Previ-
   dência Social
7 Saúde
8 Secretaria da Economica
9 Educação
10 Aeronáutica
11 Marinha
12 Exército
13 Economia
14 Forças Armadas
15 Infra-Estrutura

Hotels

1 **Mercure Brasília Eixo**
2 **das Américas**
3 Bristol
4 **Itamarati Parque**
5 **Casablanca**
6 Aristus
7 Nacional
8 Academia de Ténis Resort
   außerhalb:
9 **Royal Tulip Alvorado**

Setor de
Clubes
Esportivos
Sul

zur Privatresidenz
des bras. Präsidenten,
Palácio da Alvorada
(»Palast der
Morgenröte«)

Brasília

Brasília ist der in Beton gegossene Traum von einer besseren Zukunft Brasiliens. Die futuristische Architektur der auf dem Reißbrett perfekt vorgeplanten Kapitale unterscheidet sie in jeder Hinsicht von jeder anderen brasilianischen Stadt. Die Entfernungen innerhalb der Stadt sind gewaltig. Fußgängerwege waren ursprünglich nicht vorgesehen, in der Stadt des Fortschritts sollte jeder mit dem Auto fahren.

Brasília war das Lebenswerk des Präsidenten Juscelino Kubitschek. Er konnte sich dabei auf die brasilianische Bundesverfassung berufen, die eine neue Hauptstadt im Hinterland festschrieb. Die Lage und der Name der neu zu schaffenden Hauptstadt waren bereits 1891 in die brasilianische Verfassung aufgenommen worden.

Plano Piloto Die geistigen und kreativen Schöpfer Brasílias waren der Städteplaner Lúcio Costa und der Architekt Oscar Niemeyer (1907–2012). Nach Costas *Plano Piloto* folgt der Stadtgrundriss den Konturen eines Flugzeuges: Den Rumpf bildet der *Eixo Monumental,* die überbreite zentrale Stadtachse, die durchschnitten wird vom *Eixo Rodoviário,* der mit seinen *Superquadras* und Wohnblocks die Flugzeugflügel nachbildet *(Asa norte* und *Asa sul).*

Die Stadt wurde von 1957 bis 1960 in atemberaubendem Tempo von *candangos,* Heerscharen von Wanderarbeitern aus dem armen Nordosten, errichtet. 1987 bekam sie den Titel „UNESCO-Welterbe" verliehen. Ursprünglich für 500.000 Bewohner geplant, leben heute in der ruhigen Hauptstadt rund 2,6 Millionen Menschen.

Blick vom
Fernsehturm

6

**Brasília-
Bustour**

Auf einer Stadtrundfahrt mit einem Doppeldeckerbus werden die wich-
tigsten Sehenswürdigkeiten, auch das Regierungsviertel, angefahren.
Abfahrten am Shopping Brasília in der Nähe des *Torre da TV,* 10–18
Uhr alle 90 Minuten, Fz 90 Minuten, Fp 25 R$. Große Tour inkl.
Bootsfahrt auf der Lagoa Paranoá 50 R$. Den Tag könnte man in einem
Restaurant oder Kiosk im *Pantão do Lago Sul* ausklingen lassen.

Rundgang im Regierungsviertel

Die beste Überblick verschaffen Sie sich von der Aussichtsplattform
des *Torre da Televisão,* dem 75 Meter hohen Fernsehturm in der Eixo
Monumental, 8–20 Uhr. Dort starten auch Helikopter zu zehnminü-
tigen Rundflügen über das Regierungsviertel und findet am
Wochenende, 8–18 Uhr, die *Feira da Torre* statt.

Ausgangspunkt zur Besichtigung des Regierungsviertels ist der
Kreisverkehr an der *Eixo Monumental* bei der *Estação Central,* dem
innerstädtischen Busterminal. Dort liegt auch das *Teatro Nacional.*

Die lichtdurch-
flutete Kuppel
der Kathedrale

**Catedral
Metro-
politana**

Der Eixo Monumental fällt vom Busterminal zum Regierungsviertel
hin leicht ab. Auf der rechten Seite steht die sehr sehenswerte
Catedral Metropolitana, entworfen von Oscar Niemeyer. 16 ge-
schwungene Säulen, an eine Dornenkrone erinnernd, tragen die
lichtdurchlässige Dachhaut über dem hellen Innenraum, der Platz
für 4000 Besucher bildet. Drei große, schwebende Engel verleihen
ihm eine überirdische Sphäre. Das aufgeschnittene Ei über dem Altar
symbolisiert die Keimzelle des Lebens. Vor dem unterirdischen
Eingang der Kathedrale stehen Steinskulpturen der Evangelisten.

Palácio do Itamarati	Weiter geht es durch die *Esplanada dos Ministérios,* vorbei an den tristen Betonwürfeln der Ministerien und dem nicht zu übersehenden Glaskörper des *Palácio do Itamarati*, in Richtung der Doppeltürme des *Congresso Nacional.*

Im Palácio do Itamarati ist das brasilianische Außenministerium untergebracht, eine der schönsten Kreationen Oscar Niemeyers. Die verspiegelten Glaswände scheinen direkt aus dem das Bauwerk umgebenden Wasserbecken aufzusteigen, der Garten ist eine Kreation von Burle Marx. Die Skulptur auf der Wasserfläche, *Meteor,* stellt die fünf Erdteile dar. Führungen Mo–Fr 14–16.30 Uhr, Sa/So 10–15.30 Uhr, Eintritt frei. Badelatscher und Waikikifreaks kommen nicht durch.

Palácio da Justiça	Gegenüber dem Außenministerium über der breiten Esplanada, steht das Justizministerium, ein weiterer Niemeyer-Bau. Phantasievoll ist die Frontgestaltung: geschwungene Stützen tragen das weit vorkragende, schattenspendende Flachdach. Die Skulptur stellt *Justiça* dar. Den riesigen Innensaal schmücken Skulpturen und eindrucksvolle Wandgemälde. Führungen Mo–Fr 10–12 u. 15–17 Uhr.
Congresso Nacional	Der markante, 28stöckige Zwillingsturm beherbergt Parlamentarier- und Verwaltungsbüros. In der schalenförmigen Konstruktion tagt die *Câmara dos Deputados,* in der kuppelförmigen der *Senado Federal.* 9.30–17 Uhr, Eintritt frei.
Praça dos Trés Poderes	Den weitläufigen „Platz der drei Gewalten" rahmen die wichtigsten Regierungsgebäude Brasiliens ein: *Congresso Nacional, Palácio do Planalto* (Amtssitz des brasilianischen Präsidenten) und *Supremo Tribunal Federal* (oberstes Gerichtshof, nicht zugänglich). Die Statue

Der Nationalkongress mit seinen Zwillingstürmen

6

zweier Männer mit erhobenen Armen ehrt *os candangos,* die Bauarbeiter Brasílias. Bei all den Bauten kann man den typischen Architekturstil Oscar Niemeyers erkennen: vorgezogene Flachdächer, tragende Kurvensäulen und Wasserbecken.

Der *Panteão da Pátria Tancredo Neves* wurde 1987 zu Ehren der Freiheitskämpfer von Minas Gerais mit einer Ewigen Flamme erbaut (Di–So 9–18 Uhr). Davor steht der 108 m hohe *Mastro da Bandeira.* Ist der Präsident anwesend, ist Brasiliens Nationalflagge hochgezogen.

Palaçio do Planalto

Der gläserne Präsidentenpalast mit seinen elegant kurvigen Dachstützpfeilern ähnelt dem Supremo Tribunal Federal, ist aber größer. Zwanzigminütige Führungen, So 9.30–14.30 Uhr, Wachablösung der Präsidentengarde an der Eingangsrampe alle 2 Stunden 8–18 Uhr.

Neben der Catedral Metropolitana sind noch zwei weitere kirchliche Gebäuden in Brasília sehr sehenswert:

Templo da Lagião da Boa Vontade

(Setor Garagem Sul 915). Brasílias „Tempel des Guten Willens" ist ein Treffpunkt nicht nur für Mystiker und Esoteriker, sondern steht jedermann 24 Stunden am Tag offen. Die Spitze des Bauwerks, das in Form einer Sechseck-Pyramide erbaut wurde, krönt ein großer Kristall, der kosmische Energien bündeln soll. Betend oder meditierend schreiten Gläubige barfuß zu Sphärenklängen langsam eine Spirale bis in deren Zentrum ab.

Santuário São João Bosco

Diese kleine Kirche südlich des Fernsehturms (Av. W3 Sul, Quadra 702, Mo–Sa 7–19 Uhr, So 7–12 u. 14–20 Uhr) wurde zu Ehren des Schutzpatrons von Brasília, Dom Bosco, errichtet. Sie strahlt eine wunderbare, geheimnisvolle Atmosphäre aus, hervorgerufen durch in zwölf unterschiedlichen Blautönen verglaste raumhohe Fenster
mit Spitzbögen. Von der Decke hängt ein meterhoher Lüster aus vielen tausend kleinen Glasteilen. Ein dunkelblaues Lichtermeer, gesegnet von Papst Paul II. bei seinem Besuch 1991 in der Stadt.

Adressen & Service Brasília

Information   *Setur,* Eixo Monumental, Centro de Convenções, Tel. 3429-7635, Mo–Fr 8–19 Uhr. Zweigstelle auf dem Flughafen, 8–23 Uhr, und dem *Torre de TV.*
Vorwahl: (061)
Websites: www.setur.df.gov.br • www.brasiliaconvention.com.br

Flug/Bus	• *Aeroporto Internacional Brasília,* 12 km vom Zentrum. Flughafenbus (Executivo) alle 30 Min., Fp 10 R$. • *Rodoferroviária,* Parque Ferroviário, Setor Nordeste
Mietwagen	*Interlocadora, Localiza, Hertz, Avis* u.a. auf dem Flughafen
Unterkunft	**Übernachtungsabgabe:** pro Übernachtung wird eine Steuer von 1,50 R$ für das *Brasília Visitors & Convention Bureau fällig* • **Itamarati Parque** (ECO), Setor Hoteleiro Sul, Qd 3, Bl B. Tel. 3321-7337. • **Casablanca** (FAM), Setor Hoteleiro Norte, Qd 3, Bl A, Tel. 3328-8586, www.casablancabrasilia.com.br. 58 Zi./AC, Restaurant. DZ/F 280 R$, nach Rabatt fragen. • **das Américas** (FAM), Setor Hoteleiro Sul, Qd 4, Bl D. Tel. 3034-3355, Res. 0800-600-4488, www.hoteldasamericas.com.br. 156 moderne Zi./AC, 24-h-Restaurant. DZ/F 200–250 R$. • **Golden Tulip Alvorada** (LUX), Setor de Hotéis e Turismo Norte, Trecho 1, Lote 1 B, Tel. 3429-8000, www.goldentulipbrasiliaalvorada.com. Seelage, 250 Zi./AC, Sport, Pool, Restaurant. DZ 290–530 R$.
Essen & Trinken	• *Tia Zélia,* Rua Maranhão, Casa 8, Vila Planalto, Mo–Fr 11–15 Uhr. Typische Brasilienküche, nichts aus dem Meer, günstig und gut. TIPP! • *Francisco,* Qd. 402, Bl B, Lj 9, 12–24 Uhr. Churrascaria Im *Pontão do Lago Sul* gibt es entlang der Uferpromenade zahlreiche Restaurants und Kioske sowie Freizeitangebote, z.B. Wakeboard. • *C@fe.com.tomate,* Av. W3, 505 Sul, Bloco C, Loja 18. Café, Bar, Show ab 20 Uhr, Eintritt. TIPP! • *Moena Lounge,* Setor de Clube Sul, Shopping Pier 21
Unter-haltung	• *Grog,* Centro Comercial Quadra I-II, Lago Sul. Boate • *Daneceteria Zoom,* Centro Comercial Gilberto Salomão, Bloco A, Setor Comercial Sul. Tanzsaal.
Parque Zoològico	Der sehenswerte Zoo kann mit dem Fahrzeug befahren werden. Av. das Nações (Via L 4 Sul), 9 km vom Zentrum, Di–So 9–17 Uhr, Eintritt 2 R$.

6

Catedral
Metropolitana
bei Nacht

 # Der Süden Brasiliens

Der Süden als die kleinste Region Brasiliens umfasst sieben Prozent der Gesamtfläche des Landes. Trotzdem sind die drei Bundesstaaten, aus denen er besteht, nämlich **Paraná** (Hauptstadt Curitiba), **Santa Catarina** (Florianópolis) und **Rio Grande do Sul** (Porto Alegre) zusammen immer noch größer als Frankreich.

Viele Besucher bereisen den Süden Brasiliens nur, um das unvergleichliche Naturschauspiel der **Wasserfälle von Iguaçu** zu erleben. Doch der charmante, europäisch geprägte Süden bietet weit mehr: statt wogender Palmen und dichtem Urwald dominieren hier saftige Felder, Pinien und Araukarien. Blondschöpfe mit blauen Augen und europäische Volksmusik gehören ebenso dazu, seit dem Ende des 19. Jahrhunderts das brasilianische Kaiserhaus Hunderttausende von Einwanderern aus Europa, vor allem Deutsche und Italiener, ins Land holte, um den Süden zu erschließen. Architektur, Sprache, Brauchtum, Lebensart und Küche bilden in Südbrasilien eine reizvolle Mischung. In der Stadt **Blumenau,** besonders durch deutschstämmige Einwanderer geprägt, findet jedes Jahr das zweitgrößte Oktoberfest der Welt statt.

Auch landschaftlich hat der Süden viel zu bieten: Einsame Sandstrände an der Küste, bewaldete Canyons in der Serra do Mar, fruchtbare Flusstäler in der **Serra Gaúcha** und endlose **Pampa**-Graslandschaften ganz im Süden des Region.

Foz do Iguaçu

Die Grenzstadt Foz do Iguaçu (einfach „Foz" genannt) hat 330.000 Einwohner und liegt 28 Kilometer von den Wasserfällen entfernt am Rio Paraná, der die Grenze zu Paraguay bildet. Die Stadt ist idealer Ausgangspunkt für die Besichtigung der Wasserfälle. Jährlich strömen hierher zahllose Besucher, nicht nur um die Fälle zu sehen, sondern auch brasilianische Händler zum Kauf von Billigwaren in der paraguayischen Nachbarstadt Ciudad del Este.

Es gibt gute Stadtbusverbindungen zum Flughafen, zu den Wasserfällen, zum National- und zum Vogelpark, zum Kraftwerk Itaipu sowie nach Puerto Iguazú in Argentinien.

Adressen & Service Foz do Iguaçu

Information *Secretaria de Turismo,* Praça Getúlio Vargas, Tel. 3521-1000, 0800-45-1516. Zweigstelle auf dem Flughafen.
Vorwahl: (045)
Websites: www.pmfi.pr.gov.br • www.fozdoiguacu.com

Reisezeit	Das meiste Wasser führen die Fälle im Januar und Februar, dann kommen sehr viele Besucher. Von Juni bis September häufige Regenfälle, es ist oft kalt, wenig Besucher. Vieles ist geschlossen.

Flug/Bus
- *Aeroporto Internacional Foz do Iguaçu* (IGU), Zufahrt über die Av. das Cataratas, ca. 13 km vom Zentrum.
- *Rodoviária*, Av. Costa e Silva, ca. 5 km vom Zentrum an der BR 277 nach Curitiba. Touristen-Information.

Mietwagen Auf dem Flughafen gibt es mehrere Anbieter nebeneinander, z.B. *Localiza, Avis oder Hertz,* doch nicht immer sind alle Counter besetzt. Preise vergleichen, Fahrzeug mit FLEX-Motor wählen, Rabatt verhandeln.

Tourguide *Aguas Grandes Rosemeri,* Rosemeri Wolfart (deutschsprachig), Rua Tucano 660, Portal da Foz, Handy 45-9105-5051, meri.wol@hotmail.com.

Unterkunft FAM
- **Hostel Paudimar Campestre,** Alameda Caibi 210, Remanso Grande, ab KM 12,5 der Av. das Cataratas, ausgeschildert, Tel. 3529-6061, www.paudimar. com.br. Sehr ruhige Lage, auch für Camper und Wohnmobile, Pool, Restaurant. DZ/F 120 R$, Chalés/F 60 R$, Hütte/F 30 R$, alle Kk.
- **Foz Presidente I/II,** Rua Xavier da Silva 1000/Rua Mal. Floriano Peixoto 1851, Tel. 3572-4450 und 3523-2318, www.fozpresidentehoteis.com.br. Zwei Hotels am gleichen Platz, wobei das alteingesessene Foz Presidente I (ECO) mit seinen Korridorzimmern preiswerter ist. DZ/F ab 110 R$.
- **Bella Italia,** Av. Rep. Argentina 1700, Tel. 3521-5000, Res. 0800-45-4555, www.hotelbellaitalia.com.br. Komfortabel, mit Ambiente, 135 Zi./AC, Pool, Restaurant. DZ/F 230 R$, gPLV, alle Kk. TIPP!
- **Rafain Centro,** Rua Deodoro 984, Tel. 3521-3500, www.rafaincentro.com.br. 120 Zi./AC, Hz, Pool, Restaurant. DZ 200–265 R$ mit reichhaltigem Frühstück, gPLV, alle Kk.
- **Suiça,** Av. Felipe Wandcheer 3580, Jardim São Paulo, Tel. 3525-3232, www.hotelsuica.com.br. Schöne Gartenanlage, 33 Zi./AC, FamKids, Pool, Restaurant. DZ/F 200–275 R$, gPLV.

LUX
- **Panorama,** Av. das Cataratas, KM 12, Tel. 3523-1200, www.hotelpanorama resort.com.br. Halbkreisförmiges Hotel, 180 Zi./AC, Tropical Garden Restaurant, großer Pool. DZ/F ab 180 R$. .
- **San Martin,** Av. das Cataratas, KM 17 (neben dem Vogelpark), Tel. 3521-8088, Res. 0800-645-0045, www.hotelsanmartin.com.br. Sehr schöne Anlage, 135 Zi./AC, RadV, großer Pool, Restaurant. DZ/F 220–330 R$, NS preiswerter, gPLV. TIPP!
- **Hotel das Cataratas,** Av. das Cataratas, KM 32, 25 km von Foz, Tel. 2102-7000, Res. 0800-701-2670, www.hoteldascataratas.com.br. Das einzige Hotel direkt an den Fällen, doch von Foz völlig abgeschnitten, abends nur teurer Taxiverkehr! 193 Zi./AC, zwei Pools, Restaurant. DZ/F ab 900 R$, Service-zuschlag 99 R$, Res. empfehlenswert.

in Puerto Iguazú/ Argentinien
- **Sol Cataratas,** Ruta 12 km 1640 (hinter der Puente Internacional und der Aduana nach links ins Waldstück Selva Yryapú abbiegen, Hotel ist ausge-schildert), Tel. 03757-493012, http://hoteleraiguazu.com.ar/solcataratas/ubi-cacion.html. Ruhig gelegene Anlage mit schönen, großzügigen Zimmern/AC und Pool. Restaurants in Gehweite. DZ/F ca. 75 €, gPLV.

Essen & Trinken Die meisten Restaurants befinden sich in der Av. Schimmelpfeng.

- *Búfalo Branco,* Rua Rebouças 530. Die beste Churrascaria der Stadt, Rodízio 12–23 Uhr.
- *Tropicana,* Av. Kubitscheck/Júlio Pasa 190, tägl. 11.30–15 u. 19–23 Uhr. Die Traditions-Churrascaria mit Rodízio schlechthin, immer voll, gPLV. TIPP!
- *MARAN,* Rua Almirante Barroso 1958. Panificadora & Confeitaria mit Café, gemütliches Ambiente. Vollkornbrot, Wurst, Käse, Torten, belegte Baguette, Buffet nach Gewicht, beliebter Treff, 24-Std-Service.

Unter-haltung

- *Oba-Oba,* Av. das Cataratas 3700. Cooper-Show mit Samba und Mulatas, 23–1 Uhr, Tisch 15 €.
- *Klaus Bier,* Av. Costa e Silva 1806. Brauhaus mit Disco, dt. und internationale Küche, tägl. Tanzmusik, Fr/Sa Eintritt ab 10 R$ (je nach Musikgruppe), Hausbier nach alter Tradition.
- *Rafain,* Av. das Cataratas 1749, Tel. 3523-1177, www.rafainchurrascaria .com.br. Churrascaria mit Tanzshow, 11.30–15 u. 19.30–23 Uhr (außer So). Rodízio inkl. Show ab 20.45 Uhr 70 R$.
- *Agência Tass,* Av. Schimmelpfeng 450, Do–So, geringer Eintritt.

Golf   *Iguaçu Golf Club,* Av. das Cataratas. Größter öffentliche Golfplatz Brasiliens.

Wasserfälle von Iguaçu

Hinweise   Für die Besichtigung der Fälle (tägl. 9–17 Uhr) mit jährlich weit über einer Million Besuchern aus aller Welt – Hochsaison November bis April – ist sowohl auf brasilianischer als auch auf argentinischer Seite

Lago de Itaipu
Presa de Itaipu (Itaipu-Staudamm)
Überlauf / Damm

Usina Hidreléctrica de Itaipu
(Wasserkraftwerk)

Centro de Visitantes Itaipu

■ Power-Station Furnas

Ecomuseu de Itaipu
Busstop für Bus zurück nach Foz do Iguaçu

Foz do Iguaçu

Ciudad del Este

(Ruta 1) Av. San Blas

Asunción 350 km

Estação Rodoviária (an der Av. Costa e Silva)

Centro Foz do Iguaçu

Av. Argentina
Av. J. Schimmelpfeng

BRASILIEN

Ponte da Amizade / Puente de la Amistad
(Freundschaftsbrücke Brasilien/Paraguay)

Aeroporto Intern. Foz do Iguaçu

Cataratas

Parque Mineral

Marco das Três Fronteiras (Dreiländereck)
Fähre (Pto. Meira)

Ponte T. Neves (Ponte da Franternidade Arg./Bras.)

Autofähre (Balsa) über den Río Paraná nach Ciudad del Este / Paraguay

Puerto Iguazú

Parque das Aves (Vogelpark)

Cascavel (140 km) / Curitiba / Campo Grande

IGUAÇU-WASSERFÄLLE / ITAIPU-STAUDAMM

0 — 10 km
© RKH VERLAG HERMANN

⛪ Hotels

1 **Hotel Suiça**
2 **Hotel Panorama**
3 **Hotel San Martin**
4 La Cantera Jungle Lodge
5 La Aldea de la Selva
6 Sheraton Iguazú Resort
7 **Hotel Tropical das Cataratas**

Parque Nacional do Iguaçu

△Camping
Heliponto (Hubschrauber-Rundflüge)
Parktor / Besucherzentrum / Bus / Kasse / Infos

»Macuco Safári« (Bootstouren)
Bootssteg

Río Iguaçu

Parque Nacional del Iguazú

PARAGUAY

Río Paraná

Provinz Misiones

ARGENTINIEN

Museu do Parque

s. Karte der Fälle

San Antônio do Sudoeste (brs. Grenze)

Sheraton I.Rs.

Cataratas do Iguaçu

Aeropuerto de Puerto Iguazú

Posadas 300 km / Buenos Aires 1290 km

---

alles bestens durchorganisiert. Die Besichtigungstour ist eine heiße, schweißtreibende Angelegenheit, genügend trinken und Sonnencreme auftragen.

Neben der Besichtigung in Eigenregie können Sie eine der zahlreich angebotenen Aktivitäten wahrnehmen, z.B. eine Tour durch den Regenwald oder Bootsfahrten. Es gibt auch 2-Tages-Pakete, nähere Infos dazu auf der unten genannten Website. Wenngleich die Mehrzahl der über 270 Wasserfälle (*cachoeiras* bzw. *saltos*) sich auf argentinischer Seite befinden (und wo man an manche zum Greifen nah herankommt), so hat man dennoch von der brasilianischen Flussseite die schöneren Panoramen auf das Naturspektakel. Ein Höhepunkt ist der **Passarela-Steg,** ohne Regenschutz werden Sie dort nass werden, weil vom Gischtkessel des *Garganta do Diabo*

7

(„Teufelsrachen") ständig dichte Sprühwolken herantreiben. Sie können dort Regencapes kaufen, und um die Kamera vor Nässe zu schützen, leistet eine Plastiktüte gute Dienste. Unterwegs auf den Wegen
werden Sie immer wieder mal auf die possierlichen *Coatis* (Nasenbären) stoßen – doch Vorsicht, Beißgefahr mit evtl. Tollwutfolge!
Nicht füttern, abgestellte Taschen im Auge behalten.

Alle Infos, Foto- und Videoansichten, eine runterladbare Vierfarb-
karte, aktuelle Eintrittspreise, Macuco-Bootssafaris, Helikopter-Flüge
u.a. auf der Parkwebseite www.cataratasdoiguacu.com.br. Eintritt
Ausländer ab 12 Jahre **48,80 R$,** Kinder 2–11 Jahre 7,50 R$.

**Parque
das Aves**   Etwa 500 m vor dem Eingang zum Nationalpark bzw. des Besucherzentrums (Tel. 3521-8383) befindet der Vogelpark *Parque das Aves*
(s. Karte, Km 17). Mit über 160 Vogelarten und 1000 Vögeln gilt er als
der größte private Vogelpark Südamerikas. Inmitten von subtropischen *Jangada-, Guatambu-* und *Canjerana-*Bäumen können bis zu
8 m hohe Volieren begangen werden. Ein ausgeschilderter Rundweg
führt durch die etwa fünf Hektar große Anlage. Man sieht imposante
Nandus und winzige Kolibris, einen Teich mit Flamingos und zahlreiche Papageienarten. Täglich 8.30–17 Uhr, www.parquedasaves
.com.br (auch auf Deutsch). Eintritt Ausländer **17 US$** bzw. der
Gegenwert in Reais, derzeit 28 R$.

Parque Nacional do Iguaçu

Die Wasserfälle von Iguaçu liegen innerhalb des 185.265 ha großen
Parque Nacional do Iguaçu, der 1939 gegründet wurde. In dem
Naturschutzgebiet wachsen schlanke Pindó-Palmen, Araukarien,
Cedar-, Curpay- und Ipê-Bäume, Bambus und zahllose andere
Vertreter der Regenwaldflora. Mehr als 340 Vogel- und nahezu 60
Reptilienspezies, wie Echsen, Schlangen und Kaimane, sowie 40
Säugetier- und Hunderte Schmetterlingsarten haben hier ihren
Lebensraum. Auch Tukan, Affe, Ameisen- und Nasenbär, Tapir,
Wildschwein, Fischotter und einige Jaguare sind heimisch.

**Centro de
Visitantes**   In der Stadt Foz do Iguaçu fahren vom *Terminal Urbano* in der Straße
Mem de Sá täglich Busse mit der Aufschrift *Parque Nacional, Nacional*
oder *P. Nacional* im Stundentakt zum großen Besucherzentrum
Centro de Visitantes, das noch vor dem Beginn des Nationalpark
ist (18 km, Fz 30 Min., 3 R$). Die Fahrt führt über die Av. das Cataratas,
an der die meisten Luxushotels, die Stichstraße zum Flughafen und
der Vogelpark liegen. Sie endet kurz vor Nationalparkbeginn links
auf einem großen Parkplatz (für Selbstfahrer kostenpflichtig). Man
zahlt an den Kassen den Eintrittpreis und steigt danach in einen der
Park-Panoramabusse (Fahrpreis im Eintritt enthalten). Es sind 10 km

Macuco Safari Bootsableger km 21   *Macuco, Rod. das Cataratas, 2. Busstop, Km 25*

Rio Iguaçu

zum großen Centro de Visitantes
(Besucherzentrum mit Parkplätzen und Busabfahrten)
n. Foz do Iguaçu *(25 km)*

CATARATAS DO IGUAÇU

0   500 m

Wege und Stege   Bootsfahrten

A R G E N T I N I E N

B R A S I L I E N

Sheraton Hotel

**Estação / Estación
Central
Besucherbahn**

Centro de Visitantes

**Eingang
u. Kassen**

*Sendero
Verde* *Turm* **Paseo Inferior**

**Estación
Cataratas**

**z. Ort
Puerto
Iguazú
(Arg.) /
R 101**

**Paseo
Superior**

Punto Peligro

*Isla San
Martín*

**Kontroll-
punkt, Parktickets**

histor. **Hotel das Cataratas**
Busstop u. Informationstafel, Beginn Fußweg

Aussichtspunkte

**Parque Nacional
do Iguaçu (Bras.)**

Fußweg

Passarela-Steg
Aussichtsturm m. Aufzug (Espaço Naipi)
Rückfahrt-Busse
Imbiss/Restaurants, 1.-Hilfe
Espaço Porto Canoas
Porto Canoas Restaurant
mit Aussichtsterrasse

ARGENT.

**Cachoeiras / Saltos
(Wasserfälle)**

1 Lanusse
2 Alvar Nuñez
3 Dos Hermanas
4 Chico
5 Ramírez
6 Bossetti
7 Adán y Eva
8 Mendez
9 Mbiguá
10 San Martín
11 Escondido
12 Dos Mosqueteros
13 Tres Mosqueteros
14 Rivadavia
15 Belgrano
16 Peñon
17 Mitre
18 União / Unión
19 B. Constant
20 Deodoro
21 Floriano
22 Santa Maria

Tren Ecológico de la Selva

*Garganta
do Diabo*

BRASILIEN

Mirador do Garganta do Diabo

ARGENTINIEN

Rio Iguaçu

Isla Grande

Gehsteg z. Garganta do Diabo
(Paseo Garganta del Diablo)

*Imbiss /
Toiletten* **Zugstation**
**Estación Garganta
del Diablo / do Diabo**

Puerto Canoas
*(Abfahrt der Schlauchboot-
Fähren)*

**Parque Nacional Iguazú
(Arg.)**

7

bis zum Ausstieg beim linker Hand erhöht liegenden **Hotel das Cataratas.** Die Abfahrtstelle für die Rückfahrt liegt ca. 1 km weiter am Ende der Straße beim Restaurant- und Serviceplatz **Espaço Porto Canoas.** Zur Besichtigung der Fälle geht man vom Aussichtspunkt beim Hotel Cataratas auf einem befestigten Weg (s. Karte) bis zum Canoas-Platz . Busabfahrtsstelle beim Restaurant *Porto Canoas* oder wieder vom Hotel Cataratas, in der Hochsaison in kurzen Abständen von 9–17 Uhr.

Cataratas do Iguaçu

Vermutlich haben sich die Fälle des Rio Iguaçu vor über 200 Millionen Jahren durch einen gewaltigen Vulkanausbruch gebildet. Auf dem Gebiet um die Wasserfälle lebten vor der europäischen Besiedlung Guaraní und Kaingang. Sie bezeichneten den Iguaçu als *Großes Wasser* (I = Wasser, guaçu = groß).

20 Kilometer bevor sich der Iguaçu-Fluss in den Rio Paraná ergießt, verengt sich sein Bett so stark, dass sich die Ufer bis auf 100 Meter nähern. Nach einer scharfen Kurve lässt der Rio Iguaçu dann seine Wassermassen auf einer Breite von 2700 Metern über Felsstufen und in zahllosen Haupt- und Nebenfällen in eine 100 Meter breite Schlucht donnern. Die Fallhöhen variieren zwischen 50 und 80 Meter. Ein gigantisches, schäumendes Gebrodel, in denen die Farben des Regenbogens schimmern. Während der wasserreichen Monate Januar und Februar rauschen pro Sekunde bis zu 10.000 Kubikmeter in die Tiefe.

Der befestigte Fußweg *(Trilha)* entlang der Wasserfälle beginnt wie erwähnt unterhalb des Hotels Cataratas am dortigen Aussichtspunkt. Er führt 1,5 km an der Abbruchkante des Rio Iguaçu

entlang, immer wieder unterbrochen von kleinen Aussichtsplattformen, von denen sich Blicke und Panoramen aus unterschiedlichsten Blickwinkeln auf die Wasserfälle ergeben. Bunte Tupfer sind im
Fluss die orangefarbenen Schlauchboote und immer wieder lassen
sich Schmetterlinge auf der Haut der Besucher nieder.

Panorama-
weg

An einer Weggabelung nach rechts halten, es geht runter zum 115
m langen Brückensteg **Passarela,** der in Richtung der donnernd her-
abstürzenden Wassermassen des *Garganta do Diabo*-Kessels übers
Wasser hinausgebaut wurde. Linker Hand erhebt sich der 27 m hohe
Aussichtsturm *Espaço Naipi* und rauscht die Wasserwand des
Cachoeira Floriano herab. Nach dem Stegbesuch geht es zum Turm
und mit dem Aufzug zu den Aussichtsplattformen. Von oben können
Sie sehen, wie hinter den Wasservorhang des Floriano-Falls Ruß-
segler reinfliegen, sei haben an trockenen Wandstellen ihre Nester.

Nach Verlassen des Aufzugs nach vorn gehen, links gibt es
Toiletten und rechts geht es die Treppe runter. Nach einer kurzen
Strecke erreichen Sie den großen Platz *Espaço Porto Canoas* mit
Restaurants und mit Abfahrtstellen der Busse.

Macuco-
Bootssafari

Blick auf den
Passarella-Steg
der zur
Abbruchkante
des Falls Santa
Maria führt

Bei einer Schlauchbootfahrt zu den herabdonnernden Wassermassen erlebt
man die Iguaçu-Fälle aus der Untersicht haut- und wassernah. Wenn der
Wasserstand es zulässt, versuchen die Bootsführer so weit wie möglich den
Iguaçufluss Richtung *Garganta do Diabo* hochzuzufahren. Abfahrten 9–17.20
Uhr, 140 R$. Die Firma *Macuco,* Av. das Cataratas km 25 (2. Busstop) im Parque
Nacional do Iguaçu, bietet noch weitere „Öko-Abenteuer" im Park an, alle
Informationen und Videos auf www.macucosafari.com.br, Tel. 3574-4244.

7

Schnellboot-
fahrt zu den
Wassermassen

Hub-   über die Wasserfälle veranstaltet *Helisul,* Av. das Cataratas, KM 16,5 in der
schrauberflug Nähe des Besucherzentrums, Tel. 3529-7474. Abflüge 9–17.30 Uhr, Flugzeit
10 Min., derzeit ca. 80 €/Pers. (mind. 3 Personen). Infos auf www.cataratas
doiguacu.com.br und www.helisul.com/Foz/fozdoiguacu.htm

Argentinische Seite

Wenn möglich, sollte auch ein Ausflug auf die argentinische
Seite der Fälle unternommen werden. Wegen der Vielzahl
der Pfade und ihrer Länge ober- und unterhalb des Rio
Iguaçu ist ein ganzer Tag einzuplanen. **Hauptattraktion**
ist der Steg über den oberen Rio Iguazú direkt bis zum
Absturzkessel des *Garganta del Diablo* (Teufelsrachen).
    Für die Aus- und Einreise-Grenzformalitäten muss der
Pass mitgeführt werden, die vor bzw. nach Überquerung
der Tancredo-Neves-Brücke erledigt werden. Nach einer 15
km langen Anfahrt ab der Neves-Brücke wird im *Parque Nacional
Iguazú* (8–18 Uhr, Jan/Feb/Okt–Dez bis 19 Uhr) der Eingangsbereich
mit den Ticketkassen erreicht. Eintritt für Ausländer 170 Pesos, Kinder
6–12 Jahre 115 Pesos (aktuelle Preise auf www.iguazuargentina.com,
bei „Horarios y Tarifas"), Tel. (054) 3757-491469. Parkplätze gebüh-
renpflichtig. Außen und auch noch drinnen im Gelände des *Centro
Comercial* kann man sich anhand von Übersichtstafeln informieren.
Es gibt **Wegekarten** auf Englisch, führen Sie eine mit! Im *Centro de
Visitantes Yvirá Retá,* ca. 80 m nach dem Eingangsportal rechts, befindet sich ein kleines Museum (s.u.). Alle Informationen über die
Fälle auf der erwähnten Webseite www.iguazuargentina.com.
    Wer direkt zum „Teufelsrachen" möchte, besteigt an der *Estación
Central* die offene Schmalspurbahn zur *Estación Garganta del Diablo*

(ca. 7 km, Abfahrten alle halbe Stunde, letzte 16 Uhr, Fahrzeit ca. 20 Minuten). Dort kann man auf dem Steg *Paseo Garganta del Diablo* zum gewaltigsten und lautesten aller Iguaçu-Wasserfälle rausgehen. Dauer dieser Tour insgesamt mit Hin- und Rückfahrt mindestens 2 Stunden.

Besser jedoch ist es, zuerst durch die Natur zu den vielen Aussichten auf die einzelnen Fälle zu wandern. Dazu den ca. 650 m langen **Sendero Verde** („Grüner Trail") nehmen, der in 15 Minuten zur ersten Bahnhaltestation *Estación Cataratas* führt (Kiosk). Der Pfad setzt sich vorne am Bahngleis nach links fort, den Hinweistafeln **Paseo Superior** („Obere Tour") und **Paseo Inferior** („Untere Tour") folgen. Beginnen Sie mit dem Paseo Inferior, Dauer insgesamt ca. 2 Stunden/1,5 km. Am alten und heute geschlossenen Leuchtturm links weitergehen und vor dem Sheraton Hotel rechts runter zu einem Restaurantplatz. Danach führen Wege und Stege ab- und aufwärts mit vielen Blicken auf die Fälle, wie z.B. auf den anfänglichen *Alvar Nuñez*. Ein Höhepunkt ist gegen Schluss des Paseo Inferior der *Salto Bossetti*. Anschließend wieder den Weg bzw. Steg in Richtung Leuchtturm gehen.

Die nächste Besichtigungsstrecke, der *Paseo Superior,* ist etwa 700 m lang. Biegen Sie vom Hauptsteg nach links zum Salto Chico ab, der Weg führt weiter zum Aussichtspunkt *Salto Ramírez.* Dabei ist immer wieder ein Hingucker der breite Salto San Martín mit seinen Nachbarfällen, an einer angebrachten Panoramatafel können Sie sie identifizieren, rechts sehen Sie die Doppelfälle „Adam & Eva". Der Hauptsteg endet nahe des *Salto Mbiguá,* wo 1983 gewaltig hereinbrechende Wassermassen des Iguaçu-Flusses den früheren Brückensteg, dessen Fundamente noch zu sehen sind, weggerissen haben.

Nach Abschluss des Paseo Superior auf dem Hauptsteg zurückgehen zur Bahnstation *Estación Cataratas* und mit dem nächsten Zug zur Station **Garganta del Diablo** fahren (Kiosk). Dort angekommen zum gut 1 km langen Steg *Paseo Garganta del Diablo* vorgehen, auf dem Sie bis zur Abbruchkante des „Teufelschlundes" gelangen. Ohne Regenschutz ist beim Blick auf die abstürzenden, brüllenden Wassermassen Durchnässung garantiert, und der meist starke und kalte Wind kann dann beim Rückweg eine mehr oder minder starke Erkältung zur Folge haben, also vorsehen!

Das „Zügle" bringt Sie dann wieder zurück zum Haupteingang. Dort nicht versäumen, zuvor links die kleine, aber interessante Misiones-Ausstellung im *Centro de Visitantes Yvirá Retá* zu besuchen. Die Führungsbroschüre gibt es auch auf Deutsch.

7

Hochauf-
steigende
Itaipu-
Wassergischt

Wasserkraftwerk Itaipu Binacional

Zwölf Kilometer nördlich von Foz liegt bis zur Fertigstellung des Drei-Schluchten-Projekts 2006 in China das größte Wasserkraftwerk der Erde, Itaipu. Zwanzig Generatoren erzeugen hier über 14.000 MW Leistung – das entspricht der Kraft von etwa zwölf Atomkraftwerken. Der imposante Staudamm, der 1984 eingeweiht wurde, ist fast acht Kilometer lang, die Staumauer rund 200 Meter hoch. Das Besucherzentrum bietet kostenlose Filmvorführungen sowie Staudammrundfahrt an inklusive Besuch einer Aussichtsplattform und Fahrt auf der Dammstraße.

Centro de Recepção de Visitantes, Av. Tancredo Neves 6702, Tel. 3520-6405, Res. 0800-645-4645. Besuchszeiten Mo–So 8–16 Uhr, www.itaipu.gov.br. Eintritt Rundfahrt (Panoramatour) 22 R$, Eintritt Rundfahrt und Besuch des Damminneren (Spezialtour) 58 R$. Fr/Sa Dammbeleuchtung um 20 Uhr, Eintritt 15 R$.

Grünes Curitiba – die Umwelt-Metropole

Curitiba hat den Ruf, die sauberste Großstadt Brasiliens zu sein. Mit ihren vorbildlichen Umweltschutz-, Recycling- und Nahverkehrsprogrammen ist die Hauptstadt Paranás auch vielen deutschen Städten um Jahre voraus. Initiiert wurde die ökologische Stadtentwicklung bereits 1970 vom dreimaligen Bürgermeister der Stadt und späteren Gouverneur von Paraná, *Jaime Lerner,* dem Sohn eines deutschen Einwanderers.

Wohin man blickt, sieht man sattes Grün: von Bäumen gesäumte Straßen, Plätze mit Blumenbeeten, großzügige Parkanlagen und

1	**Hotel Ibis**	3	Golden Hotel	5	Hotel San Martin	7 Hotel Savoy
2	Hotel Piccolo	4	Ht. Mabu Curitiba	6	**Slaviero Palace**	8 **Guaíra Palace**

schmuckvoll bepflanzte Fußgängerzonen im Zentrum. 1997 wurde das auch von der UNO honoriert. Die Stadt erhielt den 1. Preis für Stadt- und Lebensqualität, denn sie bietet 55 qm Grünfläche pro Einwohner. Besonders erfolgreich ist das Nahverkehrssystem *Ligeirinho*. Dank niedriger Busfahrpreise gibt es wenig Verkehr im Zentrum und so gut wie keine Staus.

Curitiba hat rund 1,8 Millionen Einwohner und bietet, da auf 934 Meter Höhe gelegen, ein angenehm frisches Klima. Die Stadt wurde 1693 gegründet und im 19. Jahrhundert durch Einwanderungswellen aus Europa belebt. Der europäische Einfluss macht sich überall in der Stadt bemerkbar, z.B. durch Namensschilder an Geschäften oder durch ganze Stadtviertel wie das außerhalb gelegene *Santa Felicidade,* das 1878 von Italienern gegründet wurde.

7

Linha Turismo   Für Eilige ist die *Linha Turismo* zu empfehlen. Diese Jardineira-Busse steuern in 2,5 Stunden 20 Sehenswürdigkeiten Curitibas an. Abfahrten von der Praça Tiradentes, Tel. 3352-8000, Di–So 9–17.30 Uhr, alle 30 Min. Tickets kosten 27 R$ inkl. 4 Unterbrechungen an beliebiger Stelle auf der 44 km langen Strecke. Den letzten Bus um 17 Uhr nicht verpassen. Infos über die Haltestellen unter www.viaje .curitiba.pr.gov.br.

Setor Histórico

In der Altstadt Curitibas finden sich zahlreiche Bauten aus dem 19. Jahrhundert. Zentrum ist der *Largo da Ordem,* ein gepflasterter Platz mit alten Gaslaternen und gemütlichen Lokalen und zwei Kirchen, *Igreja do Rosário* und *Igreja da Ordem Terceira de São Francisco.* Letztere wurde 1737 erbaut und ist die älteste Kirche der Stadt (1843 neu errichtet). Neben ihr befindet sich das *Museu de Arte Sacra* mit einer Reliquiensammlung (Di–Fr 9–12 u. 13–18 Uhr, Sa/So 9–14 Uhr). Von den Kolonialbauten ist die *Casa Romário Martins* von besonderer Bedeutung, denn sie ist das älteste noch erhaltene Gebäude der Stadt (Baujahr 1737) und heute Kulturzentrum. Weiter oben erstrecken sich die Plätze *Garibaldi* und *João Cândido,* gesäumt von bunten Bauten des 18. und 19. Jahrhunderts mit Geschäften, Restaurants und Cafés. Höhepunkt ist der *Palácio São Francisco,* Sitz des früheren Gouverneurs und heute das *Museu Paranense.* Es zeigt 135.000 archäologische und ethnologische Exponate der Guaraní und Kaingang und bietet einen Einblick in die Geschichte von Paraná. Di–Fr 10–17 Uhr, Sa/So 11–15 Uhr.

Im Botanischen Garten von Curitaba

Jardim Botânico	In der Stadt der Grünanlagen sollten Sie einen Besuch in einem der Parks nicht verpassen. Eine Oase der Ruhe bietet beispielsweise der 240.000 qm große botanische Garten, der im französischen Stil angelegt wurde. Für Architekturliebhaber ist hier die Kuppelkonstruktion des *Museu Botânico Municipal* sehenswert.

Pilarzinho

Ein Besuch im Stadtteil Pilarzinho, 7 km nördlich des Zentrums, lohnt vor allem wegen des *Teatro Ópera de Arame* in der Rua João Gava, Di–So 8–22 Uhr. Der filigrane Pavillon mit rund 2400 Sitzplätzen wurde in einem See angelegt. In der Nähe liegt der *Mirante Tangúa,* Rua Eugênio Flor, mit einem 40 Meter hohen Wasserfall. In der Rua Victor Benato 210 steht die eigenwillige Holzkonstruktion der *Universidade Livre do Meio Ambiente.* Zum Gedenken an die deutschen Einwanderer wurde im *Bosque Alemão,* Rua Francisco Schaffer/Rua Niccolo Paganini (Jardim Schaffer) das *Memorial da Imigração Alemão* errichtet, 8–18 Uhr.

Adressen & Service Curitiba

Information	*Departemento Municipal de Turismo,* Rua da Glória 362, Centro, Tel. 3352-8000, Mo–Fr 8–24 Uhr, Sa/So bis 22 Uhr. *Paraná Turismo,* Rua 24 Horas, 8–22 Uhr, www.turismo.pr.gov.br. Zweigstellen: Straßenbahnwagen in der Fußgängerzone Rua 15 de Novembro 141 sowie auf dem Flughafen und im Busterminal. **Vorwahl:** (041) · **Websites:** www.curitiba.pr.gov.br
Flug, Bus und Zug	• *Aeroporto Afonso Pena* (CWB), Av. Rocha Pombo, 17 km vom Zentrum. *Rodoviária,* Av. Afonso Camargo, neben dem Bahnhof. • *Estação Rodoferroviária*, Av. Afonso Camargo, neben dem Busterminal. Züge nach Paranaguá.
Museum	Außer *Museu Paranaense* und *Museu de Arte Sacra* ist noch sehenswert das *Museu Oscar Niemeyer,* erbaut 1976, Rua Marechal Hermes 999, Centro Cívico, Di–So 10–17,30 Uhr, Tel. 3350-4400, www.museuoscarniemeyer.org.br. Ein Trakt des jüngeren (2002) der zwei Gebäude wurde von Niemeyer in Form eines riesigen Auges entworfen und stellt eine der größten architektonischen Leistungen des Architekten dar. Eintritt 4 R$, frei jeden 1. Sonntag im Monat. Führungen nach Anmeldung.
Mietwagen	*Locarauto,* Av. Mal. Floriano Peixoto 2710, Tel. 3222-3355; Flughafen Tel. 3282-3557. Weitere auf dem Flughafen.
Unterkunft	• **Ibis Centro** (ECO), Rua Mateur Leme 358, Centro Cívico, Tel. 3324-0469, Res. 0800-703-7000, www.ibis.com.br. 80 Zi./AC, RoSt, Restaurant. DZ 150 R$. • **Guaíra Palace** (FAM), Praça Rui Barbosa 537, Centro, Tel. 3201-2000, www.hotelguaira.com.br. Traditionshotel, 100 Zi./AC, Restaurant. DZ ab 170 R$. • **Slaviero Palace** (LUX), Rua Sen. Alencar Guimarães 50, Centro, Tel. 3017-1000, Res. 0800-704-3311, §§ www.slavierohoteis.com.br. Zentral, ruhig, 112 Zi./AC, Sauna, RoSt, Restaurant. DZ/F ab 210 R$.

7

Essen & Trinken	• *Querencia do Fogo de Chão,* Av. N.S. Aparecida 100, Batel, 11–14.30 u. 19–23 Uhr. Typische Churrascaria, reichhaltiges Rodízio, Livemusik.
	• *Estrêla da Terra,* Rua Kellers 95, Setor Histórico, Mo–Fr 18.30–24 Uhr, Sa/So 11.30–16 Uhr. Landesküche.
	• *Marinheiro,* Av. Bispo José 2315, Di–Sa 19–24 Uhr, So 12–16 Uhr. Bestes Fischrestaurant, Camarão-Gerichte mit Kräutern und Gemüse, gehobenes Preisniveau.
	• *Bavarium Park,* Rua Mateus Leme 4248, São Lourenço, tägl. ab 12 Uhr, größtes bayerisches Lokal Südamerikas.
Unterhaltung	• *Estação Plaza Show,* Av. 7 de Setembro, Unterhaltungskomplex mit Kinos, Restaurants und Discos. Die Läden, Kneipen und Cafés in der *Rua 24 Horas* haben tatsächlich 24 Stunden am Tag geöffnet. Schauen Sie am besten am Spätnachmittag vorbei und beobachten Sie von einem Café aus das lebhafte Treiben.
	• *Sheridian´s,* Rua Bispo Dom José 2315, Batel. Angesagter Pub, Livemusik, Tanz und Show. Ein Tipp ist auch *Habeus Corpus,* Rua Dr. Murici 947.
Kunsthandwerk	Zwischen dem Largo da Ordem und der Praça Garibaldi findet So 9–14 Uhr ein sehenswerter Kunstgewerbemarkt statt, die *Feira de Artesanato.*
Feste	**2. Augusthälfte:** *Festival Folclórico e de Etnias do Paraná.* Folklorefest der Nachfahren der Einwanderer aus Deutschland, Italien, Japan, Polen, Portugal und der Ukraine.

Mit dem Serra Verde Express nach Paranaguá

Auf schmaler Spur mit dem Serra Verde Express

Die Bahnlinie zwischen dem auf rund 950 Meter Höhe liegenden Curitiba und der Hafenstadt Paranaguá führt über die *Serra do Mar,* ein dichtbewachsenes Küstengebirge. Die 150 Kilometer lange Strecke passiert 14 Tunnels sowie über 30 Brücken und Viadukte. Auf der drei- bis vierstündigen Fahrt hat man bei klarem Wetter eine beeindruckende Aussicht auf Felswände, Wasserfälle und den Atlantischen Regenwald. Zum Teil wurde die Trasse direkt aus dem Fels geschlagen und führt an einem Abgrund entlang, der fast senkrecht nach unten bricht, so dass der Zug über dem Nichts zu schweben scheint. Bei wolkenlosem Wetter erschließt sich ein fantastisches Panorama mit einer beeindruckenden Fernsicht auf das blaue Meer.

Mit einem bis zu 3,3-prozentigen Gefälle ist die Strecke, die von 1880 bis 1885 gebaut wurde, eine technische Meisterleistung ihrer Zeit. Während des Baus kamen Tausende von Arbeiter durch Unfälle ums Leben.

Abfahrten
- *Trem Convencional,* tägl. 8.15 Uhr (Nebensaison Fr–So) mit Stopps in Marumbi und Morretes, Fz 3 h, einfache Fahrt je nach Klasse 65–270 R$. Rückfahrt um 15 Uhr. Fp je nach Zugklasse 45–270 R$. Rückfahrt Bus 15 R$, Van 40 R$.
- *Trem Litorina* (vollklimatisierter Dieseltriebwagen, Fenster nicht zum Öffnen), Abfahrten täglich nach Morretes mit Stopps in Marumbi und dem Santuário do Cadeado. Fp einfache Fahrt bis Morretes 203 R$. Nur So bis Paranaguá, Fz 5 h, einfache Fahrt Fp 85 R$, Rückfahrkarte 150 R$.

Ab 2012 gibt es auch Waggons mit Abteilen. Die Fahrt ist auch für Rollstuhlfahrer problemlos möglich.

Infos und Reservierung
Tel. 3888-3488, www.serraverdeexpress.com.br. Fahrkarten möglichst einen Tag im Voraus kaufen, besonders für Wochenendfahrten. Überprüfen Sie die Abfahrtszeiten, da diese sich temporär ändern können.

Die Sitzplätze mit der besten Aussicht sind links (bei der Rückfahrt rechts). Für die Rückfahrt nach Curitiba empfiehlt sich der Bus über die *Estrada da Graciosa,* eine landschaftlich überaus reizvollen Serpentinenstraße, die zuerst entlang der Steilküste führt, ehe sie sich über den Bergurwald der Serra do Mar auf das Hochplateau windet. Abfahrten mit *Viação Graciosa* alle 90 Min., Fp 15 R$. Für Eilige werden auch Komplettpakete mit dem Zug inkl. Mittagessen und Rückfahrt mit einem Van über die *Estrada da Graciosa* angeboten.

Florianópolis

Florianópolis erstreckt sich vom Festland hinüber auf die Ilha de Santa Catarina, die beiden Stadthälften verbinden zwei Brücken. Die ältere, die *Ponte Hercílio-Luz,* wurde 1926 nach einem Entwurf *von Gustave Eiffel* erbaut. Mit 819 Metern Länge ist die an Stahlketten befestigte Brücke, die nur von Fußgängern und Radfahrern benutzt werden darf, eine der größten Hängebrücken weltweit.

Die Ponte Hercílio-Luz im Sonnenuntergang, Florianópolis

7

↑ n. Blumenau / Curitiba

BR 101

Praia Lagoinha
Praia da Ponta das Canas (Wassersport)
Prais Cachoeira do Bom Jesus
Ponta das Canas
Lagoinha
Praia Brava
Ilha do Francês
Praia de Canasvieiras
Cachoeira do Bom Jesus
Forte Santa Cruz de Anhatomirim
Forte São José da Ponta Grossa
Praia Jurerê
Praia do Forte
Canasvieiras
Praia dos Ingleses
Ilha do Badejo
Balneário São Miguel
SC 403
SC 402
Vargem Grande
Ingleses do Rio Vermelho
Praia do Santinho
Praia Daniela
Rio Ratones
Ilha Ratones Grandes
Forte Sto. Antônio dos Ratones
SC 401
Vargem Pequena
Ratones
São João do Rio Vermelho
Ilha das Aranhas
Biguaçu
Sambaqui
Schoner-Touren / Bootsausflüge
SC 406
Moçambique
Sto. Antônio de Lisboa
Baía Norte
Morro do Ratones 330 m
Cacupé
Parque Florestal do Rio Vermelho
Saco Grande
Lagoa da Conceiçao
Praia Barra de Lagoa
Florianópolis
Barra da Lagoa
Morro da Lagoa 493 m
Forte de Sta. Bárbara
Praia Galheta (bester Strand, FKK)
Praia Mole (Paragliding u.)
Lagoa
São José
Joaquina
Praia Joaquina (surfen)
Palhoça
Baía Sul
Atlantik
Carianos
Lagoinha Peqeuna
Aeroporto H. Luz
Praia do Campeche
Tapera da Base
Alto Ribeirão
Campeche
SC 405
Ilha do Campeche
Ribeirão de Ilha
Praia Morro das Pedras u. Angeln
Morro das Pedras
Lagoa do Peri
Praia Armação
SC 401
Armação
Parque Lagoa do Peri
Praia do Matadeiro
Caiacanguçu
Pântano do Sul
Praia Lagoinha de Lest
Tapera
Praia Pântano do Sul (baden)
BR 101
Caieiras da Barra do Sul
Ilha das Três Irmãs
Ilha dos Papagaios
n. Porto Alegre / Torres
Praia dos Naufraugados

ILHA DE SANTA CATARINA

0 _____ 10 km

© RKH VERLAG HERMANN

Stadtrund-gang

Die Altstadt liegt auf der Inselseite, ihr Zentrum ist die *Praça 15 de Novembro*. Sie wird dominiert vom rosafarbenen Regierungspalast *Palácio Cruz e Souza*. Das Gebäude stammt aus dem Jahr 1770 und beherbergt das *Museu Histórico*. Südlich des Platzes stoßen Sie auf die kleinere *Praça Mal. Floriano Peixoto*. In Richtung Westen gehend erreicht man die *Alfândega,* das alte Zollhaus, erbaut 1875 im neo-klassizistischen Stil. Gleich daneben, am *Largo de Alfândega,* liegt der **Mercado Público.** Diese 1898 erbaute Markthalle ist mit ihren vielen Bars und Ständen ein beliebter Treffpunkt der *manezinhos* (Inselbewohner). Tipp: Besuchen Sie den bunten Markt um die Mittagszeit und probieren Sie in der Geschäft 32 von Beto einen frisch zubereiteten Fisch.

Ilha de Santa Catarina

Die 1045 qkm große Insel – häufig als *Floripa* oder *Ilha da Magia* be-zeichnet – bietet über vierzig meist weißsandige Strände, reizvolle Fischerdörfer und historische Festungsanlagen. Ursprünglich war sie von den *Carijó,* einer Volksgruppe der Guaraní, besiedelt.

1503 landeten die ersten Portugiesen. Sie sicherten die Meeres-enge zwischen Festland und Insel mit Festungsanlagen gegen Piraten. Eckpfeiler waren die Bastionen *Forte São José da Ponta Grossa* (1744) an der Praia do Forte, *Forte Sta. Cruz de Anhatomirim* (1739–1744) auf der Ilha Anhatomirim und *Forte Sta. Antônio dos Ratones* (1740–1744) auf der Ilha Ratones Grandes. Einige dieser Festungen, die alle besucht werden können, z.B. bei einer Schonertour, wurden historisch fachgerecht restauriert.

Am besten lässt sich Insel mit einem Mietwagen erkunden. Die Straßen sind in gutem Zustand, die Geschwindigkeit wird streng

7

überwacht. Die meisten Strände können aber auch mit Bussen erreicht werden. Versäumen Sie nicht an der nördlichen Westküste das reizvolle Fischerdorf *Sto. Antônia de Lisboa,* eine Gründung der Azoren-Einwanderer im 18. Jahrhundert.

Strände

Die Strände im Norden der Insel, insbesondere *Jureré* und *Canasvieiras,* sind wegen ihres warmen Wassers sehr beliebt, allerdings häufig überlaufen. Hier reiht sich eine Strandkneipe *(barraca)* an die andere. Im Osten finden sich wahre Surfparadiese – insbesondere *Joaquina* und *Brava.* Die Strände im Süden, beispielsweise *Campeche* und *Armacão,* sind am ursprünglichsten, zum Schwimmen jedoch aufgrund starker Strömungen nur teilweise geeignet.

Adressen & Service Florianópolis

Information *Informações Turísticas,* Portal Turistico, Cabeceira Continental da Ponte Colombo Sales (am Beginn der neuen Brücke auf dem Festland), Tel. 3248-0002.
Vorwahl: (048)
Websites: www.guiafloripa.com.br. Ideal für die Reiseplanung (dt.-spr.) ist www.floripa-trips.de

Flug/Bus
- *Aeroporto Hercílio Luz,* Av. Deomício Freitas, Carianos, 12 km vom Zentrum.
- *Terminal Rita Maria,* Av. Paulo Fontes 1101, Aterro da Baía Sul.

Inselbusse
- *Terminal Urbano Cidade de Florianópolis,* Rua Francisco Tolentino, Inselbusse zu den Stränden im Norden.
- *Terminal Urbano Cidade de Florianópolis,* Rua Antônio Luz, Aterro da Baía Sul, Busse zu den Stränden im Süden und Osten sowie auf den Flughafen.

Mietwagen *Hertz,* auf dem Flughafen, Tel. 3236-9955, Sonderangebote ab 40 €/Tag inkl. unbeschränkten Kilometern.

Unterkunft ECO
- **Pasárgada** (ECO), Rua Arco-Íris 82, Praia do Campeche, Tel. 3237-2105. Parkanlage, 8 Zi., Restaurant. DZ/F 60 R$, Chalé 90 R$.
- **Ibis** (ECO/FAM), Av. Rio Branco 37, Centro, Tel. 3216-0000, Res. 0800-703-7000, www.ibishotel.com. 200 Zi./AC, RoSt, Restaurant. DZ 135 R$.

FAM
- **Maria do Mar** (FAM), Rodovia João Paulo 2285, João Paulo, 5 km vom Zentrum, Tel. 3283-3009, www.mariadomar.com.br. Gutes Hotel am Mangrovenstrand, 85 Zi., Thermalpool, FamKids, Restaurant (Sa Feijoada). DZ/F 165–245 R$.
- **Pousada da Praia** (FAM), Trav. da Rua Hermes Guedes Fonseca 84, Praia da Armação (25 km), direkt am Strand, Tel. 3237-5114. Apartments mit Wohn- und Schlafzimmer, Küche, Bad, Veranda mit Meeresblick, Garage, Zimmerservice, inkl. Frühstück (nicht vom 1.4.–31.11.) Preise für zwei Personen: 26.12.–31.01. 120 R$, 1.2.–18.2. 140 R$, 1.3.–31.11. 70 R$.
- **Pousada Edelweiss** (FAM), Rua Luiz Pedro Ferreira 86, José Mendes (3 km vom Zentrum, Stadtausfahrt Süd Rtg. Flughafen), Tel. 3225-7591. Einfach, aber gemütlich, ruhige Hanglage mit Garten, Laurindo Wenzel spricht Deutsch; Pool, Bar, Restaurant. DZ/F ab 95 R$.

LUX	• **Deville Express** (LUX), Rua Felipe Schmidt 1320, Tel. 3221-4200, www.deville.com.br. 72 Zi./AC, Pool, Restaurant. DZ/F 320 R$. • **Blue Tree Towers** (LUX), Rua Bocaiúva 2304, Tel. 3251-5555, Res. 0800-150-0500, www.bluetree.com.br. 95 Zi./AC, Sauna, Pool, Restaurant. DZ/F 390–600 €.
Essen & Trinken	• *Box 32,* Mercado Público, Av. Paulo Fontes. Der Gründer des hiesigen Gourmetclubs, *Beto Barbeiro,* ist für seine Kabeljaubällchen, *bolinhos de bacalhão,* Austern-, Muschel- und Krabbengerichte sowie für in Käse gebackene *langustinhos* bekannt. • *Cantinho da Ostra,* Santo Antônio de Lisboa. Strandkneipe, die günstig frische Meeresfrüchte und Austern anbietet.
Unterhaltung	*Café Cancun,* Praia do Santinho. Karibisches Flair, Di–So ab 20 Uhr, Eintritt 25 R$ (Männer) und 12,50 R$ (Frauen).
Schonertour zu den Forts	*Forte São José da Ponta Grossa* an der Praia do Forte, *Forte Sta. Cruz de Anhatomirim* auf der Ilha Anhatomirim sowie *Forte Sta. Antônio dos Ratones* auf der Ilha Ratones Grandes können während einer Schonertour besucht werden. Der Schoner *Scuna Sul* startet am Anleger an der Lagerhalle *(trapiche)* bei der Brücke Ponte Hercílio Luz. Abfahrten tägl. ab 9 Uhr, Fz 6 h, 35 R$ p.P. Eintritt 4 R$ pro Festungsanlage.
São Joaquim Adventure Trail	Dieser Trail zieht sich im Hinterland von Floripa auf 1000–1800 m durch den *Parque Nacional de São Joaquim* im atlantischen Bergregenwald und dauert zu Pferde 8 Tage. *Tours & Expedition,* Tel. (022) 2622-6859, www.ridingbrazil.de, dt.-spr. Pionier für Reiterreisen in Brasilien.

Umgebungsziele Florianópolis

Das Hinterland von Santa Catarina wurde ab 1822 von deutschen und anderen europäischen Einwanderern besiedelt. In einer zweiten Einwanderungswelle siedelten Italiener im Süden des Landes, während sich entlang der Küste vor allem Portugiesen ansiedelten.

7

Touristeninformation in Pomerode

Cultura
Germânica –
deutsches
Brauchtum in
Brasilien

Blumenau

Fachwerkidylle im Großstadtformat bietet Blumenau mit seinen
305.000 Einwohnern. Die im *Vale do Iajaí* gelegene Stadt ist in
Brasilien Symbolstadt für deutsches Brauchtum. Rund 100.000
Menschen behaupten hier von sich, deutschstämmig zu sein.
Blumenau wurde 1850 von Hermann Otto Blumenau und weiteren
Auswanderern gegründet. Deren Nachkommen prägen das Stadt-
bild mit Fachwerkhäusern, Läden, Restaurants und Geschäften nach-
haltig. Über dreißig Schützenvereine und Volkstanzgruppe erhalten
überkommene Traditionen.

Für den Gang durchs Zentrum zwischen der Av. Castelo Branco
und Rua 7 de Setembro reichen 30 bis 60 Minuten. Typisch sind
Bauwerke wie die fachwerkverkleidete *Prefeitura* (Rathaus) im Stile
eines Schwarzwaldhauses. Einen Überblick über die Geschichte der
Stadt bietet das *Museu Histórico da Família Colonial,* Duque de Caxias
78, Mo–Fr 7–18 Uhr, Sa 9–12 u. 14–16.30 Uhr, So 9–12 Uhr. Zum
Museum gehören ein botanischer Garten und eine Bibliothek. Auch
das frühere Haus des Forschers Fritz Müller, ehemals ein Mitarbeiter
von Charles Darwin, wurde in ein Museum umgewandelt. *Museu de
Ecologia Fritz Müller,* Rua Itajaí 2195, 8–12 Uhr, 14–17 Uhr.

Oktober-
fest

Höhepunkt jeden Jahres ist das dreiwöchige Oktoberfest, nach dem
Karnaval in Rio das zweitgrößte Fest Brasiliens, eine Mischung aus
bayerischer Blasmusik und Samba. Es wurde von den Stadtvätern
1984 ins Leben gerufen, weil ihre Stadtkasse nach zwei Übers-
chwemmungen klamm war und findet statt auf dem Festgelände
PROEB mit vier gewaltigen Festhallen bzw. Pavillons, vielen Kapellen,
Grupos folclóricos, Umzügen und einem Vergnügungspark. Alle Infos
und Fotos auf www.oktoberfestblumenau.com.br.

Adressen & Service Blumenau

Information *Informações Turísticas,* Rua 15 de Novembro 420, Tel. 3326-6931
Vorwahl: (047) • **Websites:** www.guiadeblumenau.com.br

Flug/Bus • *Aeroporto Quero-Quero,* 10 km außerhalb, Rua Alwin Schrader
• *Rodoviária Nova,* Rua 2 de Setembro 1222, Itoupava Norte, 5 km vom Zentrum

Mietwagen *Blumenau,* Rua Capitão Euclides de Castro 183, Tel. 3322-9968

Unterkunft • **Cristina Blumenau** (ECO), Rua Paraíba 380, Tel. 3322-1198. Gemütliche Familienpension, 22 Zi./AC, Bar.
• **Steinhausen Colonial** (FAM), Rua Minas Gerais 53, Tel. 3329-2437, www.hotelsteinhausen.com.br. Feines Hotel, 35 Zi./AC, Pool, Pp. DZ/F 195–330 R\$, empfehlenswert.
• **Viena Park** (FAM), Rua Hermann Huscher 670, Vila Formosa, Tel. 3334-8888, www.vienahotel.com.br. 90 Zi./AC, Pool, RoSt, Restaurant. §§ DZ/F160–350 R\$.
• **Himmelblau Palace (**LUX), Rua 7 de Setembro 1415, Tel. 3036-5800, www.himmelblau.com.br. 125 Zi./AC, Pp, Pool, Restaurant. DZ/F 260–375 R\$.

Essen & Trinken • *Bier Haus,* Rua 15 de Novembro 1170. Abwechslungsreiche Karte, Gerichte reichen für 2 Pers., Sa/So geschlossen.
• *Cavalinho Branco,* Al. Rio Branco 165, deutsche Gerichte, Musikkapelle.
• *Biergarten,* Praça Hercílio Luz. Größtes Freiluftlokal der Stadt.

Schiff Ausflugsdampfer *Blumenau II.* vom Ufer des Rios Itajaí, Av. Castelo Branco (unweit der Praça Dr. Blumenau). Täglich um 12.30 Uhr, 16 Uhr u. 20 Uhr, Fahrzeit 2 h.

Pomerode

Wer durch das Stadtportal von Pomerode fährt, wähnt sich fast in Stettin, denn dem dortigen Stadttor wurde der *Portico Wolfgang Weege* nachempfunden. Willkommen in Brasilianisch-Pommern, der deutschesten aller brasilianischen Städte. Die Straßen hier sind auffallend

Fachwerkhaus in Pomerode

7

sauber und die Fachwerkhäuser in typisch pommerscher Bauweise von gepflegten Gärten umgeben.

Die ersten Einwanderer aus Pommern kamen im Jahr 1861. Bereits neun Jahre später konnte die deutsche Schule eingeweiht und 1884 die evangelische Kirche gebaut werden. Vieh- und Weidewirtschaft, aber auch die Herstellung von Mauer- und Ziegelsteinen sowie Vasen und Tellern prägten die Gründerphase. Pomerode wurde zum Meißen Brasiliens: *Porcelana Schmidt* hat im ganzen Land einen guten Klang.

Feste   In Pomerode gibt es heute fünf Volkstanzgruppen, sechzehn Schützenvereine und vier Museen: das *Pommersche Museum, Casa do Imigrante Carl Weege, Recanto Mundo Antigo* (Winkel Alte Welt) und das Haus des Bildhauers Erwin Curt Teichmann. Bedeutendstes touristisches Ereignis ist das *Pommernfest* im Januar, **Festa Pomerana,** das während der zehntägigen Dauer gut 30.000 Besucher anlockt. Attraktionen sind dabei Umzüge, Volkstänze, Musikkapellen und Tanzabende mit Fassbier und deutschen Gerichten. Ein weiterer Höhepunkt ist die **Festa do Rei do Tiro** (Schützenfest) im Juli, bei der die Folkloretanzgruppen *Alpino-Germânico, Pomerano* oder *Edelweiss* auftreten.

Südbrasilien ist
Gaucholand

Rio Grande do Sul – Land der Gaùchos

Über 10 Millionen *Gaúchos,* wie sich die Einwohner des Bundesstaates *Rio Grande do Sul* stolz nennen, entwickelten am südlichsten Zipfel Brasiliens eine Kultur und Lebensart, die stark durch die Nachbarstaaten Argentinien und Uruguay beeinflusst wurde. Rio Grande do Sul ist etwa so groß wie die alte Bundesrepublik. Lassen

Sie sich von der Cowboy-Idylle aber nicht täuschen, etwa drei Viertel aller Einwohner lebt in Städten. Porto Alegre ist mit 1,5 Millionen Einwohnern die größte.

Gaúcho-Mythos   Der Gaúcho-Mythos entstand im 18. und 19. Jahrhundert durch Kämpfe um die Landesgrenzen und durch Streitigkeiten um Viehherden und Weidegründe. Es ist der Mythos des brasilianischen Cowboys, der riesige Rinderherden über die endlose Pampa treibt. Typisch für den waschechten Gaùcho sind sein flacher Hut, das rote Halstuch, die weiten Hosen, *bombaches,* und die Lederstiefel. Dazu steckt ein Silbermesser im Ledergürtel und er trinkt *Erva-Mate* (Yerba Mate-Tee) bzw. *Chimarão.*

Porto Alegre

Porto Alegre, „Fröhlicher Hafen", nennt sich die Hauptstadt des Bundesstaates Rio Grande do Sul. Sie liegt am Ende der riesigen *Lagoa dos Patos (Entenlagune).* Die Stadt wurde 1772 durch Portugiesen gegründet und war für viele auswanderungswillige Europäer, vor allem für Italiener und Deutsche, das Tor zur neuen Heimat. Als größte Stadt Südbrasiliens ist Porto Alegre ein Knotenpunkt für Verkehr, Handel und Tourismus.

Das Stadtzentrum liegt zwischen den Hafenkais (Cais do Porto)
Teilansicht der Kathedrale   *am Canal das Navegantes* im Nordwesten und der großen Parkanlage *Parque Maurício Sirotsky Sobrinho* im Südwesten. Vom Hafen aus stei-

gen die Straßen an und erreichen in Höhe der *Praça Mal. Deodoro* bei der *Catedral Metropolitana* ihren höchsten Punkt.

Praça Marechal Deodoro   An diesem kleinen Platz in der Oberstadt liegen einige architektonische und kunsthistorische Sehenswürdigkeiten, vorwiegend aus dem 18. und 19. Jahrhundert. Dominiert wird er von der *Catedral Metropolitana* mit einer mächtigen Kuppel. Sie hat einen Durchmesser von 18 Metern und lässt das Sonnenlicht ins schöne Innere strömen.

Links neben der Kathedrale befindet sich in der Rua Duque de Caxias 1231 das Historische Museum **Júlio de Castilhos.** Es ist in der früheren Residenz des Staatspräsidenten *Júlio de Castilhos* (1898–1903) untergebracht und dokumentiert dessen Lebenswerk und das des Politikers *Borges de Medeiros* sowie

7

die Entstehung des Gaúcho-Staates (Mo–Fr 19–19 Uhr, Sa/So 14–18 Uhr).

Beachtenswert ist auch der Regierungspalast **Palácio Piratini** rechts neben der Kathedrale. Das Gebäude stammt aus dem Jahr 1869 und ist in einem Stilmix erbaut. In den prunkvollen Sälen – der Hauptsaal ist am Schloss von Versailles orientiert – hängen Wandbilder des italienischen Künstlers *Aldo Locatelli*. Führungen Mo–Fr 9–11.30 u. 14–17.30 Uhr.

Auf der westlichen Seite der Praça Marechal Deodore zieht sich die *Assembléia Legislativa* (Parlamentsgebäude) mit dem *Museu Solar dos Câmara* entlang. Nordwestlich wird der Platz durch das **Teatro São Pedro** begrenzt. Das 1858 im neoklassizistischen Stil erbaute Theater ist eines der schönsten Bauwerke des Zentrums. Führungen 12–17 Uhr.

Mercado Público

Der sehenswerte, in neoklassizistischem Stil 1869 errichtete Bau des *Mercado Público* liegt an der Praça 15 de Novembro nördlich des Centro (Mo 9–19 Uhr). An unzähligen Ständen wird alles nur Mögliche angeboten, auch Souvenirs aller Art. Zahlreich sind auch die Restaurants, Kneipen und Imbissstände. Hier können Sie die berühmte Erva-Mate probieren: bei *Banca do Chimarrão, Banca 33,* oder *Casa da Erva-Mate.*

Adressen & Service Porto Alegre

Information *Centro de Informações Turísticas,* Casa de Cultura Mário Quintana, Rua dos Andrades (Rua da Praia) 736, Tel. 3221-7147, Service-Telefon 0800-51-7686, www.portoalegre.rs.gov.br/turismo.

Vorwahl: (051) • **Websites:** www.guiadasemana.com.br/porto-alegre

Flug/Bus • *Aeroporto Internacional Salgado Filho* (POA), Av. dos Estados, Anchieta, Ausfahrt (Saida) *Canoas,* 6 km vom Zentrum.

• *Rodoviária,* Largo Vespasiano Júlio Veppo

Metro Das 27 km lange Metronetz führt in die wichtigsten Viertel von Porto Alegre. Die Züge fahren täglich bis spätabends. Die Station *Rodoviária* ist am Busterminal und die Station *Aeroporto Salgado Filho* am internationalen Flughafen.

Linha Turismo Doppeldecker-Busse fahren die wichtigsten Sehenswürdigkeiten auf zwei verschiedenen Rundkursen an. Abfahrten in der Trav. do Carmo 84.

Tour 1: Historische Altstadt, Di–So stündliche Abfahrten 9–12 u. 13.30–16.30 Uhr, Fp 15 R\$.

Tour 2: Zona Sul/Praia de Ipanema, Di–Fr 14 Uhr, Sa/So 10.30 u. 14 Uhr, Fp 15 R\$.

Mietwagen *Interlocadora/Sul Drive,* Av. Azenha 85, Tel. 3361-5000, Flughafen Tel. 3343-4680

Unterkunft • **Ornatus Palace** (ECO), Rua. Gen. Vitorino 146, Centro, Tel. 3221-4555, www.hotelornatus.com.br. 40 gediegene Zi./AC. DZ/F 140 R\$, MC/VISA.

• **Express Mauá** (ECO), Av. Júlio de Castilhos 342, Centro, Tel. 3029-1000, www.hotelexpress.tur.br. 90 Zi./AC. DZ/F 120 R\$.

- **Master Palace** (FAM), Rua Senhor dos Passos 221, Centro, Tel. 3027-5711, www.masterhoteis.com.br, 105 Zi./AC, Pool, Restaurant. DZ/F 220 R$, Kk.
- **Master Express** (FAM), Rua Samento Leite 865, Cidade Baixa, Tel. 3018-3636, Res. 0800-704-6444, www.master-hoteis.com.br. 95 geräumige Zi./AC, RoSt. DZ/F 230–260 R$. Inmitten der Bohème der Unterstadt..
- **Plaza São Rafael** (LUX), Av. Alberto Bins 514, Centro, Tel. 3220-7000, www.plazahoteis.com.br. Traditionshotel, 280 Zi., meist mit antiken Möbeln und seltenen Dekorationsstücken, Pools, RoSt, exzellentes Restaurant. DZ/F 400–725 R$, Last-Minute-Buchung online können preiswerter sein, DZ/F ab 200 R$.
- *Portoalegrense,* Av. Pará 913, São Geraldo, Mo–Sa 11.30–14 u. 19–23 Uhr, Sonntags und Februar geschlossen. Große, exzellent gegrillte Fleischportionen, *Picanha* und *Costela bovina* empfehlenswert, 15–35 R$, gPLV. TIPP!

Essen & Trinken
- *Galpão Crioulo,* Av. Loureiro da Silva, Parque da Harmonia (Cidade Baixa); eine der größten Churrascarias der Stadt mit 800 Plätzen. Rodízio 13.30–15 u. 19–1 Uhr. Abends und Sa/So mittags Musik und Tanz.
- *Gambrinus,* Rua Borges de Medeiros, Mercado Público 85 Loja 89; seit 1889 ununterbrochen in Betrieb, preiswerte Tagesgerichte, abends nur *petiscos* (Appetithappen), Mo–Fr bis 21 Uhr, Sa bis 16 Uhr, Speisekarte www.gambrinus.com.br. Überhaupt ist der Mercado Público immer ein guter Ort, um preiswert und authentisch zu essen.
- *Ossip Bar Cafe,* Rua da República 677. Sympathischer Boteco mit kosmopolitischem Flair, immer voll.

Unterhaltung
- *Beco 203,* Av. Independência 936, Independência. Balladas, Livemusik, auch E-Rock. Mi–Fr ab 23 Uhr.
- *Club Ocidente,* Av. Osvaldo Aranha 960, Bom Fim. Traditionsclub. Balladas, Tanz, Shows, sympathisches Publikum. Eintritt bei Show 20 R$.

Einkaufen   *Mercado Público,* s.o.

Fest   **2. Februar:** *Festa de N.S. dos Navegantes.* Beliebte Flussprozession.

In die Serra Gaúcha nördlich von Porto Alegre

Bento Gonçalves

Die Serra Gaúcha nördlich von Porto Alegre ist geprägt von Wäldern und Weinbergen, klaren Flüsse und zerklüfteten Canyons. Beliebt ist eine Fahrt auf der *Rota da Uva e do Vinho* (Brasilianische Weinstraße) mit Start in Bento Gonçalves. Bento Gonçalves (110.000 Ew.) ist die bedeutendste Winzerstadt Brasiliens, sie liegt eingebettet zwischen Bergen und Tälern. Hier hat sogar das Stadttor die Form eines Weinfasses: die 1982 erbaute *Pipa Pórtica* verkündet stolz *„Você está entrando no mundo do vinho"* – Sie treten nun ein in die Welt des Weines". Auch die *Igreja São Bento* in der Av. Planalto wurde in Form eines Holzfasses gebaut.

7

Viele Weinkellereien, wie die *Adega Mônaco* oder die *Adega Salton*, können nicht besichtigt werden. Für Führungen, Weinverkostungen *(degustação)* und für den Kauf von Weinen eignen sich die ländlichen Weingüter besser, insbesondere im **Vale dos Vinhedos.** Wer genügend Zeit hat, kann durch die Weinberge wandern und an einer der hauseigenen Kantinen *(cantinas caseiras)* einen Halt machen. Einfach an die Türe klopfen und fragen, ob ein Besuch möglich ist.

Adressen & Service Bento Gonçalves

Information	*Pipa Pórtico,* RS 470, an der Stadteinfahrt, Tel. 3453-2555 **Vorwahl:** (054) **Websites:** www.bentogoncalves.com.br
Unterkunft	• *Vinocap* (FAM), Rua Barão do Rio Branco 245, Centro, Tel. 3455-7100, www.vinocap.com.br. DZ/F 190–260 R\$. • *Dall'Onder Grande Hotel* (FAM/LUX), Rua Erny Hugo Dreher 197, Tel. 3455-3555, www.dallonder.com.br. 264 Zi, Thermalpool, RadV, RoSt, Restaurant. §§ DZ/F ab 210 R\$. Die größeren Zimmer sind im Neubau.
Essen & Trinken	• *Brazão,* Av. Dr. Casagrande 461. Rodízio oder SB am Büffet (Preis nach Gewicht). • *Confeitaria Ativa,* Rua Marechal Floriano 8. Preiswerte Backwaren.
Weinkeller & -güter	• **Cooperativa Vinícola Aurora:** Brasiliens bedeutendstes Weingut und größter Weinexporteur, Rua Olavo Bilac 500, Cidade Alta, Tel. 3455-2000, www.vinicolaaurora.com.br. Führungen (40 Min.) inkl. Ausstellung, kostenloser Weinprobe *(degustação)* und Verkauf Mo–Sa 8.15–17.15 Uhr, So 8.30–11.30 Uhr. • **Casa Valduga:** Sehenswertes Weingut mit den ältesten Weinstöcken *(videiras)* Brasiliens, die noch aus Italien eingeführt wurden. Vale dos Vinhedos, Tel. 2105-3122; auf der RS 470 bei KM 68,5 in das Vale dos Vinhedosein einbiegen, 6 km. Führungen durch die Weinkellerei, Weinprobe und Verkauf, 9.30–16.30 Uhr, 20 R\$.

Weingut von Vale dos Vinhedos

Weinfest Falls Sie im brasilianischen Winter nach Bento Gonçalves reisen, lohnt ein Besuch des *Festa Nacional do Vinho (Fenavinho)*. Es ist das größte Weinfest Brasiliens und findet meist in der zweiten Julihälfte statt.

Garibaldi

Ein weiteres beliebtes Ziel ist Garibaldi (31.200 Einwohner) mit dem zweitgrößten brasilianischen Weinbaugebiet. Garibaldi gilt als *Terra do Champanha,* denn die Trauben werden hier überwiegend zu Schaumwein verarbeitet. Es war die Familie *Peterlongo,* die 1913 den ersten brasilianischen Sekt nach dem Champagnerverfahren auf den Markt brachte. Heute feiern die Bewohner alle zwei Jahre (ungerade Jahreszahl) ein großes Champagnerfest, die *Festa do Champagne* (Sept/Okt). Die Geschichte des Weinbaus in Garibaldi dokumentiert das *Museu Histórico,* Rua Dr. Carlos Barbosa 77, Di–So 9–11 u. 14–17 Uhr. Das Gebäude aus dem Jahr 1884 war ursprünglich der Sitz des italienischen Konsulates.

Adressen & Service Garibaldi

Information Travessa João Missiaggia 146/Av. Independência, Tel. 3464-0756, www.garibaldi.rs.gov.br
Vorwahl: (054) · **Websites:** www.garibaldi.famurs.com.br

Unterkunft • **Mosteiro São José** (ECO), Rua Buarque de Macedo 3590, Tel. 3462-1703, www.hotelmosteirosaojose.com.br. 35 große Zimmer in einem ehemaligen Konvent, Restaurant. DZ/F 130–180 R$, MC/VISA.
• **Casacurta** (FAM), Rua Luís Rogério Casacurta 510, Tel. 3462-2166, www.hotelcasacurta.com.br. 31 Zi., RoSt, Restaurant. DZ/F 190–290 R$.

Weinkeller & -güter *Armando Peterlongo,* Rua Manoel Peterlongo Filho 216, Tel. 3462-1356, www.peterlongo.com.br. Rundgang (ca. 45 Min.) und kostenlose Wein- und Sektprobe, 9.30–16 Uhr, Eintritt 10 R$.

Feste In Garibaldi feiert man gerne, sei es beim *Festival Colonial* in der zweiten Märzhälfte (italienische Spezialitäten und Folklore), beim *Festival de Frango e Vinho* (Hähnchen- und Weinfest) im Juni oder beim *Rodeio Crioulo* im Dezember.

Serra Gaúcha

Die Serra Gaúcha ist ein bis zu 1400 Meter über dem Meeresspiegel gelegenes Hochplateau, das etwa ein Drittel des Bundesstaats Rio Grande do Sul ausmacht.

Gramado und Canela

Gramado

Gramado wird auch „Stadt der Blumen" genannt. Hier blühen Hortensien, Geranien und Margariten. Die von Pinienwäldern umgebene

7

Stadt wurde von deutschen Auswanderern gegründet und hat heute 34.000 Einwohner. Deshalb finden sich hier Fachwerk- und Holzhäuser im Oberbayerischen und Allgäuer Stil. Für die Brasilianer ist Gramado eine Art St. Moritz: Wanderungen im kühlen Bergklima, Golf, Tennis und Rafting auf dem Rio Paranhana sind beliebte Vergnügungen. Doch auch wer nur einen Stadtspaziergang unternimmt, bekommt Beeindruckendes zu sehen: Am Ende der Av. Dom Pedro I, nur 1,5 km vom Zentrum entfernt, donnern die Wasserfälle *Cascata dos Narcisos* 30 Meter und der „Brautschleierfall" *Véu da Noiva* 21 Meter in die Tiefe.

Ebenfalls nur einen Kilometer vom Zentrum entfernt – am Ende der Rua Bela Vista – stößt der Besucher auf den größten Park der Stadt, den sieben Hektar großen *Parque Knorr*. Empfehlenswert ist auch ein Besuch im *Museo Rodeiro Bonito* in der Rua Augusto Zatti. Es zeigt nicht nur Exponate zur Farrapos-Revolution (1835–1845), sondern gilt als bedeutendes Gaúcho-Museum.

Filmfestival In der ersten Augusthälfte wandelt sich Gramado in ein brasilianisches St. Tropez: dann treffen sich Stars und Sternchen aus ganz Südamerika *zum Festival Internacional de Cinema,* dem wichtigsten brasilianischen Filmfestival.

Canela

Nur acht Kilometer von Gramado entfernt liegt dieses idyllische Fachwerkstädtchen. Mittlerweile sind die beiden Orte fast zusammengewachsen. Das kleine Zentrum von Canela, die *Praça da Matriz* wird von der *Igreja Matriz de N.S. de Lourdes* (1953) mit ihrem

65 Meter hohen Turm beherrscht. Am Ortseingang liegt rechts (von Gramado aus kommend) in der Av. das Nações 400 der *Parque da Fantasia* mit dem „Puppenhaus", *Casa de Bonecas,* mit Miniaturen, einem Kinderspielplatz und einem Spielzeugmuseum *(Museu de Brinquedos).*

Jedes Jahr zu Ostern wird in Canela ein Süßigkeiten-Spektakel der Superlative geboten: das Schokoladen- oder *Chocofest* mit dem größten Schokoladenei und Schoko-Osterhasen der Welt. Und am Wochenende findet ein brasilianischer Karneval ganz anderer Art statt, ein Umzug, der von Leckermäulern in Hasenkostümen und Hasenmasken dominiert wird. *Centro de Feiras*, www.chocofest.com.br.

Parque do Caracol

Im etwa 100 Hektar großen *Parque do Caracol* können viele Vögel, darunter auch Kolibris und Papageien, sowie Nasenbären, Gürteltiere und Wildschweine beobachtet werden. Sehenswert ist auch der 131 Meter hohe Wasserfall *Cascata do Caracol,* der in der Mitte des Parks nahezu senkrecht in eine tiefe, von Pinien bewachsene Schlucht stürzt.

Adressen & Service Gramado

Information
Pórtico (Stadteinfahrt, RS 115), Av. das Hortênsias, 8–18 Uhr.
Vorwahl: (054)
Websites: www.gramadosite.com.br. Für Canella: canelaturismo.com.br
Auf der Tour Panorâmico mit den typischen „Gartenbussen" werden die wichtigsten Sehenswürdigkeiten angefahren. Abfahrten 9.30/11.30/14 und 16 Uhr, Fz 2 h, Fp 20 R$.

Unterkunft
• **Pousada Vovó Carolina** (FAM), Av. das Hortênsias 677, Bavária, Tel. 3286-2679, www.vovocarolina.com.br. 46 gut ausgestattete Zi./AC, Hz, Thermalpool, RoSt, aufmerksamer Service. DZ/F ab 230 R$, alle Kk. TIPP!

• **Natur Hotel Balneário** (FAM/LUX), Av. Borges de Medeiros 3600, Tel. 3286-1027, www.naturhotel.com.br. Schöne Gartenanlage, 31 gepflegte Zi., Hz, kleiner Thermalpool. Im Juli/Dez. Mindestaufenthalt 3 Tage. DZ/F (üppig) 240–360 R$, alle Kk.

• **Rita Höppner** (LUX), Rua Pedro Candiago 305, Tel. 3286-1334, www.ritta hoppner.com.br. 15 komfortable Zi., 14 Chalés/AC, Hz, Pool, Restaurant. DZ/F ab 280 R$, Chalés preiswerter. Deutsche Eigentümer, für Gäste freier Eintritt in die Minimundo.

Essen & Trinken
Eine Besonderheit der Stadt sind die traditionellen *Cafés Colonais,* die Speisen und Getränke zum Einheitspreis anbieten. Typisch regionale Gerichte sind *Fondues, Frango com polenta* und als Nachspeise *Chocolates caseiros.*

• *Tia Nilda,* Av. das Hortênsias 765, traditionelles Café Colonial, Mo–Mi, Fr–Sa 13–21.30 Uhr, So 11–21.20 Uhr.

7

Café Colonial

Pinheiro-do-Paraná, Araukarie

Die Brasilkiefer (Araucaria angustifolia), oder Araukarie, ist ein immergrüner Baum mit etwa 15 Arten, die nur auf der Süderdhalbkugel vorkommen. Typisch ist ihre pyramidenförmige Silhouette mit nahezu waagerechten Ästen. Die schuppen- bis nadelförmigen Blätter liegen dachziegelartig übereinander. Der Baum kann Höhen über 50 Meter Höhe erreichen. Die brasilianischen Araukarien sind durch Rodung stark gefährdet, in der *Mata Atlântica* machen sie nur noch 10% ihres ursprünglichen Bestandes aus.

Die Araukarie wächst sehr langsam, im Alter von etwa 100 Jahren werden die unteren Äste abgestoßen und es bildet sich die vollendet gerade Stammsäule heraus. Das geradefasrige Holz hat eine sehr feine Struktur und wird für Fenster, Türrahmen und einfache Möbel verwendet. Die Samen waren wegen ihres Fett- und Eiweißgehaltes früher für die brasilianischen Ureinwohner ein wichtiger Teil ihrer Nahrung.

Cânion do Itaimbézinho

Naturliebhaber sollten einen Ausflug zur Itaimbézinho-Schlucht, *Cânion do Itaimbézinho,* nicht verpassen. Inmitten von Weiden und Wald klafft eine etwa 700 Meter tiefe, sieben Kilometer lange und stellenweise fast zwei Kilometer breite wildromantische Schlucht mit mehreren Wasserfällen. Sie liegt im 10.250 Hektar großen *Parque Nacional de Aparados da Serra* inmitten der letzten zusammenhängenden Araukarien-Wälder des Landes. Wegen der angenehmen Temperaturen eignet sich das Gebiet des Nationalparks gut zum Wandern.

Es gelten strenge Restriktionen: Täglich darf nur eine bestimmte Anzahl von Besuchern den ICMBio-Posten Guarita Gralha Azul zum Itaimbézinho passieren, Öffnungszeiten Mi–So 9–18 Uhr, Kassenschluss 17 Uhr. Eintritt 6 R$, Kinder bis 7 Jahre kostenlos, Parkgebühr 5 R$. Vom ICMBio-Posten ist der Itaimbézinho noch 5 km entfernt. Die Weiterfahrt ist kostenpflichtig und ohne Führer nicht möglich.

Araukarien

Reisezeit Empfehlenswert ist ein Besuch von Mai bis August. Der schlechteste Monat ist der September, weil dann oft dichter Nebel die Sicht unmöglich macht.

Zu den Jesuitenmissionen

Das Missionswerk der Jesuiten bestand in Südamerika von 1609–1767, u.a. auch in Südbrasilien. Hunderttausende von Guaraní wurden in festen Siedlungen zusammengeführt, bekanntgeworden als Reduktionen. Die Jesuiten hatten vier wesentliche Ziele: Evangelisierung ihrer Schützlinge, Schutz vor Ausbeutung, Einführung eines christlichen Sozialsystems sowie Ausbildung und kulturelle Entwicklung. Barocke Musik, Malerei, Architektur und Bildhauerei gelangten zu hoher Blüte in den Reduktionen.

Viele Ruinen von Kirchen und Siedlungen in Paraguay, Nordargentinien und Südbrasilien zeugen noch heute von diesem erstaunlichen Sozialexperiment. Spanien und Portugal sahen aber darin eine Behinderung ihrer kolonialen Interessen und verwiesen 1767 alle Jesuiten aus ihren Herrschaftgebieten. Auf Druck der beiden Kolonialmächte musste sich der Vatikan dem Verbot anschließen. Für kulturhistorisch Interessierte lohnt der Besuch der ehemaligen Reduktion *São Miguel das Missões.*

São Miguel das Missões

Diese Reduktion gilt als die besterhaltene auf brasilianischem Boden und zählt zum Weltkulturerbe der Menschheit. In ihrer Blütezeit lebten und arbeiteten in dieser ausgedehnten Siedlung rund 7500 Menschen. Die Überreste dieser Reduktion, die 1687 von Padre Cristóvão de Mendonza gegründet wurde, finden sich inmitten eines kleinen Guaraní-Dorfes. Anreise: Von Santo Ângelo (Flughafen) auf der BR 285 bis zum Abzweig RS 536 nach Süden nach São Miguel das Missões. Vom Abzweig noch 16 Kilometer auf asphaltierter Straße.

Vom kleinen Museum aus beim Portal der Ruinen lässt sich die Reduktion gut überblicken. Imposant ist die Ruine der Barockkirche (erbaut 1735–1744) mit ihrem 25 Meter hohen Glockenturm. Nur Lehm und Holzbalken hielten die damalige Konstruktion zusammen. Geöffnet 9–12 u. 14–18 Uhr, in den Sommermonaten bis 20 Uhr, Eintritt 5 R$.

Missions-museum Das *Museu das Missões de São Miguel* zeigt Statuen aus Bronze, Gusseisen und Holz. Die aus Holz geschnitzten Skulpturen zeugen vom handwerklichen Können der Guaraní. Beeindruckend ist die fünf Tonnen schwere Glocke, die 1726 im Schmelzofen der Reduktion von São João Batista gegossen wurde.

7

Som e Luz   Falls Sie in São Miguel übernachten, sollten Sie die Illuminationsshow *Som e Luz* nicht verpassen. Mit großem technischen Aufwand (300 Lampen, zwanzig Lautsprecher) versetzt die *Grupo Musiquatro* die Zuschauer zurück in die Reduktionszeit von 1687 bis 1756. 50-minütige Aufführungen um 21 Uhr (Sommer) bzw. 19 Uhr (Winter), Eintritt 5 R$.

Adressen & Service São Miguel das Missões

Information   *Sec. de Turismo,* Rua São Luis s/n, Tel. (055) 3381-1294, saomiguel@san.psi.br
Vorwahl: (055)
Websites: www.rotamissoes.com.br/_portugues/oQueAtrativosIguassu.php
• In Santo Ângelo: *Secretaria Municipal de Turismo e Esporte,* Praça Pinheiro Machado, Tel. 3312-8649, www.santoangelo.rs.gov.br

Unterkunft   • **Pousada das Missões** (ECO), Rua São Nicolau 601, Tel. 3381-1202, www.pousadatematica.com.br. Schöne Pousada mit angeschlossener Jugendherberge hinter den Reduktions-Ruinen, freundlich, 27 Zi./AC, Pool, Restaurant. EZ/F 85 R$, DZ/F 130 R$, alle Kk.
• **Tenondé Park Hotel** (FAM), Rua São Miguel 664, Tel. 3381-2000, www.tenonde.com.br. 78 Zi./AC, Pool, Tennisplatz, gutes Restaurant „Pixé". DZ/F 220–250 R$, alle Kk.
• In Santo Ângelo: **Hotel Maerkli** (FAM), Av. Brasil 1000, Tel. 3313-2127, www.versarehoteis.com.br. 62 Zi./AC, Pool (nur sommers), Restaurant, alle Preisklassen. DZ/F 120–255 R$. In die Jahre gekommen, doch immer noch das beste Hotel in Santo Ângelo..

Folklore   Folkloreveranstaltungen finden im *Centro de Tradições Nativistas Sinos* statt.

ANHANG
ABKÜRZUNGEN, LITERATUR,
SPRACHHILFE, REGISTER

Anhang

Dank an …

Bernd & Maristela Fuss, Peter Hagnauer, Pedro Novak, Peter Rohmer, Jennifer Ferreira Schmidt und vielen anderen hilfsbereiten Freunden in Brasilien und Deutschland.

Bildnachweis ©

Alle Karten © Reise Know-How Verlag H. Hermann (außer S. 107 Mêtro Rio, www.metrorio.com.br)

Umschlag: Titelbild Fotolia.com (57900713, mangostock); vordere Umschlagklappe [von oben nach unten] 1.) 11 (4320403, Mypix), 2.) Kai Ferreirea Schmidt, 3.) iStockphoto.de (8861057, Christophe Schmid), 4.) iStockphoto.de (7427287, alydv); Rückseite unten iStockphoto.de (10331284, Richmatts)

Kai & Leticia Ferreira Schmidt: S. 8 oben + Mitte, 13, 17, 24, 27, 33 oben, 34, 37 unten, 46, 47, 54 oben und Mitte, 55 unten, 57 Mitte + unten, 59 unten, 72, 87, 89, 106, 119, 122, 124 (2x), 126, 152, 154, 156, 158, 161, 191, 192, 206, 214, 219, 226, 228, 232 (2x), 236, 238, 239, 240, 246, 248, 250, 253, 255, 256 (2x), 259, 262, 277, 278 oben, 282, 284, 289, 290, 292, 293, 298, 299, 300, 302, 303

Helmut Hermann: S. 19 oben, 30, 50 (2x), 74 oben, 81, 83, 94, 99, 100, 101, 104, 105, 116, 137, 146, 169, 172, 173, 174, 175, 176, 204, 227 (2x), 230, 265, 266, 268, 274, 276, 278 unten

Gerd Rathgeb: S. 45, 48, 59 oben, 235, 237

Robin Daniel Frommer: S. 7, 90, 91, 93, 130, 148, 178, 179, 180, 194, 209, 212, 216,

Angela Kalista (www.reise-infos.at): S. 2/3, 8 unten, 75, 88, 92, 102, 195, 202, 208, 304

Foz do Iguaçu / Destino del Mundo: S. 52 (2x), 54 unten, 272, 280

Fotolia.de (Bildnr./Urheber): S. 21 (15714802, lantapix), 31 (14442371, lulu), 35 (3283518, Lee Torrens), 37 oben (38021855, bit24), 40 (33870438, graphit), 65 (57900713, mangostock), 69 (11482840, LuBueno), 70 (20250424, Val Thoermer), 73 (2613563, Eli Coory), 76 (905317, marcaux), 134 (3355998, JR Marques), 159 (1259582, David Davis), 162 (19933409, Luiz), 164 (7923795, snaptitude), 188 (18370025, Vinicius Tupinamba), 189 (18237242, Vinicius Tupinamba), 199 (33870438, graphit), 244 (2317434, guentermanaus)

iStockphoto.de (Bildnr./Urheber): S. 5 (8861057, Christophe Schmid), 25 (3269177, jaroon), 25 (1636054, JacobH), 33 unten (246370, sebasta), 36 (19226258, ribeirorocha), 38 (9425582, Richmatts), 39 (17609274, GeraldoCostafotografias), 44 (2556337, thejack), 57 (588458, Tropical_Imaging), 58 (7427287, alydv), 67 (11483383, zentilia), 74 unten (11824864, robstyle), 86 (12761807, luoman), 95 (5723734, Nikada), 97 (20958293, studio 157), 120 (49114666, OSTILL), 127 (2556837, mcveras), 132 (10132592, luoman), 138 (12444462, josemoraes), 140 (9603729, Luso), 147 (115418, zarurdesign), 151 (12808089, mcveras), 167 (4913906, Richmatts), 176 (9634666, g01xm), 211 (11428656, Enjoylife2), 217 (10331284, Richmatts), 218 (3989144, OSTILL), 266 (10454328, khyim), 269 (10038716, khyim), 285 (11031285, daniel_wiedemann), 287 (381447, lucato), 322 (210672, ZeeLongenecker)

dreamstime.com (Bildnr./Urheber): S. 11 (4320403, Mypix), 221 (5482962, Afagundes), 223 (9857969, Aureli), 225 (6284548, Celsopupo), 242 (9884005, Casadphoto), 245 (11365492, Paura), 260 (4853910, Luizbraga), 291 (1103851, Afagundes), 296 (4766597, Afagundes)

Abkürzungsverzeichnis

4WD	Allradfahrzeug
AC	Aircondition
bc	*banheiro comun,* Gemeinschaftsbad/-toilette
bp	*banheiro privado,* eigenes Bad im Zimmer
CP	Campingplatz
DZ	Doppelzimmer
DZ/F	Doppelzimmer mit Frühstück
FamKids	für Familien mit Kindern besonders geeignet
RadV	Fahrradvermietung
Fp	Fahrpreis
Fz	Fahrzeit
gPLV	gutes Preis-/Leistungsverhältnis
Gz	Gehzeit
h	Stunden (Fahrzeit)
HM	Hängematte /
HMP	Hängemattenplatz
HP	Halbpension (meist Frühstück/Abendessen)
HS	Hochsaison
Kk	Kreditkarten
KM	Kilometer i.S. „am/ nahe des Kilometersteins"
MBZ	Mehrbettzimmer
NS	Nebensaison
p.P.	Preis pro Person
Pp	Parkplatz vorhanden (manchmal kostenpflichtig)
Res.	Reservierung
SB	Selbstbedienung, Selbstbedienungs-Restaurant
TR	Transfer, Transport
TriZ	Dreibettzimmer
Ü	Übernachtung (ohne Frühstück)
veg.	vegetarisch
Vent.	Ventilator
VP	Vollpension
Ws	Wäscheservice

Brasilianische Abkürzungen

Al.	Alameda (Allee)
Alm.	Almirante (Admiral)
Av.	Avenida (Boulevard, Alleestraße)
BR	Kürzel für „Brasilianische Bundesstraße"
Br.	Barão (Baron, Freiherr)
Brig.	Brigadeiro (Brigadegeneral)
CEP	Postleitzahl
Cia.	Kompanie (Handelsgesell.)
Chác.	Chácara (Landhaus, Landgut)
Cond.	Condomínio (geschlossener und bewachter Apartment- bzw. Wohnkomplex)
Conj.	Conjunto (Reihenhaus, Häusergruppe)
Ed. Edifício	Gebäude
EMBRATEL	Empresa Brasileira de Telecomunicações (brasilianische Telekom)
EMBRATUR	Instituto Brasileiro de Turismo (nat. Tourismusbehörde)
ENASA	Empresa de Navegação da Amazônia (staatl. Amazonas-Schifffahrtsgesellschaft)
FLONA	Floresta Nacional (Staatswald)
FUNAI	Fundação Nacional do Índio (staatl. Behörde für die Ureinwohner)
Gov.	Governador (Chef eines Bundesstaates)
Gral.	(General)
IBAMA	Instituto Brasileiro do Meio Ambiente e dos Recursos Naturais Renováveis (brasil. Naturschutzbehörde)
ICMBio	Insituto Chico Mendes de Conservação da Bioversidade
Jd.	Jardim (Garten)
Ld.	Ladeira (Hang)
Lg.	Largo (Platz)
Lt.	Lote (Parzelle)
Mal.	Marechal (Marschall)
Mons.	(Monsenhor), Höflichkeitsform für „mein Herr"
MPB	Música Popular Brasileira (bras. Volksmusik)
N.S.	Nosso Senhor (unser Herr)
N.Sa.	Nossa Senhora (unsere Muttergottes)
P.N.	Parque Nacional – (Nationapark)
Pe.	Padre (Priester, Pater)
Pres.	Presidente (President)
Princ.	Princesa (Prinzessin)
Prq.	Parque (Park)
Pte.	Ponte (Brücke)
Pto.	Porto (Hafen)
Qd.	Quadra (Straßenblock)
R$	Real/Reais (brasil. Währung)
s/n	sem número (ohne Hausnummer)
Sen.	Senador (Senator, Ratsherr)
Sta.	Santa (Heilige)
Sto.	Santo (Heiliger)
Trav.	Travessa (Gasse/Querstraße)
Visc.	Visconde (Adelstitel, zwischen Graf und Baron)

Literaturliste Brasilien

Kultur, Geschichte und Reiseliteratur

- Staatliche Museen zu Berlin – Preußischer Kulturbesitz: Deutsche am Amazonas, Forscher oder Abenteurer? Expeditionen in Brasilien 1800–1914, Berlin 2002
- Marcos Venícios Vilaça: Die Grundherren – Höhepunkt und Niedergang der traditionellen Grundherrschaft im Nordosten Brasiliens, Brasilienkunde 2005
- José de Alencar: Iracema – Legende aus Ceará, Fortaleza 2008
- Gloria Kaiser: Dona Leopoldina – Die Habsburgerin auf Brasiliens Thron, Graz 2008
- Dietrich Briesemeister u.a.: Brasilien – Politik, Wirtschaft, Kultur heute, Frankfurt 1994
- Carl D. Goerdeler: Kulturschock Brasilien, Bielefeld 2004
- Heinrich Handelmann: Geschichte von Brasilien, Zürich 1987
- Christopher Stehr: Brasilien – Gesichter eines Landes, St. Ottilien 1994
- Paulo Cardoso: Pantanal, um universo NATURAL em suas mãos, Campinas 2008 (das derzeit beste Buch über das Pantanal mit englischer Übersetzung und sehr schönen Fotos)
- Márcia Cristina de Castro Boroni: Guiatour 2010 – verschiedene Touristenziele, z.B. Porto de Galinhas, Fernando de Noronha, Recife; 15 R$ pro Magazin.
- Studienkreis für Tourismus: Sympathie-Magazin „Brasilien verstehen", Seefeld 2011

Augenzeugenberichte

- Alexander von Humboldt: Die Reise nach Südamerika, Göttingen 1990
- Hans Staden: Warhaftige Historia und Beschreibung eyner Landtschafft der wilden Nacketen, grimmigen Menschenfresser-Leuthen in der Newenwelt America gelegen. Erschienen 1557 in Marburg und der erste Reisebricht in deutscher Sprache über Brasilien, als der deutsche Landsknecht 1548 nach Brasilien reiste. Instituto Martius-Staden São Paulo 2007, deutsch-portugiesisch.

Romane, Erzählungen

- Milton Hatoum: Asche vom Amazonas, Frankfurt 2008
- Jorge Amado: Gabriela wie Zimt und Nelken, München 1983
- Jorge Amado: Nächte in Bahia, München 1999
- Alcy Cheuiche: Sepé Tiaraju – Der letzte Häuptling, Erlangen 1996
- Euclides da Cunha: Krieg im Sertão, Frankfurt 1994
- Marianne Gareis: Das große Brasilien-Lesebuch, St. Gallen/São Paulo 1994
- Dirk Gemanns: Palmares – Die Republik der Sklaven, Wuppertal 1993
- Inés Koebel: Brasilien erzählt, Frankfurt 1994
- Carlos Nascimento Silva: Das Palmenhaus, München 2000
- João Ubaldo Ribeiro: Ein Brasilianer in Berlin, Frankfurt 1994
- Stefan Zweig: Brasilien – Ein Land der Zukunft, Stockholm 1941

Strandführer

- Guia Quatro Rodas: Praias 2012 – mit Satellitenaufnahmen der gesamten Strände Brasiliens; 30 R$.
- ANER: Guia do Litoral Brasileiro – ebenfalls mit Karten und schönen Fotoaufnahmen der Strände; www.revistaonline.com.br; ca. 25 R$ (9 €).

Filme

- Cine Latino, Karlstorkino Heidelberg: Film im Original mit Untertitel aus Lateinamerika, www.cine-latino.de.

Sprachhilfe Brasilianisch

Unterschied zum Portugiesisch

Nicht nur die Aussprache, die Schreibweise und die Verwendung der Betonungszeichen unterscheidet sich in Brasilien vom europäischen Portugiesisch, auch die Idiome der Ursprungsbevölkerung (Tupi-Guaraní) und der eingeschleppten Afrikaner bereicherten und entwickelten die Sprache weiter, so dass sie heutzutage als *Brasilianisch* bezeichnet wird.

Ein **grammatikalischer Unterschied** des Brasilianischen zum in Portugal gesprochenen Portugiesisch ist im täglichen Sprachgebrauch die Nichtverwendung von *vós* (ihr, 2. Person Mehrzahl); stattdessen wird *você(s)* (Sie) verwendet. Beispiel: *Você fala Alemão?* – sprechen Sie Deutsch? *Vocês falam Alemão?* – sprecht Ihr Deutsch?

Aussprache

Die Aussprache entspricht im Allgemeinen der Schreibweise. Vokale werden kurz gesprochen. Typisch für das Brasilianisch ist die Nasalisierung, besonders bei Wörtern mit einer Tilde, z.B. *pão*. Diphthonge werden einzeln ausgesprochen.

Kurzgrammatik

- Substantive sind maskulin oder feminin, Neutrum gibt es nicht. Die männlichen (m) Artikel im Singular und Plural lauten *o* und *os*, im weiblichen (f) *a* und *as*.
- Der neutrale Artikel *o* (os) dient zur Substantivierung von Zahl- und Fürwörtern und Adjektiven, z.B. *o primeiro* = das erste.
- Der unbestimmte Artikel heißt (m) *um (uns)* und (f) *uma (umas)*.
- Die m-Substantive enden meist auf *-o*, die f-Substantive meist auf *-a*.
- Der Plural wird bei Vokalendung durch Anhängen eines *-s*, bei Konsonantenendung durch *-es* gebildet.
- Bei der Deklination wird der Gentiv mit *de* und der Dativ mit *da* gebildet, wobei (m) *de o* und *da a* zu *do* und *da* zusammengezogen werden. Der Akkusativ ist wie der Nominativ.
- Die Satzstellung ist Subjekt-Prädikat-Objekt (S–P–O). Adjektive stehen hinter dem Wort, mit Ausnahme von *muito* = viel, *pouco* = wenig, *mais* = mehr, *menos* = weniger und *outro* = andere.
- Adjektive enden m auf *-o*, f auf *-a*, andere Endungen werden nicht verändert. Die Steigerung wir mit *mais* gebildet.
- Fragen werden mit einem Fragewort oder unter Voranstellung eines Verbums formuliert.

Wichtigste Aussprache-Besonderheiten

Schreibweise	Aussprache
c vor a, o, i	wie k
c vor e, i	wie ß
ç	stimmloses s
ch	stimmloses sch
g vor a, o, u	wie g (Gold)
g vor e, i	wie sch (Genie)
h	bleibt stumm
j	stimmloses sch
l	vokalisiertes u
rr	wie h
v	wie w
x	wie sch am Wortanfang, sonst wie ks

Fürwörter, persönliche
ich – eu
du – tu
er, sie – ele, ela
Sie (Anrede Ez.) – você/o Senhor/a Senhora
wir – nós
ihr – vós
sie (Mz m/f) – eles/elas
Sie (Anrede Mz) – vocês/os Senhores/as Senhoras

Fürwörter, besitzanzeigende
maskulin/feminin
mein – meu(s), meine – minha(s)
dein – teu(s), deine – tua(s)
sein/ihr/Ihr – seu(s), seine – sua(s)
unser – nosso(s), unsere – nossa(s)
euer – vosso(s), eure –vossa(s)
ihr/Ihr – seu(s), ihre/Ihre – sua(s)

Da in Brasilien die Anrede in der 3. Person erfolgt, können bei „seu/sua/seus/suas" Unklarheiten entstehen, ob der Besitzer oder ein Dritter der angeredetet ist. So wird bei der Anrede eines Dritten die Präposition **de** und die 3. Person des Personalpronomens verwendet und dem Substantiv nachgestellt: „dele/dela/deles/delas".

Verben
enden oft -ar, -er, -ir, z.B. falar (sprechen), beber (trinken), abrir (öffnen)
Der **Wortstamm** bleibt immer gleich, die Endung ändert sich, z.B. (Präsens)
(ich) eu fal-o beb-o abr-o
(du) tu fal-as beb-es abr-es
(er, sie, Sie) ele, ela, você, o Senhor, a Senhora fal-a beb-e abr-e
(wir) nós fal-amos beb-emos abr-imos
(ihr) vós fal-ais beb-eis abr-is
(sie, Sie) eles, elas, vocês, os Senhores, as Senhoras fal-am beb-em abr-em

Das **Perfekt** wird aus der Endung -ei oder - i gebildet, z.B. eu falei (ich sprach), eu bebi (ich trank), eu abri (ich öffnete). Daneben kann das zusammengesetzte Perfekt aus dem Präsens von ter (haben) und dem Partizip des Hauptverbs gebildet werden, und zwar bei -ar aus dem Wortstamm -ado, z.B. falado, bei -er und -ir aus dem Wortstamm -ido, z.B. bebido, abrido.

Als **Futur** kann man das Präsens plus ein Zeitwort wie morgen, später, in einer Woche usw. benützen, oder das Verb ir (gehen) und

den Infinitiv, z.B. irei regressar = ich werde zurückkehren.

Hilfszeitwörter
ter (haben) estar (sein/ich befinde) ser (sein) haver (haben)
tenho estou sou hei
tens estás és hás
tem está é há
temos estamos somos havemos
tendes estais sois haveis
têm estão são hão

Dabei bedeutet *estar* einen vorübergehender örtlicher oder zeitlicher Zustand, *ser* ein wesensmäßiger Dauerzustand.

Fragewörter
Wo? – onde?
Woher? – onde fica?
Wohin? – para onde?
Wann? – quando?
Wer? – quem?
Was? – o que?

Die wichtigsten unregelmäßigen Verben

ir (gehen)	*ter* (haben)	*dizer* (sagen)
vou	tenho	digo
vais	tens	dizes
vai	tem	diz
vamos	temos	dizemos
ides	tendes	dizeis
vão	têm	dizem

fazer (machen)	*poder* (können)	*vir* (kommen)
faço	posso	venho
fazes	podes	vens
faz	pode	vem
fazemos	podemos	vimos
fazeis	podeis	vindes
fazem	podem	vêm

ouvir (hören)	*querer* (wollen, möchten)
ouço	quero
ouves	queres
ouve	quer
ouvimos	queremos
ouvis	quereis
ouvem	querem

Há ist ein wichtiges Wort und bedeutet *es gibt/es ist* bzw. in der Frage *gibt es?* Das verneinde Wort *não* steht vor dem Verb, z.B. *ich habe keine Zeit = não tenho tempo.*

Zahlen

0 zero	22 vinte e dois (duas)
1 um (a)	30 trinta
2 dois (duas)	31 trinta e um (uma)
3 três	32 trinta e dois (duas)
4 quatro	40 quarenta
5 cinco	50 cinqüenta
6 seis (meia)	60 sessenta
7 sete	70 setenta
8 oito	80 oitenta
9 nove	90 noventa
10 dez	100 cem
11 onze	200 duzentos (duzentas)
12 doze	300 trezentos (trezentas)
13 treze	400 quatrocentos (quatrocentas)
14 catorze	500 quinhentos (quinhentas)
15 quinze	600 seiscentos (seiscentas)
16 dezesseis	700 setecentos (setecentas)
17 dezessete	800 oitocentos (oitocentas)
18 dezoito	900 novecentos (novecentas)
19 dezenove	1 000 mil
20 vinte	1 Mio. um milhão
21 vinte	e um (uma) 1 Mrd. um bilhão

Besonderheiten: *um, dois* und die Hunderter (ab 200) richten sich nach dem Geschlecht des Substantivs, z.B. *duzentas casas* – 200 Häuser. Die Zahl sechs wird in Brasilien oft als *meia* bezeichnet, z.B. 226 = dois, dois, meia.

Ordnungszahlen

1 primeiro(a)	21 vigésimo(a)-primeiro(a)
2 segundo(a)	22 vigésimo(a)-segundo(a)
3 terceiro(a)	30 trigésimo(a)
4 quarto(a)	40 quadragésimo(a)
5 quinto(a)	50 qüinquagésimo(a)
6 sexto(a)	60 sexagésimo(a)
7 sétimo(a)	70 septuagésimo(a)
8 oitavo(a)	80 octogésimo(a)
9 nono(a)	90 nonagésimo(a)
10 décimo(a)	100 centésimo(a)
11 décimo(a)-primeiro(a)	200 ducentésimo(a)
12 décimo(a)-segundo(a)	300 trecentésimo(a)
13 décimo(a)-terceiro(a)	400 quadringentésimo(a)
14 décimo(a9-quarto(a)	500 qüingentésimo(a)
15 décimo(a)-quinto(a)	600 sexcentésimo(a)
16 décimo(a)-sexto(a)	700 septingentésimo(a)
17 décimo(a)-sétimo(a)	800 octingentésimo(a)
18 décimo(a)-oitavo(a)	900 nongentésimo(a)
19 décimo(a)-nono(a)	1000 milésimo(a)
20 vigésimo(a)	

1 x: uma vez	einfach: simples
2 x: duas vêzes	zweifach: duplo, dobro
3 x: três vêzes	dreifach: triplo, tríplice
4 x quatro vêzes	vierfach: quadrúplo

1/2: meio, meia, metade	1/3: um terço, uma terça parte
1/4: um quarto, uma quarta parte	

Präpositionen
und, oder, nach – e, ou, para
vor, nach (örtl.) – diante de, em frente de
vor, nach (zeitl.) – antes de, depois de
auch, auch nicht – também, tão-pouco
mit, ohne – com, sem
plus, minus – mais, menos
mehr oder weniger – mais ou menos
noch eins mehr – mais um
aber, dann – mas, então
in, an, auf, – em, na, sobre
weil, wegen – porque, por causa de (do, da)
dass – que
was – o que?
als – como, quando (zeitl.)

Uhrzeit
Wieviel Uhr ist es? – Que horas são?
Es ist halb drei – São duas e meia.
Viertel vor neun – São quinze para as nove.
5 Uhr und 30 Minuten – cinco e meia
halbe Stunde – meia hora
Sekunden – segundos
12 Uhr Mittags – meio-dia
24 Uhr – meia-noite

Wochentage

Montag – segunda-feira
Dienstag – terça-feira
Mittwoch – quarta-feira
Donnerstag – quinta-feira
Freitag – sexta-feira
Samstag – sábado
Sonntag – domingo
Feiertag – feriado
diese Woche – esta semana

Monate
Januar – janeiro
Februar – fevereiro
März – março
April – abril
Mai – maio
Juni – junho
Juli – julho
August – agosto
September – setembro
Oktober – outubro
November – novembro
Dezember – dezembro
nächsten Monat, Jahr – próximo mês, ano

Adjektive
richten sich nach dem Geschlecht des
Substantivs
hell, dunkel – claro (a), escuro (a)
schwarz, weiß – preto (a), branco (a)
rot, braun, gelb – vermelho(a), marrom,
amarelo (a)
blau, grau, grün – azul, cinza, verde
gut, schlecht – bom (boa), mau (má)
groß, klein – grande, pequeno (a)
viel, wenig – muito (a), pouco (a)
leicht, schwer – fácil, difícil
alt, neu, jung – velho (a), novo (a), jovem
schnell, langsam – rápido (a), lento (a)
früh, spät – cedo, tarde
billig, teuer – barato (a), caro (a)
hoch, niedrig – alto (a), baixo (a)
warm, kalt – quente, frio (a)
sauber, schmutzig – limpo (a), sujo (a)
schön – bonito (a)
hässlich – feio (a)
fröhlich – alegre

Allgem. Redewendungen, wichtige Worte
Hallo! – Oi!
danke, vielen Dank – obrigado (a), muito
obrigado (a)
danke sehr – muito agradecido (a)
besten Dank für Ihre Liebenswürdigkeit –
obrigado (a) por sua gentileza
besten Dank für Ihren Besuch –
obrigado(a) por sua visita
Sie sind sehr liebenswürdig –
é muita gentileza sua
fühlen Sie sich wie Zuhause – esteja à vontade (fique à vontade)
gestatten Sie – com licença
entschuldigen Sie – desculpe
einen Augenblick, bitte – um momento,
por favor
bitte sehr – de nada
ich habe zu danken – eu é que agradeço
kein Grund zum Danken – não há o que
agradecer
es war eine Freude, ein Vergnügen – foi
um prazer
(aber) selbstverständlich – pois não
keine Ursache – não foi nada
ja, nein – sim, não
bitte – por favor
wie geht's? – como vai?
sehr gut (schlecht) – muito bem (mal)
das gefällt mir (nicht) – isso me agrada (não)

ich spreche kein Portugiesisch – eu não falo português
sprechen Sie langsamer – fale devagar
wie heißt auf Portugiesisch? – como se diz em português?
wie heißen Sie? – como o senhor (a senhora) se chama?
wie nennt man …? – como se chama …?
mein Name ist – meu nome é
wieviel kostet das? – quanto custa isto?
das ist sehr teuer – isto é muito caro
haben Sie nichts Billigeres? – você não tem nada mais barato?
gibt es hier …? – há aqui …?
wann ist geöffnet? – a que horas abre?
wann wird geschlossen? – a que horas fecha?
wo bekomme ich (wird verkauft)? – onde encontro (onde se compra)?
wie lange wird es dauern? – quanto tempo vai durar?
guten Morgen, Tag – bom dia
guten Tag (am Nachmittag) – boa tarde
guten Abend, Nacht – boa noite
auf Wiedersehen – Até logo!
bis morgen – até amanhã!
gestern, heute, morgen – ontem, hoje, amanhã
morgen früh – amanhã de manhã
sich amüsieren – bate-papo
wie alt sind Sie? – quantos anos você tem?
20 Jahre – vinte anos

Sich zurechtfinden

abbiegen – virar
Adresse – endereço
an der Ecke – na esquina
die Straße nach…? – a rua (estrada) para…?
diese Richtung! – essa direção!
dort – alí
hier – aqui
immer geradeaus – sempre direto, sempre em frente
ist es nah? – está perto?
ist es weit? – está longe?
kann ich mit dem Bus dahin fahren? – eu posso ir de ônibus até lá?
nach links – para a esquerda
nach rechts – para a direita
nahe – cerca, próximo, perto
Stadt, Dorf – cidade, povoado
welcher Weg – qual o caminho
wie haben ich zu gehen? – como posso ir?

wie komme ich zur Straße nach Rio? – onde fica a estrada para o Rio?
wie lange? – quanto tempo?
wie weit? – qual a distância?
wieviele Straßenblocks von hier? – quantos quarteirões daqui?
wissen Sie … – você sabe …
wo ist – onde está
woher kommen Sie? – de onde você vem?
wohin gehen Sie? – para onde você vai?

Bus, Bahn, Flug, Schiff

Gute Reise! – Boa viagem!
reisen, Reise – viajar, viagem
Ich möchte nach … – eu gostaria de ir para …
welchen Bus? – qual o ônibus?
Gibt es einen Bus nach … – tem um ônibus para … ?
Um wieviel Uhr geht der Bus (Zug) nach …? – a que horas parte o ônibus (trem) para …?
Wohin fährt dieser Bus? – para onde vai este ônibus?
Wieviel kostet eine Fahrkarte nach … – quanto custa uma passagem para …
Ich möchte eine (Rück-)Fahrkarte nach … – eu gostaria de uma passagem (de ida e volta) para …
1., 2. Klasse – primeira, segunda classe
Sind Sitzplätze numeriert? – os assentos são numerados?
Ich möchte einen Fensterplatz – eu gostaria de um lugar à janela
Wie lange dauert die Reise? – quanto tempo dura a viagem?
Fahren Sie an der Praça vorbei? – você vai passar pela Praça?
Können Sie mir sagen, wenn wir die x-Straße erreichen? – você poderia me avisar, quando chegarmos na avenida/rua x?
Ich möchte aussteigen (beim) – eu gostaria de descer (em)
Eingang, Ausgang – entrada, saída
Abfahrt, Ankunft – partida, chegada
Bahnhof – estação de trem, estação ferroviária
Bushaltestelle – parada (ponto) de ônibus
Busterminal – terminal rodoviário, estação rodoviária
Eisenbahn – trilhas de ferro
Fahrkarte/Ticket – bilhete/passagem
Fahrplan – horário de viagem

Fährschiff – balsa
Flughafen – aeroporto
Flug – vôo
Flugzeug – avião
Gepäck – bagagem
Gepäckaufbewahrung – guarda
bagagem, guarda volume
Preis – preço
Rundreise (hin- und zurück) –
viagem de ida e volta
Schiff – barco, navio
umsteigen – em trânsito
Zug – trem

Unterwegs
Boulevard/Allee – avenida
Berg – serra
Brücke – ponte
Denkmal – monumento
Dorf – vila
Feld – campo
Festung – fortaleza
Fluss – rio
Gasse – travessa, beco
Haus – casa
Hochhaus – edifício
Hügel – morro
Insel – ilha
Kirche – igreja
Küste – litoral
Markt – feira
Meer – mar
Platz – praça
See – lago
Stadt – cidade
Staße – rua
Strand – praia
Wasserfall – cachoeira

Hotel
Wo ist das Hotel x? – onde fica o hotel x?
Wo ist ein Hotel? – onde há um hotel?
Kennen Sie ein gutes (preiswertes) Hotel? –
você conhece um hotel barato e bom?
Haben Sie ein freies Zimmer? – você tem
um quarto livre?
Wie ist der Preis für eine Nacht? – qual o
preço por uma noite?
Wieviel kostet es (mit Steuern)? – quanto
custa (com taxa)?
Wieviel kostet das Zimmer? – quanto é a
diária?
Haben Sie nichts Günstigeres? – você tem

algo mais barato?
Alles inbegriffen? – tudo incluído?
Gibt es Rabatt für eine längere Zeit? –
tem desconto para uma estadia mais
longa?
Ich möchte ein Einzelzimmer – eu gostaria
de um quarto de solteiro (a)
… mit Doppelbett – com uma cama de ca-
sal
… mit zwei Einzelbetten – com duas ca-
mas
Wir möchten ein Doppelzimmer – nós gos-
tariamos de um quarto duplo/quarto para
casal
Für drei Personen – para três
pessoas
… mit Dusche/Bad – com banheiro
Zimmer mit Bad – apartamento
Bett – cama
Kann ich das Zimmer sehen – posso ver
o quarto?
Dieses Zimmer ist zu laut – este quarto é
muito barulhento
Gibt es heißes Wasser? – tem água quente?
Stockwerk – andar
Treppe – escada
Aufzug – elevador
Klimaanlage – ar condicionado
Ich bleibe drei Nächte – eu vou
ficar três noites
Wir gehen morgen – nós vamos amanhã
Ich möchte um … geweckt werden – eu
quero que me despertem às …
Kann ich meine Wertsachen im Safe las-
sen? – posso deixar minhas coisas de valor
no cofre?
Handtuch, Seife – toalha, sabonete
Bettwäsche, Decke – roupa de cama,
cobertor
Toilettenpapier – papel higiênico
Gepäck, Rucksack – bagagem,
mochila
Heizung, Licht – calefação, luz
Schlüssel – chave
Hängematte – rede
Bedienung – serviço

Restaurant
s.S. 309 „Essen und Getränke"

Geld
Geld – dinheiro
Gibt es hier eine Wechselstube? –
tem por aqui uma casa de câmbio?

einen Geldautomaten? – caixa eletrônico?
Wie ist der Wechselkurs? – como está o câmbio?
Wieviel Reais bekomme ich für 1 €? – quantos reais recebo por um Euro?
Reiseschecks – cheque de viagem
Kann ich Reiseschecks wechseln? – eu posso trocar cheques de viagem?
Ich möchte Geld wechseln – eu quero trocar dinheiro
Wann öffnet die Bank? – A que horas abre o banco?
Banknote – nota bancária
Kreditkarte – cartão de crédito
Reisescheck – cheques de viagem

Post
Adresse – endereço
Post – correio
Ich brauche Briefmarken – eu preciso de sêlos
für Luftpost nach Deutschland – via-aérea para a Alemanha
Brief, Postkarte – carta, cartão postal
Briefkuvert – envelope
Einschreiben, per Eilboten – registrada, com urgência
ich möchte ein Telegramm aufgeben – eu quero mandar um telegrama
Postlagernd – correspondência restante
Päckchen – pacote pequeno
Paket – pacote
Fax-Stelle – escritório de fax

Telefon – telefone
Telefonbuch – lista telefônica
anrufen – chamar, telefonar, ligar
Hallo – alô
Ferngespräch – longa distância
Nummer – número
Vermittlung – operadora
Mein Name ist … – meu nome é …
besetzt – ocupado

Einkauf – a compra
Kennen Sie ein Geschäft für …? – você conhece uma loja de …?
Wo kann ich … kaufen? – onde eu posso comprar …?
Wieviel kostet das? – quanto custa isso? qual o preço disso?
Das gefällt mir nicht! – isso não me agrada! Eu não gosto!

Das ist sehr teuer – isto é muito caro
Das ist zu teuer – é caro demais
Haben Sie nichts Billigeres? – você tem algo mais barato?
Ich möchte nicht mehr als … bezahlen – eu não quero pagar mais de …
Ich sehe mich nur um – só estou olhando, obrigada (o)
billig – barato
Kreditkarte – cartão de crédito
mehr – mais
weniger – menos
Preis – preço
Supermarkt – supermercado
Lebensmittel – alimentos
Früchte/Obst – frutas
Bäckerei, Süßwaren – padaria, confeitaria
Kunsthandwerk – artesanais
Markt, Handel – mercado, comércio
kaufen, verkaufen – comprar, vender
handeln, probieren – negociar, provar
Baumwolle – algodão
Holz, Leder – madeira, couro
Gramm, Pfund – gramas, meio quilo

Gesundheit, Krankheit – saúde, doença
Krankenhaus – hospital
Erste Hilfe – pronto socorro
Notfall – emergência
Unfall – acidente
Krankenwagen – ambulância
Arzt – médico, dotor
Zahnarzt – dentista
Ich fühle mich nicht gut – eu não me sinto bem
Ich habe Durchfall – eu estou com diarréia
Können Sie mir helfen – você pode me ajudar?
Ich brauche einen Arzt – eu preciso de um médico
Wo ist ein Arzt der Englisch/Deutsch spricht? – onde tem um médico que fala inglês/ alemão?
Ich bin krank – eu estou doente
Ich habe hier Schmerzen – eu sinto dores aqui
Ich brauche ein Mittel – eu preciso de medicamento
… gegen Husten – contra tosse
Schnupfen, Grippe – resfriado, gripe
Fieber, Durchfall – febre, diarréia

Schmerzen, Kopfschmerzen –
dor, dor de cabeça
Zahnschmerzen, Bauchschmerzen –
dores de dentes, dor de barriga
Halsschmerzen – dor de garganta
Magen, Bauch – estômago, barriga
Entzündung – inflamação
Ohnmacht – desmaio
Bruch, gebrochen – fratura, fraturado
Hexenschuss, Ischias – lumbago,
ciática
verstaucht – torcicolo
Verstopfung, Abführmittel –
prisão de ventre, laxante
Atemnot – falta de ar
Insektenstich – picada de inseto
Desinfektionsmittel – desinfetante
Blutvergiftung – septsemia
Gift, Gegengift – veneno, antidoto
Spritze – injeção
übergeben – vomitar
Brandsalbe, Jod – pomada para queima-
dura, iodo
Pflaster, Verband – curativo,
atadura
Mullbinde – gaze
Apotheke – farmácia
Medikament – remédio

Notfall, Polizei
Wo finde ich die Polizei? –
onde fica o próximo posto polícial?
Man hat mir meine Tasche gestohlen –
roubaram minha bolsa
Ruf die Polizei/einen Arzt – chame a
polícia/um médico (dotor)
Informieren Sie bitte die deutsche
Botschaft (Konsulat) – informe
por favor a embaixada alemã (o consulado
alemão)
Ich habe mein … verloren –
eu perdi meu (minha) …
Ich habe meine Schecks/ Kreditkarte
verloren – eu perdi meus cheques/cartão
de crédito
Ich möchte den Diebstahl aufnehmen lassen – eu quero dar parte
de um roubo
eine Anzeige machen – fazer uma
denúncia
Geld, Reisepaß – dinheiro,
passaporte
Fotoapparat – câmara fotográfica
Dieb – ladrão

Diebstahl – roubo
Überfall – assalto
Hilfe! – socorro!

Wäsche, Kleidung – roupa
Hemd, Unterhemd – camisa,
camiseta
Hose, Unterhose – calça, cueca
(calcinha)
Socken, Strümpfe – soquetes, meias
Pullover, Weste – pulover, casaco
Mütze, Hut, – gôrro, tôca, chapéu
Anzug – terno
Rock, Kleid – saia, vestido
Gürtel, Taschentuch – cinto,
cinturão, lenço de bolso
Schuhe, Handschuhe – sapatos,
luvas
Wäscherei – lavanderia

Auto
Auto, Lkw – carro, caminhão
Tank – tanque
Tankstelle – posto de gasolina
Benzin, Diesel – gasolina, diesel
Alkohol, Super – álcool, gasolina maxxi
Motorenöl – óleo pesado
Ölwechsel – troca do óleo
Reparaturwerkstatt – oficina
Reifen, Reifendruck – pneus,
pressão
Felge, Reifenwerkstatt – aro,
borracharia
Luftdruck – pressão de ar
Ich habe eine Panne – meu carro está com
um defeito
Ich habe ein Problem mit … –
eu tenho um problema com …
abschleppen, einstellen – rebocar, regular
beschädigt, einbauen – danificado, encai-
xar
Ersatzteil – peça sobressalente
Motor, Motorschaden – motor,
defeitos no motor
Zündkerze, Zündung – vela,
inflamação
Vergaser, Verteiler – carburador,
distribuidor
Getriebe, Kupplung – mecanismo,
embreagem,
Gang, Rad – marcha, roda
Lenkrad, Lenkung – volante da
direção, direção
Bremse, Bremsschlauch –

freios, truba para freios
Batterie, Kühler – bateria, radiador
Keilriemen, Kolben – correia do ventilador, pistão
Lichtmaschine – dínamo
Beleuchtung, Birne – luz, lâmpada
Auspuff, Gangschaltung – escape, alavanca de mudanças
Wo ist die Verkehrspolizei – onde está a polícia de trânsito?
Ich habe einen Unfall gehabt – eu tive um acidente

Führerschein – carteira de motorista
Kraftfahrzeugpapiere – documentos do automóvel
Pferdestärke (PS) – cavalo-vapor (C.V.)
Fahrrad, Motorrad – bicicleta, moto
Autovermietung – autolocadora
Mietwagen – carro de aluguel
Busfahrer – motorista de ônibus, chofér
Schaffner – condutor

Essen und Trinken

Nützliche Sätze ...
Gibt es in der Nähe ein Restaurant? – há um restaurante aqui perto?
Ein Restaurant mit Lokalspezialitäten? – um restaurante com comidas típicas?
Die Speisekarte bitte! – o cardápio por favor!
Was empfehlen Sie heute? – que você nos recomenda hoje?
Woraus besteht das? – de quê é feito esta comida?
Ist das scharf? – é picante? … quente? … apimentado?
Bitte nicht scharf – por favor sem pimenta
Ich hätte gerne bestellt … – gostaria de pedir …
Bringen Sie mir bitte … – traga-me por favor
Eine Portion … – uma porção …
Die Rechnung, bitte! – a conta por favor!
Wo ist die Toilette? – onde é o banheiro? … toalete?

Nützliche Worte
Restaurant – restaurante
Gastwirtschaft – cantina
Grillrestaurant – churrascaria
Kneipe – botequim (Plural: botequins)
Bierkneipe – Choperia, Chopperia
Strandkneipe – barraca, barraquinha
Steh-/Schnellimbiss – lanchonete
Weinkeller – adega
Weinkellerei – vinícola
Weinprobe, Verkostung –

degustação
Speisesaal – refeitório
Kellner/-in – garçon, garçonete
Bedienung – garçonete
Speiskarte – cardápio
Frühstück – café da manhã
Mittagessen – almoço
Abendessen – jantar
Appetithäppchen, Leckerbissen – petiscos
Imbiss, Snack – tira-gosto
Gericht – prato
Tagesessen, Mittagstisch – prato do dia
Tellergericht – prato feito
Tagesmenü – refeição
preiswertes reichhaltiges Mittagessen – comercial
Spezialität des Hauses – especialidade da casa
Grillspieße – rodízio, espeto corrido
Vorspeisenteller – entrada
Gedeck – toalha de mesa
Besteck – talher
Löffel – colher
Gabel – garfo
Messer – faca
Teller – prato
Glas – copo
Weinglas – copo de vinho
Krug – jarra
Tasse – xícara
Flasche – garrafa
Dose – lata
Serviette – guardanapo
Prost! – tim tim!
Zahnstocher – palitos de dente
Trinkgeld – gorjeta
Wechselgeld – trôco

Speisekarte – Cardápio
comercial – preiswertes
reichhaltiges Mittagessen
couvert – Gedeck
degustação – Weinprobe, Verkostung
entrada – Vorspeise
petiscos – Appetithäppchen, Leckerbissen
prato – gericht
prato do dia – Tagesessen, Mittagstisch
prato feito – Tellergericht
pratos principais – Hauptgerichte
refeição – Tagesmenü
tira-gosto – Imbiß, Snack

Zubereitung
à milanesa – paniert
assado – gebraten
cozido – gekocht
de forno – aus dem Backofen
de panela – im Topf
desfiado – zerstückelt
escaldado – Eintopf
ensopado – gedünstet
frigideira – Pfannengericht
frio – kalt
frito – fritiert
grelhado – vom Grill, gegrillt
na águardente – in Schnaps
flambiert
na chapa – geröstet, gegrillt
(ohne Fett)
na folha – in Blättern
na telha – im Dachziegel
bem passado – gut durchgebraten
no ponto – medium
mal passado – kurz gebraten,
noch blutig
médio – medium
quente – heiß
refogado – geschmort

Gewürze – Tempero
alho – Knoblauch
azeite – Olivenöl
bem acebolado –
mit gebackenen Zwiebeln
canela – Nelken
cheiro-verde – Koriander
coentro – Koriander
colorau – Paprikagewürz
cominho – Kreuzkümmel
cravo – Zimt
gengibre – Ingwer

molho de peixe – Fischsoße
óleo – Salatöl
pimenta-do-reino – Pfeffer
pimenta-malagueta –
bras. Chilli-Pfeffer
sal – Salz
sal grosso – grobes Salz
urucum – tropischer Strauch *(bixa ovellana)*, aus dessen Fruchtkernen ein paprikaähnliches Gewürz und ein roter Farbstoff gewonnen werden
vinagre – Essig
vinha d'alhos – Marinade für Fleisch und Geflügel

Entradas – Vorspeisen
anéis de cebola empanados –
panierte Zwiebelringe
azeitonas – Oliven
calabresa – Grillwürstchen
caldo de carne – klare Fleischbrühe
caldo de galinha – Hühnersuppe
mit Nudeln
caldo verde – Suppengrün
canja de galinha – Hähnchen mit Reis
camarão ao alho e óleo –
gebratene Krabben mit Knoblauch
casquinhas de caranguejo –
gefüllte Taschenkrebse
casquinhas de siri – mit Parmesan
überbackene Krebse
coquetel de camarão – Krabbencocktail
entrada mista ou variada –
gemischte Vorspeise
musse de galinha – Hähnchenpastete
patê de catupiri – Catupiri-Käsepastete
salada – Salat
sopa – Suppe

Fleischschnitte beim Rodízio
(beste Grillstücke **gefettet**)
aba de Filé – Filé-Endstücke
acém – Kamm
alcatra – Tafelspitz
bisteca – Hochrippe
contra-filé – Roastbeef
costela – Rippe
costeleta – Kotelett
coxão duro, chã-de-fora – Oberschale
coxão mole, chã-de-dentro – Unterschale
cupim – fetthaltiger Nackenhöcker
filé mignon – Filé
lombo – Lende
maminha – Kugel

mocotó – Beinfleisch
músculo dianteiro – Vorderbein
músculo traseiro – Hinterbein
pá – Schulterstück
paleta – Schulter
peito – Vorderbrust
pescoço – Hals
picanha – bestes Hüftstück

Acompanhamentos – Beilagen
aipo – Lauch
arroz branco – gekochter Reis
batata doce – Süßkartoffel
batatas (fritas) – Kartoffeln (Pommes frites)
farinha de mandioca – Maniokmehl
farofa – in Butter geröstetes Maniokmehl
feijão – Bohnen
legumes – Gemüse
macarrão – Nudeln
maionese de batata – Kartoffelsalat
mandioca – Maniok
molho – Soße
molho de pimenta – scharfe Soße
pimentão – Paprika
pepino – Gurke
purê de batatas – Kartoffelbrei
salada verde – grüner Salat
verduras – Gemüse
salada de legumes – Gemüsesalat

Sobremesas – Nachspeisen
abacaxi – Ananas
açúcar, geléia – Zucker, Marmelade
bolos – Kuchen
cocadas – Kokosdessert
compotas – Fruchtkompott
cremes – Cremespeise
doce de frutas – Süßspeise aus
tropischen Früchten
doce de leite – Süßmilchdessert
gelatinas – Gelatine
goiabada – Guave-Dessert
mamão – Papaya
musse de manga – Mango-Dessert
pavês – Süßspeise mit verschiedenen
Geschmacksrichtungen
pudim – Pudding
salada de frutas – Fruchtsalat
sorvete – Speiseeis
tortas – Torten

Getränke – Bebidas
água mineral – Mineralwasser

… com gás – … mit Kohlensäure
… sem gás – … ohne Kohlensäure
açaí – schwarzer Fruchtsaft der Açaí-Palme
água de côco – Kokoswasser
águardente – Branntwein, Schnaps, s.a. *cachaça*
Antárctica – Biermarke
batidas – Mixgetränk aus Fruchtsaft und
Zuckerrohrschnaps
batida de côco – Mixgetränk aus
Zuckerrohrschnaps, Kondensmilch und
Fruchtsaft
Brahma – Biermarke
breezer – alkohol- und kohlensäurehaltige
Fruchtsäfte
cachaça – Zuckerrohrschnaps
café – Kaffee
café com leite – Kaffee mit Milch
cafézinho – stark gezuckerter schwarzer
Kaffee in der Moccatasse
caipirinha – bras. Nationalgetränk aus
Cachaça, Zucker, Limonen und zerstoßenem Eis
caipiríssima – … mit Rum
caipirosca – … mit Vodka
caldo de cana – Zuckerrohrsaft
cauim – Maiswein
Cerpa – Biermarke aus Pará
cerveja – Bier
cerveja preta – Malzbier
chá – Tee
champanha – Sekt
chimarrão – ungesüßter Mate-Tee
chocolate quente – heißer Kakao (Kaba)
chopp, chope – (ein Glas) Fassbier
conhaque – Cognac
coquetéis de frutas – tropische
Fruchtcocktails
gêlo – Eiswürfel
guaraná – koffeinhaltiger Fruchtsaft oder
Limonade, Volksgetränk
Kaiser – Biermarke
leite – Milch
licor – Likör
limonada – Limonade
mate – Mate-Tee
moça bonita – Kakaomilchmixgetränk
nescau – Kakaogetränk
pinga – „Tropfen", Zuckerrohrschnaps im
Schnapsgläschen
quentão – Zuckerrohrschnapspunsch aus
Ingwer, Zimt, Nelken und Zucker
refrigerante – Erfrischungsgetränk
suco – Saft

suco de fruta – frischer Fruchtsaft
vinho – Wein
vinho tinto, vinho branco – Rotwein, Weißwein
vitamina de abacate – pürierte Avocado mit Milch
vitaminas de frutas – Milchmixgetränk mit Früchten
Xingu – Biermarke

Speisen – Comida

abará – gewürzte Bohnenteigblättchen in Bananenbällchen (Amazonien)
abóbora – Kürbis (meist gekocht)
abóbora com côco – Kürbis mit Kokos
acarajé – ein in siedendem Dendê-Öl goldgelb ausgebackener Bohnenteig, reich gewürzt, dazu Krabben und Zwiebeln, Spezialität der afrobrasilianischen Küche (Bahia/Salvador)
afogado – Fleischsuppe mit Maniok (farinha de mandioca) eingedickt (São Paulo)
agrião – Brunnenkresse
águadente de cana – Zuckerrohrschnaps
aipim – Maniokwurzel
aipim frito – frittierter Maniok
aipo – Lauch
alface – Kopfsalat
alho – Knoblauch
americano – Käsetoast mit Spiegelei
almôndegas – Frikadellen
aratú – Krebsart
arraia – Rochen
arroz – Reis
arroz de carreteiro – Reis mit Dörrfleisch (Rio Grande do Sul)
arroz de cuxá – Reis mit getrockneten Krabben (Maranhão)
arroz de pequi – Reisgericht mit der Pequi-Frucht
arroz de suã – Reis mit Schweinefleisch
aspargos – Spargel
assado – Braten
assado na grelha – Rostbraten
atum – Thunfisch
azeite de oliva – Olivenöl
azeite de dendê – Palmöl
azeitona – Oliven
azul-marinho – Fischeintopf (*garoupa*) mit kleinen grünen Bananen (São Paulo)
bacalhoada – Stockfisch-Eintopf
bacalhau – Stockfisch

bacalhau à capixaba – Stockfisch (Espírito Santo)
badejo – Dorsch
baião-de-dois – Reis mit Bohnen (Nordosten)
banana pacova – frittierte Bananenstücke gesalzen oder mit Zucker und Zimt (Manaus)
barreado – im Römertopf gekochtes Ochsenfleisch mit Bananen und Speck (Paraná)
baurú – Schinken-Käsetoast mit Tomaten
batata – Kartoffel
batata doce – Süßkartoffel
batata frita – Pommes Frites
beijús de tapioca – Fladenbrot aus Maniokmehl mit Butter oder Käse
beterraba – rote Beete
bife – zarte, in Scheiben geschnittene Rindfleischstücke (Steak)
bife à cavalo – dto., mit aufgelegtem Spiegelei
bobó de camarão – Maniokbrei mit Krabben, Palmöl, Kokosmilch, Koriander (Bahia)
bolinho de bacalhau – Kabeljau-Bällchen (Rio)
bolos – Kuchen
bombocado de côco – Kokosnuss mit Käse (Minas Gerais)
brigadeiros – zuckersüße Schokoladebällchen (für Kindergeburtstage)
broinha de fubá – Maiskekse
borrachos – Tauben am Spieß
cachorro quente – Saitenwürstchen mit Hackfleischsoße
caju – Cashewnuss (Kaschu- bzw. Acajounuss)
caju em caldas – eingelegte Caju
calabresa – brasilianische Grillwurst
caldeirada – Fischeintopf mit Krabben, Muscheln, Reis und Pirão
caldo – Suppe aus Bohnen, Fleisch oder Eier
caldo de camarão – in Tomatencreme gekochte Krabben mit Farinha
caldo de carne – klare Fleischbrühe
caldo de galinha – Hühner-Nudelsuppe
camarões – Krabben (Garnelen)
camarão com chuchu – Krabben mit Chayoten-Gemüse (Rio de Janeiro)
camarões fritos – frittierte Krabben
canja – Hühnersuppe mit Reis

canjica – Maisbrei-Pudding mit Zimt und Honig (Festa Junina)
caranguejo – Krebs
carne – Fleisch
carne assada – Schmorbraten
carne ensopada – Fleischeintopf
carne moída – Hackfleisch
carne seca – Trocken- oder Dörrfleisch, Rind oder Ziege
carne de bezerro – Kalbfleisch
… de carneiro – Hammelfleisch
… de cordeiro – Lammfleisch
… de sol – in der Sonne getrocknetes Fleisch (Nordosten)
… de frango – Hähnchenfleisch
… de pato – Entenfleisch
… de porco – Schweinefleisch
… de porco à milanesa – Wiener Schnitzel
… de vaca (boi) – Rindfleisch
… de vitela – Kalbfleisch
carneiro – Lamm
caruru da Bahia – Krabbengericht mit Caju, Erdnuss, Okra, Palmöl, Koriander
caruru do Pará – Krabbengericht mit Maniokmehl, Okra, Palmöl, Koriander
casquinhas de carangeujos – gefüllte Taschenkrebse
casquinhas de sirís – mit Parmesan überbackene Taschenkrebse
castanha do Pará – Paranuss
catupiri – Käsesorte aus Minas
cebola – Zwiebel
cebolinha – Schnittlauch
cenoura – Karotte
chucrute – Sauerkraut
charéu – Barsch
charque – Trocken- oder Dörrfleisch
cheiro-verde – Koriander
chipas – Käsebrötchen
chouriço – scharfe Pfefferwurst
chuchu – Chayote
churrasco – Grillfleisch vom Spieß, Spießbraten
churrasco no espeto – Rindfleischstücke gewürzt mit groben Salz (Rio Grande do Sul)
churrasquinho – kleine Grillspieße
cocada – Kokosdessert
coentro – Koriander
cogumelo – Pilz
colorau – Paprikagewürz
cominho – typisch brasilianisches Gewürz
compota – Kompottfrucht

coquinho – frische, grüne Kokosnuss mit Zuckerrohrschnaps
coração de frango – Hühnerherzen
costeleta – Kotelett
couve – Gemüse (ähnlich wie Grünkohl)
couve de bruxelas – Rosenkohl
couve-flor – Blumenkohl
couve mineira – grüne Kohlblätter
cozido – Rindfleischeintopf mit Gemüse
coxinhas de galinha – frittierte mit Hähnchenfleisch gefüllte Teigtaschen
cozido – Eintopf mit Fleisch- und Gemüsesorten
cremes de frutas frescas – Dessert aus frischem Fruchtfleisch
creme de leite – Kondensmilch
croquetes – Kroketten
crustáceos – Krustentiere
cupuaçú – Urwaldfrucht
cuscuz-paulista – Fisch- und Krabbenkuchen mit Palmherzen, Tomaten, Oliven (São Paulo)
dendê – Speiseöl aus der Dendê-(Öl-)Palme
dobradinha – Kutteleintopf
doce – Süßspeise
doce de amendoim – süße Erdnuss-Schlemmerei
doce de frutas – Süßspeise aus tropischen Früchten
docinhos – Süßgebäck
efó – Krabbeneintopf mit Blattgemüse, Dendê, Erdnuss, Kokosmilch, Ingwer (Bahia)
empada de peixe – Fischpastete
empadão – Kuchen oder Auflauf mit unterschiedlichen Belägen
empadão recheado – Auflauf
empadinhas – gefüllte Törtchen
ervilha – Erbse
esfiha – arab. Fleischpastete
espeto corrido – s. *Rodízio*
espinafre – Spinat
farinha – Maniokmehl
farofa – in Butter geröstetes Maniokmehl
feijão – Bohnen
feijão-tropeiro – gekochte Bohnen mit Maniokmehl, Eier, Calabresa und Speck (Minas Gerais)
feijoada – Bohnen-Eintopf mit verschiedenen Fleischsorten (bras. Nationalgericht)
fígado – Leber
filé de peixe com frutos do mar – gebratenes Fischfilet mit Meeresfrüchten (Nordosten)

fios de ovos – süße Eigelbfaden zum Garnieren und Dekorieren
frango – Hähnchen
frango assado – Grillhähnchen
frigideira – Pfannenfischgericht (Bahia)
fritada de camarão – Krabbenauflauf (Maranhão)
frutos do mar –Meeresfrüchte
galeto – Grillhähnchen
galinha ao molho pardo – in Hähnchenblut gekochte Hähnchenstücke (Bahia)
galinha caipira (de quintal) – gekochtes Freilandhähnchen
galinhada – scharf angebratenes Hähnchenstück
galinha de cabidela – in Hähnchenblut gekochte Hähnchenstücke (Bahia)
ganso – Gans
gelatina de frutas – Gelatinefruchtsaft
grão de bico – Kichererbse
goiabada – Süßspeise aus der Guave
goma – Maniokstärke (gallertartige Masse)
guariroba – Palmherzen
guisado – Gulasch
joelho de porco – Eisbein mit Kohl und Kartoffeln
lagosta – Hummer
lagosta ensopada – gedünsteter Hummer
lambreta – Muschelgericht mit Koriander, Tomaten, Zwiebeln (Bahia)
leitão – gebratenes Schweinefleischstück im Baguette
lentilha – Linse
linguado – Seezunge
língua de panela – gebratene Rinderzunge
lingüiça – Schweinsbratwurst
lombinho – Lendchen
lombo com abacaxi – gebackener Schweinrücken mit Ananas (Minas Gerais)
lombo de porco – Schweinrücken
lombo com farofa – Schweinerücken mit geröstetem Maniokmehl
lula – Tintenfisch
lulas fritas – gebackene Tintenfische
macarrão – Nudel, Spaghetti
macaxeira frita – fritierte Maniokstücke
maionese – bras. Kartoffelsalat mit Gemüse
mandioca – Maniok
maniçoba – Eintopf mit Maniokblättern und Fleisch (Pará)
manjar-branco – frischer Kokospudding mit Pflaumenkompott

mariscada – Gericht mit Fisch, Hummer, Krebsen, Krabben, Muscheln und Tintenfisch
mariscos – Meeresfrüchte
maxixe – bras. Gemüseart
mexilhão – Muschel
milho – Mais
mingau de milho – Weißmaisbrei mit Kokosmilch und Zimt (Bahia/Pará)
misto quente – Schinken-Käsetoast
molho – Soße
moqueca – Pfannengericht aus Fisch und Meeresfrüchten
moqueca à capixaba – Fischeintopf mit Urucum (Espírito Santo)
munguzá – Weißmaisbrei mit Kokosmilch und Zimt (Bahia/Pará)
omelete – Omelett
ostras – Austern
ovo – Ei
ovo cozido – gekochtes Ei
ovo cozido mole – weichgekochtes Ei
ovo frito – Spiegelei
ovo mexido – Rührei
paçoca – Dörrfleisch mit Maniokmehl (Nordosten)
palmitos – Palmherzen
panquecas – Pfannkuchen
pão – Brot
pão careca – Brötchen, Weißbrot
pão de batata – Kartoffelbrötchen
pão de ló – Biskuitkuchen
pão de queijo – Käsebrötchen aus Polvilho (Minas Gerais)
pão doce – süße Brötchen oder Brot
pão integral – Vollkornbrot
pastél – gefüllte Teigtasche mit Fleisch und/oder Gemüsefüllung
pato – Ente
pato no tucupi – gebratene Ente mit prickelnder Manioksoße und Jambú-Blättern (Pará)
pavês – kalte Süßspeisen
peixe – Fisch
peixe frito – gebackener Fisch
peixada – Fischeintopf
peixe assado com creme de côco – gebackener Fisch mit Kokoscreme (Goiás)
pernil de porco – Schweinshaxe
peru – Pute, Truthahn
peru recheado à brasileira – gefüllter Truthahn bras. Art
pescada – Schellfisch
petiscos – Appetithäppchen, Leckerbissen

picanha – bestes Rindfleischstück beim Churrasco oder Rodízio
picadinho – Rinderhackfleisch
picole – Eis am Stiel
pimentão – Paprika
pimentão recheado – gefüllter Paprika
pintado – Süßwasserspeisefisch
pipoca – Puffmais
piranha – kleiner Amazonasfisch mit scharfem Gebiss
pirão – Maniokbrei
pirarucú – Süßwasserspeisefisch
polenta – Maisbrei mit Hackfleischsoße
polvilho – weißes feines Maniokmehl
polvo – Krake
porco assado – Schweinebraten
presunto – Schinken
pudim – Pudding
queijo – Käse
queijo-de-minas – typischer Käse aus Minas Gerais
quiabo – Okraschote
quibe – Hackfleischbällchen mit Grütze
quibebe com carne seca – Dörrfleisch mit Kürbiscreme
quindim – Süßspeise aus Eigelb, Kokos und Käse (Bahia)
rabo de jacaré – Gericht mit Kaimanfleisch (Pantanal)
rapadura – eingedickter Zuckerrohrsaft
repolho – Kraut
rins – Nieren
risoto de camarão – Reisgericht mit Krabben
risoto de frango – Reisgericht mit Hähnchen
risoto de legumes – Reisgericht mit Gemüse
risoto de presunto – Reisgericht mit Schinken
rissoles – gefüllte Mürbeteigtaschen
robalo – Speisefisch
rodízio – Essen zum Festpreis mit verschiedenen an Spießen servierten Fleischsorten und einem Salatbüffet
salame – Salami
salgadinhos – tortenartiges Gebäck mit unterschiedlichen Belägen
salmão – Lachs
salpicão – Salatplatte aus Fleisch, Geflügel, Käse, Gemüse und Früchten
salsichas – Würstchen
sanduiche – belegtes Toastbrot

sarapatel – Gericht aus Schweine-Innereien
siris – Taschenkrebse
sopa – Suppe
sopa à leão veloso – Fischsuppe mit Meeresfrüchten
sopa paraguaia – gesalzener Maiskuchen
strogonofe – Geschnetzeltes
suflê – Auflauf
suflê de palmito – Palmherzenauflauf
surubim – Süßwasserspeisefisch
sururú – Muschelart
tacacá – traditionelle Amazonassuppe aus Goma, Tucupi und Jambú mit gesalzenen Krabben und Chilisoße (Pará)
tainha na telha – auf einem Ziegel servierter gebackener und gefüllter Fisch (Paraná)
taioba – bras. Blattgemüse
tambaqui – Süßwasserspeisefisch
tamuatá – Süßwasserspeisefisch
tapioca – grobes Maniokmehl
tapioquinha de côco – Brotfladen, gefüllt mit frischen Kokosraspeln (Pará)
tartaruga – Schildkröte
tira-gosto – Imbiss, Snack
torrada – Toastbrot
tortas doces – süßer Kuchen, z.B. Kokoskuchen
tortas salgadas – pizzaartige Kuchen oder Aufläufe mit verschiedenen Belägen
tucunaré – Süßwasserspeisefisch
tutú-de-feijão – Bohnenbrei mit Maniokmehl (Minas Gerais)
vaca-atolada – Rindfleisch-Eintopf mit Maniok (Minas Gerais)
vatapá da Bahia –Krabbenbrei mit Dendê-Palmöl, Kokosmilch, Caju, Erdnuss
vatapá do Pará – Krabbenbrei mit Dendê-Palmöl, Kokosmilch
vermelho – Rotbarsch
vinagrete – Salat aus kleingeschnittenen Zwiebeln, Paprika, Tomaten und Schnittlauch
virado de feijão – gebratener Schweinerücken (gewürfelt) mit Bohnen, Wurststücken, Paprika, Knoblauch, Gewürzen, in Maniok eingedickt und mit Spiegeleiern serviert
X-Burger – Hackfleisch-Frikadelle mit Käse
Xinxim de galinha – in Dendê gekochtes Hähnchen mit getrockneten Krabben, Caju, Erdnuss, Ingwer, Chili, Paprika und Koriander

Früchte – Frutas

abacate – Avokado
abacaxi – Ananas
açaí – Frucht der Açaí-Palme (Kohlpalme)
acerola – Acerolakirsche
ameixa – Pflaume
amendoim – Erdnuss
amora – Brombeere
araçá – Amazonasfrucht
avelã – Haselnuss
bacuri – Amazonasfrucht
banana – Banane
banana-da-terra – Gemüse-,
oder Kochbanane
banana-maçã – geschmackvolle
Apfelbanane
banana-nanica verde – grüne
Zwergbanane
banana-ouro – sehr kleine Goldbanane
banana-prata – Eßbanane
baunilha – Vanille
cacau – Kakao
caju – Cashewnuss (Kaschu-
bzw. Acajounuss)
canapú – Inkafeige
caraguatá – gelbe Beerenfrucht
carambola – Sternfrucht
cereja – Kirsche
côco – Kokosnuss
damasco – Aprikose
feijoa – Ananasguave
figo – Feige

framboesa – Himbeere
fruta–pão – Brotfrucht
goiaba – Guave
graviola – Stachelannone
ingá – Amazonasfrucht
jabuticaba – bras. Frucht aus
dem Süden
jenipapo – grüne Amazonasfrucht
laranja – Orange
lima – weiße Grapefruit
limão – Limone
maçã – Apfel
mamão – Papaya
manga – Mango
mangaba – bras. Frucht aus Amazonien
maracujá – Passionsfrucht
melância – Wassermelone
melão – Honigmelone
morango – Erdbeere
murucí – Beerenfrucht mit
eigenartigem Duft
pera – Birne
pinha – Schuppenanemone
pitanga – Surinamkirsche
pupunha – rote Urwaldfrucht
seriguela – kleine säuerliche Beerenfrucht
tangerina – Mandarine
tucumã – gelborange Amazonasfrucht
umbu – gelb-grüne süßsaure Frucht
uva – Weintraube
uxi – Amazonasfrucht

Glossar landestypischer Begriffe

(bras.) = Brasilianisch
(guar.) = Guaraní bzw. Tupi
(port.) = Portugiesisch

Adega: Weinkeller
Afoxé: afrobrasilianische Musikstil
Álcool: Bioethanol aus Rohrzucker, entweder als reiner Treibstoff oder als Beimischung in Benzin
Aldeia: Siedlung/Dorfgemeinschaft der Ursprungsbevölkerung, Bauern- oder Fischerdorf
Aman-baé (guar.): Privatbesitz
Angirú (guar.): Freund
Armazém: Vorratslager, ländliche Gemischtwarenhandlung
Arraial: koloniales Dorf, Fest
Azulejos: Wandkacheln mit meist blauen Mustern bemalt

Bagunça: Durcheinander, Chaos, Bezeichnung der grundlegenden Situation Brasiliens
Baiana: eine in landestypischer Tracht gekleidete Bahianerin
Balneário: Schwimm-, See- oder Flussbad
Balsa: Fähre, Floß
Bandeirantes (bras.): Mitglieder portugiesischer Expeditionstrupps mit eigener Fahne (bandeira), die von São Paulo aus nach Westen bis zum Rio de la Plata vordrangen und Portugals Einflusssphäre vergrößerten. Sie waren auf der Jagd nach Ureinwohnern um sie zu versklaven und suchten nach Gold und Diamanten. Meist privat organisiert. Heute auch Typ eines Buschflugzeugs.
Barraca: Strandkiosk, der Essen und Getränke anbietet
Barragem: Staudamm
Bateria: Rhythmus- und Perkussionsgruppe
Beco: kurze Gasse
Berimbau: afrobrasilianisches Musikinstrument, Bogen mit nur einer Metallsaite
Bloco: Bezeichnung einer geschlossenen Tanz- und Musikgruppe beim Karneval
Boate: Musikkneipe, Disco oder Nachtclub, abgeleitet vom frz. Boite
Bola (guar.): Waffe der Ureinwohner aus der Pampa Südbrasiliens

Bombacha: Beinkleid des Gaúcho
Bombilla: metallenes Saugrohr zum Trinken des Mate-Tees
Borracha: Kautschuk, Gummi
Borracharia: Kfz-Werkstatt, meist zur Reparatur von Reifen
Bumba-meu-boi: traditionelles Tanzfest im Nordosten, bei dem ein tanzender Ochse im Mittelpunkt steht
Botel: Hotelboot
Bunda: Hintern

Caboclo: europäisch-indígener Mischling (Mestize), auch Bezeichnung für einen Hinterwäldler
Cacique: Häuptling, auch im Sinne von (politischem) „Boss"
Cadiueus: Dörfer der Ureinwohner im Pantanal
Cafuso: Mischling aus einem afrikanischen und indígenem Elternteil
Caiçara (guar.): Küstenbevölkerung
Caipira: Landbevölkerung
Calçadão: Fußgängerzone
Camelô: Straßenhändler
Candomblé: afrobrasilianischer Kult, der seinen Ursprung in den eingeschleppten afrikanischen Sklaven der Yoruba findet
Canga: Wickeltuch, das um die Hüfte am Strand getragen wird
Cangaçeiro (bras.): Bandit aus dem Nordosten (Sertão)
Capanga (bras.): Bodyguard
Capim (bras.): Gras
Capinzal (bras.): Wiese
Capitania: Erblehen in der Kolonialzeit durch das port. Königshaus
Capoeira: waffenloser Kampftanz der eingeschleppten Sklaven Afrikas
Carioca (guar.): Haus der Weißen, Bezeichnung der Einwohner der Stadt Rio
Carranca (guar.): Galionsfigur
Casa Grande: Herrenhaus
Cavalhada: Pferdeumzug und Reiterspiele, die den Kampf zwischen Christen und Mauren auf der Iberischen Halbinsel verkörpern
Cerrado: Savanne, Steppe, Buschland
Chácara: kleines Landgut
Chalé: ein Chalet bzw. eine Art Blockhaus-/hütte, meist in ländlicher Gegend oder in Bergregionen
Chato: Filzlaus, umgangssprachlich für „langweilig, Quälgeist"

Chopp: (ein Glas) Fassbier
Churrasqueira: Grillplatz
Chuva com água: umgangssprachlich für
„es regnet in Strömen"
Congadas: afrobrasilianisches Tanztheater
zu Ehren des *Rei do Congo*
Coronel: einflussreiche Persönlichkeit
Cupinzeiros: Termitenhügel

Desfile: Umzug
Domínio: Besitz, Eigentum – Herrschaft,
Macht
Donatário: Lehnsherrn während der
Kolonialzeit

Engenho: Zuckerrohrmühle
Exú: Götterbote des Candomblé

Facão: Machete
Fantasia: Karnevalskostüm
Favela (bras.): Elendsviertel, Slum
Fazenda: Landsitz, Farm, Großgrundbesitz
Fazenda-marinha: Meeresplantage für
Meeresfrüchte
Fazendeiro: Land- oder Großgrundbesitzer
Feira – Markt
Ferroviária: Bahnhof
Figa: Glückwunschgeste
Filho-de-santo: Mitglied oder Anhänger ei-
nes afrobrasilianischen Kultes
Fio-dental: „Zahnstocherbikini",
Bezeichnung der knappen Bikinis Brasiliens
Fogacem: nächtliche Kaimanbeobachtung
durch Anleuchten der Reptilien mit einer
starken Taschenlampe oder einem
Scheinwerfer
Forró: traditioneller Musikstil aus dem
Nordosten mit Ziehharmonika und
Trommel – abgeleitete aus dem Englischen
for all
Frei: Mönch, Klosterbruder (freira = Nonne)
Fusca: VW-Käfer

Gafieira: Tanzdiele
Gaiola: „Vogelkäfig", typisches
doppelstöckiges Passagierschiff
im Amazonasgebiet, das durch seine
Holzbauweise wie in
solcher aussieht
Garimpeiro: Gold- und Diamantensucher,
Goldwäscher
Gaúcho (bras.): Kuhhirte
Gringo: normalerweise geringschätzige
Bezeichnung für US-Amerikaner, in

Brasilien für Ausländer nicht unbedingt ge-
ringschätzig
Guaçu (guar.): groß
Guaraní: bedeutendes Ureinwohner-Volk
Guarita: Schutzhäuschen für Wächter,
urspr. an Tor und Ecken der
Verteidigungsmauern von
Befestigungsanlagen

Hidroviária: Flusshafen
Huka-Huka: Ringkampf der Xingu

I (guar.): Wasser
Iate: Yacht
Igarapés: (guar. „Wasserpfad, Kanuweg")
natürliche Urwald-Flusskanäle, kleine
Seitenarme
Igapó: „Ort wo das Wasser steht", der all-
jährlich für längere Zeit überflutete
Überschwemmungswald im
Amazonastiefland
Iemanjá: Meeresgöttin der afrikanischen
Gottheiten des Candomblé
Intendência: Kontrollamt für Gold- und
Diamantenfunde in Kolonialzeit
Inscrições rupestres: Höhlenzeichnung, -
malereien
Interior: Hinterland/Landesinnere
Ísca: Fischköder

Jaguço (bras.): Abenteurer
Jangada (guar.): traditionelles Fischerfloß
mit Segel aus dem Nordosten
Jardim: Garten
Jardineiros: spezielle Touristenbusse, die
aussehen aus wie eine „fahrende
Gartenlaube"
Jeito: Ausrede, Dreh, Geschick, Kniff
Jogo do Bicho: Glücksspiel mit
Tiersymbolen

Kuarup (guar.): Totenfest zu Ehren der
Verstorbenen
Ladeira: Berghang, Halde
Ladrão: Dieb
Lancha: Passagierboot, Barkasse
Largo: Platz
Luau: nächtliches Strandfest

Maconha: Rauschgiftart
Macumba: afrobrasilianischer Kult, tenden-
ziell der schwarzen Magie
Mãe-de-santo: Vorsteherin oder Ober-
priesterin eines afrobrasilianischen Kultes

Malandro: Vagabund, Gauner, Schlitzohr

Mamelucos: bras. Wort für Mestizen, speziell aus dem Raum São Paulo

Maracatú: afrobrasilianischer Tanz

Mata-burro: Viehstopper an Weideeinoder ausfahrten in Form einer Grube mit Holz- oder Metallbalken

Matriz (Igreja): die Stamm-, Haupt- oder Urkirche eines Orts

Mberú (guar.): Schimpfwort für Weiße

Mestre: Meister

Mocambo: Hütte, Hüttensiedlung

Motel: Stundenhotel für Liebespaare

Mulato: Mischling aus europäischem und afrikanischem Elternteil

Nande-sy (guar.): Göttin der Guaraní

Novela: populäre Familienepisoden bzw. Seifenopern im brasilianischen TV

Orixás: Götter der afrobrasilianischen Kultreligionen

Paço: Sitz des Staatspräsidenten (bras.), früher Königs- und Bischofsresidenz

Pagode: langsamer Samba

Pai-de-santo: Vorsteher oder Oberpriester eines afrobrasilianischen Kultes

Palafitas: Pfahlbauten Amazoniens

Pardos: (braunhäutige) Mischling-Brasilianer

Patrão: Boss, Hausherr

Pajé (guar.): Zauberer

Peão: Viehhirte

Pelourinho: Sklavenpranger

Piracema (guar.): Wander- und Laichzeit der Fische

Pista de pôuso: Flugpiste

Pousada (bras.): Herberge

Programa de Índio: umgangssprachlich für langweilig, öde, eintönig

Puxador: Stimmungsmacher einer Sambaschule

Quilombo: befestigte Siedlung oder Wehrdorf entflohener afrikanischer Sklaven

Rede: Hängematte

Redução: Reduktion – Bezeichnung der Jesuitenmissionen

Refúgio: Zufluchtsort

Reisado: ursprünglich nachweihnachtliche Feiern in Bezug auf die

Heiligenfeste/Dreikönigsfest, die im Nordosten Eingang in die „Ochsenfeste" Bumba-Moi-Beu gefunden haben.

Rendeiras: Klöppelarbeiten

Represa: Stausee

Reserva ecológica: Naturschutzgebiet

Reserva/Terra Indígena: Reservate/Gebiete der Ursprungsbevölkerung

Reserva da biosfera: Biosphärenreservat

Rodoferroviária: Busterminal und Bahnhof

Rodoviária: Busterminal

Sacoleiro: Schnäppchenjäger

Salário mínimo: gesetzlicher Mindestlohn

Samba: von afrikanischen Sklaven eingeführte Musik und Tanz

Sambaqui: Anhäufungen von Muscheln und Knochenteilen der Muschelhaufenkultur

Sambódromo: Straßenarena für die Parade der Sambaschulen beim Karneval in Rio

Sé: Kirche eines Bischofsitzes

Senzala: Sklavenhütte

Seringueiro: Gummizapfer

Sítio: Landsitz, Minifundie

Sobrado: mehrgeschossiges Stadthaus

Solar: palastartiges Wohnhaus, Herrenhaus

Teleférico: Seilbahn

Terreiro: Versammlungszentrum afrobrasilianischer Kulte

Tippití (guar.): Flechtschlauch zum Herauspressen des Bittermanioks

Trapiche: Lagerhalle

Trio Elétrico: ein mit riesigen Lautsprechern bestückter Lkw

Tropeiro: Viehhändler, Viehhirte

Tuavi (guar.): Siebmatte

Tupã (guar.): höchste Gottheit der Guaraní

Tupan-baé (guar.): Gemeinbesitz

Tupi (guar.): Brudervolk der Guaraní

Umbanda: afrobrasilianischer Kult dessen Ursprung auf die versklavten Bantu zurückgeht

Vaqueiro (bras.): Viehhirte

Vinícola: Weinkellerei

Xangô: afrobrasilianischer Kult

Xingu: Ureinwohner-Volk

Yanomani: Ureinwohner-Volk

✦ Glossar geografischer Begriffe

Águas rasas: flaches Wasser, Flachwasser
Alagados: Flächen, die bei Regen zuerst überflutet werden und meist immer Wasser führen

Banhados: kleine Alagados
Baía: Bucht
Baías: flussnahe Lagunen im Pantanal, die während der Regenzeit entstehen

Caatinga (guar.): Trockengebiete, die riesige Flächen Nordostbrasiliens beherrschen, insgesamt über 800.000 qkm. Die dort vorherrschende, lichte Buschvegetation, hauptsächlich Dorngewächse, Sukkulenten und Palmen, passte sich dem Wassermangel und der extremen Hitze an und wird gleichfalls *Caatinga* genannt (das indianische Wort bedeutet „Weißer Wald", ableitend von dem in der Trockenzeit verdorrten, laublosen Busch- und Baumbestand mit weißblassen Stämmen). Nur in den wenigen, humiden Monate von Februar bis Mai präsentieren sich die Caatingas als grün und mit dichtem Laubwerk (teils nur 300 mm Niederschlag im Jahr).
Cabo: Vorgebirge, Kap
Cachoeira: Wasserfall
Campos: Allgemein für „weites Feld", offene Grasfluren oder Grasland mit vereinzelten Büschen. In Amazonien sind damit überschwemmbare Grasfluren in den Flusstälern gemeint.
Capongas (guar.): Süßwasserlagunen
Cerrados: *Cerrados* sind auf tropischen Hochebenen die offenen Baumsavannen Brasiliens. Auf riesigem Verbreitungsareal – annähernd ein Viertel des gesamten brasilianischen Territoriums – abwechselnde Erscheinungsformen mit unterschiedlicher Baumbestandsdichte. **Campos cerrados** haben einen lichten Bestand von 3 bis 5 Meter hohen Bäumen, während den **Cerradão** ein recht geschlossener Baumbestand kennzeichnet. **Campos limpos** sind reine Grassavannen bzw. nur mit Kriechpflanzen bedeckt, mit vereinzelten Baumformationen oder niedrigen Büschen spricht man von **Campos sujos.** Auch **Campos rupestres** ist ein Cerrado-Erscheinungstyp (wuchs zwischen bzw. auf Felsgestein). Die Niederschläge in den Cerrados beginnen in der Regel im Oktober und dauern bis in den April.
Cratera: s. *Furnas*

Catarata: Wasserfall
Caverna: Höhle
Chão: Flachland
Chapada: Plateau, Hochebene, Tafelberg
Cordilheira: einige Meter hohe Landfläche im Pantanal, die nie überflutet wird
Corixo (guar.): Nebenlauf eines Flusses, trocknet nicht aus, viele Wasserpflanzen wie *Aguapé, Orelha-de-onça,* immer viele Tiere anzutreffen
Corredeiras: Stromschnellen

Enseada: Bucht

Fonte: Quelle
Foz: Flussmündung
Furnas: Krater

Gruta: Grotte

Hyläa: wissenschaftliche Bezeichnung für den tropischen Regenwald Amazoniens

Igapó (guar. „Ort, wo das Wasser steht"), der alljährlich für längere Zeit überflutete Überschwemmungswald in Klar- und Schwarzwassergebieten im Amazonastiefland
Igarapé (guar. „Wasserpfad, Kanuweg"): natürlicher Flusskanal zwischen Inseln und/oder Terra firme

Lago: See, Teich
Lagoa: Bergsee, See
Laguna: Lagune
Litoral: Küste

Mata Atlântica: Wald des Küstengebirges am Atlantik
Matas de galeria: Galeriewälder, Waldbestände entlang von Flussläufen
Morro: Hügel

Pampa (guar.): Grassteppe Südbrasiliens
Pantanal: Sumpfgebiet, Sumpfland
Pedra: Stein, Fels
Penhasco: Fels
Pico: Bergspitze, Gipfel
Pororoca (guar.): Bezeichnung für eine gegen die Amazonasströmung gerichtete, reißende Flutwelle bei Mondphasenwechsel
Praia: Strand

Restinga (bras.): eine an der brasilianischen

Atlantikküste vorkommende dichte Pflanzengemeinschaft auf flachen, nur wenige Kilometer breiten Sandgebieten jenseits der Strände. Fast überall abgebrannt und beseitigt. Auch im Sinn von „Sandbank". Rio: Fluss

Serra: Hochland, Bergland, Bergkette
Serra do Mar: Küstengebirge

Glossar kunstgeschichtlicher und kirchlicher Begriffe

Adro: Kirchenvorplatz
Aldeia: Jesuitensiedlung mit Kirche
Alfaias: Altarschmuck
Almofada: Wand- und Türdekorationen
Altar-mor: Hauptaltar
Altar-lateral: Seitenaltar
Alto-relevo: Hochrelief
Anjo: Engel- und Puttendarstellung
Anjos-tocheiros: Leuchterengel
Antpendio: Frontverkleidung des Altars

Baixo-relevo: Flachrelief
Basílica: Kirche mit zwei Seiten- und einem Querschiff

Cantaria: Mauerwerk aus Steinblöcken
Capela: Kapelle
Capela-mor: Kirchenchor mit Hauptaltar
Castiçal: Leuchter
Claustro: Kreuzgang
Colégio: Ordensschule, Kolleg, Schule
Coluna: Säule mit verziertem oder glattem Schaft
Coluna Salomônica: spiralförmig gewundene Säule
Cruz: Kreuz

Douramento: Vergoldung

Encarnação: Verkörperung
Exvoto: Weihegeschenk, Schrift-Bildtafeln
Frontão: Bekrönung bei Fenstern, Fassaden und Portalen

Igreja: Kirche
Igreja Matriz: Haupt- oder Urkirche eines Ortes
Imaginária: künstlerische Darstellung von Heiligenfiguren aus Stein oder auf Leinwand
Irmandade: religiöse Gemeinde, Bruderschaft

Sertão: große, halbwüstenartige Gebiete im Innern des Nordostens mit extremen Trockenperioden

Terra firme: flussnahes Festland in Amazonien, das nicht überschwemmt wird
Várzea (guar.): temporär überflutetes Gebiet (Várzea-Seen) in Flussnähe im Amazonastiefland; Flussauen

Ladrillo: Fußbodenplatten aus Keramik oder Ton

Muxarabi: maurischer Erker- oder Balkonverkleidung zum ungestörten Beobachten

Nave: Kirchenschiff

Óculo: Rundfenster
Oratório: Gebetsschrein
Órgão: Orgel

Painel: Wandbild
Pára-vento: Windfang am Kircheneingang
Parede: Wand
Passo: Kreuzgang
Pátio: Innenhof
Pedra de Lioz: aus Portugal importierte Marmorart
Pedra sabão: Speck- bzw. Seifenstein (Magnesiumsilikat) für die Bildhauerei
Pia batismal: Taufbecken
Pia-de-água-benta: Becken für Weihwasser
Pintura mural: Wandmalerei
Pórtico: Flügelumrahmung eines Portals
Púlpito: Kanzel

Relevo: Relief
Resplendor: strahlenartige Krone der Heiligenfiguren
Retábulo: Altaraufsatz

Sacrário: Altarschatzkammer
Sacristia: Sakristei
Sé: Kirche eines Bischofsitzes
Sino: Glocke
Sineira: Glockenturm

Talha: Decken- und Wanddekoration in Kirchen aus vergoldetem Schnitzwerk
Tocheiro: Leuchter

REISE KNOW-HOW
das komplette Programm
fürs Reisen und Entdecken

**Weit über 1000 Reiseführer, Landkarten, Sprachführer und Audio-CDs
liefern unverzichtbare Reiseinformationen und faszinierende Urlaubsideen
für die ganze Welt – *professionell, aktuell und unabhängig***

Reiseführer: komplette praktische Reisehandbücher für fast alle touristisch interessanten Länder und Gebiete **CityGuides:** umfassende, informative Führer durch die schönsten Metropolen **CityTrip:** kompakte Stadtführer für den individuellen Kurztrip **world mapping project:** moderne, aktuelle Landkarten für die ganze Welt **Edition Reise Know-How:** außergewöhnliche Geschichten, Reportagen und Abenteuerberichte **Kauderwelsch:** die umfangreichste Sprachführerreihe der Welt zum stressfreien Lernen selbst exotischster Sprachen **Kauderwelsch digital:** die Sprachführer als eBook mit Sprachausgabe **KulturSchock:** fundierte Kulturführer geben Orientierungshilfen im fremden Alltag **PANORAMA:** erstklassige Bildbände über spannende Regionen und fremde Kulturen **PRAXIS:** kompakte Ratgeber zu Sachfragen rund ums Thema Reisen **Rad & Bike:** praktische Infos für Radurlauber und packende Berichte außergewöhnlicher Touren **sound)))trip:** Musik-CDs mit aktueller Musik eines Landes oder einer Region **Wanderführer:** umfassende Begleiter durch die schönsten europäischen Wanderregionen **Wohnmobil-TourGuides:** die speziellen Bordbücher für Wohnmobilisten mit allen wichtigen Infos für unterwegs

www.reise-know-how.de

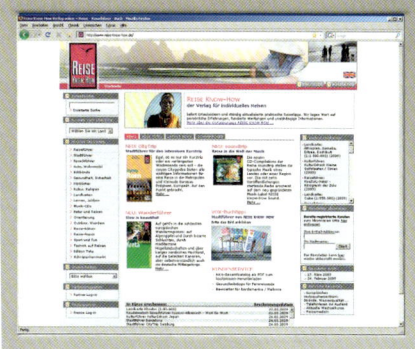

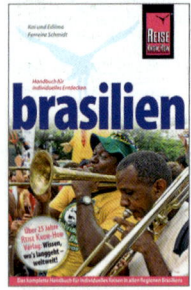

Kai und Edilma Ferreira Schmidt
Brasilien
3. Auflage

888 S., strapazierfähige
PUR-Bindung, mehr als
80 Stadtpläne und Karten, über
240 Farbfotos u. Abb.,
Griffmarken, Seiten- und
Kartenverweise, Register

ISBN 978-3-89662-352-2
€ 25,00 [D]

Brasilien

Mit diesem Reisehandbuch ganz Brasilien entdecken:
Ein Reise-Know-How Handbuch mit hoher Informations-
dichte, konzipiert für Reisende, die auf eigene Faust das
größte Land Südamerikas entdecken und erleben wollen:

▸ Alle Reisehöhepunkte und Attraktionen in den fünf Groß-
regionen.

▸ Detaillierte Routenvorschläge und Beschreibungen und
lohnende Abstecher, Streckenbeschreibungen für Selbstfahrer, Zug- und Schiffsfahrten. Umfangreiche Städteka-
pitel mit Stadtplänen und Karten, eng mit dem Inhalt
verzahnt.

▸ Die besten Adressen für die Reise durchs Land, Restau-
rant-Tipps, Aktivitäten und Feste, kombiniert mit unter-
haltsamen Exkursen über Land und Leute und visualisiert
durch viele Fotos und Abbildungen.

▸ Ausführliche Kapitel zur Reisevorbereitung, zahllose Inter-
net-Adressen, alles über Geschichte, Kultur und das Alltagsleben in Brasilien.

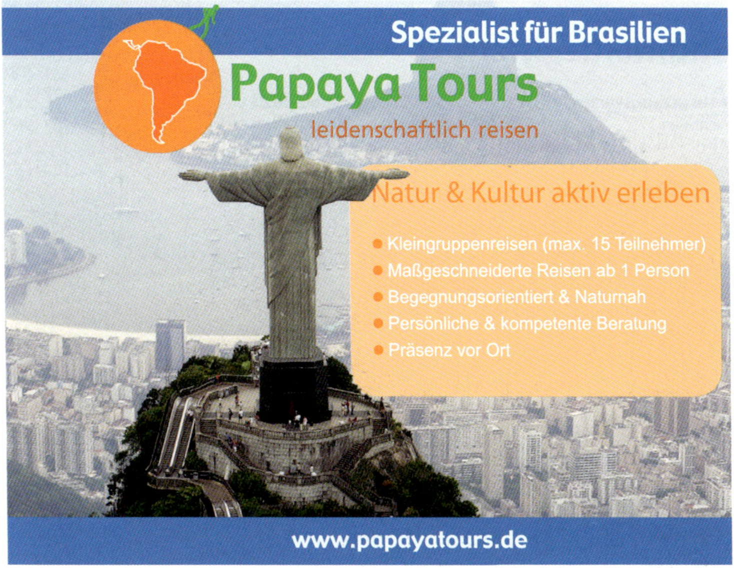
Spezialist für Brasilien
Papaya Tours
leidenschaftlich reisen
Natur & Kultur aktiv erleben
Kleingruppenreisen (max. 15 Teilnehmer)
Maßgeschneiderte Reisen ab 1 Person
Begegnungsorientiert & Naturnah
Persönliche & kompetente Beratung
Präsenz vor Ort
www.papayatours.de

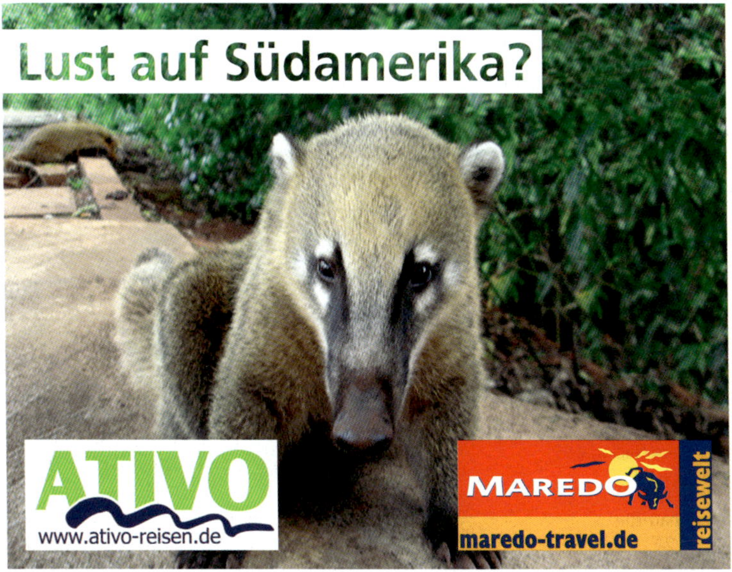
Lust auf Südamerika?
ATIVO
www.ativo-reisen.de
MAREDO
reisewelt
maredo-travel.de

Stichwortregister A–Z